Kyriacos C. Markides

Der Berg des Schweigens

Kyriacos C. Markides

Der Berg des Schweigens

Begegnung mit einem christlichen Meister

Aus dem Englischen von

Astrid Ogbeiwi

Aquamarin Verlag

Titel der Originalausgabe: *The Mountain of Silence*

Image Book publishes by Doubleday
(Random House, Inc., 1540 Broadwy, New York, New York 1 0036)

Aus dem Englischen von Astrid Ogbeiwi

Deutsche Ausgabe:
1. Auflage 2019

Voglherd 1
85567 Grafing
www.aquamarin-verlag.de

Umschlaggestaltung: Annette Wagner
unter Verwendung von © 100ker / 103115687 – shutterstock.com

Druck: CPI • Birkach
ISBN 978-3-89427-859-5

Für Nikos und Dora

Inhalt

Vorbemerkung des Verfassers

Vater Maximos, der Hauptperson dieses Buches, bin ich zu tiefstem Dank verpflichtet – für seine Liebe, seine Freundschaft und seine geistliche Führung. Ohne seine Bereitschaft, mich an seiner Kenntnis und seiner Erfahrung mit der östlich-orthodoxen Spiritualität teilhaben zu lassen, wäre dieses Buch nicht geschrieben worden. Selbstredend gehen alle etwa vorhandenen Mängel in der Darstellung dieser Weisheitstradition ausschließlich auf mich zurück. Außerdem möchte ich den Mönchen des Klosters Panagia[1] in Zypern sowie den Altvätern[2], Mönchen und Einsiedlern, die ich auf dem Berg Athos in Griechenland kennengelernt habe, für ihre großzügige Gastfreundschaft danken.

Mein Dank geht an meine Kolleginnen und Kollegen an der Soziologischen Fakultät der University of Maine für den Studienurlaub im Frühjahr 1997 und für ihre stete Unterstützung meiner Forschungsvorhaben. Folgenden Personen möchte ich für ihre direkte oder indirekte Mitwirkung an der Entstehung dieses Buches ebenfalls danken: Allen, über die ich auf diesen Seiten schreibe; meiner Literaturagentin Marlene Gabriel sowie meinem Verleger und Lektor Eric Major für ihre beispielhafte professionelle Expertise und ihren unerschütterlichen Glauben an den Wert dieses Buches; Bischof Kallistos Ware, Professor für Religionswissenschaften in Oxford für die Lektüre des größten

1 Es handelt sich wohl um dieses Kloster: https://de.wikipedia.org/wiki/Kykkos-Kloster; ich folge aber Markides' Bezeichnung. (Anm. d. Ü.)

2 zu elder = Altvater, siehe www.impantokratoros.gr/0E08958B.de.aspx (Anm. d. Ü.)

Teils der Erstfassung sowie sein wertvolles Feedback; der Anthropologin Eleni Stamiris für ihre erhellenden Vorschläge; Akis Lordos dafür, dass er mich auf dem Berg Athos eingeführt und mich dadurch mit dem außergewöhnlichen Reichtum der östlich-orthodoxen mystischen Spiritualität bekannt gemacht hat; und schließlich meinem Freund und Kollegen Lambros Karris dafür, dass er mich mit den erhebenden Freuden des byzantinischen Gesangs in Berührung gebracht hat.

Besonderer Dank geht an meinen Freund Mike Lewis, Kunstprofessor an der University of Maine: Er hat meine Sinne für die Schönheit der Natur geschärft und mir vermittelt, welche wichtige Rolle die Kunst für das spirituelle Erwachen der Menschheit spielen kann. Sein anhaltendes Interesse an meiner Arbeit schätze ich sehr, ebenso seine kritische Lektüre der Erstfassung jedes Kapitels.

Viele Freunde und Verwandte auf Zypern tragen wesentlich dazu bei, dass meine Frau Emily und ich dem Land und seinen Menschen emotional verbunden bleiben. Allen diesen Freunden meinen herzlichen Gruß und Dank, ganz besonders meinem Jugendfreund Petros Yassemides und seiner Frau Ritsa. Die beiden geben uns das Gefühl, dass wir zu ihrem Leben einfach dazugehören.

Meine tiefste Dankbarkeit gilt meiner Schwester Maroulla und meinem Schwager Vasos Christou sowie ihrer Familie für ihre herzliche Großzügigkeit und aufrichtige Zuneigung; dass sie in Zypern sind, hat die Glut unserer Liebe zu unserem Geburtsort mehr als alles andere lebendig erhalten.

Bei der Veröffentlichung meines ersten Buches, im Jahr 1977, war unser Sohn Constantine gerade erst im Krabbelalter und unsere Tochter Vasia noch gar nicht geboren. Als das vorliegende Buch bis zu seiner Erstfassung gediehen war, versorgten mich beide mit wertvollen kritischen Kommentaren und Anmerkungen. Constantine las jede Seite mit dem prüfenden Blick eines angehenden Schriftstellers und machte entsprechende Verbesserungsvorschläge.

Für meine Frau Emily könnte ich nur wiederholen, was ich in meinen früheren Werken bereits gesagt habe. Ihre außergewöhnliche Energie, ihre Lebensfreude und Abenteuerlust gaben mir die Rückenstärkung, mit der ich mich in Erfahrungsbereiche vorwagen konnte, die ich ohne ihre Kräfte spendende Unterstützung nie betreten hätte. Sie ist nicht nur schon ein ganzes Leben lang meine Gefährtin, der Fels in der Brandung meiner Gefühle und der Anker meines Wohlbefindens, sondern auch meine beste Freundin, Vertraute, intellektuelle Partnerin und Lektorin von allem, was ich schreibe. Dieses Buch ist sehr viel besser geworden durch ihre penible und sorgfältige redaktionelle Unterstützung, obwohl sie selbst mit dem Aufbau eines »Internationalen Öko-Friedensdorfes« für Frauen und Jugendliche, den sie zusammen mit anderen Friedensarbeitern auf Zypern vorantreibt, mehr als genug zu tun hatte.

Eine letzte Anmerkung: In den Dialogen habe ich immer dann, wenn griechische Männer angesprochen werden, die griechische Deklination verwendet. Zum Beispiel wird Vater Maximos als »Vater Maxime« und Kyriacos als »Kyriaco« angesprochen. Bei weiblichen Namen stellen sich diese idiomatischen Probleme im Griechischen nicht. Zum Schutz der Privatsphäre der in diesem Buch genannten Personen sind die meisten Namen Pseudonyme. Aus demselben Grund habe ich gelegentlich in die Beschreibungen der Orte, an denen sich manche Episoden abgespielt haben, leichte Veränderungen eingefügt. Dennoch beruht alles in diesem Buch auf echten Dialogen, tatsächlichen Begegnungen und wirklichen Erfahrungen.

1

Prolegomena

Als ich Anfang der 1960er Jahre zum Studium nach Amerika kam, brachte ich einen naiven Glauben an die christliche Religion, die Kirche sowie den Gott meiner Vorväter und Großmütter mit. Es war ein nie hinterfragter Glaube, mit dem ich innerhalb der isolierten und homogenen Grenzen der Orthodoxie – der Mehrheitsreligion auf Zypern – aufgewachsen war. Der Kosmopolitismus und die Multikulturalität in Amerika, wo Religionszugehörigkeit eher als persönliche Entscheidung denn als Schicksal empfunden wird, erschütterten diese schlichte Glaubenssicherheit. Nach zehnjährigem Training als Soziologe war ich vom Gläubigen zum Agnostiker geworden. Wie die meisten meiner Kommilitonen und Kollegen war ich zu dem Schluss gekommen, Religion sei letzten Endes eine Erfindung der Gesellschaft. Für mich galt mittlerweile als letztlich, dass die Gesellschaft die Götter hervorbrachte und nicht umgekehrt; die Gesellschaft erschuf die Religion, die sie zu ihrem Überleben brauchte. Im schlimmsten Falle erhielt die Religion Klassenunterschiede aufrecht, indem sie die Aufmerksamkeit der Menschen von der realen Welt der Ungerechtigkeit und Unterdrückung ablenkte und auf ein fantasiertes Jenseits richtete, in dem für die Erlösten Milch und Honig flössen. Im besten Falle half sie den Menschen, mit ihren persönlichen Tragödien fertig zu werden – eine nützliche kollektive Illusion zur Aufrechterhaltung gesellschaftlicher Stabilität und Ordnung. Wenn also Anhänger aller Glaubensrichtungen zur Anbetung ihrer Gottheiten niederknien, beten sie daher in Wirklichkeit unwissentlich ihre eigene Gesellschaft an. So lautete die mächtige, unwiderstehliche

Erkenntnis aus der Feder der größten Geister der modernen Sozialphilosophie und Soziologie.

Mit dem Abschluss meines Studiums hatte ich dieses in der modernen akademischen Kultur zwar unausgesprochene, doch vorherrschende Weltbild verinnerlicht: Religion, insbesondere traditionelle Religion, die den Glauben an einen persönlichen Gott bedeutete, gehörte der Vergangenheit an, war ein dem endgültigen Untergang geweihter Überrest mittelalterlichen Denkens.

Ich war kein fröhlicher Agnostiker. Das Nachdenken über die nihilistischen Konsequenzen der Gott-ist-tot-Theologie war für mich zunächst sehr schmerzlich – »wenn es keinen Gott gibt, dann ist alles erlaubt«. Doch die intellektuelle Welt, in der ich mich befand, bot kaum eine Alternative. Ein seriöser Wissenschaftler konnte nicht an unbewiesene Auffassungen vom Jenseits, von Geistwesen, Engeln, Teufeln und Ähnlichem glauben. Dies war der Glaube schriftloser Völker sowie der liebevollen und einfachen Tanten, die ich in Zypern hinter mir gelassen hatte. Für einen weltgewandten Mann des Wortes, einen Sozialwissenschaftler, war die einzig reale Welt die der harten Fakten, des konkreten physischen Universums und des Normalbewusstseins. Jegliche Auffassungen vom Jenseits waren Fantasien, Wahnvorstellungen oder »bloßer Glaube«.

Alle etwa noch verbliebenen Bindungen zur Religion meiner Jugend waren rein kultureller Natur. Sie waren die Folge meiner ästhetischen Wertschätzung ihrer Gesänge und liturgischen Gottesdienste, die sich mir von frühester Kindheit an eingeprägt hatten. Religion wurde für mich zu einer reinen Frage persönlicher Identität. Ich bezeichnete mich auch weiterhin als griechisch-orthodoxen Christen, jedoch als weltlichen griechisch-orthodoxen Christen, gerade so wie auch ein weltlicher Jude ein Jude und auch ein westlicher Araber ein Araber ist. Deshalb wäre eine Beziehung zu christlichen Mönchen und Eremiten – wie sie Gegenstand dieses Buches ist – in meiner agnostischen Zeit praktisch unmöglich gewesen. Es wäre mir überhaupt nicht in den Sinn gekommen, dass es außerhalb der Parameter der rationalen akademischen Kultur etwas von Wert und Weisheit geben könnte. Bestenfalls neigte ich während meiner agnostischen Phase zu der Auffassung, solche Leute seien lebendige Museen einer längst vergangenen Welt. Schlimmstenfalls hätte ich die Lebensweise von Mönchen und Eremiten mit psychopathologischen Begriffen erklärt und das Klosterleben in jeglicher Form als eine Spielart des Eskapismus ohne jegliche Relevanz für die postmoderne Zeit verworfen. Die Tatsache, dass es Altväter gibt, die gerade durch ihr stilles Einsiedlerleben voller schwerer innerer Kämpfe und geistlicher Übungen spirituelle Weisheit erlangen, war mir damals unvorstellbar.

Doch die Vorsehung wirkt auf wundersame Weise. Zusammen mit meiner Frau Emily kam ich 1972 als Assistenz-Professor für Soziologie an die University of Maine. Dies war der Beginn meiner Befreiung vom wissenschaftlichen Materialismus und Agnostizismus. Meine »Befreiung« begann durch den Einfluss eines Kollegen, der mich mit dem östlichen Denken und der indischen Yoga-Philosophie bekannt machte. Neben den umstrittenen Büchern von Carlos Castaneda sowie den Schriften von Alan Watts, Helena Blavatsky, Rudolf Steiner und Georges Gurdjieff gehörten von da an mehrere Jahre lang auch die Werke indischer Weiser wie Paramahansa Yogananda und Jiddu Krishnamurti zu meiner regelmäßigen geistlichen Nahrung. Derselbe Kollege führte mich außerdem in die Transzendentale Meditation ein, die in den turbulenten 1960ern von Maharishi Mahesh Yogi nach Amerika importiert worden war – und sieben Jahre lang praktizierte ich brav TM, im Streben nach »kosmischem Bewusstsein« und tiefer Entspannung.

Meditation, die Lektüre von Büchern über östliche Religionen und von wissenschaftlichen Werken, etwa von Fritjof Capra und anderen an der Schnittstelle zwischen Wissenschaft und Mystik, führten dazu, dass ich mich nach und nach von meinem Unglauben abwandte. Mir wurde zunehmend klarer, dass die säkulare Realitätsvermutung, die während meines Studiums dominant gewesen war, in Wirklichkeit eine großartige Illusion ist, ein materialistischer Aberglaube, in dem das westliche Denken seit dreihundert Jahren feststeckt und gefangen ist. Es ist ein destruktiver Aberglaube, der empfindsame westliche Intellektuelle in Scharen in existenzielle Verzweiflung gestürzt und in einigen Fällen sogar in Wahn und Selbstmord getrieben hat. Diese Erkenntnis der Verlogenheit des wissenschaftlichen Materialismus wirkte sich auf mein Denken ungeheuer befreiend aus.

Ein Vorfall von äußerst entscheidender Bedeutung, der mich von den letzten Fesseln des Agnostizismus befreite, war meine Begegnung mit dem großartigen Heiler und Mystiker, den alle Welt »Daskalos« nannte. Der Sechsundsechzigjährige war Hellseher und esoterischer Lehrer, und ich lernte ihn 1979 bei einer Exkursion nach Zypern kennen. Dieser außergewöhnliche westliche »Schamane« war eine solche Herausforderung für mein akademisches Weltbild, dass ich ein soziologisches Projekt, an dem ich damals arbeitete, fallen ließ, um ihn und den Kreis seiner Anhänger zu untersuchen. In den darauffolgenden zehn Jahren betrieb ich Feldforschung und schrieb über die außergewöhnliche Welt dieser Heiler. Es war eine Welt der Wunder, der außerkörperlichen Reisen, aller möglicher übersinnlicher Phänomene, der Exorzismen und haarsträubender Heilungstricks, die ich mit konventioneller Logik einfach nicht erklären konnte.[3] Wie konnte ich rational die Heilung einer gelähmten Frau erklären, die sowohl zypriotische als auch israelische Spezialisten für unheilbar erklärt hatten? Die Heilung fand vor meinen Augen statt, vollzogen von Daskalos, der ihr einfach eine halbe Stunde lang über den Rücken strich. Neue Röntgenaufnahmen, die unmittelbar nach seiner Intervention angefertigt wurden, zeigten eine völlig normale Wirbelsäule, ganz im Gegensatz zu den Bildern, die eine Woche zuvor aufgenommen worden waren und eine dislozierte und geschädigte Wirbelsäule erkennen ließen. Oder wie konnte ich erklären, dass dieser Heiler den medizinischen Zustand einer Frau in New York City exakt diagnostizieren konnte, indem er einfach mit geschlossenen Augen ihr Foto berührte, wohingegen ihre Ärzte nicht herauszufinden

3 Kyriacos C. Markides, *Der Magus von Strovolos. Die faszinierende Welt eines spirituellen Heilers*, übersetzt von Karl Friedrich Hörner, Schirner 2004 (Erstausgabe Droemer Knaur 1988); *Heimat im Licht. Die Weisheit des »Magus von Strovolos«*, übersetzt von Karl Friedrich Hörner, Schirner 2004 (Erstausgabe Droemer Knaur 1988); *Feuer des Herzens: Heiler, Weise und Mystiker*, übersetzt von Karl Friedrich Hörner, Schirner 2004 (Erstausgabe Droemer Knaur 1991).

vermochten, was ihr fehlte? Solche Phänomene gehörten während meiner zehnjährigen Feldbeobachtungen bei diesen medialen Heilern und Mystikern zur Routine. Dann fand ich heraus, dass Forscher in anderen Teilen der Welt von ebensolchen Erfahrungen und Beobachtungen berichteten. Die Begegnung mit Anthropologen wie Michael Harner von der New School of Social Research, der Schamanen untersuchte und dabei ähnliche Phänomene beobachtete, bestärkte mich in der Ansicht, dass meine eigenen Feldbeobachtungen keine persönliche Einbildung waren.[4]

Aufgrund meiner Forschungen bei Daskalos und seinem damaligen engen Vertrauten Kostas kam ich zu dem Schluss, dass im Inneren des Menschen Fähigkeiten schlummern, die über die fünf Sinne hinausgehen, und dass der Geist nicht auf das Gehirn begrenzt ist. Außerdem begriff ich, dass es offensichtlich Bewusstseinszustände gibt, die den rationalen Zustand übersteigen. Ich erkannte, dass es transrationale Bewusstseinszustände gibt, von denen Mystiker aller Traditionen seit alters her sprechen, und der sogenannte Tod nichts weiter ist als ein Neuanfang, ein Übergang auf eine andere Lebens- und Daseinsebene. Die zypriotischen Mystiker lehrten ein gut integriertes »christozentrisches« System mystischer Philosophie, das meiner rationalen Veranlagung und Denkschule entgegenkam, mich aber auch für eine mögliche Existenz anderer Welten öffnete, die weit über die Welt der groben Materie und des normalen rationalen Bewusstseins hinausgehen. Es war sehr befriedigend, in meiner eigenen Kulturtradition eine solche spirituelle Kosmologie zu entdecken.

Das Interesse, das meine Bücher über die zypriotischen Mystiker auslösten, stärkte mein neues Realitätsverständnis zusätzlich. Seit die Trilogie über mein zehnjähriges Abenteuer erschienen ist, haben sich unzählige Menschen aus aller Welt mit mir in Verbindung gesetzt und mir anvertraut, dass auch sie in der außergewöhnlichen Welt der zypriotischen Heiler und Mystiker leben, wie sie in meinen Büchern beschrieben wird. Dadurch er-

4 Michael Harner, *Der Weg des Schamanen*, übersetzt von Agnes Klein, Ullstein 2004 (Erstausgabe Ansata 1983).

kannte ich mit der Zeit, dass in den Vereinigten Staaten und anderswo eine sehr große Anzahl von Menschen ein Doppelleben führt. Sie leben ihr normales Alltagsdasein und haben zugleich mystische Erlebnisse, über die sie nicht zu sprechen wagen, aus Angst, für geisteskrank erklärt zu werden. Solche Menschen, sollte ich schleunigst hinzufügen, gibt es in allen Gesellschaftsschichten – auch in der akademischen Gemeinschaft, etwa unter Verhaltenspsychologen, Soziologen, Physikern und Biologen. Zu meinem Erstaunen entdeckte ich, dass es mitten unter uns eine Parakultur gibt, die den Wissenschaftlern wegen ihrer tief sitzenden materialistischen Vorurteile entgangen ist.

Die zypriotischen Mystiker haben mir zwar geholfen, meinen Agnostizismus und wissenschaftlichen Materialismus zu überwinden, doch bei der Überwindung meiner Abneigung gegen organisierte Religionen haben sie kaum eine Rolle gespielt. Ganz im Gegenteil, für mich war selbstverständlich, dass authentische Spiritualität nur jenseits der Grenzen etablierter Religionen zu finden sein könnte und nur dort gedeihen kann. Für mich verstand sich von selbst, dass organisierte Religion unweigerlich korrumpierte Religion bedeutet. Die Religionsgeschichte lieferte mir reichlich Munition zur Aufrechterhaltung dieser Überzeugung.

Wie für die meisten westlichen Akademiker, waren für mich die Vertreter der institutionalisierten Religion wenn nicht mit Engstirnigkeit, Intoleranz und Korruption, so doch zumindest mit Irrelevanz verbunden. Bis zu meiner Begegnung mit einigen außergewöhnlichen christlichen Mönchen und Einsiedlern hatte ich noch keinen lebenden »Mann Gottes« getroffen, der mich spirituell oder intellektuell inspiriert hätte. Meiner Ansicht nach wirkte die kirchliche Hierarchie mit wenigen Ausnahmen langweilig und intellektuell inadäquat. Die organisierte Religion, so glaubte ich, hat dem ruhelosen, aber ernsthaften und intelligenten Sucher inneren Wissens heute wenig zu bieten. Damals war ich voll und ganz einer Meinung mit einem führenden Bibelgelehrten, der klagte: »Das Christentum, wie wir es im Westen kennen, ist blutleer und siecht dahin.«[5]

---

5 Robert W. Funk, *Honest to Jesus*, HarperSanFrancisco 1996, S. 305.

Nachdem ich mein Denken von den Fesseln des Agnostizismus und des wissenschaftlichen Materialismus befreit hatte, nahm ich an, wenn man sich ernsthaft mit einer spirituellen, kontemplativen Praxis zur persönlichen Transformation und inneren Erfahrung beschäftigen wolle, müsse man Meditationsmethoden wie die der Laienmystiker, die ich untersucht hatte, oder der indischen Yogis aufgreifen, und zwar am besten unter der Führung eines Meisters. Romantischer noch, man müsste wohl ins exotische Asien reisen und zu Füßen der verwirklichten Gurus sitzen, die ihre Weisheit von den Gipfeln des Himalaya herab von sich gaben.

Mein Gesinnungswandel hinsichtlich der organisierten Religion kam mit der Einladung zu einer Pilgerfahrt. Mein Freund Antonis, ein zypriotischer Geschäftsmann mit Interesse an christlicher Spiritualität, forderte mich auf, ihn im Frühjahr 1991 auf einer Reise zum Athos zu begleiten, zum Heiligen Berg, einer knapp fünfzig Kilometer langen und etwa sechzehn Kilometer breiten unzugänglichen Halbinsel im Norden Griechenlands. Dort sollten wir »lebenden Heiligen begegnen, die die Liebe Christi ausstrahlen«. Ihre Gebete, so behauptete er, vermöchten Wunder zu vollbringen, und ihre Aura sei wie eine strahlende Sonne. Fasziniert nahm ich seine Einladung an; und als ich bei jenem ersten Besuch Vater Maximos kennenlernte, vollzogen mein Leben und meine Arbeit noch einmal eine Kehrtwendung. In den darauffolgenden Jahren sollte dieser außergewöhnliche und charismatische Athos-Mönch mein Mentor, mein Lehrer und mein wichtigster Informant über die christliche Spiritualität werden, wie sie auf dem »Berg der Stille« bewahrt wird.

Nach Agnostizismus, nach Transzendentaler Meditation und nach den philosophischen Durchbrüchen aufgrund meiner langjährigen Verbindung mit den Laienmystikern und Heilern aus Zypern war ich bereit für ein Abenteuer in der Welt der realen mystischen Tradition des organisierten Christentums, die in einigen wenigen uralten Klöstern weiterlebte, von denen weder der Westen noch das etablierte Christentum etwas wussten. Dort, auf dem Berg Athos, der seit dem 9. Jahrhundert Eremiten und Mönchen als Rückzugsort vorbehalten ist, kam ich mit einem anderen Christentum in Berührung.[6] Wie Antonis mir versprochen hatte – sowie mit dem Rat und der Hilfe von Vater Maximos – konnte ich Eremiten kennenlernen, die als Heilige galten und in abgelegenen, Gelegenheitsbesuchern unbekannten und unzugänglichen, Regionen der Halbinsel lebten. Mir kamen sie tatsächlich wie christliche Yogis vor – von der Art, wie wir Westler sie in den indischen Ashrams suchen. Da wurde mir klar, dass die Spiritualität, die mir auf dem Berg Athos mit seiner tausendjährigen Geschichte begegnete, alle Kennzeichen dessen trug, was wir in den Veden und Upanishaden Indiens zu finden hoffen – und vielleicht noch mehr. »Der Athos«, so sinnierte ich gegenüber Antonis auf unserer Rückreise nach jenem ersten Besuch, »ist wie ein christliches Äquivalent zu Tibet.«

Beginnend mit *Auf dem Löwen reiten*[7] erweiterte ich mein Forschungsgebiet von der wunderbaren Welt eines Daskalos und Kostas um die mystische Form des etablierten Christentums. Zu meinem Erstaunen entdeckte ich, dass die spirituellen Übungen und geistig-seelischen Techniken, die wir in Indien und Tibet suchen, auch im Kern des Christentums vorhanden sind, bewahrt seit den ersten Jahrhunderten unserer Zeitrechnung in den Felsenklöstern und Einsiedeleien des Berges Athos. Doch sowohl die Kirchen aller Denominationen als auch die westlichen Bibelgelehrten sind sich nicht bewusst, welche mystische Weisheit in einigen dieser Klostergemeinschaften noch lebendig ist.

Wenn ich nach meiner Rückkehr nach Maine gegenüber Freunden und Kollegen erwähnte, dass ich vorhatte, Leben und Werk christlicher Mönche und Eremiten in meine Forschungen mit einzubeziehen, merkte ich, dass Erklärungsbedarf bestand. Mönche und Einsiedler stehen in der westlichen Kultur in zweifelhaftem Ruf, sowohl in akademischen Kreisen als auch

---

6 Robin Amis, *A Different Christianity: Early Christian Esotericism and Modern Thought*, State University of New York Press 1995.

7 Kyriacos C. Markides, *Auf dem Löwen reiten. Eine Suche nach dem mystischen Christentum*, übersetzt von Malte Heim, Schirner 2005 (Erstausgabe Droemer Knaur 1995).

in der allgemeinen Öffentlichkeit. In unserem postfreudianischen Spaßzeitalter wirkt ein eremitischer Lebensstil für das moderne Empfinden eher abstoßend. Eine solche Lebensweise wird oft gleichgesetzt mit körperlicher Kasteiung, sexueller Verdrängung, ja sogar Sadomasochismus, ganz zu schweigen von Frauenfeindlichkeit und der unseligen Inquisition. Es ist eine schwere kulturelle Last. Kurioserweise bestehen solche Vorurteile nicht gegenüber Mönchen, die aus Asien nach Amerika kommen. Bei einem Vortrag über meine Erfahrungen auf dem Berg Athos, den ich vor kurzem auf einer Konferenz in Montreal gehalten habe, fragte mich die afro-amerikanische Schriftstellerin Luisah Teish, ob die Mönche sich in irgendeiner Form von ihrer Erblast der Ermordung von Millionen Frauen als Hexen gereinigt hätten. Dr. John Rossner, anglikanischer Bischof und Professor für vergleichende Religionswissenschaft sowie der Ausrichter der Konferenz, griff meiner Antwort vor. Er sprang auf und erklärte dem Publikum, in der Ostkirche habe es keine Inquisition gegeben. Dr. Teish war erstaunt und erfreut, dies zu hören. »Den Mönchen vom Berg Athos die Schuld an der Inquisition zu geben, wäre ebenso absurd«, ergänzte ich, »als wenn man den Dalai Lama und andere buddhistische und hinduistische Mönche für diese grauenhafte Periode in der Geschichte des Westens verantwortlich machen wollte.«

Zu Anfang meiner Erforschung der mystischen Spiritualität auf dem Berg Athos halfen mir zwei Menschen ganz entscheidend, meine Gedanken zu ordnen und eine klare Richtung zu finden: Emily und mein Künstlerfreund und Kollege Mike Lewis. Wie Emily und ich interessiert sich auch Mike seit jeher sehr für Spiritualität, misstraut aber der organisierten Religion, insbesondere in ihren übereifrigen Varianten. Da er keinerlei formeller Religion anhängt, konnte er mich außerdem am allerbesten für jene Elemente in der mystischen Spiritualität des östlich-orthodoxen Glaubens sensibilisieren, die nicht nur für Christen, sondern für alle relevant sind, die sich für die tieferen Dimensionen des menschlichen Daseins interessieren. Ähnlich wurde auch Emily mit ihrem feinen ökofeministischen Gespür nie müde, mich bei meinem Eintauchen in die spirituelle Welt der christlichen Mönche und Eremiten daran zu erinnern, dass Inklusivität zwingend notwendig ist.

Trotz ihres archaischen kulturellen Kontextes füllte die Tradition der Athos-Mönche, mit der ich in Berührung kam, in meiner Suche eine Lücke. Was auf den Pilger so entwaffnend wirkt, ist nicht nur das allgegenwärtige Gefühl von *Agape*, der selbstlosen, altruistischen Liebe, die den ganzen Kosmos des Heiligen Berges durchdringt, sondern auch die Kraft ihres künstlerischen Ausdrucks. Sie berührt den Besucher auf einer tiefen Ebene, unmittelbar im Herzen. Das Singen geistlicher Lyrik in byzantinischem Griechisch während der langen Gottesdienste schuf ein anhaltendes emotionales Hochgefühl, durch das ich erkannte, welche große Kraft Kunst und Musik bei der abenteuerlichen Suche des Menschen nach Gott entfalten. Der Gesang war eine Form der Gebetsmeditation, die mich in eine Stimmung tiefen Friedens und großer Ruhe versetzte, wie ich sie bei keiner anderen Meditationsform empfunden habe.

Doch der Athos war nicht bloß ein emotionaler und spiritueller Höhepunkt. Er war auch eine intellektuelle Herausforderung. Die fesselnden Gespräche mit Emily und Mike und ihr Input halfen mir, gedanklich Klarheit über diesen Aspekt meiner Arbeit zu gewinnen und Fragen zu stellen, die mich in den kommenden Monaten und Jahren beschäftigen sollten. Was sind die grundlegenden Eigenschaften der athonitischen Spiritualität, wie sie über Jahrhunderte in jenen uralten Klöstern und Einsiedeleien bewahrt und geformt wurde? Warum haben westliche Wissenschaftler diese empirische Form des mystischen Christentums praktisch ignoriert, und dies ausgerechnet in einer Zeit, in der zahlreiche Menschen im Westen ihren Blick dem Hinduismus und Buddhismus zuwenden? Was hat der Athos der westlichen Welt heute zu bieten, was in den etablierten Kirchen nicht zu haben ist?

Irgendwann wollte ich auf den fernen Athos zurückkehren, um dort mithilfe von Vater Maximos Antworten auf diese Fragen zu finden. In der Zwischenzeit las ich, besprach alles mit Emily und setzte meine »wandelnden« Gespräche mit Mike fort. Bei einem jener Spaziergänge auf den Pfaden des Universitäts-

Geländes wurde mir erstmals klar, was der Berg Athos, die autonome Kloster-Republik mit ihren etwa zweitausend Mönchen und Einsiedlern, der heutigen Kultur zu bieten haben könnte.

Eines Tages erklärte ich Mike, während wir gingen und die Sonne bereits hinter dem Wald versank, welche theoretischen Ideen und Spekulationen ich über die mögliche Bedeutung des Berges Athos für die moderne Welt entwickelt hatte. Der verstorbene Harvard-Soziologe Pitirim Sorokin und moderne transpersonale Denker wie Ken Wilber behaupten, dass wir die Wirklichkeit auf drei Arten erkennen: Durch »das Auge der Sinne« (empirische Wissenschaften), durch »das Auge des Verstandes« (Philosophie, Logik, Mathematik) und durch »das Auge der Kontemplation« (systematische und disziplinierte geistliche Praxis zur Öffnung der intuitiven und spirituellen Fähigkeiten des Selbst).[8] Dies sind drei verschiedene, unverwechselbare Ordnungen der Wirklichkeit mit je eigenen legitimen, klar voneinander abgetrennten Bereichen, Gesetzen und Eigenschaften, die sich nicht aufeinander reduzieren lassen. Es sind kognitive Ordnungen eigener Art, eigene Wirklichkeiten. Ein »ganzheitlicher« Zugang zur Wahrheit setzt voraus, dass alle drei »Augen« gleich geachtet und kultiviert werden, wie Pitirim Sorokin stets mahnte. Die historische Entwicklung im Westen verlief so, dass oft *ein* Ansatz die Oberhand gewann und die anderen beiden Bereiche verdrängte und überlagerte. Da der Westen sich dergestalt entwickelte, dass das »Auge der Kontemplation« als legitimer Erkenntnisweg ausgeschlossen wurde, wurden alle, die sich seiner Kultivierung widmeten, an den Rand gedrängt, ja diffamiert, zuweilen sogar verfolgt. Alle Erkenntnis wurde auf das »Auge der Sinne« reduziert. In den asiatischen Kulturen hingegen, wie etwa in Tibet, blieb »das Auge der Kontemplation« erhalten. Von dort wird es seit dem 19. Jahrhundert von desillusionierten Dichtern und Schriftstellern sowie heute von Anhängern des »New Age« auf der Suche nach einer authentischen Spiritualität wiederentdeckt.[9]

8 Ken Wilber, *Die drei Augen der Erkenntnis. Auf dem Weg zu einem neuen Weltbild*, übersetzt von Josef Wimmer, Kösel 1988.

9 Robert Thurman, *Revolution von innen. Die Lehren des Buddhismus oder*

Auch der Athos hat auf seine stille Art »das Auge der Kontemplation« bewahrt, während es überall sonst in der westlichen Kultur verdrängt wurde. Wenn also das klassische Griechenland der Welt in erster Linie eine Methode zur Kultivierung des »Auges des Verstandes« (Philosophie, Logik, Rationalität) geschenkt und wenn desgleichen Westeuropa vordringlich zur Entwicklung des »Auges der Sinne« (empirische Wissenschaft) beigetragen hat, dann könnte der Athos – ein kulturelles Reservat des untergegangenen Oströmischen Reiches, das als Byzanz bekannt ist – einen Beitrag zur Entwicklung des »Auges der Kontemplation« leisten und so die innere Tradition der westlichen Kultur wiederherstellen. Er könnte zur Entwicklung eines »ganzheitlichen« Zugangs zur Wahrheit beitragen. Als ich diese Ideen mit Emily und Mike besprach, wurde mir klar, dass der Athos die Antwort auf die Frage geben könnte, warum »das Christentum, wie wir es im Westen kennen, blutleer ist und dahinsiecht«. Der Heilige Berg könnte also das Potenzial besitzen, dem Christentum jene neue Vitalität einzuimpfen, der es so dringend bedarf.

---

das vollkommene Glück, übersetzt von Dagmar Ahrens-Thiele, Econ 1999.

2

Von Altvätern und Heiligen

Vater Maximos erzählte sehr gerne Geschichten über seinen spirituellen Meister, Altvater Paisios, den legendären Einsiedler und modernen Heiligen vom Athos. Ich erinnere mich gut, wie er mir bei meinem ersten Besuch, im Frühjahr 1991, während unserer Wanderung zu Altvater Paisios' Einsiedelei, die uns über Stunden durch zerklüftetes Gebirge führte, von einigen außergewöhnlichen Begebenheiten berichtete. »Vor gar nicht langer Zeit«, sagte Vater Maximos uns an jenem Tag, »war ich bei ihm, als Pilger in großer Zahl zu ihm kamen. Es war ein sehr anstrengender Tag für den alten Paisios. Irgendwann am Nachmittag verkündete er der letzten Besuchergruppe: ›Meine Lieben, es ist Zeit, dass ihr geht. Bis zum nächsten Kloster ist es ein sehr weiter Weg. Wenn ihr euch nicht beeilt, werdet ihr das Tor verschlossen finden.‹ Doch einer aus der Gruppe wollte ihn wegen eines persönlichen Problems dringend sprechen. ›Vater‹, sagte er, ›ich würde Sie gerne ein paar Minuten unter vier Augen sprechen.‹ Der alte Paisios winkte ab und sprach: ›Geh, mein Sohn. Geh mit den anderen. Es ist spät, und ich bin sehr müde.‹ ›Aber Vater, bitte!‹, bedrängte ihn der Mann. ›Ich muss Ihnen etwas sehr Wichtiges sagen.‹ ›Geh, mein Sohn. Du brauchst dir keinerlei Sorgen zu machen.‹ Der Mann bedrängte ihn, und der alte Paisios verlor anscheinend die Geduld. ›Um Himmels willen, geht, bevor das Kloster seine Pforten schließt.‹ ›Aber Vater, meine Frau ist schwer krank. Sie stirbt an Krebs.‹ Vater Paisios hielt einen Moment inne, legte seinen Arm um den Mann und sprach. ›Geh, mein Lieber, und sei ohne Sorge. Deiner Frau geht es gut.‹

»Dieser Mann wirkte sehr niedergeschlagen«, berichtete Vater Maximos weiter auf unserem Weg zur Einsiedelei des alten Paisios. »Schweren Herzens und mit dem Gefühl, er habe nichts erreicht, ging er mit den anderen ins Kloster zurück. Er glaubte, die viele hundert Kilometer weite Reise aus dem fernen Athen zum Berg Athos sei reine Zeitverschwendung gewesen. Er hatte gehört, Altvater Paisios sei ein heiliger Mann, durch dessen Gebete und Fürbitten oft Menschen von schweren Krankheiten geheilt würden. Jetzt war seine letzte Hoffnung geschwunden.

Du kannst dir vorstellen, wie überrascht er war und wie sehr er sich freute, als er nach Hause kam und dort seine Frau wohlauf und bei erstaunlich gutem Aussehen vorfand«, fuhr Vater Maximos fort, während wir der Einsiedelei immer näher kamen. »Seine Frau behauptete, als sie noch ans Bett gefesselt gewesen sei, habe kalter Schweiß ihren Körper überkommen. Und nach reichlichem Schwitzen habe sie sich vollständig geheilt gefühlt. Später bestätigte ihr Arzt, dass ihr Krebs auf mysteriöse Weise buchstäblich fortgespült worden sei. Ihr Mann fragte, wann das Schwitzen und die Veränderungen in ihrem Körper eingesetzt hätten, und sie antwortete, das sei etwa um vier Uhr am Freitagnachmittag gewesen. Als ihr Mann dies hörte, lief ihm ein Schauer über den Rücken. Um eben jene Zeit hatte Altvater Paisios ihm versichert, seiner Frau gehe es gut.«

Vater Maximos atmete tief durch und blieb einen Augenblick stehen, die Augen auf das Meer unter ihm gerichtet. Dann sagte er, auf dem Athos seien solche Phänomene nichts Erstaunliches mehr, sondern gehörten zum Alltag der Mönche und Eremiten, die sich dort einem Leben des immerwährenden Gebets und der Kontemplation verschrieben hätten.

»Wenn Menschen ihren Egoismus vollkommen ausgelöscht haben und den Zustand der *Theosis* oder Vereinigung mit Gott erreichen«, erklärte Vater Maximos, als wir vor Altvater Paisios' Tor angelangt waren, »dann entsprechen alle ihre Wünsche dem Wunsch Gottes und werden erfüllt. Es gibt kaum noch eine Trennung zwischen dem Ich des Einzelnen und Gott, zwischen dem Willen des vervollkommneten, christifizierten (also Christus ähnlich gewordenen) Menschen und dem Willen Gottes.

Das ist der Zustand der Heiligkeit, der Zustand, den Altvater Paisios durch sein lebenslanges asketisches Ringen erreicht hat. Er hat sich zu einem solchen Grad von egoistischen Leidenschaften befreit«, erklärte Vater Maximos, »dass er zu einem reinen Gefäß wurde, durch das sich die Segnungen und Energien des Heiligen Geistes ergießen.« Noch bevor Altvater Paisios uns das Tor öffnete, fügte Vater Maximos rasch hinzu, dass auch ein »christifizierter« Mensch im Zustand der Einheit mit Gott eine persönliche Identität beibehält. In der mystischen Tradition des Christentums bedeutet die höchste und endgültige Entwicklungsstufe der *Theosis* (siehe Glossar ab Seite 363 nicht die Auslöschung der persönlichen Individualität.

Ich erinnere mich noch sehr lebhaft daran, wie ich Vater Maximos zum ersten Mal begegnet bin. Es war im Frühjahr 1991 auf jener schicksalhaften Pilgerreise zum *Agion Oros*, zum Heiligen Berg. In sein Priestergewand gekleidet und mit einem breiten, freundlichen Lächeln auf dem runden Gesicht, wartete er mit drei weiteren Mönchen am Eingang zu Vatopedi, dem unzugänglichen uralten Kloster am Osthang des Berges Athos, auf unsere Ankunft. Bei der Begegnung mit ihm überkam mich jenes unheimliche Gefühl, das uns oft befällt, wenn wir einen völlig Fremden kennenlernen und sofort »Busenfreunde« werden. Doch ich konnte nicht ahnen, welch tiefgreifenden Einfluss diese scheinbar zufällige Begegnung spirituell wie beruflich auf mein künftiges Leben haben sollte.

Gleich bei der ersten Begegnung spürte ich, dass Vater Maximos ungewöhnlich war, dass er trotz seines jungen Alters (damals zweiunddreißig) über außerordentliche spirituelle Weisheit verfügte. Bald darauf erfuhr ich, dass Vater Maximos bei anderen Mönchen als »Altvater« gilt (*Gerontas* auf Griechisch oder *Starez* auf Russisch, wovon der im Deutschen gelegentlich gebrauchte Begriff »Starze« abgeleitet ist). Ein Altvater ist jemand, der – wie Altvater Paisios – in dem Ruf steht, mit göttlichem Charisma begnadet zu sein. Ein solcher Altvater (bei einer Nonne spricht man von »Mutter«) kann ungeachtet seines Alters für andere in ihrem Bemühen, sich mit Gott zu vereinen, ein spiritueller Führer sein. Zu erfahren, dass es nicht nur in den östlichen Religionen, sondern auch im Christentum ein lebendiges System der Schülerschaft bzw. »Altvaterschaft« gibt, war eine wichtige Entdeckung für mich.

Ich war seelisch und intellektuell bereit, von ihm zu lernen, eine Haltung, die ich mir während meiner langjährigen Verbindung zu den Mystikern und Heilern Zyperns zu eigen gemacht hatte. Am wichtigsten aber war, dass Vater Maximos die Bereitschaft zeigte, mich unter seine Fittiche zu nehmen und auch angesichts meiner Begrenzungen bei meinen weiteren Erkundungsreisen ins Herz des mystischen Christentums mein Mentor und wichtigster »Informant« zu sein.

Ich schmiedete erste Pläne für eine Rückkehr zum Athos und einen längeren Aufenthalt während meines für das Frühjahr 1997 vorgesehenen Sabbat-Semesters. Mehrere Briefe von Vater Maximos bestärkten mich in diesem Vorhaben. Darin bekräftigte er seine Bereitschaft, mir bei meiner Forschung zu helfen, und bekundete seine Sorge um mein geistliches Wohl. In einem dieser Briefe aus dem Jahr 1992 erwähnte er beiläufig, er sei nun »leider Gottes« zum *Protos* [»Ersten«] des Heiligen Berges gewählt worden, eine im jährlichen Wechsel vergebene Führungsposition. Es war ein Zeichen der hohen Wertschätzung, die Vater Maximos unter seinen Mönchsbrüdern genoss. Die Position des *Protos* war außerdem ein Hinweis auf den außergewöhnlichen Status des Berges Athos als autonome christliche Theokratie am Rande Europas, als ein Reservat des untergegangenen Weltreichs Byzanz.

Diese Autonomie zu wahren, war nicht immer leicht. Die Verantwortung muss schwer auf Vater Maximos gelastet haben, auch wenn er sie nur kurze Zeit tragen sollte. Wenn ich an die zusätzliche Bürde seiner neuen Position dachte, erinnerte ich mich an ein Gespräch mit ihm, als er uns einmal zu einer Klosterführung mitnahm, um uns einige unschätzbare Kostbarkeiten religiöser Kunst zu zeigen. Damals erklärte er, wie wichtig es sei, dass der Berg Athos autonom blieb, um den wahren mönchischen Geist aufrechterhalten zu können. »Die Schließung der Klöster«, erklärte er im Hinblick auf Entwicklungen im Westen nach der Reformation, »war, als ob man dem Christentum das

Herz herausgerissen hätte.« Er meinte, in den Klöstern sei die religiöse Erfahrung systematisch gepflegt und damit lebendiges Zeugnis von der Existenz Gottes abgelegt worden. Durch die Schließung der Klöster habe sich der Westen auf der Suche nach Gott schließlich nur noch auf den Intellekt verlassen. Doch der Weg zur Erkenntnis Gottes, betonte Vater Maximos wiederholt, führe weder über die Philosophie noch über die experimentelle Naturwissenschaft, sondern über systematische Methoden geistlicher Praxis, die uns für die Gnade des Heiligen Geistes öffnen könnten. Nur dann können wir eine Ahnung vom Göttlichen erlangen, unmittelbares empirisches Wissen über den Schöpfer. Andernfalls, so fuhr er fort, »bleiben wir auf der Ebene reiner Glaubenssätze und Ideologien stecken«. Laut Vater Maximos war der Erhalt der athonitischen Mystik von allerhöchster Wichtigkeit für den Fortbestand des Christentums.

Die Klöster zu erhalten, erforderte geschickte Diplomatie und kluges Vorgehen aufseiten der Mönche. Dies war eine der wichtigsten Aufgaben des *Protos* und seiner Berater. So manche Anekdote über die fortwährenden Kämpfe der Mönche, die Abgeschiedenheit des Berges Athos und seine Unabhängigkeit von äußeren Eindringlingen zu wahren, die ich während meines ersten Besuches dort gehört habe, werde ich nie vergessen. Tatsächlich hat der Athos im Laufe der Jahrhunderte sehr viele Eindringlinge gesehen.

Die Athos-Halbinsel war ursprünglich wegen ihrer Unzugänglichkeit als Rückzugsort für Klostergemeinschaften und Eremiten gewählt worden. Die südöstlich von Thessaloniki gelegene Landzunge ragt knapp fünfzig Kilometer in die nördliche Ägäis hinein und ist vom Rest Griechenlands durch undurchdringliche, zerklüftete Gebirgszüge und eine unwirtliche Küste getrennt. Im Gegensatz zum größten Teil der übrigen griechischen Küste hat sie keine natürlichen Häfen, was sie für potenzielle Invasoren und unwillkommene Besucher zu einem wenig attraktiven Ziel macht – was ich im Sommer 1998 am eigenen Leib erfahren konnte, als ich bei einem Segeltörn mit Familie und Freunden um den Berg Athos plötzlich in starken Wind und raue See geriet und beinahe Schiffbruch erlitt hätte. Es gab keinerlei Buchten, in denen wir Zuflucht hätten finden können.

Trotz dieser Unzugänglichkeit sind im Laufe der Jahrhunderte viele Klöster von tollkühnen Piraten, marodierenden Kreuzrittern und angreifenden Armeen geplündert worden. Deshalb und um die Autonomie und Ruhe des Heiligen Berges zu wahren, wurden die Klöster wie Burgen auf Berggipfeln oder steil abfallenden Klippen errichtet. Außerdem entwickelten die Mönche auf dem Athos, obwohl ihr Hauptaugenmerk nicht auf diese Welt gerichtet ist, eine diplomatische Kultur, durch die sie mit derlei Problemen in der Welt fertig werden können. Als Thessaloniki, die zweitwichtigste Stadt des Byzantinischen Reiches, im 15. Jahrhundert an die ottomanischen Türken fiel, reiste der *Protos* des Berges Athos in Begleitung einer Delegation von Mönchen als Vertreter aller Klöster dorthin, um sich offiziell zu ergeben und dem türkischen *Pascha* ihre Loyalität zu bekunden. Die Mönche waren sich sehr wohl bewusst, dass es nur eine Frage der Zeit war, bis auch Konstantinopel fallen würde, und sie wollten die Klöster vor den einfallenden türkischen Truppen schützen. Der *Pascha* wusste ihre Unterwerfung zu schätzen, fiel nicht auf dem Heiligen Berg ein und beließ den Mönchen ihre Selbstverwaltung. Daher überlebte die athonitische Spiritualität die vierhundertjährige Herrschaft der Ottomanen unbeschadet.

Nach derselben Logik und mithilfe ähnlicher diplomatischer Manöver umschifften die Mönche die Erschütterungen des 20. Jahrhunderts. Als die Deutschen im Zweiten Weltkrieg in Griechenland einfielen, fürchtete man um das Schicksal des Berges Athos. Damals schrieb der *Protos* direkt an Hitler und bat ihn, den Athos unter seinen persönlichen Schutz zu stellen. Dieser fühlte sich dadurch so sehr geschmeichelt, dass er seinen Generälen befahl, nicht in das Leben der Mönche einzugreifen. Obwohl auf dem Athos eine deutsche Garnison stationiert war, wurde während der gesamten brutalen deutschen Besatzung Griechenlands den Klöstern keinerlei Schaden zugefügt. In jener Zeit fanden eine Reihe griechischer jüdischer Frauen mit ihren Kindern Zuflucht auf dem Heiligen Berg. Die Athos-Mönche versteckten sie dort über die gesamte Dauer der Naziherrschaft. Damit verletzten sie ein brüchiges, noch aus dem

11. Jahrhundert stammendes Tabu, das Frauen den Zutritt verwehrt. Angeblich war dies das einzige Mal, dass eine Ausnahme von diesem Verbot gemacht wurde.

Während der Militärdiktatur in Griechenland, von 1967 bis 1974, waren die Integrität und die Autonomie des Heiligen Berges erneut bedroht. Anfang der 70er Jahre gingen Gerüchte um, wonach die Regierung die Athos-Halbinsel für den Tourismus erschließen wollte. Es hieß sogar, einige halbverlassene Klöster sollten zu Casinos umgebaut werden. Die Väter waren entsetzt. Eine solche Entwicklung hätte den Athos und alle seine mystischen Schätze für immer zerstört. Dieses Vorgehen wäre außerdem ein eklatanter Verstoß gegen die byzantinische Charta gewesen, die dem Berg Athos seit dem 9. Jahrhundert den Status eines autonomen, multi-ethnischen Gebietes zusicherte, das ausschließlich Mönchen und Eremiten vorbehalten ist. Daraufhin sandte der *Protos* des Athos eine Nachricht an Leonid Breschnew, den damaligen Generalsekretär der Kommunistischen Partei der Sowjetunion, und bat ihn um ein Eingreifen zugunsten des Heiligen Berges. Russland habe kulturelles Interesse am Athos, schrieb der Vater. Viele russische Heilige und große Altväter seien vom Heiligen Berg gekommen. Darüber hinaus sei ein berühmtes historisches Kloster auf dem Berg, das Kloster St. Panteleimon, überwiegend russisch. Breschnew tat ihm den Gefallen und sandte daraufhin eine scharfe Note an die griechischen Generäle, in der er sie vor ernsten Konsequenzen warnte, sollte der griechische Staat, der nur Hüter des Berges Athos war, in dessen innere Angelegenheiten eingreifen. Wieder blieb die Autonomie des Heiligen Berges gewahrt.

Dieses diplomatische Erbe trat Vater Maximos in seiner neuen Position als *Protos* des Heiligen Berges an. Ich fragte mich, wie er damit wohl zurechtkäme, und freute mich darauf, ihn dort wiederzusehen, wenn ich meine Studien der athonitischen Spiritualität fortsetzte. Doch es sollte nicht sein. Im Herbst 1993 erhielt ich einen Brief von meinem alten Freund und Vertrauten Stephanos, der alle meine Pläne über den Haufen warf. Viele Erfahrungen mit den zypriotischen Heilern in den 1980er Jahren hatte ich gemeinsam mit ihm gemacht. Während seines langjährigen London-Aufenthalts war Stephanos Mitglied in sufistischen und hinduistischen esoterischen Gruppen gewesen, hatte sich dann aber nach seinem frühen Rückzug aus dem Geschäftsleben und seiner Rückkehr nach Zypern dem Christentum zugewandt. »Es wird dich sicher interessieren«, schrieb er, »dass ein außergewöhnlicher Athos-Mönch nach Zypern gekommen ist. Meiner Einschätzung nach trägt er alle Anzeichen eines wahren Meisters, und wie du weißt, habe ich in meinem Leben etliche kennengelernt. Er ist in Begleitung zweier weiterer Mönche und gründet irgendwo in den Bergen ein Kloster. Ich besuche ihn häufig und bin so eine Art informeller Berater im Hinblick auf die hiesige Gesellschaft geworden. Auch Theano [Stephanos' Frau] denkt über ihn wie ich und hat ihn als ihren geistlichen Führer und Beichtvater angenommen. Endlich haben wir einen wahren Meister gefunden, der auch noch Christ ist. Wenn du wieder nach Zypern kommst, stelle ich ihn dir vor. Ich bin sicher, du wirst ihn mögen. Er heißt Vater Maximos.«

Einen Augenblick lang ging ich davon aus, dass es sich um eine zufällige Namensgleichheit handelte. Schließlich ist »Vater Maximos« bei orthodoxen Mönchen ein geläufiger Name und kommt etwa so häufig vor wie der Familienname Smith bei Amerikanern. Ich war mir sicher, dass der Vater Maximos, den ich kannte, nicht die Absicht hatte, den Athos zu verlassen. Er war ein glücklicher Mönch, der sich voll und ganz mit Lebensweise und Kultur auf dem Heiligen Berg identifizierte. Er hatte Zypern im Alter von achtzehn Jahren verlassen, und soweit ich wusste hegte er keinerlei Pläne, dorthin zurückzukehren. Nach dem Studium der Theologie an der Universität Thessaloniki war er auf den Athos gegangen und seither dort geblieben. »Mein Land«, hatte er mir bei meinem Besuch gesagt, »ist der Heilige Berg. Hierher gehöre ich und hier werde ich sterben. Ich habe nicht die geringste Absicht, irgendwo anders hinzugehen.« Damals lebte er bereits seit zehn Jahren als Mönch auf dem Athos.

Als ich Stephanos anrief und mich nach weiteren Einzelheiten erkundigte, stellte ich zu meiner Überraschung fest, dass der neu eingetroffene Mönch tatsächlich *der* Vater Maximos war, den ich kannte. Aber warum hatte er den Athos verlassen? Stephanos antwortete geheimniskrämerisch, das sei eine lange Geschichte, und bei meinem nächsten Besuch in Zypern würde ich mehr darüber erfahren.

Kaum hatte ich aufgelegt, überdachte ich meine Pläne. Vater Maximos, der bei meiner Erforschung der christlichen Spiritualität mein wichtigster Mentor sein sollte, würde während meines Sabbat-Semesters nicht auf dem Athos sein. Daher wäre es also nicht sonderlich sinnvoll, dorthin zu reisen und einen anderen Altvater zu suchen, der mir ein solcher Mentor sein könnte wie Vater Maximos es war und dies auch bleiben wollte. Außerdem hatte ich eine enge Bindung zu ihm aufgebaut und war ausgesprochen gern in seiner Nähe.

Diese neue Situation bereitete mir jedoch keine größeren Schwierigkeiten. Ganz im Gegenteil, Zypern war nicht nur meine Heimat, sondern auch wesentlich leichter zugänglich als der großartige Berg Athos, der für häufige Besuche recht schwierig zu erreichen war, und die Anreise zu einem Athos-Kloster in Zypern wäre deutlich einfacher. Außerdem könnte die Existenz einer authentischen geistlichen Einrichtung auf der Insel den Menschen dort eine echte Hilfe und ein großer Trost sein, waren sie doch durch eine von wirtschaftlichen und politischen Skandalen erschütterte Kirche sehr entmutigt. »Wer weiß«, sinnierte ich, »vielleicht kann ja Vater Maximos etwas ausrichten.« Ganz besonders freute ich mich, dass Stephanos, dessen Urteil über die Authentizität von Meistern ich vertraute, ihn so hoch schätzte. Stephanos' Begeisterung bestätigte meine eigene Wahrnehmung des athonitischen Altvaters zusätzlich.

Während ich noch über diese neue Situation nachdachte, klopfte eine weitere unerwartete Entwicklung an meine Tür. Sollten in meinem Hinterkopf noch letzte Vorbehalte gelauert haben, ob ich wirklich zu Vater Maximos nach Zypern reisen oder doch auch ohne den Vorteil seiner Anwesenheit zum Athos zurückkehren sollte, so wischte diese Nachricht sie endgültig vom Tisch. Ein zypriotischer Landsmann und Kollege von der University of Minnesota lud mich im Frühjahr 1994 in ein wissenschaftliches Komitee zur Förderung der Zypern-Forschung ein. Als Mitglied dieses Komitees würde ich zweimal jährlich Tagungen in Zypern besuchen müssen.

Mir stockte der Atem, als ich seinen Brief las, als wäre er eine deutliche Botschaft, ein Omen, was zu tun war. Von nun an würde ich auch über mein Sabbat-Semester hinaus regelmäßig den persönlichen Kontakt zu Vater Maximos pflegen können. Ich würde mich zwei Mal im Jahr – im Sommer und an Weihnachten – mit ihm treffen und jedes Mal, wenn ich zu den Tagungen nach Zypern reiste, ein paar Tage im Kloster verbringen können. Mir war, als hätte eine unsichtbare Hand alles so gefügt, um meiner Arbeit den Weg zu ebnen. Aus geheimnisvollen Gründen musste also die Erforschung der christlichen Spiritualität, die ich vor Jahren in Zypern mit den Mystikern Daskalos und Kostas begonnen hatte, am selben Ort mit Vater Maximos, dem athonitischen Altvater und ehemaligen *Protos* des Heiligen Berges, weitergehen. Mit diesen Gedanken im Kopf zog ich meine Energie vom Athos ab und wandte sie wieder Zypern zu.

Wäre ich Tourist, so wäre Zypern – nach der homerischen Legende der Geburtsort der Aphrodite – zu jeder Jahreszeit der ideale Urlaubsort. Im Februar, wenn meine Arbeit mit Vater Maximos planmäßig beginnen sollte, könnte ich morgens in den Bergen Skilaufen und am Nachmittag an einem der Sandstrände schwimmen gehen. Zypern ist nicht nur die drittgrößte, sondern durch ihre Lage dicht am Nahen Osten auch die wärmste Mittelmeer-Insel. Als Tourist könnte ich mich außerdem auf köstliches Essen, preiswerte heimische Weine und freundliche Zyprioten freuen, denen Ausländer, insbesondere Devisen bringende Touristen, stets sehr willkommen sind. Wäre ich Archäologe, so wäre das am Schnittpunkt zweier Kulturen gelegene Zypern einfach perfekt. In seinem geschichtsträchtigen Boden, der Aufstieg und Fall aller großen Weltreiche im östlichen Mittelmeerraum miterlebt hat, hätte ich mein Leben lang Ausgrabungen vornehmen können. Wäre ich Pilger auf dem Weg ins nahe Heilige Land, so hätte ich in Zypern einen Zwischenstopp eingelegt. Auf der Insel hätte ich auf den Straßen von Paphos wandeln können, jener Küstenstadt, in der der Apostel Paulus einige seiner ersten Predigten gehalten haben soll, um die vergnügungssüchtigen,

Aphrodite anbetenden Heiden zu frommen und gottesfürchtigen Christen zu bekehren.

Doch weder ich noch Emily, die an jenem Nachmittag im Februar 1997 auf dem vierstündigen Flug mit Cyprus Airways von London nach Larnaka neben mir saß, waren Touristen, Archäologen oder Pilger auf dem Weg nach Jerusalem. Für uns bedeutete Zypern etwas anderes: Es war unsere Heimat, der wir innig verbunden waren, wo Freunde und Verwandte uns erwarteten, und es war ein Ort schmerzlicher, traumatischer Erinnerungen. Bei allem scheinbaren äußeren Glanz seiner Sandstrände, sonnenanbetenden Touristen und allen üblichen Insignien eines florierenden Konsums ist Zypern doch eine krisengeschüttelte, geteilte und gefährdete Gesellschaft, ein Ort, der die Gebete der Athos-Mönche dringend benötigt. Ich fragte mich, ob dies wohl die Gründe waren, die Vater Maximos nach seiner Zeit als *Protos* des Heiligen Berges wieder auf die Insel geführt hatten.

Deren jüngere Geschichte ist eine Aneinanderreihung von Tragödien und Katastrophen. Die dramatischste ereignete sich im Juli 1974, als die nur fünfundsechzig Kilometer entfernte Türkei auf der Insel einmarschierte. Die Invasion war eine Reaktion auf einen Militärputsch, bei dem die Regierung von Erzbischof Makarios gestürzt wurde, dem ersten Präsidenten Zyperns nach der Unabhängigkeit von England im Jahr 1960. Der Putsch wurde von der damaligen griechischen Militärregierung lanciert und sollte zur Vereinigung der Insel mit dem griechischen Festland führen. Dabei wurde jedoch die Bedrohung durch den Nachbarstaat Türkei achtlos ignoriert. Als der mächtige Gegner unter dem Vorwand des Schutzes der türkischen Minderheit einmarschierte, konnte er fast vierzig Prozent des Insel-Territoriums einnehmen, was etwa ein Drittel der griechisch-zypriotischen Bevölkerung zu Flüchtlingen im eigenen Land machte.[10]

Weder Emily noch ich können jene schrecklichen Tage im Jahr 1974 vergessen. Jedes Mal, wenn ich in Zypern lande, blitzen die Erinnerungen daran wieder auf wie ungebetene Gäste.

10 Kyriacos C. Markides, The Rise and Fall of the Cyprus Republic, Yale University Press 1977.

In jenem Jahr war ich von der University of Maine freigestellt und arbeitete am Cyprus Social Research Center (Zypriotisches Zentrum für sozialwissenschaftliche Forschung) in der Hauptstadt Nikosia. Emily war unterdessen an der British Library beschäftigt. Wir schmiedeten Pläne, in Zypern zu bleiben und wollten in Famagusta wohnen, dem wichtigsten Handelshafen und Emilys Heimatstadt, wo auch ihre Eltern lebten. Doch wir hatten unsere Hochzeitsgeschenke noch nicht ausgepackt, als Famagusta von der türkischen Armee überrannt wurde, die aus der einst wohlhabenden Touristenstadt eine stacheldrahtbewehrte »Geisterstadt« machte. Nachdem wir dadurch unser Haus in Famagusta mit allem, was darinnen war, einschließlich unausgepackter Hochzeitsgeschenke, Bücher und Fotos, verloren hatten, kehrten wir nach Maine zurück. Emilys Eltern waren ebenfalls auf der Flucht. Sie gingen nach London, wo sie eine Zeit lang bei ihrem Sohn wohnten, bevor sie später nach Limassol zurückkehrten, der Stadt im Süden, die Famagusta als wichtigster Hafen und Touristenzentrum der Insel ablöste.

Auch dreiundzwanzig Jahre nach der Invasion ist das Zypern-Problem nach wie vor ungelöst. Die Türkei kontrolliert weiter den Norden, und die älteren Flüchtlinge, wie meine Schwiegereltern, sterben einer nach dem anderen, ohne dass ihr sehnlicher Wunsch nach einer Rückkehr in die Heimat in Erfüllung gegangen wäre. Ja, als wir im Februar 1997 auf der Insel ankamen, schien die Hoffnung auf eine friedliche Lösung des Problems fast völlig geschwunden.

So lautete die pessimistische Einschätzung aller, denen wir in Nikosia begegnet sind. Dort hielten wir uns eine Zeit lang auf, bevor ich in die Berge aufbrach, wo ich Vater Maximos treffen und bis zum Sommer in seinem Kloster wohnen wollte. Emily wollte noch drei Wochen in Zypern bleiben und inmitten der politischen Spannungen ihr Ziel der Einrichtung eines internationalen »Öko-Friedensdorfes« für Jugendliche voranbringen. Ihren Schmerz über den Verlust von Famagusta setzte sie in Engagement als Friedens-Aktivistin um. Ihr stand die Einrichtung eines »Dorfes« vor Augen, in dem Jugendliche aus ethnisch geteilten Gesellschaften aus aller Welt eine Zeit lang wohnen und lernen konnten, miteinander in Frieden zu leben. Außerdem sollten sie dort etwas über ökologische Nachhaltigkeit erfahren.

Es war niederschmetternd für uns, als wir erkennen mussten, dass Landespolitiker, Journalisten, ausländische Diplomaten und Zyprioten aller Gesellschaftsschichten ernsthaft befürchteten, es könne Schreckliches bevorstehen. Seit vergangenen Sommer zwei griechische Zyprioten an der »Grünen Linie«, jener berüchtigten »Todeszone«, die den südlichen, von der Republik Zypern beherrschten Teil der Insel vom türkisch kontrollierten Norden trennt, getötet worden waren, hatten die Spannungen im Land den Siedepunkt erreicht. Viele Zyprioten hatten Angst, es könne ein weiterer katastrophaler Krieg ausbrechen, ein Krieg, den die Inselrepublik mit ihren sechshunderttausend griechischen Zyprioten gegen eine schwer bewaffnete Türkei mit über fünfundsechzig Millionen Einwohnern nicht gewinnen könnte. Ausgerechnet jetzt musste Vater Maximos auf der Insel sein, dachte ich, weit weg von der heiteren Gelassenheit seines geliebten Athos.

Seltsame Phänomene verstärkten das Gefühl der Verzweiflung noch. In mehreren Kirchen und Klöstern fingen Ikonen der Heiligen Jungfrau an zu »weinen«. Diese angeblichen Wunder wurden im Fernsehen gezeigt. Das Kloster Kykkos, das erste, in dem eine Ikone Tränen vergossen hatte, wurde innerhalb weniger Tage von sage und schreibe fünfzigtausend Pilgern besucht. Mein Freund Philip, ein amerikanischer Anthropologe, der mit einem Fulbright-Stipendium in Zypern weilte, schickte mir unmittelbar vor meinem Abflug auf die Insel eine E-Mail. Darin schrieb er: »Angesichts der politischen Spannungen und der aufgeheizten nationalistischen Stimmung sind weinende Madonnas wirklich das Letzte, was wir hier brauchen können!«

Für Skeptiker waren weinende Ikonen ein Naturphänomen, das sich rational erklären ließ, vielleicht als kondensierte Luftfeuchtigkeit. Für die Türken wiederum waren sie schlicht und ergreifend griechisch-zypriotische Propaganda. Für Gläubige waren die Tränen ein Zeichen des Himmels, dass Zypern weitere Tragödien bevorstanden. Dieses Phänomen verstärkte die ohnehin schon verbreitete Angst noch. Ein Theologe versuchte, die Ängste der Einheimischen zu beschwichtigen, und erklärte in einem Fernseh-Interview, weinende Ikonen müssten nicht unbedingt ein Vorzeichen nahenden Unheils sein. Ganz im Gegenteil, führte er aus, sie könnten sogar ein gutes Omen sein. Doch als ich Stephanos am Tag nach meiner Ankunft in Nikosia traf, sagte er mir, Vater Maximos bezweifle diese optimistische Deutung. Er vertraute Stephanos an, es seien Tränen der Trauer, nicht der Freude. Sie seien eine Mahnung an die Menschen, Buße zu tun und *Metanoia* [wörtlich: die radikale, grundlegende Umkehr von Denken und Empfinden] zu vollziehen, um bevorstehendes Unheil zu vermeiden.

Stephanos berichtete mir auch von der außergewöhnlichen Haltungsänderung vieler Menschen infolge von Vater Maximos' Ankunft in Zypern. Das Klosterleben, das bis dahin als schwindende, veraltete und praktisch irrelevante Institution gegolten hatte, erfuhr neuen Auftrieb. Stephanos erklärte, in der kurzen Zeit seit seiner Ankunft auf der Insel habe Vater Maximos eine spirituelle Revolution entfacht. In zunehmender Zahl versammelten sich Leute um ihn und fänden Trost und Erleichterung bei persönlichen Schwierigkeiten sowie angesichts der Spannungen aufgrund der politischen Lage. Jenen aber, die dem Klosterleben ablehnend gegenüberstanden, sowie einigen Angehörigen der neu gewonnen Klosterbrüder und –schwestern war Vater Maximos' Anwesenheit auf der Insel das reinste Gräuel.

Am Tag vor meiner Abreise ins Troodos-Gebirge zu Vater Maximos, der zum neuen Abt des Klosters Panagia ernannt worden war, bekam ich dieses explosive Thema aus nächster Nähe mit. Es geschah während meines Besuches bei Thomas. Der pensionierte Schuldirektor war bei einem früheren längeren Aufenthalt auf Zypern unser Nachbar gewesen. Als er von meinen Plänen für einen Aufenthalt im Kloster Panagia erfuhr, fragte er in erregtem Ton, welche Rolle Vater Maximos in Zypern wohl spielte. Die Einwände seiner Frau, einer überzeugten Anhängerin des Abtes, wischte mein Freund Thomas vom Tisch und behauptete, Vater Maximos unterzöge junge Leute einer Gehirnwäsche und verführe sie, Mönch und Nonne zu werden. Aufgeregt zog er aus einer Schublade aufbewahrte Zeitungsartikel über Vater Maximos hervor und reichte sie mir mit angespannter Geste. Die giftigste Attacke führte ein Journalist, der für die kommunistische Zeitung schrieb. In großen schwarzen Lettern hieß es dort: »Priester treibt junge Leute mit hinterhältigen Mitteln ins Kloster.«

Thomas war ein Gelehrter, ein Intellektueller. Ich versuchte, mich vernünftig mit ihm auseinanderzusetzen und fragte nach der gesellschaftlichen Bedeutung von Klöstern. Ich wies auf die historische Rolle hin, die Klöster im Osten wie im Westen bei der Bewahrung alten Wissens gespielt hatten.[11] Ich argumentierte, historisch hätten sie als die Institution fungiert, die es sich zur Aufgabe gemacht habe, die religiöse Erfahrung, die ja im Zentrum aller großen Religionen steht, zu pflegen. Ich erklärte Thomas, das Christentum sei durch Mönche verbreitet worden, und zwar sowohl im Westen als auch im Osten. Mönche brachten das Christentum nach Irland und England, und im finsteren Mittelalter fiel den Mönchen die Rolle der Intellektuellen zu, die die Schriften der klassischen Kultur aufs Sorgfältigste abschrieben und bewahrten. Desweiteren erinnerte ich ihn an das künstlerische Schaffen der Mönchsorden sowohl im Westen als auch im Osten, das von glanzvollen Gesängen über Liturgien bis zur Ikonenmalerei reichte. Im Osten, so erklärte ich Thomas, der meinen Monolog mit sichtlicher Ungeduld anhörte, wurde das Christentum unter den slawischen Völkern des Nordens durch zwei Mönche aus Thessaloniki verbreitet. Sie legten das Fundament ihrer Kultur, einschließlich des kyrillischen Alphabets, und vermittelten diesen Menschen so eine Schriftsprache, die später die Werke von Tolstoi und Dostojewski möglich machen sollte. Außerdem erinnerte ich Thomas an die Rolle, die der heilige Kosmas von Aitolien, ein Mönch vom Athos, für die Rettung der griechischen Sprache und Kultur gespielt hatte. In den finstersten Jahren der Herrschaft der Ottomanen in Griechenland verließ St. Kosmas die Stille des Athos und reiste unter Lebensgefahr von Dorf zu Dorf, um dort nicht Klöster, sondern geheime Schulen zu gründen, in denen die griechische Sprache

11 Thomas Cahill, Wie die Iren die Zivilisation retteten: Die nie erzählte Geschichte der heldenhaften Rolle, die Irland vom Untergang Roms bis zum Aufstieg des mittelalterlichen Europa spielte, Goldmann 1998.

gelehrt und damit erhalten wurde. Arglos versuchte ich sogar, entfernt auf meine These anzuspielen, wonach athonitische Klöster – wie Vater Maximos' Kloster Panagia – dem Geschäftszweck dienten, das »kontemplative Auge«, ein Korrektiv zur Dominanz des wissenschaftlichen Materialismus, zu stärken. Doch Thomas war nicht in der Stimmung für derartiges Theoretisieren. »Klöster«, so spottete er, »sind anachronistische Einrichtungen, die in der modernen Welt keinen Platz mehr haben.«

Aus einem mir unverständlichen Grund war Thomas sehr wütend auf Vater Maximos und ließ dieser unbändigen Wut freien Lauf. »Er sucht sich gezielt anfällige junge Leute und begeistert sie für die Idee des Klosterlebens«, wiederholte Thomas. Ihm zufolge war Vater Maximos einzig mit dem Ziel nach Zypern gekommen, Mönche und Nonnen zu rekrutieren, um mit ihnen die verlassenen Klöster zu füllen. Gegen das Klosterleben wandte er sich mit der üblichen Kritik, es bedeute eine Abkehr von der Welt aus egoistischen Gründen, nämlich um selbst Erlösung zu erlangen, statt seinen Mitmenschen zu helfen. »Jesus war kein Mönch«, sagte Thomas aufgewühlt. »Er hat in der Welt gelebt und anderen Menschen nach Kräften geholfen. Er hat sich nicht in einem Kloster eingeschlossen.«

Meine Verwirrung klärte sich, als seine Frau Niki, die spürte, wie fassungslos ich angesichts der Reaktion ihres Mannes war, den Grund seiner Frustration nannte. Thomas, ein angesehener, gesellschaftlich stark engagierter Mann, war so wütend, weil die Tochter von Freunden sich gegen die Einwände ihrer Eltern entschieden hatte, Nonne zu werden. Alle gaben Vater Maximos die Schuld an ihrem Entschluss. »Es war eine große Tragödie für die Familie«, klagte Thomas und schüttelte missbilligend den Kopf. »Ich frage dich, ist das gerecht?«

»Es war ihre eigene Entscheidung«, erwiderte Niki ruhig, doch mit fester Stimme. »Ihre Familie muss ihre Entscheidung respektieren und Vater Maximos in Frieden lassen.«

Ein paar Sekunden lang schwiegen wir, und Thomas dachte über die Worte seiner Frau nach. »Vielleicht«, so schlug ich ihm vor, »solltest du Vater Maximos einmal persönlich kennenlernen, um diesen konkreten Fall mit ihm zu besprechen und ihm deine Bedenken gegen das Klosterleben vorzutragen. Ich bin sicher, er nimmt deine Gedanken ernst.« Angesichts von Thomas' negativer Einstellung gegenüber Vater Maximos hatte ich wenig Hoffnung, dass er über meinen Vorschlag auch nur nachdenken würde. Doch Thomas' Augen hellten sich auf, und er begrüßte die Idee. Ich versprach, den Abt darauf anzusprechen und zu versuchen, ein Treffen in die Wege zu leiten.

An einem Montagmorgen Mitte Februar brach ich auf ins Gebirge, während Emily vor ihrer Rückkehr in die Vereinigten Staaten weiter an ihrem »Öko-Friedensdorf« arbeitete, einem Traum, der allmählich konkrete Gestalt annahm. Im Sommer wollten wir uns in Maine wiedersehen. Ich hatte bereits am Telefon mit Vater Maximos gesprochen, und er erwartete mich. Die Fahrt auf den Berg war eine Befreiung aus den politischen Spannungen, dem dichten Stadtverkehr und den allgegenwärtigen Abgasen des verbleiten Benzins. Es war Frühling, und trotz der anhaltenden Dürre hatte sich das zypriotische Hinterland festlich herausgeputzt. Das Grün der Weizenfelder, in das unzählige gelbe und rote Wildblumen hineingetupft waren, überzog die Täler. In der Ferne erhoben sich die Berge in majestätischem Dunkelgrün, der Farbe dichten Waldes und üppiger Vegetation.

An jenem Montagmorgen war der Himmel größtenteils wolkenverhangen, und nur hin und wieder schoss ein Sonnenstrahl durch schmale Lücken und erleuchtete kleine Flecken Landes. Doch kaum fuhr ich die Bergstraßen hinauf, verdüsterte sich der Himmel unheilvoll. Die Sonne verschwand vollständig, und bald regnete es in Strömen. Ich bog besonders vorsichtig um gefährliche Kurven, denn der Regen nahm mir fast vollständig die Sicht. Bei einem Café in Kakopetria, einem Dorf unterhalb des schneebedeckten Olympos, hielt ich an. Der Olympos ist der höchste Berg der Troodos-Kette und trägt seinen Namen seit der Antike nach dem griechischen Berg Olymp. Während ich in dem rauchgeschwängerten Café saß und darauf wartete, dass der Regen nachließ, beobachtete ich eine Szenerie, die ich seit meiner Kindheit auf der Insel nur zu gut kannte: Männer, die die »Zeit totschlagen«, manche in eine Partie Backgammon vertieft, andere beim Kartenspiel und wieder andere über die Lokalzeitung gebeugt, in der sie etwas über die jüngsten Bemühungen der Vereinten Nationen zur Lösung des »Zypern-Problems« lesen.

Als ich endlich an meinem Ziel ankam, heulte der Sturm, und der unbarmherzige Regen wurde von Donner und Blitz begleitet – ein wahrhaft höllisches Spektakel. Doch mir war wohl dabei. Ich hielt es für ein gutes Zeichen, dass meine Ankunft am Kloster Panagia mit dem dringend benötigten Regen zusammenfiel, der das Land von der langen Dürre erlöste.

Ich parkte meinen Honda so dicht wie möglich am Außentor und rannte mit einer Zeitung über dem Kopf zum nächstbesten Unterstand. In dem geschützten Hofumgang regte sich kein Lebenszeichen, daher nahm ich an, dass die Mönche Mittagsruhe hielten. Daraufhin ging ich in den *Archondariki*, das Gästezimmer, in dem Besucher mit Tee und Gebäck begrüßt werden, das üblicherweise die Pilger mitbringen. Dort freute ich mich, Vater Arsenios zu sehen, den Athos-Mönch. Er war einer der beiden Schüler, die Vater Maximos nach Zypern begleitet hatten. Der dreißigjährige Asket mit dem langen blonden Bart und dem stets freundlichen Lächeln las im Alten Testament. Als ich ihn unterbrach, wartete er gerade darauf, dass die letzte Pilgerin ihre Beichte beim Abt abschloss. An jenem Tag war es Vater Arsenios' Aufgabe, die Ordnung aufrechtzuerhalten, indem er in der Reihenfolge der Ankunft Nummern vergab. Er erzählte mir, mit dem wachsenden Ansehen von Vater Maximos habe der Strom der Pilger, die geistlichen Rat suchten, schier nicht zu bewältigende Ausmaße erreicht.

»Die Letzte ist jetzt drin«, sagte Vater Arsenios, nachdem er mich herzlich begrüßt hatte. »Sie ist die fünfundvierzigste heute.«

Seit dem frühen Morgen nahm Vater Maximos den Menschen die Beichte ab, ohne Pause und ohne einen Beichtwilligen fortzuschicken. Ich sah auf die Uhr. Es war halb fünf Uhr nachmittags. Als er schließlich aus dem Beichtstuhl stieg, bemerkte ich das eine oder andere graue Haar in seinem langen schwarzen Bart. Er wirkte erschöpft, freute sich aber, mich zu sehen.

»Jetzt brauchen Sie fünf Stunden Gebet zur Erholung«, sagte ich im Scherz. »Nein, Kyriaco«, gab er lachend zurück. »Ich brauche fünfzig Stunden Schlaf.«

Es war leicht, die alte Vertrautheit mit Vater Maximos wiederherzustellen. Er sah alles andere als streng und asketisch aus, sondern war sehr gelassen, und wenn er nicht fastete, dann sprach er gerne gutem Essen zu. Überhaupt nahm er die Dinge stets von ihrer humorvollen Seite. Als ordinierter Priester, der die Sakramente spenden durfte, war er ein sehr vergebungsbereiter Mensch. Die Menschen fühlten sich erleichtert, wenn sie ihm ihre Sünden beichten und ihr Herz ausschütten konnten.

Vater Maximos strich sich über den Bart und lud mich zum Essen ein, da er seit dem Mittag des Vortages nichts mehr gegessen hatte. Während wir die Stufen zur Küche hinaufstiegen, erklärte er mir, er habe es sich zur Regel gemacht, vor der Beichte absolut nichts in seinen Magen zu bringen. Um die Beichte richtig abnehmen zu können, sagte er, müsse man sich unbedingt zunächst durch Beten und Fasten darauf vorbereiten. Dies stärkt den Heiligen Geist im Menschen, damit er den richtigen geistlichen Rat erteilen kann. Dieses Prinzip funktioniere auch bei Laien, die in der Welt sind und ein ganz normales Leben führen, betonte er nachdrücklich. Wenn man die Aufgabe übernehmen möchte, anderen zu helfen, und dabei etwas bewirken wolle, dann sollte man zuvor einige Zeit beten und fasten, riet er. Dadurch rufe man den Heiligen Geist herbei, damit er vor einem hergehe und den Weg ebne, was die Aufgabe leichter mache und die Erfolgsaussichten erhöhe. Man stelle sich vor, dachte ich insgeheim, Psychiater und Psychotherapeuten würden einen solchen Handlungsplan befolgen, bevor sie ihre Patienten empfangen!

Wir saßen einander gegenüber am Küchentisch und aßen Bohnensuppe, Oliven und Brot. Eigentlich war es eher ein Abend- als ein Mittagessen, denn meine Uhr zeigte, dass es bereits nach siebzehn Uhr war. »Was ist denn passiert?«, fragte ich. »Warum sind Sie hier und nicht auf dem Athos?« Ich nahm an, Vater Maximos habe den Athos verlassen, um seinem Geburtsland in einer Zeit, in der die Spannungen ein explosives Ausmaß erreicht hatten, seine Dienste anzubieten. Schließlich gab es ja seinen Vorgänger, St. Kosmas von Aitolien, der den Athos verlassen hatte, um den Griechen in der dunkelsten Zeit ihrer

Geschichte zur Rettung ihrer Sprache zu verhelfen. Für einen Altvater und griechischer Zypriot wäre das also nur natürlich.

Vater Maximos lächelte und schüttelte den Kopf. Meine Frage hatte er wohl erwartet. »Glaubst du, ich habe den Athos freiwillig verlassen?«, erwiderte er und schwieg einen Moment mit fragender Miene, als erwarte er eine Antwort von mir. »Ich wurde verstoßen, Kyriaco. Verstehst du? Verstoßen!«, fuhr er fort und lachte über sein Unglück.

»Verstoßen von wem?«, stammelte ich entgeistert. Diese Antwort hatte ich nicht erwartet.

»Von Altvater Paisios«, erwiderte Vater Maximos. Jetzt stand mir die Verwirrung ins Gesicht geschrieben.

»Ja, es war Vater Paisios' Idee, dass ich nach Zypern zurückkehren sollte, nicht meine«, ergänzte Vater Maximos.

»Ich dachte, er liebt Sie«, brach es halb im Scherz aus mir heraus.

»Natürlich liebt er mich. Ich zweifele nicht im Geringsten an seiner Liebe zu mir und allen anderen. Aber aus irgendeinem Grund wollte er, dass ich wieder nach Zypern gehe. In dieser Sache war er unerbittlich. Ich flehte ihn an, doch vergebens. Da er mein Altvater ist, musste ich gehorchen«, sagte Vater Maximos und schluckte den letzten Bissen herunter. »Weißt du, wir Mönche dürfen keine persönlichen Wünsche und Vorlieben haben. Andernfalls sollten wir das Gewand ausziehen und nicht länger so tun, als seien wir Mönche.«

Nach einigen Sekunden Pause und mit gewitzter, fast schelmischer Miene fuhr er fort: »Zunächst war ich versucht, nicht zu gehorchen. So sehr schmerzte mich die Vorstellung, den Athos zu verlassen. Ich hoffte, der alte Paisios habe es nicht so ganz ernst gemeint, als er mich bat, nach Zypern zurückzukehren. Früher oder später, so dachte ich mir, würde er es wieder vergessen haben. Er war ja schließlich ein alter Mann. Aber nein! Jedes Mal, wenn wir uns begegneten, ermahnte er mich, ich solle sofort meine Rückkehr nach Zypern vorbereiten.

Ich war so verzweifelt, dass ich auf dem ganzen Athos von Kloster zu Kloster und von Einsiedelei zu Einsiedelei lief und die anderen Altväter bat, einzugreifen und mich aus meinem Unglück, mein Leben auf dem Berg Athos aufgeben zu müssen, zu erretten – so dachte ich zumindest damals. Vielleicht, so meine stille Hoffnung, würden die anderen Altväter ja anordnen, dass ich auf dem Athos bleiben sollte. Auf diese Weise könnte ich die Anweisung des alten Paisios vielleicht aufheben, überlegte ich. Doch alle anderen Altväter rieten mir, ich müsse den Anweisungen meines geistlichen Meisters Folge leisten, denn er wisse, was am besten sei. Also verließ ich den Athos und bin nun hier«, sagte Vater Maximos und grinste.

»Ich bin froh, dass Sie gekommen sind. Sie werden hier gebraucht.«

»Im Fleisch habe ich den Athos wohl verlassen, doch im Geiste bin ich immer noch dort«, setzte Vater Maximos mit Wehmut in der Stimme hinzu. »Natürlich«, ergänzte er schnell, »haben wir den Athos in dieses Kloster mitgebracht. Es ist geradeso gut, als wäre ich auf dem Athos.«

»Ich bin froh, dass Sie das so empfinden«, antwortete ich.

Vater Maximos wiederholte noch einmal, seine wahre Heimat sei der Heilige Berg und nicht Zypern, wo er geboren und aufgewachsen war. Angesichts der geradezu obsessiven Bindung zu ihrer Insel, die im Ausland lebende Zyprioten empfinden, war Vater Maximos' Behauptung außergewöhnlich. Aber Vater Maximos war ja auch kein gewöhnlicher Zypriot. Im Gegensatz zu uns hatte der Athos ihn von den Fesseln befreit, die ihn emotional an sein Vaterland banden.

»Altvater Paisios muss seinen nahenden Tod gespürt haben«, vermutete ich. »Vielleicht wollte er deshalb so unbedingt, dass Sie fort sind, bevor er geht.«

»Vielleicht«, erwiderte Vater Maximos, »er starb genau ein Jahr nach meiner Abreise vom Athos.«

»Er muss gewusst haben, dass Sie nie aus freien Stücken nach Zypern zurückgekehrt wären. Vielleicht hat Altvater Paisios, der ja ein Heiliger mit prophetischen Gaben war, in die Zukunft geschaut und erkannt, dass Sie hier wichtige Arbeit zu leisten haben.«

Vater Maximos lachte und wischte meine Vermutung vom Tisch. »Als ich nach Zypern kam, ging ich davon aus, dass ich hier ein solches Chaos anrichten würde, dass die Altväter mich schleunigst zurückrufen würden. Das hoffte ich zumindest.«

Wie interessant, staunte ich, dass Vater Maximos ungeachtet seines Ansehens und ungeachtet dessen, dass er *Protos* des Heiligen Berges gewesen war, keine andere Wahl hatte, als seinem Altvater zu gehorchen, der als Einsiedler jahrzehntelang vollkommen abgeschlossen von der Außenwelt gelebt hatte. Doch aus Sicht der geistlichen Tradition auf dem Athos sprach Altvater Paisios als Wundertäter und lebender Heiliger mit der Autorität des Himmels, genau wie die alttestamentarischen Propheten. Es wäre daher undenkbar und gegen die athonitische Spiritualität gewesen, dass Vater Maximos nicht gehorcht hätte. Seine Vertreibung aus dem klösterlichen Garten Eden war von keinem anderen als Gott selbst vorgenommen worden.

Während Vater Maximos mir erklärte, wie er gegen seinen Willen in Zypern gelandet war, fiel mir wieder ein, was Swami Swaroopananda gesagt hatte, als ich als Gastredner zu Besuch im Sivananda Yoga Retreat auf Paradise Island in Nassau gewesen war. Nach einem gemeinsamen Abendessen mit den anderen Gastrednern und einem Diavortrag über den Athos sprachen wir über die große Bedeutung klösterlicher Zentren und ihre potenzielle Rolle in einer modernen Gesellschaft. Der beeindruckende und weise israelische Swami und Abt des Ashrams hörte sich verschiedene Ansichten an, schüttelte dann den Kopf und meinte: »Die athonitischen Mönche werden vom Athos heruntersteigen und ihre Weisheit dem Rest der Welt mitteilen müssen. Die Erde befindet sich in einem äußerst kritischen, gefährlichen Zustand, und solche Weisheit kann nicht mehr in uralten Klöstern verborgen bleiben. Wenn sie es nicht freiwillig tun, dann wird Gott sie unter Zwang dort herausführen. So läuft das, wisst ihr. Genau dasselbe ist den Tibetern passiert.« Und es ist Vater Maximos passiert, dachte ich bei mir. Damals wies ich den Swami darauf hin, dass dem nicht ganz so sei. Die Athos-Mönche waren in der Geschichte bereits mehrfach außerhalb des Athos tätig geworden.[12] Das Wissen und die Weisheit

12 Dimitri Obolensky, The Byzantine Commonwealth, Praeger 1971.

des Athos waren eigentlich nie »verborgen« gewesen, sagte ich dem Swami. Die moderne Welt hatte nur einfach den spirituellen Schätzen, die auf dem Athos bewahrt wurden, nie sonderlich viel Aufmerksamkeit geschenkt.

Am Ende unseres gemeinsamen Mahls mit Vater Maximos sprach ich die Frage nach meiner Rolle im Kloster Panagia an. Ich sagte, dass ich neben der Recherche und der Arbeit an meinem Buch dem Kloster auch gerne von praktischem Nutzen sein wollte und schlug vor, ich könnte während meines Aufenthaltes vielleicht Vater Maximos' Chauffeur sein und so jemanden entlasten, der ihn sonst bei seinen vielen Erledigungen in die verschiedenen Regionen der Insel fuhr. Vater Maximos hatte selbst nie Autofahren gelernt. Er lächelte und signalisierte mit einem Nicken und einem »Okay« seine Zustimmung. Ich war glücklich. Meine Tätigkeit als sein Chauffeur diente einem doppelten Zweck: Ich würde mich nützlich machen und hätte zugleich ganz einfach Zugang zu Vater Maximos für private Dialoge und ungezwungene Gespräche.

Bevor er sich zur dringend notwendigen Ruhe in seine Zelle zurückzog, bat er Vater Arsenios, mir eine der verfügbaren Zellen herzurichten. Mir wurde ein geräumiges Zimmer mit Zentralheizung, eigener Toilette und Dusche zugewiesen. Es hatte sogar ein Sofa und einen Schreibtisch aus Holz für mein Notebook. Für klösterliche Verhältnisse war ich luxuriös untergebracht. Später erfuhr ich, dass es sich bei meiner Zelle tatsächlich um die Suite handelte, die besonderen Gästen wie etwa dem Erzbischof und anderen Würdenträgern vorbehalten war. Es war mir peinlich, machte mich aber auch glücklich, dass Vater Maximos an meinem körperlichen Wohlbefinden gelegen war. Stephanos hatte mir zuvor berichtet, dass Vater Maximos sich Sorgen machte, ob ich den Härten des Klosterlebens wohl über längere Zeit gewachsen wäre. Er muss gewusst haben, dass ich nicht zum Mönch geboren bin.

Bevor Vater Arsenios mich verließ, damit ich mich in meinem neuen Zimmer einrichten konnte, erklärte er, dass es aufgrund der Fastenzeit nur einmal täglich etwas zu essen gäbe, und zwar am Mittag. Als er die Spur Skepsis in meinem Gesicht bemerkte, versicherte er mir, es sei vollkommen in Ordnung, wenn ich mir morgens und abends mit einem kleinen Imbiss behelfe. »Auch wir nehmen einen Tee ein, um bis zum nächsten Mittag durchzuhalten.« Das Leben als Mönch ist nicht leicht, dachte ich, und fragte mich, wie die etwa dreißig überwiegend jungen Mönche, die Vater Maximos' Schüler wurden, mit so harten und strengen Regelungen zurechtkämen.

Am nächsten Tag nach dem Gottesdienst schilderte ich Vater Maximos meine Begegnung mit meinem Freund Thomas. Er war mit einem Treffen einverstanden, und ich säumte nicht, es gleich für den darauffolgenden Morgen anzusetzen. Ich hatte das Gefühl, bei einer solchen Begegnung müssten wichtige Ideen über das Wesen des Klosterlebens zutage treten. Dabei verließ ich mich sowohl auf Vater Maximos' tiefe Kenntnisse und Erfahrungen als auch auf Thomas' scharfen und kritischen modernen Verstand. Ich stellte sicher, dass mein Aufnahmegerät funktionierte und bereitete mich innerlich auf einen meiner Erwartung nach lebhaften Austausch zum Thema Klosterleben vor.

3
Verwandlungen

Wir saßen in einem Zimmer neben Vater Maximos' Büro und warteten. Thomas wirkte angespannt. Die Gebetskette in seiner Hand ließ er nervös durch die Finger laufen, in diesem Teil der Welt ein üblicher Zeitvertreib älterer Männer. Fast keuchend wies Thomas mich mit kaum hörbarer Stimme darauf hin, er habe vor, mit Vater Maximos sehr unverblümt über die künftige Nonne Rosa zu sprechen. Im Geiste hatte er bereits geprobt, wie er Vater Maximos seine völlige Ablehnung der monastischen Lebensform deutlich machen würde. Ich versicherte ihm, Vater Maximos schätze ein offenes Gespräch. Thomas nickte zufrieden, und seine Atmung normalisierte sich. Seine Frau Niki saß schweigend neben ihm, doch die Ungeduld stand ihr deutlich ins Gesicht geschrieben.

Die Atmosphäre änderte sich in dem Moment, als Vater Maximos ins Zimmer trat und sowohl Thomas als auch Niki mit Handschlag begrüßte. »Ich hatte einen alten Mann erwartet«, staunte Thomas. »Alle sprechen von Ihnen als einem *Gerontas* [Altvater]. Ich nahm an, Sie müssten mindestens sechzig sein.« Vater Maximos lächelte und witzelte über sein relativ jugendliches Alter. Dann erfuhr Thomas, dass Vater Maximos das Gymnasium in Paphos besucht hatte, als er dort Direktor gewesen war. Dies brachte das Eis ein wenig zum Schmelzen, und Thomas' militante Haltung legte sich etwas. Trotz seiner ablehnenden Einstellung gegenüber dem monastischen Leben mochte er Vater Maximos anscheinend auf Anhieb. Doch wie angekündigt, sprach er die Themen an, die ihn ins Kloster Panagia geführt hatten.

»Es kursieren sehr viele Gerüchte über Sie, Vater Maxime«, sagte Thomas in ernstem Ton. Er zögerte eine Sekunde und kam dann geradewegs zum Kern der Sache. »Ich spreche insbesondere über den Fall Rosa. Wissen Sie, ich bin ein Freund der Familie. Es tut ihnen sehr weh, besonders dem Vater. Sie werfen Ihnen vor, dass Sie ihre Tochter nicht davon abgehalten haben, Nonne zu werden und sehr barsch zu ihnen waren.«

»Barsch?« Vater Maximos reagierte erstaunt.

»Dass Sie den Vater beschuldigt haben, kein guter Vater zu sein. Ich bin nun hierher gekommen, um selbst herauszufinden, was da vor sich geht. Wir wollen offen und frei darüber sprechen, ja?«

»Aber natürlich«, versicherte ihm Vater Maximos.

»Dann habe ich folgende Frage an Sie«, fuhr Thomas mit Nachdruck in der Stimme fort und fingerte an seiner Gebetskette herum. »Diese junge Frau hat einen akademischen Abschluss und ist gelernte Architektin. Sie hatte vor, nach Amerika zu gehen und dort ein Zweitstudium anzuschließen. Aber seit dem Tag, an dem sie Ihnen begegnet ist, hat sie plötzlich Interesse an einem Leben im Kloster entwickelt. Ihre Eltern und ihre Familie haben den Eindruck, dass Sie einen schlechten Einfluss auf sie ausgeübt haben. Wären Sie in der Lage gewesen, sie davon abzuhalten, Nonne zu werden? Bitte verzeihen Sie, dass ich Sie so unverblümt darauf anspreche, aber ich trage Ihnen diese Sorge um der Klarheit willen vor.«

Vater Maximos seufzte und versicherte Thomas, er schätze seine Offenheit. »Fangen wir ganz von vorne an. Wie habe ich Rosa kennengelernt? Eine meiner Aufgaben hier im Kloster besteht darin, den Menschen Gelegenheit zur Beichte zu geben. Ich habe im Vorhinein keine Ahnung, wer zu mir kommt. Ich weiß nicht, wer die Menschen sind, woher sie kommen und welchen Beruf sie ausüben. Oft frage ich noch nicht einmal nach dem Namen. Als Mönch meide ich die Öffentlichkeit so gut ich irgend kann und halte mich von gesellschaftlichen Zusammenkünften fern. Ich nehme keine Einladungen in Privathäuser an. Mein Leben findet ganz eindeutig im Kloster statt. Auf jeden Fall habe ich Rosa nur wenige Male getroffen. Ja, als sie das erste Mal zur Beichte kam, was sie in Begleitung ihres Vaters. Er hat mir sogar gedankt, dass ich eine gemeinsame Audienz mit seiner Tochter ermöglicht hatte. Sie kamen an einem Samstag zur Beichte, wenn ich den ganzen Tag über Menschen empfange. Wenn so viele auf die Beichte warten, kann ich dem Einzelnen nicht mehr als zehn Minuten widmen. In ihrem Fall habe ich später herausgefunden, dass Rosas Großvater Priester und in meiner Teenagerzeit am Gymnasium in Paphos mein geistlicher Beistand und Beichtvater gewesen war.«

»Den verstorbenen Vater Kyrillos habe ich sehr gut gekannt«, warf Thomas lebhaft ein, und seine Frau bestätigte es. Es war ein interessanter Zufall, dass Rosas Großvater ausgerechnet der Beichtvater des jungen Vater Maximos und ein Bekannter von Thomas gewesen war. Auf einer kleinen Insel wie Zypern, die deutlich kleiner als der US-Bundesstaat Connecticut [oder etwa halb so groß wie Thüringen] ist, kommen solche Zufälle allerdings recht häufig vor.

»Ich erinnere mich«, fuhr Vater Maximos fort«, dass Rosa viele Fragen hatte und noch Philosophie studieren wollte. Zugleich sagte mir ein junger Mann, der zur Beichte kam, er wolle heiraten und fühle sich zu Rosa hingezogen«, ergänzte er. »Der junge Mann war zu schüchtern, und ich bot ihm an, mit seiner Erlaubnis mit Rosa darüber zu sprechen, damit sie sich treffen und einander kennenlernen konnten. Nun sage mir doch bitte, Thomas, wenn ich ein Interesse daran gehabt hätte, dass Rosa Nonne wird, hätte ich dann die Rolle des Heiratsvermittlers übernommen?«, fragte Vater Maximos in völligem Ernst.

»Natürlich nicht«, warf Niki eilends ein, während Thomas widerwillig nickte.

»Die beiden haben sich dann tatsächlich getroffen, aber es hat nicht funktioniert. Als Rosa das nächste Mal zur Beichte kam, sagte sie mir kategorisch, sie habe kein Interesse an der Ehe. Ihre tiefste Sehnsucht sei es, Nonne zu werden. ›Rosa, schau‹, sagte ich ihr, ›der Welt zu entsagen, ist ein sehr schwerwiegender Entschluss. Du hast keinerlei Erfahrung mit dem Klosterleben und kannst nicht wissen, was das wirklich bedeutet.‹ Sie arbeitete als Architektin. Ich riet ihr, ihren Beruf weiter auszuüben und ein

Jahr abzuwarten, wie es ihr dann mit ihrem Wunsch erginge. Sie war einverstanden. Doch ein paar Monate später kam sie wieder und verkündete, sie habe sich entschieden, Nonne zu werden. Erneut riet ich ihr, noch etwas abzuwarten, damit sie auch ganz sicher sein könne, dass sie wirklich den Rest ihres Lebens in einem Kloster verbringen wolle. Sie wartete bis Weihnachten. Dann kam sie zu mir und sagte: ›Vater Maxime, entweder Sie wollen nicht, dass ich hier in Zypern in ein Kloster eintrete, in diesem Fall gehe ich in eines in Griechenland. Oder es stimmt irgendetwas mit mir selber nicht, was Sie mir aber nicht sagen wollen.«

»Was haben Sie ihr daraufhin gesagt?«, fragte Thomas leise und mit gespannter Neugier.

»Ich sagte ihr, dass ich nicht das Recht habe, ihr zu verwehren, Nonne zu werden, ebenso wenig wie ich das Recht habe, ihr zu befehlen, Nonne zu werden. ›Du bist eine erwachsene Frau von fünfundzwanzig Jahren‹, sagte ich ihr. ›Und genau wie du das Recht hast, den Mann zu heiraten, den du heiraten möchtest, hast du auch das Recht, Nonne zu werden.‹ Dann legte ich ihr ans Herz, mit ihren Eltern über die Angelegenheit zu sprechen.«

Vater Maximos hielt einen Moment inne und fuhr dann fort: »Das tat sie. Die ganze Familie kam hierher, einschließlich weiterer Verwandter. Das war der Tag, von dem sie behaupten, ich sei nicht gut mit ihnen umgegangen. Mit vereinten Kräften warfen sie mir vor, ich sei die Ursache für den Entschluss ihrer Tochter, Nonne zu werden. Alles liege allein an mir, behaupteten sie unbeirrbar, und verlangten, ich solle Rosa befehlen, ihr Vorhaben, Nonne zu werden, aufzugeben. Ich habe vergeblich versucht, ihnen zu erklären, dass ich das unmöglich tun könne.«

»Ist das Klosterleben der einzige Weg zu Gott?«, fragte Thomas abrupt.

»Natürlich nicht«, erwiderte Vater Maximos. »Aber es ist *ein* Weg.«

»Entschuldigen Sie bitte, wenn ich etwas vom Thema abweiche, doch bevor wir weitersprechen, können Sie mir bitte sagen, was das monastische Leben Ihrer Meinung nach ist?«, fragte Thomas. Vater Maximos erwiderte, es sei nicht leicht, Außenstehenden zu erklären, was das klösterliche Leben sei. Es sei ein Mysterium, das nur erlebt werden könne. Für Außenstehende sei das Phänomen des Klosterlebens einfach unbegreiflich. Wenn es aber überhaupt eine kurze Erklärung dafür geben könne, was die monastische Lebensweise bedeute, ergänzte Vater Maximos, dann sei dies wohl das Zeugnis der großen Heiligen aus allen Zeiten.

»Nach Euagrios Pontikos, einem Wüstenvater aus dem 4. Jahrhundert«, fuhr Vater Maximos fort, »sind Mönche Menschen, die sich geographisch von allem und jedem abgesondert haben und die doch durch Gebet und die Liebe Christi unsichtbar mit allem und jedem verbunden sind. Maximus Confessor zufolge sind Mönche Menschen, die ihren Geist völlig aus der Welt der materiellen Dinge zurückgezogen haben und sich durch Enthaltsamkeit, Liebe, Gebet und Gesang vollständig auf Gott ausrichten. Und für einen anderen Altvater waren Mönche Menschen, die in diesem Leben nichts hatten außer Christus. Das versuchen wir hier.«[13]

Vater Maximos griff das Gespräch über Rosa wieder auf: »Ich erklärte ihnen, was sie von mir verlangten, verstoße gegen mein Gewissen. Da sie jedoch darauf beständen, würde ich Rosa dennoch bitten, nie wieder hierher ins Kloster zu kommen, versicherte ich ihnen. Es gebe noch andere Beichtväter auf der Insel. Zu ihnen solle sie gehen und dann tun, was sie wünsche. Eigentlich darf ein geistlicher Beistand so etwas nicht. Ich habe einen Fehler gemacht, und ich bereue ihn. Ich hatte kein Recht, jemandem zu sagen, dass er nicht zu mir zur Beichte kommen dürfe, um möglichen Schwierigkeiten aus dem Weg zu gehen. Doch genau das habe ich getan. Ich habe ihr gesagt, dass ich keinen Kontakt zu ihr mehr wünsche, damit man mir nicht vorwirft, ich würde sie in ihren Lebensentscheidungen beeinflussen. Sie

13 Siehe Kallistos Ware, The Orthodox Way, Mowbray 1979 (deutsch: Der Aufstieg zu Gott. Glaube und geistliches Leben nach ostkirchlicher Überlieferung, übersetzt von Irene Hoenig, Herder 1983); Archimandrite Sophrony (Sakharov), The Monk of Mount Athos. Staretz Silouan, 1866-1938, St. Vladimir's Press 1975 (deutsch: Starez Siluan, Mönch vom heiligen Berg Athos: Leben, Lehre, Schriften. Dargestellt und herausgegeben. von Archimandrit Sophronius. Bearbeitet und übersetzt von Josephine Kolander, Patmos 1959).

war damit einverstanden, und seither hatte ich keinerlei Kontakt mehr zu ihr.

»Eines Tages«, fuhr Vater Maximos fort, »kam dann ihr Vater hierher und verlangte, ich solle ihm sagen, was mit Rosa los sei. Woher solle ich das wissen, erwiderte ich, ich hätte ja keinen Kontakt mehr zu ihr. Da schrie er mich an und drohte mir, er werde mich umbringen wie einen Hund und mein Blut trinken.«

»Ich glaube, zu so etwas ist er tatsächlich imstande«, murmelte Thomas düster. Einen Menschen zu erschießen, sei Rosas Vater nicht fremd, erklärte Thomas uns, denn in den 1950er Jahren habe er im Guerillakrieg gegen die Briten mehrere sogenannte Verräter getötet.

»Außerdem drohte er«, berichtete Vater Maximos weiter, »er werde an die Zeitungen schreiben und mich des unsittlichen Verhaltens beschuldigen sowie das Kloster in den Himmel hinauf sprengen.«

»Wie schon gesagt«, meinte Thomas ernst, »diesen Leuten ist Gewalt nicht fremd.«

»Da erkannte ich«, hob Vater Maximos wieder an, »dass ich etwas tun musste. Ich warnte ihn: ›Ich rufe auf der Stelle die Polizei, und dann werden wir ja sehen, wen du hier erschießt und wessen Blut du trinkst. Habe ich deine Tochter je angerufen? Bin ich ihr je zu nahe getreten? Habe ich sie je ins Kloster eingeladen? Warum hast du dich nicht um deine Tochter gekümmert, wenn du glaubst, dass sie auf Abwege geraten ist? Du bist doch Tag und Nacht bei ihr, wieso lässt du sie dann allein zum Kloster kommen? Um Himmels Willen, ich habe deine Tochter alle zwei Monate zehn Minuten lang gesprochen. Sie war jeden Tag bei dir, und doch hattest du keinerlei Einfluss auf sie. Wie kannst du mir vorwerfen, ich sei die Ursache ihres Entschlusses, Nonne zu werden, wo sie doch eine Frau von fünfundzwanzig Jahren und mit abgeschlossenem Studium ist?‹ Aber er hörte gar nicht zu und drohte mir nur weiter, mich zu erschießen und mein Blut zu trinken. ›Nun gut‹, sagte ich zu ihm, ›dann gehe hin und erschieße mich und trinke mein Blut.‹ Damit war unser Gespräch beendet.«

»Wenn Leute zu Ihnen kommen, die Mönch oder Nonne werden wollen, glauben Sie nicht, dass es dann Ihre Pflicht ist, sie mit Nachdruck davon abzubringen?«, fragte Thomas ein wenig beklommen.

»Wenn sie für das Klosterleben nicht geeignet sind, dann sollte ich das tatsächlich. Aber ich würde das nur tun, wenn sie sich nicht eignen. In solchen Fällen würde ich ihnen sagen: ›Mein Lieber oder meine Liebe, du kannst kein Mönch oder keine Nonne werden, und zwar aus folgenden Gründen.‹«

»Ein weiterer Vorwurf gegen Sie lautet, dass Sie psychisch anfällige Menschen zum Kosterleben verführen. Zum Beispiel könnte eine junge Frau nach einer enttäuschten Liebe für Sie als charismatische Persönlichkeit empfänglich sein. Sie wäre leicht dazu zu überreden, Nonne zu werden.«

Vater Maximos lachte: »Thomas, hast du eine Ahnung, was das Klosterleben bedeutet?«

»Ich bin ja nicht unbedingt derjenige, der so etwas sagt«, verteidigte sich Thomas. »Ich gebe nur wieder, was manche Menschen über Sie sagen.«

»Es ist schon in Ordnung, auch wenn du selber diesen Gerüchten glauben würdest«, versicherte ihm Vater Maximos.

»Am lebhaftesten erinnere ich mich an den Fall einer Mutter«, fuhr Thomas fort, »die Sie öffentlich angefleht hat, einzugreifen und zu verhindern, dass ihr einziger Sohn sie verlässt und Mönch wird. Da fiel mir Christus ein, der, bevor er am Kreuz starb, zu seiner Mutter sagte ›Das ist dein Sohn‹ und dabei auf Johannes deutete. Dann wandte er sich an Johannes und sagte: ›Bitte kümmere dich um meine Mutter, denn ich gehe.‹ Das war christliches Handeln, meiner Einschätzung nach. Wenn Jesus sich so viele Gedanken um seine Mutter machte, warum muss dann die christliche Kirche so kaltherzig erscheinen? Ist es nicht falsch, dass die Kirche so viel Wut und Groll auslöst? War es richtig, in so vielen Menschen so große Bitterkeit zu wecken? So viel seelischen Aufruhr nur wegen eines einzigen Menschen? Sollte nicht der Einzelne sein Leben zum Wohl vieler hingeben, statt seinen eigenen Interessen, wie zum Beispiel seinem persönlichen Seelenheil, nachzugehen? Muss ich andere um meiner eigenen Erlösung willen in Verzweiflung und Untergang stürzen?«

Vater Maximos hörte Thomas' leidenschaftlicher Klage nachdenklich zu. Dann erklärte er ruhig, dass der junge Mann, der seine Mutter verlassen hatte, um Mönch auf dem Athos zu werden, dies bereits getan hatte, bevor Vater Maximos nach Zypern gekommen war. Doch dessen ungeachtet ging man, wie bei Rosa, davon aus, dass Vater Maximos ihn leicht hätte überreden können, das Klosterleben wieder aufzugeben und zu seiner Mutter zurückzukehren.

»Glauben Sie nicht«, fragte Thomas mit neu erstarkter Stimme, »dass der wahre Kämpfer in der Welt bleiben und sich mit dem ganz gewöhnlichen Alltagsleben auseinandersetzen muss, statt nach seinem persönlichen Wohl zu streben und ewige Glückseligkeit zu erlangen? An keiner Stelle in der ganzen Bibel habe ich gehört, dass Jesus vom Klosterleben gesprochen hätte. Er wollte, dass die Menschen ihren Lebenskampf in der Welt bestehen, dass sie sich umeinander kümmern und einander lieben. Finden Sie es nicht egoistisch, sich in einem Kloster einzuschließen, einzig mit dem Ziel, seine Seele zu retten?«

»Eine klassische Frage«, warf ich zum Ausdruck meiner Wertschätzung für Thomas' aufrichtiges Engagement ein.

»Bitte glaube nicht, dass ich dich abkanzeln will«, erwiderte Vater Maximos und deutete damit an, dass Thomas das Evangelium falsch las und missverstand.

»Machen Sie sich deswegen keine Gedanken«, versicherte ihm Thomas. Beiden Männern war sehr an einem offenen Gespräch über diese Themen gelegen. Es war faszinierend zuzuschauen, wie freimütig sie miteinander umgingen.

»Erstens, so wie du das Evangelium liest und deutest, haben es die Altväter nicht gedeutet. Das Evangelium ist in dieser Hinsicht sehr eindeutig«, fuhr Vater Maximos fort. »Ich will dir ein Beispiel nennen. Erinnerst du dich an die Stelle, als der junge Mann zu Jesus kommt und ihn fragt: ›Herr, was muss ich tun, um meine Seele zu retten?‹ Und Jesus antwortet: ›Verkaufe alles, was du hast, und folge mir nach.‹ An einer anderen Stelle hören wir, wie Jesus sagt: ›Es kann keiner mein Jünger sein, wenn er seine Mutter oder seinen Vater, seine Tochter oder seine Felder mehr liebt als mich.‹ Und er erteilte das erste Gebot: ›Du sollst den Herrn, deinen Gott, lieben von ganzem Herzen und von ganzer Seele.‹ Das heißt, liebe Gott mit deinem ganzen Wesen. Denke nur einmal an die zwölf Apostel. Das waren ganz normale Menschen, die Er mitten aus ihrem ganz normalen Leben herausgriff, aber sie gaben alles auf, um Ihm zu folgen und bei Ihm zu leben.«

»Ja, aber Jesus hat in der Welt gelebt. Er hat sich nicht in einem Kloster eingeschlossen.«

»Ich will dir eine Frage stellen, Thomas«, erwiderte Vater Maximos. »Wie viele Jahre hat Jesus auf der Welt gelebt? Dreiunddreißig Jahre, stimmt's? Wie viele Jahre hat er gepredigt?«

»Fast drei.«

»Genau. Von den dreiunddreißig Jahren hat er nur etwa zweieinhalb Jahre lang gepredigt. Was hat er in den rund dreißig Jahren davor getan?«

»Nun, das ist das apokryphe Leben Jesu, über das wir nicht viel wissen«, erwiderte Thomas.

»Das bedeutet«, sagte Vater Maximos weiter, »dass Christus dreißig Jahre lang ein Leben in der Stille geführt hat. Weder hat Er gepredigt noch irgendetwas Bemerkenswertes getan. Die Heiligste Mutter Gottes, die *Panagia*, das heiligste Menschenwesen, das je auf dem Erdenrund gelebt hat oder überhaupt leben könnte, hat nie irgendetwas getan, was wir sicher benennen könnten. Hat sie je gepredigt? Hat sie Wohlfahrtsorganisationen gegründet? Wir wissen lediglich, dass die *Panagia* im Tempel war und Gott anbetete. Dann wurde ihr ihre besondere Aufgabe zuteil. Warum wurde sie erwählt, den Christus zu gebären? Bestimmt nicht, weil sie eine große Missionarin, sondern weil sie vollkommen heilig war.

Weißt du noch, was Christus unmittelbar nach Seiner Auferstehung zu den Aposteln gesagt hat? Bleibt hier in Jerusalem und wartet, bis der Heilige Geist auf Euch kommt. Er kam an Pfingsten. Erst nach ihrer Erleuchtung durch die Herabkunft des Heiligen Geistes wurden sie angewiesen, als Heiler und Lehrer in die Welt zu gehen. Christus wies ihnen den Weg. Er zeigt uns, dass wir uns nicht aufmachen und selbsternannte Missionare werden sollen. Sein Beispiel zeigt, dass wir in der Stille und im Verborgenen warten und Herz und Geist ausschließlich auf unsere persönliche Beziehung zu Gott ausrichten müssen. Nur dann sind wir bereit, wenn und sobald wir von Gott gerufen werden, hinaus in die Welt zu gehen und eine bestimmte Aufgabe zu erfüllen.

Thomas, bedenke außerdem, dass die Apostel in der Gemeinschaft gelebt haben. Sie haben alles aufgegeben, was sie mit der materiellen Welt verbunden hat, weil sie sich einzig und allein Gott zuwenden wollten. Sie hatten keinen eigenen Besitz. Sie lebten im Zölibat und leisteten ihrem Meister und Lehrer absoluten Gehorsam. Genau dasselbe tun wir im Kloster auch. Daher haben also die Wurzeln und das Fundament des mönchischen Lebens gleich mit den ersten Anfängen des Christentums begonnen – durch Christus selbst und Sein Leben mit den Aposteln.«

»Ja, ja«, nickte Thomas, als sei ihm blitzartig eine Erkenntnis gekommen.

»Genau dies versuchen wir Mönche«, fuhr Vater Maximos fort. »Wir versuchen zu tun, was Christus vorgeschlagen hat, nämlich alles hinter uns zu lassen, um Vollkommenheit zu erlangen und zu warten, bis wir von der himmlischen Macht heimgesucht werden. Nur dann können wir tun, was wir tun müssen. Christus selbst hat sich sehr klar dazu geäußert. Denke nur einmal an den Jüngling, der zu Ihm kam und fragte: ›Herr, was muss ich tun, damit ich vollkommen werde?‹ Seine Antwort lautete: ›Halte die Gebote.‹ Der Mann fragte: ›Und was noch?‹ Und Christus antwortete: ›Wenn du vollkommen werden willst, dann verkaufe alles, was du hast und gib das Geld den Armen.‹ In einer anderen Geschichte erfahren wir von einem Mann, der Christus bat zu warten, bis er seinen Vater beerdigt habe, eine sehr ehrenhafte und verständliche Bitte. Und was erwiderte Christus? ›Lasset die Toten ihre Toten begraben.‹ Mit anderen Worten, von höchster Wichtigkeit, weit mehr noch als alle anderen Beziehungen, ist unsere Beziehung zu Gott. Ist dies keine Einladung zum monastischen Leben? Ist dies nicht der Beginn des Mönchtums?«

»Das Mönchtum«, warf ich ergänzend ein, »geht, soweit ich gelesen habe, auf das Ende der Christenverfolgungen und die beginnende Christianisierung des Römischen Reiches im 3.

Jahrhundert zurück. An die Stelle der Märtyrer traten Mönche als beispielgebend für die neue Religion.«

»Richtig«, antwortete Vater Maximos. »Der Aufbau von Klöstern begann mit den Wüstenvätern wie Antonios dem Großen und Pachomios dem Großen in Ägypten und später mit Vasilios dem Großen, der die koinobitische [gemeinschaftliche] Form des Mönchtums begründet hat. Doch die Grundprinzipien des Mönchtums waren bereits von Jesus selbst und Seinen Aposteln festgelegt worden.«

»Jesus hat den Aposteln gesagt: Geht und lehrt die Völker der Welt«, erwiderte Thomas trocken. »Er hat ihnen nicht gesagt, sie sollten im Kloster bleiben.«

»Diese Anweisungen hat er den Aposteln gegeben. Sie galten nicht für jedermann.«

»Warum nicht?«

»Das werde ich erklären. Doch erlaube mir zunächst eine Frage, Thomas. Warum gehst du, ein Christ wie ich, nicht zu den Völkern und predigst das Evangelium?«

»Nun, wenn Gott von den ›Völkern‹ spricht, dann meint Er damit nicht unbedingt andere Länder. Er meint, man soll die Gaben, die man von Gott erhalten hat, zum Wohl seiner Mitmenschen einsetzen.«

»Also verbreitest du das Wort Gottes unter deinen Mitmenschen, oder?«, fragte Vater Thomas.

»Ich gebe mein Bestes. Ich war Direktor eines Gymnasiums, und ich glaube, ich habe meine Pflicht getan, wenn ich die jungen Leute dazu anhielt, Gott zu folgen. Wenn jemand Mönch wird ...«

Bevor Thomas seinen Satz beenden konnte, fiel seine Frau Niki ihm ins Wort. »Aber ist es nicht so, dass Woche für Woche Hunderte von Menschen in dieses Kloster kommen, weil sie geistlichen Rat und Hilfe bei ihren Problemen suchen?«

»Ich spreche nicht von Vater Maximos«, warf Thomas eilends ein. »Ich spreche vom Mönchtum im Allgemeinen.«

»Schau, Thomas«, sagte Vater Maximos, »ich habe die monastische Bewegung nicht begründet. Wie gesagt, sie gehörte von Anfang an zur Kirche. Ich will dir eine Frage stellen. Kyriacos hat mir erzählt, dass du regelmäßig zur Kirche gehst und sogar Kantor bist. Sag mir, ehrst du die Heiligen?«

»Natürlich!«

»Aber, mein lieber Thomas, die meisten Heiligen kamen aus den Reihen der Mönche. Du ehrst also die Heiligen, aber die Methode, durch die sie überhaupt erst Heilige wurden, akzeptierst du nicht. Ist das nicht ein offenkundiger Widerspruch? Denke daran, die Kirche bestand nicht nur aus den Aposteln. Wer war Johannes der Täufer? Ein Einsiedler, nicht wahr? Und auch Christus selbst hat viele Tage in der Wüste verbracht.«

»Johannes der Täufer«, entgegnete Thomas, »hat Christus den Weg bereitet. Die Menschen kamen in Scharen in die Wüste, um ihn zu hören. Er war mutig, und er verurteilte die Korruption der Mächtigen.«

»Mit anderen Worten, du heißt gut, was die Einsiedler und Propheten getan haben.«

»Natürlich.«

»Aber warum fällt es dir dann so schwer zu akzeptieren, was wir Mönche hier tun?«

»Ich kritisiere nicht Sie persönlich. Sie helfen Menschen, sich über Dinge klar zu werden, und dafür ehre ich Sie.«

»Aber Thomas, bevor ich nach Zypern kam«, antwortete Vater Maximos, »habe ich vollkommen abgeschnitten von der Welt ganz allein in einer Zelle gelebt und ständig gebetet. Als ich mich entschieden habe, auf den Athos zu gehen und Mönch zu werden, bin ich nicht dorthin, um zum Prediger oder Missionar ausgebildet zu werden. Meine Rückkehr nach Zypern erfolgte völlig gegen meinen Wunsch.«

»Gott hat Sie für eine besondere Aufgabe hierher geführt«, sagte Thomas und deutete damit einen Wendepunkt in seiner Haltung gegenüber Vater Maximos an.

»Das weiß ich nicht. Ich weiß aber, dass ich nie Missionar und schließlich Beichtvater für Tausende von Menschen werden wollte. Wäre ich in meiner Zelle auf dem Athos geblieben, was meiner tiefsten Sehnsucht entsprochen hätte, dann hätte ich diese ganzen Probleme nicht. Dann wäre niemand hinter mir her, den nach meinem Blut dürstet!

Thomas, ich möchte dir folgende Frage stellen«, hob Vater Maximos nach sekundenlangem Schweigen wieder an. »Haben wir das Recht, uns dem Wunsch eines Menschen entgegenzustellen, der sein Leben ausschließlich der Liebe Gottes widmen will?«

Mit etwas unsicherer Stimme erwiderte Thomas: »Nun, ich würde nicht unbedingt nein sagen. Aber ich bin mir da etwas unsicher. Sollte jemand so handeln dürfen, dass es seine Familie ins seelische Chaos stürzt und sie tief verletzt?«

»Ich will dich etwas anderes fragen. Du bist mit Niki verheiratet«, fuhr Vater Maximos fort und deutete auf Thomas' Frau. »Nun stelle dir vor, deine Mutter kommt zu dir und sagt: ›Mein lieber Sohn, entweder du lässt dich von dieser Frau scheiden oder ich bringe mich um.‹ Solche Fälle sind mir bei der Beichte übrigens mehrfach begegnet. Also, ›entweder sie geht oder ich nehme Gift.‹ Was würdest du tun?«

»Ich würde meiner Mutter sagen, dass sie Unrecht hat. Was sie von mir verlangt, ist unmoralisch.«

»Sehr gut. Würdest du nicht sagen, dass es mit den Mönchen und Nonnen ganz genauso ist? Haben sie nicht auch das Recht, so zu leben, wie sie wollen, und zu lieben, wen sie wollen?«

»Das will ich nicht unbedingt bestreiten«, gab Thomas zu. »Deshalb habe ich mich bei dieser bestimmten Familie eingeschaltet und versucht, sie zu beruhigen.«

»Aber sie haben sich nicht beruhigt«, warf Niki ein.

»Ich werde mein Möglichstes tun, damit sie es verstehen«, versprach Thomas.

Dann erklärte Niki, die sich in einer Vereinigung gegen häusliche Gewalt engagierte, aufgewühlt: »In unserem Land herrscht immer noch die Einstellung, dass Kinder das Eigentum ihrer Eltern sind und kein Recht haben, eigene Entscheidungen zu treffen, sogar wenn sie bereits erwachsen sind. Die Eltern verlangen, dass sie über die Ehepartner ihrer Söhne und Töchter bestimmen, über ihre Berufswahl, über ihr Leben im Allgemeinen. Und bis ins hohe Alter behalten sie die Lebensführung ihrer Kinder streng im Auge. Die neue Generation muss erst noch erkennen, dass sie ihr Leben selbst in die Hand nehmen kann.

Dass sie gewisse unveräußerliche Menschenrechte hat. Das schafft in den Familien viele Probleme.«

Alle nickten zustimmend, und Vater Maximos fuhr fort: »Mein lieber Freund, vorhin hast du in einer Frage unterstellt, psychisch anfällige Menschen seien gute Kandidaten für das Kloster. Doch wissen alle, die sich mit dem Leben im Kloster auskennen, dass es aus weltlicher Sicht ein hartes und nüchternes Leben ist, das einem nur wenige körperliche Freuden und Annehmlichkeiten bietet. Wir stehen jeden Morgen um halb vier auf und halten die Liturgie bis um acht. In der Fastenzeit essen wir erst um halb zwei Uhr nachmittags etwas, nach einem zweistündigen Gottesdienst. Dieses Mittagessen, unsere einzige Mahlzeit, ist sehr einfach. Um achtzehn Uhr gehen wir wieder in die Kirche. Dann essen wir bis zum nächsten Tag nichts mehr. Morgen halten wir eine *Agrypnia* [eine die ganze Nacht andauernde Gebetswache]. Und am Montag wiederholen wir sie noch einmal. Wir befinden uns ständig im Gebet und machen Hunderte von Kniefällen vor den heiligen Ikonen. Wir haben keinen persönlichen Besitz, kein Geld. Was haben wir einem jungen Menschen zu bieten, was ihn zum Mönchtum verführen könnte? Insbesondere in der heutigen Zeit, wo die jungen Leute sehr an körperliche Annehmlichkeiten, Auslandsreisen, an Cafés, Diskotheken und andere weltliche Vergnügungen gewöhnt sind?

Glaubst du, ein junger Mann, der als Novize hierher kommt, hat es leicht? Für jemanden, der mit Hamburgern, Pizzas und Cola aufgewachsen ist, ist es ganz schön schwierig, sich an das gekochte Gemüse mit Hülsenfrüchten zu gewöhnen, das wir hier essen. Dann verlangt man von ihnen, dass sie im Garten den Boden umgraben. Danach sollen sie sich einen Besen schnappen und den Hof kehren. Bei alledem tragen sie eine alte, abgenutzte Schürze, und das Ganze unter den Augen von Besuchern und Angehörigen. Ist dir klar, was für eine demütigende Erfahrung das ist? Glaubst du, ein junger Mann oder eine junge Frau, die vom Leben enttäuscht und dem seelischen Zusammenbruch nahe ist, hat das notwendige Durchhaltevermögen und die Disziplin, eine solche Erfahrung und Ausbildung zu überstehen?«

»Ganz bestimmt nicht«, antwortete Niki, und ihr Mann nuschelte Zustimmung.

»So jemand läuft nach wenigen Tagen aus dem Kloster wieder weg. Im Kloster befindet er sich in einem Zustand ständigen geistlichen Ringens. Hier kann man nicht gemütlich die Hände in den Schoß legen und den lieben Gott einen guten Mann sein lassen. Man muss mit dem Terminplan des Klosters Schritt halten. Kann er pünktlich zu den Gottesdiensten erscheinen, die um vier Uhr morgens beginnen? Wenn nicht, wird er das Mönchsleben wieder aufgeben müssen.«

Mir fiel wieder ein, dass ich Vater Maximos vor einiger Zeit nach den Bedingungen gefragt hatte, damit jemand als Novize in sein Kloster aufgenommen würde. Erste und wichtigste Voraussetzung sei, so erklärte er mir, dass der künftige Novize unter keinerlei psychischen Beschwerden leide. Nichts schaffe in einem Kloster größere Probleme als geistesgestörte Mönche. Sie schadeten sich selbst und richteten im Kloster Chaos an. Ein solcher Mensch sollte nie Mönch werden. Ein Kloster sei keine Irrenanstalt. Nur reife Persönlichkeiten, die mit beiden Beinen fest im Leben stünden, dürften aufgenommen werden. Deshalb sei es wichtig, dass jemand eingehend geprüft werde, bevor er Novize werden dürfe. Ebenso wichtige Voraussetzung sei es, so erklärte er, dass der Kandidat überwältigt ist von seiner Liebe zu Gott und der Leidenschaft, Ihm näher zu kommen und eins mit Ihm zu werden. Nichts anderes sollte im Leben eines Novizen eine Rolle spielen.

Thomas, der nun eindeutige Anzeichen einer veränderten Einstellung gegenüber Vater Maximos zeigte, fragte nachdenklich, ob es sich für einen Menschen denn lohne, den weltlichen Tätigkeiten zu entsagen und in ein Kloster einzutreten. »Wenn ja, dann können Eltern sagen: ›Nun gut, es lohnt das Opfer aufseiten unserer Familie, wenn unser Sohn oder unsere Tochter im Kloster lebt. Wenn es aber vergeblich ist, warum sollte mein Kind sein Leben dann dermaßen wegwerfen?‹«

»Diese Frage wird durch das Leben der Mönche, Nonnen und Eremiten beantwortet«, erwiderte Vater Maximos. »Wenn wir Mönche unsere Erwartungen hier nicht erfüllt fänden, glaubst du, dass wir dann hier bleiben und dieses strenge und entbehrungsreiche Leben führen könnten? Welchen Sinn hätte es? Nimm mich, zum Beispiel. Ich war achtzehn Jahre alt, als ich Mönch wurde. Dass man Mönch ist, bedeutet nicht, dass man nicht ganz normale männliche Wünsche hat. Man möchte auch mit einer Frau leben, ausgehen und das Leben genießen mit allem, was man normalerweise darunter versteht. Man hat genau denselben sexuellen Drang wie alle anderen auch; und wie alle anderen auch, möchte man eines Tages heiraten und eine Familie gründen. Mönch zu werden, bedeutet nicht, dass man damit automatisch alle menschlichen Wünsche und Ziele überwunden hat.

Doch eine andere Kraft zieht dich in die entgegengesetzte Richtung, und das ist die Erfahrung Christi. Wenn wir ins Kloster eintreten, fragen wir uns: ›Werde ich finden, wonach ich suche?‹ Oder vergesse ich es einfach, lege das schwarze Gewand ab, suche mir eine Frau, heirate und habe Kinder wie jeder andere normale Mensch auch? Ein Mönch besitzt nichts, keinen einzigen Cent. Dennoch bleiben wir. Aber nicht nur das, wir fühlen uns zu diesem Leben hingezogen. Es versetzt uns in Entzücken und belebt uns immer wieder neu, auch noch zwanzig, dreißig oder vierzig Jahre nachdem wir uns auf diesen Weg begeben haben. Ich begegne älteren Mönchen, die schon über achtzig und vom klösterlichen Leben immer noch begeistert sind. Ich bin nun schon seit über zwanzig Jahren Mönch und war dieses Lebens noch keinen einzigen Tag überdrüssig. Langeweile ist mir fremd, nie habe ich mein Leben als eintönig empfunden und nie hatte ich irgendwelche Zweifel, dass ich die richtige Entscheidung getroffen habe, als ich Mönch wurde. Nie! Für mich bewegt sich mein Leben ständig auf Christus zu. Ich habe gefunden, was ich gesucht habe. Wäre dem nicht so gewesen, dann wären weder ich noch die anderen Mönche im Kloster geblieben. Das wäre absolut irrwitzig und sinnlos gewesen. Warum sollten wir diese Entbehrungen aushalten? Wäre das Ganze nicht idiotisch, wenn es keine konkrete geistliche Bereicherung mit sich brächte? Deshalb ist unser Leben die Antwort auf deine Frage. Jeder einzelne Mönch ist die Antwort.«

»Ich empfinde Hochachtung vor Ihrer Aufrichtigkeit«, antwortete Thomas mit bewegter Stimme. »Was Sie da gehalten haben, ist eine Eloge auf das geistliche Leben.«

»Bitte sei dir aber im Klaren darüber, dass ich die Bedeutung des Ehelebens damit in keiner Weise geringschätzen will. Ich achte und respektiere deine Freiheit, das normale Leben eines verheirateten Mannes zu führen. Zugleich erwarte ich, dass du auch meine Lebensentscheidung achtest und respektierst und Mönchen und Nonnen die Freiheit zugestehst, ihr Leben so zu führen, wie sie es möchten.«

»Ich möchte Ihnen noch eine Frage stellen: Wer ist für die Gesellschaft von größerem Nutzen, ein Arzt oder ein Mönch?«, fuhr Thomas nachdenklich fort.

Vater Maximos lächelte und seufzte: »Das hat man mich schon öfter gefragt. Was tut das Klosterleben für die Gesellschaft? Diese Frage ist typisch für das moderne Denken. Sie entspringt einer aktivistischen Einstellung zur Welt. Jede Handlung, jeder Mensch wird nach seiner Nützlichkeit und seinem Beitrag zum Ganzen beurteilt. Eltern drängen ihre Kinder zu hervorragenden Leistungen, damit sie für die Gesellschaft nützlich sein können. Auf der Grundlage unserer geistlichen Tradition sehe ich die Menschen lieber zuerst als das, was sie sind, und messe sie erst dann an dem, was sie für die Gesellschaft leisten können. Andernfalls laufen wir Gefahr, Menschen zu Maschinen zu machen, die nützliche Dinge herstellen. Und was ist, wenn man nichts Nützliches produziert? Heißt das, dass man dann als nutzloses Objekt verworfen werden sollte? Ich fürchte, mit dieser Einstellung unterminiert die heutige Gesellschaft den ureigenen Wert des Menschen. Heute messen wir uns an dem, was wir leisten können, statt daran, wer wir sind. Und diese Einstellung zu uns selbst führt häufig zu allen möglichen psychischen Problemen. Ich sehe das ständig in der Beichte.

Menschen, die solche utilitaristischen Kriterien anwenden«, fuhr Vater Maximos fort, »kommen bei der Betrachtung des Klosterlebens zu dem Schluss, dass es nutzlos ist und daher ausrangiert werden muss. Wenn wir jedoch bereit sind, andere

Kriterien anzulegen, dann hat das monastische Leben der Gesellschaft etwas Großes zu bieten, was moderne Menschen allerdings wohl nicht erkennen können.«

Vater Maximos' Argumentation ließ mich an Altvater Sophroni denken, den berühmten russischen Starez, der den Athos 1947 verließ. In Begleitung einer kleinen Gruppe von Mönchen bat er um die Erlaubnis, nach England zu gehen und dort ein Kloster zu gründen. Zunächst wurde ihm die Bitte mit der Begründung verwehrt, Mönche hätten England nichts zu bieten. Doch die Meinung änderte sich, als ein Regierungsmitglied sich erhob und folgende Frage stellte: »Was hätte der Staat getan, wenn Jesus mit Seinen zwölf Aposteln nach England gekommen wäre und ein Visum beantragt hätte?« Sein Argument setzte sich durch, und Vater Sophroni erhielt ein Visum für England. 1959 gründete der Altvater vom Athos ein blühendes geistliches Zentrum, in dem Mönche und Nonnen aus verschiedenen Ländern bis heute ihr Werk fortsetzen. Ich erwähnte den Fall gegenüber Vater Maximos, der das Kloster besucht und Vater Sophroni – der das Kloster in Essex erbauen ließ, nachdem ihm in einer mystischen Erscheinung dessen genaue Lage offenbart worden war[14] – persönlich gekannt hatte.

Vater Maximos äußerte kurz seine Bewunderung für Altvater Sophroni und fuhr dann fort: »Meine Antwort auf deine Frage, Thomas, lautet folgendermaßen: Jedem Menschen wird von Gott eine bestimmte Aufgabe, eine bestimmte Pflicht zugewiesen. Ich bin kein Doktor. Ich bin *Pneumatikos* [geistlicher Führer, Beichtvater] und jemand anderer ist Arzt. Kyriacos ist Universitätsprofessor und du bist Englischlehrer und ehemaliger Schuldirektor. Jeder Mensch lebt sein Leben nach seiner *Diakonia* [seiner von der Vorsehung bestimmten Lebensaufgabe]. Kein Bein kann zur Hand und auch kein Auge zum Ohr sagen: ›Ich brauche dich nicht.‹ Wenn wir fragen: ›Wer leistet mehr?‹, dann ist bereits die Frage als solche problematisch. Warum? Weil wir die Menschen, wie bereits gesagt, nicht nach ihrer Leistungsfähigkeit und ihrer Nützlichkeit für die Gesellschaft beurteilen

14 Archimandrit Sophrony (Sacharow), We Shall See Him As He Is, Stavropegic Monastery of St. John the Baptist 1988.

dürfen, sondern danach, wer sie jeweils sind. Das ist der Kern christlicher Spiritualität.«

»Die Metapher von dem Bein, das der Hand hilft, impliziert, dass es eine Zusammenarbeit der verschiedenen Teile gibt«, hakte Thomas nach.

»Selbstverständlich.«

»Ist das Klosterleben denn derartig in das Gesamtsystem der Gesellschaft eingegliedert? Ich meine, welchen Beitrag leistet es zum Ganzen, und in welcher Beziehung steht es dazu?«, fragte Thomas noch einmal.

»Jetzt fängst du schon wieder genauso an«, erwiderte Vater Maximos lachend. Mit Nachdruck fuhr er fort: »Ich will es dir verraten. Das Klosterleben hält die unverfälschte Erfahrung Christi lebendig. Das Kloster ist der Ort, an dem der Mensch von allen biologischen und weltlichen Belangen befreit ist und sich mit ganzer Kraft ausschließlich auf die Beschäftigung mit der Realität Gottes konzentrieren kann. Nehmen wir einmal an, ich wäre verheiratet. Ich wäre gezwungen, zur Arbeit zu gehen, mich um meine Kinder zu kümmern, Eigentum anzuhäufen, um für ihre Bildung vorzusorgen und so weiter. Mit anderen Worten, ich hätte viele weltliche Aufgaben. Vor alledem empfinde ich Hochachtung. Es sind gesegnete Pflichten. Doch welche Aufgaben habe ich jetzt? Viele, gewiss, aber welcher Art? Meine Aufgabe ist es jetzt, zu beten, Hunderten Menschen die Beichte abzunehmen, Predigten zu halten und Gespräche über die Natur des geistlichen Lebens zu führen. Das alles kann ich tun, weil ich mich nicht um weltliche Dinge kümmern muss und nicht an sie gebunden bin.

Siehst du, so leistet jeder seinen Beitrag. Niemand sieht die Arbeit, die die Leber im menschlichen Körper verrichtet. Doch was sie leistet, ist immens. Das Herz schlägt unermüdlich still vor sich hin, doch wenn es nicht mehr funktioniert, stirbt der Körper.«

»Ein konkretes Beispiel für das, was Vater Maximos sagt«, warf ich ein, »ist die versammelte Literatur über Leben und Erfahrungen der Heiligen. Diese Werke«, fuhr ich unter zustimmendem Nicken von Vater Maximos fort, »sind sehr vielen

Menschen in ihrem Alltagsleben eine große Hilfe.[15] Die Heiligen bezeugen die Realität Gottes, sie spenden jenen Trost, die das weltliche Leben nicht aufgeben und ins Kloster eintreten oder Vollzeit-Eremiten werden können, die ausschließlich nach unmittelbarer Gotteserfahrung streben. Mir scheint, das empirische Zeugnis der Heiligen ist für viele Menschen, mich eingeschlossen, eine indirekte Bestätigung für die Realität Gottes. Ohne die Propheten und Heiligen, die über viele Jahrhunderte hinweg durch ihre Wunder und ihr persönliches Beispiel Gottes lebendige Gegenwart bezeugt haben, bliebe Gott nicht mehr als eine philosophische Abstraktion.«

Ich hatte meinen Satz noch kaum beendet, da betrat ein Novize den Raum. Er war Anfang dreißig, trug einen schwarzen Bart und normale Straßenkleidung und fragte, ob wir eine kleine Erfrischung wünschten. Als Novize war er dem *Archondariki* zugewiesen, wo er Vater Arsenios zur Hand gehen sollte. Vater Maximos stellte ihn uns als Andreas vor, einen fertig ausgebildeten Arzt, der beschlossen hatte, seinen Beruf aufzugeben und ins Kloster einzutreten. Thomas war höchst überrascht und verblüfft und hielt sogleich mit einer bohrenden Frage nicht hinter dem Berg:

»Andrea, wenn Sie Arzt geblieben wären und parallel dazu ihre Religion praktiziert hätten, glauben Sie nicht, dass Sie dann zwei Aufgaben auf einmal hätten erfüllen können, nämlich als Arzt Leben und als religiöser Mensch Seelen zu retten? Warum haben Sie das eine aufgegeben, um sich ausschließlich auf das andere zu konzentrieren?«

Mit spürbarer Zurückhaltung antwortete der junge Arzt, eine starke Kraft in seinem Inneren habe ihn zum Leben als Mönch hingezogen; wäre er in der Welt geblieben, so wäre dies eine Qual für ihn gewesen. Was er suchte, konnte er dort nicht finden. Seit zehn Monaten war er Novize. Vater Maximos wies

15 Eine ausgezeichnete geistliche Schrift ist The Ascetical Homilies of Saint Isaac the Syrian, aus dem Griechischen ins Englische übersetzt von den Mönchen des Holy Transfiguration Monastery in Boston, The Holy Transfiguration Monastery Press 1984. Auf Deutsch gibt es eine Werkauswahl: Sebastian Brock (Hrsg.), Die Weisheit Isaaks des Syrers. Eine Auswahl aus seinem Werk, übersetzt von Karl Pinggéra, Der christliche Osten 2003.

darauf hin, dass er noch kein Mönch war und es noch sehr lange dauern würde, bis entschieden werden könne, ob er das Gewand anlegen dürfe.

»Er kann das Kloster jederzeit verlassen«, fügte Vater Maximos hinzu. »Also sage mir bitte, Thomas, wie es möglich sein soll, dass ein Mann, der eine über sechsjährige ärztliche Ausbildung abgeschlossen, der mit Kommilitoninnen und Kommilitonen im Ausland gelebt hat, von mir dazu verführt werden kann, Mönch zu werden?«

»Vermutlich gar nicht«, erwiderte Thomas sichtlich beeindruckt, und setzte dann an Andreas gewandt, der das Zimmer gerade wieder verlassen wollte, freundlich hinzu: »Es war eine echte Freude, Sie kennenzulernen.«

Als Andreas gegangen war, gab Thomas seiner Bewunderung für ihn Ausdruck. Vater Maximos ergänzte, jede Woche kämen die Menschen zu Hunderten ins Kloster, um in der Beichte und durch die Teilnahme an den Liturgien und Gottesdiensten Trost zu finden. Das, sagte er, sei der konkrete Beitrag, den das Kloster zur Gesellschaft leiste.

»Vater Maxime«, sagte Thomas und erhob sich. »Wir haben Ihre Zeit sehr beansprucht. Vielen Dank. Seien Sie versichert, dass ich alles in meiner Macht Stehende tun werde, damit zwischen Ihnen und Rosas Eltern wieder Versöhnung und Frieden eintreten können. Sie respektieren mich, und ich glaube, ich kann sie überzeugen.«

Vater Maximos begleitete Niki und Thomas zu ihrem Wagen. Thomas gab Vater Maximos zum Abschied die Hand und sah völlig verwandelt aus. Nach ihrer Abfahrt unterhielt ich mich noch ein wenig mit Vater Maximos. »Ist es nicht erstaunlich«, sagte er kopfschüttelnd, »dass die Menschen sich so aufregen, weil ein paar Männer und Frauen sich entschließen, Mönch oder Nonne zu werden? Doch um die vielen tausend Drogenabhängigen scheren sie sich kaum.«

Am Nachmittag jenes Tages unternahm ich einen Spaziergang in den Bergen und dachte darüber nach, was es wohl zu bedeuten habe, dass ich zufällig Thomas begegnet war und ihm einen Besuch bei Vater Maximos vorgeschlagen hatte. Auf dem

Berg herrschte Stille. Man hörte nur das beruhigende Säuseln der Kiefern und das Rascheln der Blätter unter meinen Füßen. Die Atmosphäre war wie geschaffen für Kontemplation und Reflexion. Bereits mehr als eine Woche war vergangen, seit ich als vorübergehender Bewohner ins Kloster eingezogen war. Achtsam befolgte ich den Tagesablauf der Mönche, stand um halb vier Uhr morgens auf und besuchte den Gottesdienst um vier. Am Anfang war es nicht leicht, aber ab dem dritten Tag gewöhnte ich mich allmählich an den neuen Rhythmus und freute mich sogar auf die frühmorgendlichen Gesänge und Gebetsmeditationen. Es hat etwas Ehrfurchtgebietendes aufzustehen, wenn die Sterne noch am Himmel stehen und man nichts hört als die schnellen Schritte der Mönche auf ihrem Weg zum vierstündigen Gottesdienst in der Kirche. Seltsamerweise erging es mir ähnlich wie auf dem Athos, und die Rituale und Gesänge in der Dunkelheit der Kirche erfüllten mich mit mehr belebender Frische als es der zusätzliche Schlaf vermocht hätte, den ich während der Nachmittagsruhe ohnehin nachholen konnte. Noch mehr überraschte mich, dass mir aus irgendeinem geheimnisvollen Grunde während der langen morgendlichen Gottesdienste nie langweilig wurde. Ich nahm dabei an einer kollektiven Form der Gebetsmeditation teil, die sich auf meinen »Körpergeist« auswirkte und mein Zeiterleben verwandelte.

Unmittelbar bevor das Außentor geschlossen wurde, kehrte ich ins Kloster zurück. An jenem Abend hielt ich bei der Vesper die Augen fest auf die *Panagia* gerichtet. Dieser wichtigsten heiligen Reliquie des Klosters werden wundersame Eigenschaften zugeschrieben. In der nächtlichen Dunkelheit, die nur von wenigen Kerzen erhellt wurde, sangen die Mönche Lobgesänge auf die *Theotokos*, die Muttergottes, wobei sie sich ständig bekreuzigten und endlos viele Kniefälle vor Ihrer Ikone vollzogen. Nacheinander küssten sie dann die Ikone. Ich tat es ihnen gleich.

4

Gotteserkenntnis

Meine Aufgabe als Chauffeur von Vater Maximos warf üppige Dividenden ab. Dass ich ihn bei seinen verschiedenen Erledigungen auf der Insel herumfahren konnte, bot die einzigartige Gelegenheit, viele Stunden mit ihm allein zu sein und die unterschiedlichsten Aspekte christlicher Spiritualität zu erörtern. Dionysios, ein junger Theologe und Novize, beklagte sich einmal halb im Scherz, ich hätte innerhalb weniger Tage schon mehr Zeit allein mit Vater Maximos verbracht als er in einem ganzen Jahr. Es galt als großes Privileg, außerhalb des eher formellen Rahmens von Seelsorge und Beichte mit dem Abt allein sein zu können. Deshalb war ich hellwach und energiegeladen, als er mich bat, ihn um vier Uhr morgens zum Frauenkloster St. Anna zu fahren. Die Fahrt über Bergstraßen dorthin konnte gut zwei Stunden dauern, und er wollte spätestens um sechs Uhr morgens mit der Arbeit bei den Schwestern beginnen.

Einmal wöchentlich unternahm Vater Maximos die lange Fahrt nach St. Anna. Er blieb dann den ganzen Tag über bei den Nonnen, die ihn als ihren Altvater angenommen hatten, und empfing jede einzeln, was normalerweise bis zum Anbruch der Dunkelheit dauerte.

Wir traten unsere Fahrt an, als die *Väter*, wie Vater Maximos seine Mönche nannte, mit der Rezitation der Sechs Psalmen (der Psalmen Davids) begannen – um genau vier Uhr morgens, wie es Brauch war. Die Luft war kühl, und die Sterne funkelten noch hell am dunklen, klaren Himmel. Ich hielt die Augen auf die kurvenreiche Bergstraße gerichtet, während Vater Maximos in seiner üblichen lockeren und unaufdringlichen Haltung neben mir saß. Stundenlang waren wir so ohne jede Ablenkung beieinander, mit der gelegentlichen Ausnahme eines Hasen, der, durch die Scheinwerfer aufgeschreckt, ängstlich vor uns davonfloh. Unverzüglich begann ich ein Gespräch über geistliche Themen und drückte den Aufnahmeknopf meines Minirekorders, den ich immer auf dem Armaturenbrett stehen hatte.

Zunächst erinnerte ich ihn an den Vortrag, den er vor ein paar Tagen vor einer Pilgergruppe aus Griechenland gehalten und den ich sehr informativ gefunden hatte. Doch beschäftigten mich noch einige Fragen, die ich bei der Gelegenheit nicht hatte stellen können. Vater Maximos erwiderte, jetzt sei Zeit dafür, wies mich jedoch gleich darauf hin, dass er überhaupt nicht mehr wisse, worüber er gesprochen habe. Bei anderer Gelegenheit hatte er mir einmal gesagt, er bereite solche Vorträge nie vor. Er bete für die jeweilige Veranstaltung und füge sich dann in die Weisung des Heiligen Geistes.

»Bei jenem Vortrag haben Sie gesagt, Christen irrten sich, wenn sie annähmen, Christus habe gewollt, dass wir alles fraglos glauben; es sei ein Fehler zu denken, wir sollten uns nicht bemühen, nach Beweisen für die Realität Gottes zu suchen. Was haben Sie damit genau gemeint?«

»Ach ja, jetzt erinnere ich mich wieder. Das wäre wirklich ein grobes Missverständnis. Christus hat uns sogar dringend dazu geraten, in den Schriften nachzuforschen, das heißt Gott zu erforschen«, antwortete Vater Maximos und legte dabei den vergessenen Sicherheitsgurt an. »Gott will sehr gerne von uns Menschen erforscht werden, weißt du.«

»Wenn Christen also das Glaubensbekenntnis sprechen«, fuhr ich fort, die Augen nach wie vor fest auf die Straße geheftet, »heißt das nicht, dass wir Gottes Existenz blind akzeptieren und nicht hinterfragen sollten, ob Gott wirklich Realität oder Illusion ist.«

»Genau so ist es. Es wäre doch dumm, wenn wir das täten.«

»Für einen Akademiker wie mich sind Ihre Worte sehr beruhigend. Daraus ergibt sich aber sofort die Frage«, fuhr ich fort, »wenn Gott uns tatsächlich zur Neugier auffordert, wie sollen wir dann bei unserer Forschung vorgehen? Sollen wir Naturwissenschaft, Philosophie oder Theologie als Ausgangspunkt wählen?«

Daraufhin führte ich näher aus, was mir im Kopf herumging. Beginnen wir unsere Suche nach Gott mit der Naturbeobachtung? Das war der Ansatz des Aristoteles. Durch Naturbeobachtung und mithilfe seiner scharfen Logik kam er zu dem Schluss, es müsse einen Schöpfer geben, einen »unbewegten Beweger«, eine Erste Ursache, die alles in Bewegung setzt. Seine vier Gottesbeweise wurden zur Grundlage der westlichen Theologie, nachdem Thomas von Aquin die aristotelische Philosophie für die Theologie übernommen hatte.

Ich bemerkte ein Lächeln auf Vater Maximos' Gesicht. Er umging eine direkte Antwort und stellte stattdessen weitere Fragen. »Bleiben wir bei den einfachen Dingen. Nehmen wir einmal an, wir wollten ein Naturphänomen untersuchen. Wie du sehr gut weißt, müssen wir dazu nach der richtigen wissenschaftlichen Methodik vorgehen. Wenn wir zum Beispiel die Galaxien untersuchen wollen, dann brauchen wir starke Teleskope und andere derartige Instrumente. Wollen wir die körperliche Gesundheit unseres Herzens untersuchen, benötigen wir ein Stethoskop. Alles muss mit einer Methode erforscht werden, die für den zu erforschenden Gegenstand geeignet ist. Wollen wir Gott erforschen und Erkenntnisse über Ihn erlangen, dann wäre es ein grober Fehler, dies mit unseren Sinnen oder durch Teleskope zu versuchen und Ihn im Weltraum zu suchen. Das wäre im höchsten Maße naiv, findest du nicht auch?«

»Ja, wenn Sie es so darstellen«, erwiderte ich. »Können wir daraus schließen, dass für den modernen rationalen Menschen die metaphysische Philosophie etwa eines Platon oder Aristoteles oder eine rationale Theologie die richtige Methode wäre?« Schon während ich die Frage stellte, glaubte ich zu wissen, was Vater Maximos antworten würde.

»Es wäre ebenso dumm und naiv, Gott mit unserer Logik und unserem Verstand zu suchen. Aber darüber haben wir doch schon gesprochen, oder nicht?«

Ich nickte, und Vater Maximos fuhr fort: »Betrachte es als Axiom, dass Gott mit solchen Mitteln nicht zu erforschen ist.«

»Die platonische und die aristotelische Metaphysik sind also kein Erkenntnisweg zu Gott.«

»Aber natürlich nicht. Das sagen alle Altväter und Heiligen über alle Epochen hinweg. Logik und Verstand können nicht erkennen und erforschen, was Logik und Verstand übersteigt. Das verstehst du doch, oder?«

»Ja. Die Mystiker haben das immer wieder gesagt. Dass man über Gott nicht sprechen, sondern Ihn nur erfahren kann. Aber was bedeutet das? Heißt das, dass Gott nicht zu erforschen ist?«

»Nein, wir können und müssen Gott erforschen, und wir können Gott erreichen und Ihn kennenlernen.«

»Aber wie?«, hakte ich nach.

Vater Maximos hielt ein paar Sekunden inne. »Christus selbst hat uns die Methode offenbart. Er sagte uns, dass wir Gott nicht nur erforschen, sondern auch mit Ihm leben, eins werden können mit Ihm. Und das Organ, mit dem uns dies gelingt, sind weder unsere Sinne noch ist es unsere Logik, sondern es ist unser Herz.«

Während ich angestrengt die schmale Straße im Auge behielt, rief Vater Maximos mir wieder ins Gedächtnis, dass, nach der Überlieferung der heiligen Altväter, das Herz die existenzielle Grundlage des Menschen ist. Das Herz sei nicht nur das unverzichtbare physische Organ, das den Körper am Leben erhält, so behauptete er, sondern auch das Zentrum unserer psychonoetischen, also seelisch-geistigen Kräfte, das Zentrum unserer Seinsheit, unseres Personseins. Deshalb offenbart Gott sich den Menschen durch das Herz. Das haben die heiligen Altväter zu allen Zeiten gelehrt, dass Gott zum Menschen nur durch das Herz spricht, das Sehorgan, durch das man Gottesschau erfahren kann. Wer sich also danach sehnt, Gott zu schauen, der kann das wohl kaum mit anderen Mitteln, etwa durch die Lektüre von Platon oder Aristoteles oder indem er Naturwissenschaft betreibt. So großartig die Philosophie sein mag, sie ist nicht der Weg zu Gott. Einzig die Reinheit des Herzens führt zur Kontemplation und zur Gottesschau. Das ist die Bedeutung von Christi Seligpreisung »Selig sind, die reinen Herzens sind, denn sie werden Gott schauen«, erläuterte Vater Maximos.

»Begreifst du, was das bedeutet? Wer erforschen will, ob es Gott gibt, muss dazu die richtige Methodik anwenden, die wiederum nichts anderes ist als die Reinigung des Herzens von egoistischen Leidenschaften und Unreinheiten. Wenn es den Menschen gelingt, ihr Herz zu reinigen und sie Gott immer noch nicht schauen können, dann können sie mit Recht daraus schließen, dass Gott eine Lüge ist, dass es Ihn nicht gibt, dass Er lediglich eine große Illusion ist. Solche Menschen könnten Gott mit aller Ehrlichkeit und Aufrichtigkeit ablehnen und behaupten: ›Ich habe die Methode befolgt, die die Heiligen uns gelehrt haben, und konnte Gott dennoch nicht finden. Deshalb existiert Gott nicht.‹

Glaubst du nicht, dass wir im höchsten Maße töricht wären«, fuhr Vater Maximos fort, »wenn wir an einen Gott glaubten, für dessen Existenz es keinerlei Beweise gäbe, an einen Gott, der unser Fassungsvermögen absolut überstiege, an einen Gott, der sich in Schweigen hüllte und mit uns nie auf reale und greifbare Weise kommunizierte?«

»Aber das bedeutet«, schloss ich, »dass die meisten Gläubigen tatsächlich blindgläubig oder ›religiöse Ideologen‹ sind, wie Sie sie genannt haben. Das heißt, sie glauben an eine Vorstellung von Gott, die sie sich selbst zurechtgezimmert haben und die in Wirklichkeit womöglich kaum etwas mit Gott zu tun hat. Kein Wunder, dass es mit den Religionen so viele Probleme und so viel religiösen Fanatismus gibt.«

»Kannst du dir vorstellen, wie dumm wir wären«, führte Vater Maximos weiter aus, »oder wie dumm die Eremiten und Heiligen wären, wenn sie ihr spirituelles Ringen weiter fortführten, bloß weil sie an einen eingebildeten Gott glauben oder an einen absolut unnahbaren und fernen Gott? Das wäre nicht seriös. Ja, man könnte sagen, es sei pathologisch.«

»Ich habe nicht den geringsten Zweifel, dass die meisten modernen säkularen Psychotherapeuten und Psychiater das Leben im Kloster oder als Eremit als eine Form der Psychopathologie betrachten«, betonte ich. Etwas ernster gemeint, fragte ich dann: »Müssen wir davon ausgehen, dass die philosophische Gottessuche – eine der wichtigsten Passionen des westlichen Geistes von

Platon über Immanuel Kant bis zu den großen Philosophen des 19. und 20. Jahrhunderts – eigentlich irregeleitet war?«

»Ja. Völlig.«

Wir schwiegen. Vater Maximos sah aus dem Fenster, während ich angespannt einen schmalen Waldweg entlangfuhr. Ich schaltete in den ersten Gang, und unter heftigem Protest des Motors nahmen wir langsam eine steile Kurve, die uns auf eine andere Straße führen sollte. Das Troodos-Gebirge ist durchzogen von solchen Waldstraßen, die die Forstverwaltung anlegt. Das Gebet eines ehrwürdigen heiligen Mannes wäre jetzt äußerst angebracht, dachte ich durchaus etwas nervös. Im Dunkeln eine unbefestigte schmale Straße am Rande eines Abhangs hinaufzufahren, war definitiv etwas ganz anderes, als entspannt in Maine über die Interstate 95 zu rollen. Doch dass Vater Maximos neben mir saß, gab mir Sicherheit. Der Himmel hielt seine Hand über uns.

»Wenn wir also im Gottesdienst beten ›Ich glaube an den einen Gott …‹«, hob Vater Maximos wieder an, als ich in den zweiten Gang schaltete, »versuchen wir in Wirklichkeit, von einem intellektuellen Gottesglauben zur Gottesschau zu gelangen. Aus Glaube wird Liebe. Das Glaubensbekenntnis bedeutet eigentlich: ›Ich lebe in einer Liebesverbindung mit Gott.‹ Das ist der Weg der Heiligen. Erst dann können wir sagen, dass wir wahre Christen sind. Das ist der Glaube, über den die Heiligen als unmittelbare Erfahrung verfügen. Daher fürchten sie alle weder den Tod, noch Krieg, noch Krankheit, noch alles andere auf dieser Welt. Alles weltliche Streben nach Geld, Ruhm, Macht, Sicherheit und ähnlichem haben sie überwunden. Diese Menschen transzendieren die Vorstellung von Gott und gehen ein in die Erfahrung Gottes.«

»Doch wie viele Menschen können Gott tatsächlich auf diese Weise erkennen?«, reklamierte ich.

»Solange wir Gott nicht erfahren haben, sollten wir uns zumindest darüber im Klaren sein, dass wir lediglich Ideologiegläubige sind«, erwiderte Vater Maximos trocken. »Die ideale und höchste Form wahren Glaubens bedeutet, Gott unmittelbar als lebendige Realität erfahren zu haben.«

Daraufhin meinte ich, eine Gotteserfahrung könne doch etwas so Einfaches sein wie Ihn in der Schönheit und Vielfältigkeit der Natur zu erkennen. Dem stimmte Vater Maximos zu, wies jedoch darauf hin, dass eine Gotteserfahrung etwas wesentlich Tieferes sei und sich unmöglich mit Worten oder poetischen Konstruktionen beschreiben lasse.

»Wenn das stimmt«, überlegte ich, »dann bedeutet das christliche Glaubensbekenntnis nicht das, was die meisten Menschen denken, nämlich blinden Glauben an die Gottesidee.«

»Das ist ein verbreiteter Trugschluss mit allen verheerenden Konsequenzen. Wahrer Glaube bedeutet, ich lebe mit Gott, ich bin eins mit Gott. Ich habe Gott kennengelernt, und daher weiß ich, dass Gott wahrhaft *Ist*. Gott wohnt in mir und besiegt den Tod, und ich schreite voran mit Gott. Die gesamte Methodik der authentischen christlichen Mystik, wie die Heiligen sie formuliert haben, zielt darauf, jenes Stadium zu erreichen, in dem wir uns der Realität Gottes in unserem Inneren bewusst werden. Bis wir an jenen Punkt gelangen, bleiben wir schlicht in der Welt der Ideen verhaftet und sind nicht in der Essenz der christlichen Spiritualität, nämlich in der unmittelbaren Gemeinschaft mit Gott.«

Vater Maximos strahlte Autorität aus, als er diese Worte sprach. Für mich schwang darin mit, dass er selbst einen Hauch von Gott erfahren hatte und das, was er mir sagte, nicht nur das Resultat von Bücherwissen und der Anpassung seines Denkens an seine geistliche Tradition war.

Allmählich brach das Morgenlicht durch die Kiefern, und ich bemerkte Schneereste, ein letztes Überbleibsel des Winters. Das Kloster St. Anna lag am Westhang des Troodos-Gebirges hinter dem Dorf Prodromos Richtung Paphos. Daher mussten wir zunächst höher hinauf, näher an den Gipfel des Olympos heran, wo in den Wintermonaten sehr viel Schnee liegt, um dann auf der anderen Seite wieder bergab zu fahren.

»Meine nächste Frage ist vielleicht naiv, aber um der Klarheit willen muss ich sie einfach stellen«, betonte ich. »Wenn Sie sagen, ›wir können Gott schauen‹, dann meinen Sie natürlich nicht, dass wir Gott als Person sehen können, mit Gesichtszügen, wie Gott normalerweise auf Ikonen und religiösen Gemälden dargestellt wird.«

»Ach, das versteht sich doch von selbst. Es ist natürlich durchaus möglich, dass Gott uns unter bestimmten Umständen als Abbild eines Menschen erscheint. Historisch ist das bei der Menschwerdung Gottes so geschehen. Doch Gott in Seiner Essenz ist amorph, jenseits aller Bilder und anthropomorphen Charakterisierungen. Er hat keine Physiognomie; und doch ist Gott zugleich Person, insofern nämlich, als Er über die Möglichkeit und die Fähigkeit verfügt, mit Menschen auf einer persönlichen Ebene zu verkehren. Schließlich ist Er deshalb als der Christus-Logos im Fleisch zu uns gekommen, ganz Gott und ganz Mensch.

Die spirituelle Methodik, die die Heiligen entwickelt haben«, erklärte Vater Maximos, »zielt darauf ab, uns die Möglichkeit zur unmittelbaren Gottesschau zu geben. Wenn dies geschieht, dann ist es, wie ich schon oft gesagt habe, nicht mehr eine Frage des Glaubens an die Existenz Gottes, sondern ein unmittelbares Erkennen der ewigen und ungebrochenen Beziehung, die zwischen Gott und den Menschen besteht.

Und die Essenz dieser Beziehung ist natürlich Liebe«, fügte er hinzu, »die zunächst von Gott zu den Menschen strahlt und dann von den Menschen zu Gott. Für manche mag es ungeheuerlich klingen, aber diese Beziehung gelangt zu ihrer vollen Blüte, wenn eine zutiefst erotische Beziehung zu Gott erreicht wird, die weit über die intensivste und leidenschaftlichste erotische Verzückung zwischen Menschen hinausgeht. Dieses Stadium der Ekstase bezeichnete der Heilige Maximus Confessor als den *Eros maniakos*, als den wahnsinnigen Eros. Weißt du, wovon ich spreche?«, wollte Vater Maximos wissen und wandte sich mir mit einem eindringlich fragenden Gesichtsausdruck zu.

»Ich fürchte, nein«, antwortete ich sanft. Da ich nur mit dem Erleben des menschlichen Eros gesegnet war, konnte ich mir kaum vorstellen, wie der *Eros maniakos* sein mochte. Ich konnte mir einen solchen Zustand nur intellektuell ausmalen. So konnte ich zum Beispiel akzeptieren, dass alle erotischen Beziehungen auf allen Intensitätsebenen, von der derbsten bis zur erhabensten, unterschiedliche Manifestationen der allumfassenden Liebe des absoluten Gottes sind. Es ist wie bei der Sonne, die ihre Strahlen aussendet. Der menschliche Eros ist die Erfahrung der Strahlen. Der *Eros maniakos* muss der Eintritt in die Sonne selbst sein.

Ich weiß noch, dass ich, als mir diese Vorstellung zum ersten Mal begegnete, mit völliger Verblüffung reagierte. Wie konnten christliche Heilige, die dem Eros in ihrem persönlichen Leben abgeschworen haben, einen *Eros maniakos* zu Gott entwickeln? Vater Maximos' Antwort war einfach. Es war eine Frage der Verschiebung der eigenen Energie ausschließlich in Richtung Gottes. Durch ständiges Gebet und geistliche Übung geschieht etwas im Bewusstsein des oder der Betenden. Einer seiner Altväter vom Athos beschrieb diesen Zustand in einem autobiographischen Aufsatz wie folgt:

> Wenn im Herzen des Betenden die Gnade aktiviert wird, dann durchströmt die Liebe Gottes sein ganzes Wesen in einem solchen Maße, dass er mehr nicht ertragen kann. Dann wird diese Liebe übertragen auf die Liebe zur Welt und zum Menschen. So stark wird seine Liebe, dass er darum bittet, alles Leid und Unglück der anderen auf sich nehmen zu dürfen, damit ihnen leichter wird. Er leidet so sehr mit den Leidenden, sogar mit leidenden Tieren, dass er bittere Tränen vergießt, wenn er ihres Schmerzes gewahr wird. Das sind die Kennzeichen der Liebe. Aber man muss sich vor Augen halten, dass das Gebet sie aktiviert und auslöst. Deshalb hören die Fortgeschrittenen im Gebet niemals auf, für die Welt zu beten.[16]

[Nach meiner Rückkehr nach Maine sprach ich mit dem befreundeten Künstler Mike Lewis bei einem unserer Spaziergänge über diese Auffassung. Er meinte, die Erfahrung des *Eros maniakos* sei vielleicht am besten von Bernini in seiner »Verzückung

---

16 Mönch Joseph, Geron Iosef Oh Hesychastes [Altvater Joseph, der Hesychast], Daphne, Agion Oros 1984.

der Heiligen Theresa« festgehalten worden. Die Statue zeigt die Heilige, der ein Engel als Symbol der göttlichen Liebe das Herz mit einem Pfeil durchbohrt. In einem Zustand ekstatischer Verzückung gibt sie sich ihm hin.]

Der Tag war angebrochen, als wir Prodromos erreichten und am Westhang des Troodos-Gebirges ins Tal hinabfuhren. Das Kloster St. Anna war nun nur noch wenige Kilometer entfernt. Im weiteren Verlauf unseres Gesprächs über die Erkenntnis Gottes behauptete Vater Maximos, sobald sich Gott im Herzen eines Menschen manifestiere, komme jegliche Existenzangst zum Erliegen. Alle Zweifel, Fragen, philosophischen Dilemmata und jegliche Verunsicherung hinsichtlich der Existenz Gottes, wie sie »im gefallenen Zustand nur natürlich sind«, lösten sich bei einem solchen direkten Kontakt einfach in Luft auf. Zum Glück, so sagte er, ist die Überlieferung der Heiligen, die uns diese Methode und den Weg zur Gotteserkenntnis zeigt, über die Jahrhunderte erhalten geblieben. Die Heiligen haben uns die Instrumente an die Hand gegeben, mit denen wir das Herz von seinen Krankheiten reinigen können, so dass es Gottesschau erfahren und seine endgültige Heilung erlangen kann.

Nach der Abspaltung der Menschen von Gott, sagte Vater Maximos, nach dem Fall, befielen Krankheiten das Herz; dies sei die wahre Bedeutung der Ursünde. Als Menschen tragen wir eben durch unser Menschsein diese Krankheiten als Erbe mit uns. Sie sind integraler Bestandteil der *conditio humana*, des Menschseins. Dann wies er darauf hin, dass die christliche Kirche, die *Ekklesia*, als das geistliche Krankenhaus gelten und fungieren muss, in dem die Krankheiten des Herzens, die uns die Gottesschau verwehren, geheilt werden. Zum Beweis ihrer therapeutischen Effizienz verfügt die *Ekklesia* über die Erfahrungen und das Leben der Heiligen, jener Menschen, die ihr Herz durch enorme Anstrengungen gereinigt haben und daher die Spaltung zwischen sich und Gott aufheben konnten. Die Bibel allein, so behauptete Vater Maximos, reiche nicht aus, um uns zu Gott zu führen. Ohne die Erfahrungen und das Zeugnis der Heiligen von der Realität Gottes enthalte die Bibel nur »leere Worte«.

Bei Vater Maximos‘ Ausführungen zur Bibel wurde mir deutlich, wie radikal seine Auffassung von ihrem Wert sowohl von der Position religiöser Fundamentalisten als auch von der Haltung säkularer Bibelgelehrter abwich. Erstere verwechseln den Wortlaut mit der Wahrheit, wohingegen die Wissenschaftler sich ausschließlich mit der historischen Genauigkeit der Bibel befassen und nicht müde werden, zwischen den vier Evangelien einen Widerspruch nach dem anderen aufzudecken. Doch für Vater Maximos war die Bibel zuerst als Instrument zu verstehen, als eine Richtschnur, wie wir unser Leben zu führen haben, damit uns zur Wiederherstellung unserer Verbindung zu Gott verholfen wird. Einmal zitierte er John Romanides, seinen ehemaligen, in Amerika geborenen Professor an der Universität Thessaloniki, einen berühmten und umstrittenen Theologen und Priester, der folgendes Beispiel nannte: Wenn man die Bedeutung eines medizinischen Aufsatzes über Chirurgie beurteilen will, dann gibt man ihn nicht der Metzgerinnung zu lesen. Man muss ihn gut ausgebildeten Chirurgen schicken. Allein sie sind zur Abgabe einer Expertenmeinung qualifiziert. Entsprechend muss auch die Bibel als therapeutisches Instrument zur Heilung unserer existenziellen Entfremdung von Gott verstanden werden. Eine Expertenmeinung über ihren Wert als Handbuch zur Einswerdung mit Gott können weder die Fundamentalisten noch die Bibelhistoriker abgeben, sondern nur die Heiligen, die sie einem ausgiebigen Praxistest unterzogen haben. Darüber hinaus, so ergänzte Vater Maximos, reicht die Bibel als geeigneter Führer auf dem Weg zu Gott nicht aus. Man muss die gesamte Erfahrung der *Ekklesia* in Betracht ziehen, die geistliche Überlieferung in ihrer Gesamtheit, wie sie sich im Leben sowie in den Aphorismen, Homilien, geistlichen Methoden und schriftlichen Zeugnissen der Heiligen zeigt. Diese Überlieferung wird durch die Erfahrungen der Heiligen immer wieder überprüft. Der russische Athos-Altvater St. Siluan, für Vater Maximos einer der ganz großen Geistlichen, ging sogar so weit zu behaupten, wenn alle heiligen Bücher und schriftlichen Aufzeichnungen des Christentums einschließlich der Bibel bei einem schweren Erdbeben oder in einer Feuersbrunst verloren gingen, könnten sie wieder aufgeschrieben werden, denn sie seien tief im Herzen der Heiligen gespeichert und dort jederzeit abrufbar, wenn die Umstände es erforderten.[17]

»Ich würde gerne mehr darüber erfahren, was Sie mit den ›Krankheiten des Herzens‹ meinen«, bat ich, während ich um die letzte Kurve bog. Umgeben von einem dichten Kiefernwald tauchte das Kloster St. Anna vor uns auf.

»Das muss bis zu einem anderen Mal warten, vielleicht morgen«, antwortete Vater Maximos, während ich den Wagen vor dem hohen verwitterten Holztor zum Stehen brachte. Es war schon nach sechs, als ich den Motor ausschaltete. Die Äbtissin, eine glücklich wirkende schwarz gekleidete ältere Nonne sowie zwei jüngere Nonnen hatten auf Vater Maximos' Ankunft gewartet und begrüßten uns nun mit ihrer üblichen herzlichen Gastfreundschaft, während die übrigen Nonnen den Gottesdienst fortsetzten, der um vier Uhr morgens begonnen hatte.

Als ihr Altvater hatte Vater Maximos eine geistliche Praxis für sie festgelegt, die mit der im Kloster Panagia übereinstimmte. Geistliche Arbeit erfordert einen Plan, der auf die Situation und die Möglichkeiten des Einzelnen zugeschnitten sein muss. Ein geistlicher Plan für Mönche und Nonnen sieht anders aus als einer für Laien, die in der Welt leben und sich mit den Widrigkeiten des Alltags auseinandersetzen müssen. Selbst bei Mönchen und Nonnen gibt es spezifische Unterschiede, denen ein erfahrener Altvater Rechnung tragen muss, wenn er die individuellen Regeln für ihre geistlichen Übungen aufstellt. Zu viele und zu lange Übungen auf einmal können dazu führen, dass das Ringen um Gotteserkenntnis und die Vereinigung mit Ihm vollständig aufgegeben wird, erklärte mir Vater Maximos. Damit ein solcher Plan zu Ergebnissen führt, muss er unbedingt sorgfältig eingehalten werden, und niemals dürfen andere Tätigkeiten dazwischenkommen noch darf Nachlässigkeit einreißen.

Den ganzen Tag über – unterbrochen nur von einer kurzen Mittagspause – empfing Vater Maximos die Nonnen einzeln zur Beichte, zur Seelsorge und zur Überprüfung ihres Plans. Ich

---

17 Archimandrit Sophronius.(Hrsg.), Starez Siluan, Mönch vom heiligen Berg Athos: Leben, Lehre, Schriften, übersetzt und bearbeitet von Josephine Kolander, Patmos 1959 und 2007.

brachte den Tag größtenteils in der Bibliothek zu, blätterte in den Büchern und unternahm ausgedehnte Waldspaziergänge. Am Nachmittag führte mich Schwester Athanasia, eine ehemalige Sozialarbeiterin aus Athen, durch das Kloster und die Gemüsegärten, aus denen die Nonnen einen Großteil ihres täglichen Bedarfs deckten. Wie im Kloster Panagia bestand auch ihre Ernährung vorwiegend aus Gemüse, Obst, Brot und bei besonderen Gelegenheiten auch Fisch.

Erst um halb neun Uhr abends hatte Vater Maximos seine Arbeit beendet. Bis dahin hatte er über zwölf Stunden lang ununterbrochen Seelsorge betrieben. Unmittelbar vor unserer Abreise bildeten alle Nonnen im Hof zum Abschied einen Kreis um Vater Maximos. Ihre Gesichter strahlten vor Glück. Diese Geste der Verehrung werde ich nie vergessen. Es war, als hätten sie einen lebenden Heiligen in ihrer Mitte. Alle begleiteten ihn zum Auto und gaben ihm Pakete mit Essen und Süßigkeiten mit, die sie extra für ihre »Brüder«, die Mönche im Kloster Panagia, angefertigt hatten. Ich war gerade dabei, das Essen in den Kofferraum zu packen, als die Äbtissin auf mich zukam und mir ein Buch in die Hand gab. Sie hatte erfahren, dass ich Professor war und über orthodoxe Spiritualität forschte. Daher wollte sie mir ein kleines Geschenk machen. »Es wird Ihnen bei Ihrer Arbeit von Nutzen sein. Sie werden das Buch mögen«, sagte sie. »Es handelt vom außergewöhnlichen Leben der Gerontissa Gabrielia.«[18] Ich warf einen interessierten Blick auf das eben erst erschienene Buch, dankte ihr innig und legte es dann auf die Rückbank. Ich versprach, es zu lesen.

Vater Maximos segnete alle einzeln, dann fuhren wir los. Eine junge Nonne öffnete das Außentor des Klosters und ließ uns hinaus. Ich winkte ihr zum Dank, und Vater Maximos raunte mir zu: »Das ist Rosa.« Ich wollte bremsen, um sie genauer anzusehen, doch er riet mir davon ab und gab mir zu verstehen, ich solle weiterfahren. »Es geht ihr jetzt gut«, sagte er.

---

18 Schwester Gabrielia, E Asketike tes Agapes: Gerontissa Gabrielia, 1897-1992 [Die Asketin der Liebe: Mutter Gabrielia 1897-1992] , Eptalofos Abee 1997, auf Englisch erschienen als Nun Gabrielia, Mother Gavrilia: The Ascetic of Love, Series Talanton 1999.

Es war etwa einundzwanzig Uhr, als wir uns auf die zweistündige Rückfahrt zum Kloster Panagia machten. Wir schwiegen zumeist und freuten uns am Schattenspiel des aufgehenden Mondes, der zwischen den Kiefern hindurchschimmerte. Vater Maximos hatte den ganzen Tag geredet, und ich wollte ihm mit meinem unstillbaren Hunger nach Fragen und Gesprächen nicht zur Last fallen. Er brauchte Ruhe, das war ihm deutlich anzusehen.

Auf der Rückfahrt herrschte keinerlei Verkehr, kein anderes Auto war unterwegs, keine Menschenseele zu sehen. Nach ein paar flüchtig hingeworfenen Bemerkungen zog Vater Maximos eine Kassette aus seiner Tasche und legte sie ein. In der darauffolgenden Stunde hörten wir Gesänge aus Simonopetra, einem der bekannteren Klöster auf dem Athos, das für seinen byzantinischen Chor berühmt ist. Doch wenige Minuten nachdem die Kassette zu Ende war, schnellte mein Puls nach oben, und die beruhigende Wirkung der Gesänge verpuffte mit einem Schlag.

»Um Himmels willen, was ist da los?«, japste ich und trat heftig auf die Bremse, als vor uns plötzlich eine Straßensperre mit bewaffneten Männern auftauchte. Der starke Suchscheinwerfer blendete mich. Die Zeiten der Berg-Guerilla sind doch längst vorbei, sagte ich wie zu mir selbst und dachte dabei an den Höhepunkt des bewaffneten Aufstandes gegen die Briten in den 1950er Jahren. »Wer sind diese Männer?«, stammelte ich. Vater Maximos packte mich am Arm und versuchte, meine Aufregung zu beschwichtigen. »Hab keine Angst. Das ist nichts. Ich hätte es dir vorher sagen sollen.«

Noch bevor er etwas erklären konnte, spähte ein wild aussehender Kerl mit langem, gezwirbeltem schwarzen Schnauzbart und Kugelbauch in den Wagen, in der Rechten ein angsteinflößendes Gewehr. Er versuchte, uns besser zu erkennen. »Ach, Sie sind es, Vater!«, rief er aus, und sein breites Lächeln entblößte einen funkelnden Goldzahn. Mein Puls sank wieder auf Normaltempo. »Um Himmels willen, was machen Sie denn um diese Zeit hier draußen?«

»Guten Abend, Pavlo«, erwiderte Vater Maximos ruhig. »Ich habe vergessen, Kyriacos vorzuwarnen, dass Ihr hier manchmal Kontrollpunkte einrichtet.«

Pavlos gab seinen Kollegen ein Zeichen, und der Suchscheinwerfer wurde gnädig ausgeschaltet. Jetzt kamen auch die anderen auf unseren Wagen zu. Als sie entdeckten, wer neben mir saß, reichten sie ihm ungestüm und mit strahlender Miene die Hand. Die »Berg-Guerilla« waren Ortspolizisten, die gegen nächtliche Wilderer auf Hasenjagd Posten bezogen hatten. Wie nicht anders zu erwarten, waren sie auch regelmäßige Klosterbesucher, und Vater Maximos war ihr Beichtvater.

»Dir ist der Schreck in die Glieder gefahren, nicht wahr?«, frotzelte Vater Maximos, als wir weiterfuhren.

»Im ersten Moment schon«, gab ich zu. »Es hat sehr viele schmerzliche Erinnerungen an die Vergangenheit geweckt. Damals gab es in diesen Bergen jede Menge bewaffnete Guerilla.«

Der Vorfall mit der Straßensperre und den bewaffneten Polizisten beendete unser Schweigen und mündete in ein Gespräch über die anhaltenden, fast chronischen Probleme mit den Türken, die durch den Aufstand der E.O.K.A. (nationale Organisation zypriotischer Kämpfer) in den 1950ern ausgelöst worden waren. Interessant war für mich, dass Vater Maximos, im Gegensatz zu den meisten Menschen, denen ich auf der Insel begegnet bin, hinsichtlich Zyperns instabiler und auswegloser politischer Lage keinerlei Ängste oder Sorgen zeigte. Dies entsprach ganz seiner Ausbildung und der Tradition auf dem Athos. Für ihn dürfen wir an den Problemen und Schwierigkeiten, auf die wir stoßen – seien sie nun persönlicher oder gesellschaftlicher Natur – niemals verzweifeln oder verbittern, sondern wir müssen sie als Gelegenheit zur spirituellen Weiterentwicklung betrachten. Ich hingegen konnte die politische Krise nur aus meiner weltlichen Sicht betrachten, und es fiel mit schwer, mich mit beißender Kritik an politischen Personen und Institutionen, die meiner Meinung nach für die Tragödie verantwortlich waren, zurückzuhalten. Dieser nächtliche Vorfall gab mir außerdem Gelegenheit, auszusprechen, was ich über die destruktive politische Rolle der örtlichen Kirche und ihrer Geistlichkeit dachte.

Im Gegensatz zur kirchlichen Hierarchie auf der Insel hielt Vater Maximos sich von der Lokalpolitik fern und konzentrierte sich ausschließlich auf seine geistliche Aufgabe. Politik ist eine

Angelegenheit dieser Welt, und als Athos-Mönch war Vater Maximos darin geschult, seine Energie nur auf außerweltliche Dinge und Ziele von bleibendem Wert zu richten. Als ich mich im letzten Abschnitt unserer Fahrt erbost über die politische Lage ausließ, lag deshalb der weitaus größere Gesprächsanteil bei mir, während er mit bewundernswerter Geduld zuhörte.

Zypern könnte ganz anders und vielleicht friedlicher sein, beschwerte ich mich, hätte in der gesamten zypriotischen Kirche der Geist athonitischer Spiritualität geherrscht, insbesondere in jenen turbulenten 1950er Jahren. Doch leider war davon im höheren Klerus nichts zu spüren. Ganz im Gegenteil, der damalige Erzbischof Makarios (»der Gesegnete«) ließ den Himmel völlig außer Acht und erwies sich eher als nationalistischer Kämpfer denn als Mann Gottes. Aus historischen Gründen, die auf die vierhundertjährige Herrschaft der Ottomanen, der Vorläufer der Briten, zurückgehen, ist der Erzbischof zugleich der *Ethnarch*, der religiöse und nationale Führer der griechischen Zyprioten – eine anachronistische und rückblickend betrachtet auch destruktive Rolle, die an die Kriegerpäpste im mittelalterlichen Europa erinnert. Als *Ethnarch* führte er die *Enosis*-Bewegung an – mit Elan, jedoch ohne eine Spur von Gandhis Geist der Gewaltlosigkeit. Am schlimmsten aber war, dass er sich unter Missachtung der Essenz der christlichen Botschaft an der Verschwörung beteiligte, durch die ein auf Zypern geborener griechischer Oberst, der bereits in der Vergangenheit für seine Gewalttätigkeit bekannt gewesen war, heimlich auf die Insel gebracht wurde. Dieser sollte die E.O.K.A aufbauen und einen Guerilla-Krieg gegen die britische Kolonialmacht lostreten. Es war ein grauenvolles, zerstörerisches Vermächtnis, das eine Büchse der Pandora öffnete und Generationen von Zyprioten das Leben vergällte.

Unverdrossen ließ ich meine Kritik an diesen Dingen vom Stapel, nicht nur weil ich emotional und akademisch in das Zypernproblem verwickelt war, sondern auch weil ich das Gefühl hatte, dass Vater Maximos eines Tages dazu aufgerufen sein könnte, auf der Insel eine wichtige Rolle zu übernehmen, wichtiger vielleicht, als er sich damals vorzustellen vermochte. Ich glaubte, dass er angesichts seiner wachsenden Popularität bei spirituell Suchenden die Energie der Ortskirche möglicherweise von ihrer katastrophalen und korrupten Fokussierung auf Machtpolitik und Reichtum wegführen und zu ihren uralten mystischen Wurzeln spiritueller Erneuerung und Heilung hinlenken könnte. Vielleicht war dies der Grund, so dachte ich, weshalb Altvater Paisios ihn so nachdrücklich vom Athos vertrieben und wieder nach Zypern beordert hatte.

Gerade rechtzeitig, bevor wir das Kloster erreichten, hatte ich meinen langen und ganz und gar nicht spirituellen Monolog beendet, und Vater Maximos versuchte, mich zu beruhigen. Er rief mir wieder ins Gedächtnis, wie wichtig es sei, die *Ekklesia*, das heißt die Lehren der Heiligen und der heiligen Altväter über die Gotteserkenntnis, von den Persönlichkeiten zu unterscheiden, die die Organisation der weltlichen Kirche ausmachten. Außerdem mahnte er mich, ich solle getrost sein, dass nichts auf der Welt gegen die Vorsehung und Gottes Wille geschehe, auch wenn es dem menschlichen Verstand auf ewig ein Rätsel bleibe.

Es war nach dreiundzwanzig Uhr, als Vater Maximos den fünfzehn Zentimeter langen uralten Eisenschlüssel im Schloss des Klostertors umdrehte. Das Quietschen unterbrach die absolute Stille, die um diese Zeit dort herrschte. Um halb vier Uhr morgens standen alle Klosterbewohner, auch die Besucher, auf, um pünktlich zum *Orthros*, dem morgendlichen Gebetsgottesdienst, zu erscheinen. Vater Maximos drängte mich, nicht so früh aufzustehen, damit ich meinen notwendigen Schlaf bekäme.

Doch an jenem Abend konnte ich kaum einschlafen, denn das, worüber wir gesprochen hatten, wollte mir nicht aus dem Kopf: Die Vorstellungen, wie man Gotteserkenntnis erlangt. Daher beschloss ich, das Buch zu lesen, das die Äbtissin von St. Anna mir gegeben hatte. Kaum hatte ich angefangen, konnte ich es nicht mehr aus der Hand legen. Es schilderte das Leben einer außergewöhnlichen Griechin, einer Podologin, die ihren Beruf während des Zweiten Weltkriegs in London ausübte. Einem inneren Ruf folgend, reiste sie nach Indien, wo sie sich jahrelang um Leprakranke kümmerte. Mit sechzig Jahren kehrte sie nach Athen zurück, wurde Nonne und erlangte bald den Ruf einer charismatischen Gerontissa oder Mutter, ähnlich dem Ansehen heutiger Altväter wie Paisios. Bevor ich einschlief, notierte ich mir einen Aphorismus von Gabrielia, der zum heutigen Gespräch mit Vater Maximos passte: »Es gibt nur eine Art der Bildung: Gott kennen und lieben.«

5
Krankheiten des Herzens

Am nächsten Morgen erinnerte ich Vater Maximos daran, dass unser Gespräch über die Krankheiten des Herzens noch nicht abgeschlossen war. Vater Maximos versicherte mir, er habe es nicht vergessen und lud mich zu einer Plauderei auf der Bank vor seiner Zelle ein. Wir genossen die warmen Sonnenstrahlen, und er beantwortete meine Fragen auf seine übliche ungezwungene Art. Während wir uns unterhielten, gingen die anderen Mönche den ihnen zugewiesenen Pflichten nach. Einige arbeiteten in der Küche, andere im Gemüsegarten, wieder andere putzten die Kirche, und manche saßen in der Buchhaltung am Computer.

»Die grundlegendste Krankheit, von der die Altväter sprechen«, begann Vater Maximos, »ist die *Unkenntnis.* In ihrer Sprache bedeutet Unkenntnis jedoch nicht einen Mangel an korrekten Informationen oder am richtigen intellektuellen Wissen. Sie meinen damit die Unkenntnis Gottes im Herzen. Aufgrund dieses fehlenden unmittelbaren Erlebens Gottes können die Menschen nicht wissen, was es heißt, von Gott getrennt zu leben. Daher ist ihnen nicht bewusst, wie abgrundtief ihr Verlust und ihr Dilemma ist.«

»Was man nicht kennt, vermisst man nicht«, ergänzte ich. »Ich vermute, das ist wie bei den Menschen, die damit zufrieden sind, in der luftverschmutzten Stadt zu leben. Sie sind vollauf zufrieden, weil sie die saubere, frische Luft in den Bergen und auf dem Land nie erlebt haben.«

»Das ist ein guter Vergleich. Was mich anbelangt, so habe ich jedes Mal ein Problem mit dem Wasser, wenn ich nach Nikosia hinunter gehe. Ich kann es einfach nicht trinken. Es ist nicht zu vergleichen mit dem Bergquellwasser, das wir hier haben. Doch den Menschen, die in der Stadt leben, schmeckt ihr Wasser gut. Ganz ähnlich ist es mit unserer Beziehung zu Gott. Es gibt eine Phase in unserem Leben, in der wir keinerlei Gotteserfahrung haben. Daher vermissen wir Ihn auch nicht. Dann erhalten wir entweder durch plötzliche Erleuchtung oder durch lange geistliche Übung erste Einblicke in Gottes Gegenwart. Meine eigene schwache Gotteserfahrung hat mir geholfen zu verstehen, was Christus meinte, als er sagte: ›Ich bin das Licht der Welt.‹

Da habe ich überhaupt erst gemerkt«, fuhr Vater Maximos fort, »in welcher Dunkelheit ich bisher gelebt hatte. Diese Dunkelheit war so dick, dass man sie mit Händen greifen, ja mit einem Messer zerschneiden konnte. Wenn wir nichts anderes kennen, sind wir mit der Dunkelheit zufrieden. Die Erkenntnis stellt sich erst dann ein, wenn wir das Licht erleben, nicht vorher. Solange wir in der Dunkelheit leben, gehen wir nicht nur davon aus, dass dies der natürliche Zustand ist, sondern wir empfinden ihn sogar als schön.«

Ich erwiderte Vater Maximos, was er eben gesagt habe, erinnere mich an Platons Höhlengleichnis. Die meisten Menschen, so schrieb Platon, lebten in einer dunklen Höhle. Sie sind mit dem Gesicht zur Wand an einen Pfahl gebunden. Das Licht vom Höhleneingang wirft Schatten an die Wand. Diese Schatten halten die an ihren Pfahl gebundenen Menschen für die Realität. Ein paar tapfere Seelen schaffen es, sich loszubinden. Unter großen Schwierigkeiten und Mühen kriechen sie nach draußen und erleben das Sonnenlicht. Ihre Entdeckung versetzt sie in Ekstase. Diese wenigen Befreiten machen es sich zur Lebensaufgabe, in die Höhle zurückzukehren und ihren Freunden die gute Nachricht zu überbringen, dass es außerhalb der Höhle Licht und Leben gibt, dass sie nicht ihr Leben lang im Dunkeln bleiben müssen. Doch als sie ihre Entdeckung verkünden, glaubt ihnen kaum einer. Die überwältigende Mehrheit bleibt lieber an den Pfahl gebunden und hält ihren Schatten für die einzig reale Welt.

»Platons Licht außerhalb der Höhle ist in Wirklichkeit Christus«, betonte Vater Maximos, »und diejenigen, die das Licht sehen, sind die Heiligen, die zu allen Zeiten Zeugen des Lichtes waren. Die Höhlenbewohner, die nicht auf die Botschaft reagieren, sind diejenigen, deren Herzen verschlossen und die daher für die gute Nachricht nicht empfänglich sind. Deshalb raten die heiligen Altväter, zuerst für einen Menschen zu beten, bevor man mit ihm über Gott spricht, damit die Gnade dir vorangeht und den Boden bereitet. Doch selbst dann können Menschen, deren Herz verschlossen ist, das Licht nicht erfahren, egal, was passiert.«

Eine endgültige Heilung des Herzens erfordere ungeheure Anstrengungen, fuhr Vater Maximos fort. Erst danach könne es *Gnosis Theou*, Gotteserkenntnis, erlangen. »Wie wir bereits gestern besprochen haben, ist Gotteserkenntnis nicht durch Bücher über Theologie und Dogmen zu erlangen. Gotteserkenntnis erlangt man nur durch lange und beschwerliche geistliche Übungen.«

Ein paar Sekunden lang ließ Vater Maximos schweigend seine *komboskini* (siehe Glossar) durch die Finger gleiten. Es war, als gäbe die *komboskini* ihm zusätzliche Kraft und Energie.

»Das Wissen von Gott haben wir in dem Moment verloren«, fuhr er fort, »als wir die *Ekklesia* von der Erfahrung zur Theologie umgewandelt haben, von einer lebendigen Realität in moralistische Prinzipien, gute Werte und hohe Ideale. Als das geschehen ist«, sagte Vater Maximos scherzhaft, »wurden wir wie Blechdosen ohne Inhalt.«

Vater Maximos' Worte hatten etwas Leidenschaftliches. Ich erinnere mich an einen Vorfall, bei dem er im Spaß eine Gruppe junger Theologen zurechtwies, die sich als »Theologen« vorgestellt hatten. »Wenn ihr euch Theologen nennt«, so zog er sie auf, »heißt das, dass ihr die Gnade der Gotteserkenntnis erfahren habt, wie etwa der Apostel Johannes der Theologe oder Basilios der Große. Habt ihr das? Könnt ihr euch wirklich Theologen nennen, bloß weil ihr ein paar Bücher gelesen und einen Abschluss in der sogenannten ›Theologie‹ erworben habt? Meint ihr nicht, dass ihr damit reichlich überheblich seid?« An jenem Tag erteilte Vater Maximos ihnen eine Lektion über den Unterschied zwischen der Kenntnis Gottes durch das Studium der Theologie und der Gotteserkenntnis des Herzens. Er sagte ihnen, ein armer und bescheidener Bauer könne durch anstrengende geistliche Übungen und immerwährendes Gebet ein Heiliger werden und daher Gotteserkenntnis erlangen, wohingegen ein Wissenschaftler, der Theologiebuch um Theologiebuch veröffentlicht, aber stolz ist auf seine weltlichen Errungenschaften, in völliger Unkenntnis Gottes verharren mag.

»Nach der Unkenntnis als erster Krankheit des Herzens«, fuhr Vater Maximos fort, »kommt die verwandte Krankheit der *Vergesslichkeit*. Das Herz erinnert sich nicht an Gott. Es hat vergessen, wie es in den Gebetszustand gelangt.«

»Nicht im Zustand des Gebets zu sein, gilt als Krankheit?«, fragte ich verwundert.

»Aber natürlich. Die Heiligen haben das im Laufe der Jahrhunderte immer wieder gesagt; der natürliche Zustand des Menschen ist die immerwährende Kontemplation und die Erinnerung an Gott. Damit meine ich keine kopfgesteuerte Erinnerung an Gott, sondern eine Erinnerung, die aus dem Herzen kommt.«

»Wie geht das? Wie kann ich mich im Herzen an Gott erinnern? Es ist einfach für mich, bei dem, was Sie sagen, zustimmend mit dem Kopf zu nicken, aber mir ist immer noch nicht klar, wie man einen solchen Zustand erreicht.«

»Das will ich erklären. Der Verstand ist eine Form von Energie, richtig? Es ist ganz selbstverständlich, dass wir bei allem, was wir tun, sei es nun lesen, schreiben, den Boden wischen oder kochen, unseren Verstand gebrauchen. Er arbeitet. Bei denjenigen, die sich mit spiritueller *askesis* [Übung] befassen, arbeitet außerdem das wichtigste Zentrum, das Herz-Zentrum. Während sich also ihr Verstand auf eine bestimmte Tätigkeit richtet, zum Beispiel Geschirrspülen, tut ihr Herz zugleich etwas anderes. Mir ist vollkommen klar, dass das schwer zu begreifen sein muss. Aber glaube mir, so etwas ist tatsächlich möglich. Das Herz ist an Gott gebunden, es lebt bei Gott, wirkt in Gott und erfreut sich der Gegenwart Gottes, während die Betenden mit weltlichen Tätigkeiten befasst sind. Ja, vielleicht schlafen sie sogar, doch ihr Herz wirkt in der Gnade des Heiligen Geistes.«

»Das geschieht vermutlich ganz von selbst, wenn jemand die

Kunst des Betens beherrscht, des immerwährenden Gebets. Das ist genau das, was Sie vorhin gesagt haben, stimmt's?«, warf ich ein.

»Genau. Nach athonitischer Tradition besteht die Methode, mit der man diesen Zustand erreicht, darin, dass man lernt, ununterbrochen das *Efche*, das Jesusgebet, zu sprechen [Herr Jesus Christus, Sohn Gottes, erbarme dich meiner]. In der Praxis aktiviert dies den Mechanismus des Herzens, sich der Gnade zu öffnen. Denn weißt du, Kyriaco, Gottes Macht ist in Jesu Namen eingebettet. Indem wir den heiligen Namen immer wieder anrufen, laden wir Gottes Gnade ein, unser Herz und unseren Verstand in Besitz zu nehmen und uns vor schädlichen Auswirkungen zu schützen. Altvater Sophroni sagte, für den Gläubigen sei der Name Jesu Christi wie eine hohe Festungsmauer, die der Seele die Kraft gibt, schädlichen Einflüssen von außen zu widerstehen.«[19]

»Das ist gar nicht so leicht, ich meine, in Gedanken stets beim Gebet zu sein. Wie kann ich ein Buch lesen oder eine Vorlesung halten und zugleich im Zustand des Gebets verweilen? Das verwundert mich. Ich erinnere mich, sogar ein Werk von einem Altvater gelesen zu haben, der riet, wer in dieser Gebetspraxis noch unerfahren sei, solle nicht versuchen, es mit intensiver intellektueller Arbeit zu verbinden, wie zum Beispiel einer Vorlesung oder der Lektüre eines wissenschaftlichen Buches. Wenn wir zwei Dinge auf einmal tun wollen, tun wir am Ende beide schlecht.«

»Das ist ganz gewiss ein kluger Rat«, antwortete Vater Maximos. »In diesem frühen Stadium ist es einfacher, wenn man das Gebet bei einer Arbeit rezitiert, die keine besondere Konzentration erfordert, etwa beim Geschirrspülen. Doch wir sollten uns von unserer Unerfahrenheit nicht entmutigen lassen. Mit der Zeit ist diese Herausforderung durchaus zu meistern. Man sollte immer daran denken, dass man sich im Anfangsstadium der geistlichen Praxis keine Gedanken um die Qualität des Gebets und darüber machen darf, ob man mit den Gedanken bei sei-

19 Siehe Archimandrit Sophrony (Sakharov), Über das Gebet, aus dem Russischen von Sr. Ioanna. Hrsg. von Klaus Kenneth, Paulusverlag 2012.

nem Wortlaut ist oder nicht. Auf dieser Stufe wandern die Gedanken immer ab, egal, was man tut. Das lässt sich einfach nicht vermeiden. Doch das Gebet hat seine eigene Kraft und Energie. Wenn wir es wiederholen, laut oder in Gedanken, beeinflusst es nach und nach unsere seelisch-geistige Welt. Glaube mir«, fuhr Vater Maximos fort, »es wirkt wie eine Planierraupe, die den Weg frei macht und nach und nach die Steine zertrümmert und den Unrat beiseiteschiebt. Sobald dies geschieht, arbeitet das Herz selbstständig und unabhängig von allem, was wir sonst tun. Es tritt in eine immerwährende Beziehung zu Gott.«

»Ich vermute, dass damit die Vergesslichkeit als Krankheit des Herzens aufhört.«

»Exakt. Im Herzen stellt sich wieder die ununterbrochene Erinnerung an Gott ein. So werden die Menschen wieder zu dem, was sie vor dem Fall waren, genau so, wie sie nach dem Bilde Gottes erschaffen worden sind. Deshalb siehst du immer wieder, wie Mönche das Gebet rezitieren, während sie allen möglichen groben Arbeiten nachgehen.«

Bei meinem Besuch auf dem Athos fiel mir diese Methode des zuweilen im Stillen, zuweilen laut rezitierten Gebets zunächst eher als befremdlich auf. Während meines Aufenthalts im Kloster Panagia hingegen saß ich einmal mit mehreren Mönchen, die schweigend Kartoffeln schälten, im Kreis. Ich bot an, ihnen zu helfen, und stellte fest, dass ich, wie alle anderen, das Gebet immer wieder laut rezitieren musste, sobald ich an der Reihe war. Damals erschien mir diese Übung überhaupt nicht mehr grotesk, sondern vollkommen selbstverständlich, und ich empfand sie als eine Form der gemeinschaftlichen Meditation. An der Universität hätte ich mich bei so etwas nie wohlgefühlt. Allmählich lebte ich mich in der monastischen Kultur ein.

»Eignet sich diese Praxis nur für Mönche und Eremiten?«, fragte ich und dachte dabei an die Einwände der Laienkritiker gegen das Klosterleben, dass nämlich alles, was die Mönche tun, nur ihnen selber dient, nur für sie selbst anwendbar und für in der Welt lebende Normalsterbliche irrelevant ist.

»Nein«, erwiderte Vater Maximos mitfühlend. »Jeder kann das Gebet sprechen und mit der Zeit Ergebnisse erzielen. Die

Menschen wollen sich nur nicht die Mühe machen, oder sie glauben nicht, dass irgendetwas dabei herauskommt. Doch laut dem Zeugnis und der gesamten Erfahrung der Heiligen und großen Altväter ist das immerwährende Gebet der Schlüssel zur Reinigung des Herzens und seiner Öffnung für die Gaben des Heiligen Geistes, für die Gnade.«

Vater Maximos riet, die Menschen sollten das Gebet im Alltag bei jeder sich bietenden Gelegenheit sprechen – um Wartezeiten zu verkürzen, um sinnlos vertane Zeit zu füllen oder bei einer monotonen Arbeit, die keine Konzentration erfordert. Darüber hinaus könnten Laien am Morgen und am Abend ein paar Minuten der ausschließlichen Konzentration auf das Gebet widmen. Mit ausdauerndem, systematischem Üben spricht sich das Gebet schließlich selbsttätig, so dass es von alleine weitergeht, ungeachtet dessen, was der betreffende Mensch gerade tut. Nachdrücklich betonte er, das Gebet sei zwar von Mönchen und Einsiedlern als geistliche Übung erdacht worden, eigentlich jedoch für jedermann anwendbar.

An diesem Punkt musste ich mein Gespräch mit Vater Maximos unterbrechen. Eine schwarz gekleidete Dame Mitte dreißig war zur Beichte ins Kloster gekommen. Es war nicht der für die Beichte vorgesehene Tag, aber wie ich immer wieder feststellte, machte Vater Maximos für Notfälle viele Ausnahmen von dieser Regel. Die Frau hatte gerade erst bei einem Unfall ihren Mann verloren und war emotional sehr aufgewühlt.

Während ich darauf wartete, dass Vater Maximos wiederkäme, dachte ich über das Jesusgebet nach. Ich hatte gerade erst Timothy Wares (inzwischen Bischof Kallistos Ware) Buch über die orthodoxe Kirche gelesen, in dem er ausführlich darauf eingeht, mit welch großer Kraft dieses Gebet das Leben des Menschen beeinflusst. »Das Jesusgebet«, so schreibt er

> ist ein Gebet von wundersamer Vielseitigkeit. Es ist ein Gebet für Anfänger, aber ebenso ein Gebet, das zu den tiefsten Mysterien des kontemplativen Lebens hinführt. Jeder kann es anwenden, jederzeit und überall; wenn man in der Schlange steht, im Gehen,

> beim Bus- oder Zugfahren, bei der Arbeit, wenn man nachts nicht schlafen kann, in Zeiten besonderer Angst sowie immer dann, wenn man sich nicht auf andere Formen des Gebets konzentrieren kann.[20]

Durch den russischen Klassiker *Aufrichtige Erzählungen eines russischen Pilgers* wurde das Jesusgebet erstmals außerhalb der monastischen Kultur der orthodoxen Ostkirche bekannt. Dieses anonym verfasste Werk erzählt von den spirituellen Abenteuern eines russischen Bauern, der sich zu Fuß auf Pilgerschaft zu verschiedenen Heiligtümern und Kirchen in ganz Russland begab, wobei er immerfort das Gebet rezitierte, das ein Altvater ihn gelehrt hatte. Ein bestimmter Abschnitt, der davon berichtet, welch tiefgreifende Auswirkungen das Gebet auf das Leben des Pilgers hatte, ist mir besonders lebhaft in Erinnerung geblieben:

> So ziehe ich nun meiner Wege und verrichte unablässig das Jesusgebet, das mir wertvoller und süßer ist als alles andere in der Welt. Mitunter gehe ich meine siebzig Werst am Tage, manchmal auch mehr, und fühle gar nicht, dass ich gehe; ich fühle aber nur, dass ich das Gebet verrichte. Fährt mir eisige Kälte durch die Glieder, so beginne ich, das Gebet angespannter herzusagen, und bin bald vollkommen erwärmt. Martert mich der Hunger, so rufe ich den Namen Jesu Christi häufiger an und vergesse, dass ich essen wollte. Bin ich krank oder fühle ich ein Reißen im Rücken und in den Beinen, so beginne ich auf das Gebet hinzuhorchen und spüre den Schmerz nicht mehr. Wenn mich jemand beleidigt, so denke ich nur daran, wie süß das Jesusgebet ist; sogleich ist die Kränkung und aller Zorn geschwunden, und ich habe alles vergessen. … [ich] danke Gott … denn ich verstehe jetzt klar, was das Wort bedeutet, das ich in der Epistel hörte: *Betet ohne Unterlass.*[21]

---

20 Timothy Ware, The Orthodox Church, Penguin 1993, S. 305.

21 Emmanuel Jungclaussen (Hrsg.), Aufrichtige Erzählungen eines russischen

Schließlich kam die aufgewühlte Frau aus dem Beichtraum und wischte ihre Tränen fort, und Vater Maximos stieg die Stufen zu der Stelle hinauf, an der ich saß. Ich erzählte ihm, was ich im Hinblick auf das Jesusgebet gedacht hatte, und er versprach, bevor ich wieder nach Maine abreiste, würden wir noch eingehender über dieses äußerst wichtige Thema sprechen. Dann nahmen wir unser Gespräch über die Krankheiten des Herzens wieder auf.

»Vater Maxime«, sagte ich, »bis jetzt haben Sie zwei Krankheiten des Herzens genannt, Unkenntnis und Vergesslichkeit. Gibt es noch mehr?«

»Ja. Eine weitere ist die von den Altvätern sogenannte *Härte* oder Verhärtung des Herzens. Es kann sein, dass ein Mensch sich inbrünstig wünscht, das Wort Gottes zu hören, eins zu werden mit Gott, mit der Weisheit in Verbindung zu treten, die von Gott kommt – doch sein Herz ist undurchdringlich. Die Gnade Gottes kann nicht in das Innerste dieses Menschen vordringen. Das Herz lässt nicht zu, dass der Same Gottes darin Wurzeln schlägt. Gemäß der Erfahrung der Heiligen gilt dies für alle Menschen. Wenn wir uns als ein Stück Land betrachten, das wir mit dem Gebet umzugraben und zu bestellen beginnen, dann werden wir feststellen, dass der Boden am Anfang weich und relativ leicht zu pflügen ist. Doch wenn wir weitergraben, kommen wir an eine Schicht voller kleiner Steine. Noch weiter unten stoßen wir auf festes Gestein. Es ist, als würde man auf Granit säen. Nichts kann darin eindringen.« Vater Maximos schaute nachdenklich und ernst, als spreche er aus eigener Erfahrung.

»Und was passiert dann?«

»Die Härte wird noch undurchdringlicher«, sagte er mit düsterem Ton und schwieg ein paar Sekunden lang gedankenverloren.

»Warum?«

»Aus drei Gründen«, antwortete Vater Maximos und hob Zeige-, Mittel- und Ringfinger seiner rechten Hand. »Übermäßige Beschäftigung mit weltlichen Dingen, Konzentration auf kör-

---

Pilgers. Die vollständige Ausgabe, Herder 2000, S. 38.

perliche Freuden und Wohlstandsbesessenheit. Das sind drei grundlegende Leidenschaften, die das Herz verhärten. Sie rauben dem Herzen die Kraft, seine Energie auf Gott auszurichten. Wir verbrauchen diese Lebensenergie für weltliche Belange und die Verlockungen um uns herum. Unsere Aufmerksamkeit wird fragmentiert, zersplittert.«

»Aber Vater Maximos«, protestierte ich, »nicht jeder kann oder sollte Mönch werden.«

»Das sage ich auch gar nicht. Ich erkläre vielmehr, wie das Herz durch die Sorgen und Verlockungen der Welt verhärtet. Das müssen wir einfach wissen und wachsam werden, so dass unser Denken auf Gott ausgerichtet bleibt, ungeachtet dessen, ob wir Mönch, Eremit oder ganz normale Menschen sind, die in der Welt leben. Zum Beispiel kann jeder den Tag beim Aufwachen mit dem Gebet beginnen. Wenn du das tust – ganz gleich ob du Mönch bist oder nicht – wirst du Folgendes feststellen: Wenn du das Denken disziplinierst, so dass es sich vom Moment des Aufwachens an hauptsächlich mit Gott befasst, dann beginnt dein Tag mit dem Gebet und schenkt dir eine gewisse innere Ruhe.«

»Kann man so beginnen, den Granit abzuschlagen?«, fragte ich.

»Es ist ein erster Schritt. Es erfordert große Geduld und Mühen, gegen dieses Gestein anzuhämmern und Gott durch das Gebet um Hilfe zu bitten, dass er zu Staub verwandelt wird. Aber diese Arbeit lohnt sich ganz gewiss. Das schrieb David in einem seiner Psalmen, ›*Kardian syntetrimmenin kai tetapinomenin O Theos ouk exoudenosi*‹, das heißt, ›ein demütiges, zerschlagenes Herz wird Gott nicht verachten‹. So beten die Heiligen. Sie bitten Gott, ihr Herz zu zerschlagen.«

Vater Maximos lachte, als ihm eine Episode aus dem Leben von Altvater Paisios in den Sinn kam. »Eine Zeit lang«, so begann er, »lebte der alte Paisios als Einsiedler außerhalb des Athos in der Nähe seiner Heimatstadt in Nordgriechenland. Jeden Sonntag ging er von seiner Einsiedelei aus zur Kirche und empfing die Kommunion. Er blieb im Altarraum und half dem Priester während der Liturgie. Er selbst konnte die Liturgie nicht halten, denn er war nie zum Priester geweiht worden.«

»Nie? Warum das denn?«

»Er wollte lieber ein einfacher Mönch bleiben und als Eremit leben. Er verweigerte die Ordination. Nicht alle Mönche sind geweihte Priester, musst du wissen. Jedenfalls betete er eines Sonntags auf dem Weg zur Kirche, Gott möge ihn demütigen und sein Herz ›zerschlagen‹. Dann betrat er den Altarraum, um dem Priester beim Gottesdienst zu assistieren, und wartete, bis er mit dem Empfang der heiligen Kommunion an der Reihe war. Doch als der Priester ihm eben die Kommunion spenden wollte, ließ er ohne erkennbaren Grund eine heftige Verbalattacke gegen den armen alten Paisios vom Stapel. Er sei einfach lästig, sagte er, und er habe die Nase voll, Paisios Sonntag für Sonntag im Altarraum anzutreffen. Der Altvater war wie vor den Kopf gestoßen und wusste nicht, was er davon halten sollte. Dann fiel ihm wieder ein, worum er auf dem Weg zur Kirche gebetet hatte. Nach dem Gottesdienst kam der Priester unter vielen Entschuldigungen und in tiefer Reue wegen seines Ausbruchs auf ihn zu. Er verbeugte sich vor Altvater Paisios, küsste ihm die Hand und bat um Vergebung. ›Ich weiß nicht, was da über mich gekommen ist‹, klagte er.«

»Heißt das also, dass wir um ein demütiges und zerschlagenes Herz beten müssen?«, fragte ich.

»Das ist eine Möglichkeit. Aber natürlich geschieht es auch durch systematische *askesis*: Fasten, immerwährendes Gebet, nächtliche Gebetswachen, Arbeit und dergleichen. Darüber hinaus und vor allem anderen tritt es ein, wenn die Menschen lernen, Geduld zu haben mit den vielen und unvermeidlichen Sorgen, die ihnen im Leben begegnen.«

»Diese Betonung der Geduld betrachten Religionskritiker als Ablenkung vom Protest gegen persönliche und gesellschaftliche Ungerechtigkeiten. Manche würden sagen, dies sei eine Ideologie, die den Interessen der Mächtigen in die Hand spiele, Religion als ›Opium für das Volk‹«, warf ich provokativ ein.

»Unsinn«, schimpfte Vater Maximos und machte eine wegwerfende Handbewegung. »Lerne, Sorgen und auch ein persönliches Scheitern als göttliches Geschenk anzunehmen. Durch leidvolle Erfahrungen erhalten die Menschen Gelegenheit, den

Stein ihres Herzens in ein Mahlwerk zu legen und ihn zu Staub zu verwandeln. Sie müssen dieses Herzeleid durchmachen. Aus dem Leid können sie als Sieger hervorgehen. Das Leben ist selbst eine Form der *askesis*. Die Menschen erkennen das bloß nicht und lassen den Mut sinken.«

»Was mich nicht umbringt, macht mich stärker«, raunte ich die bekannte Redensart vor mich hin.

»Genau«, erwiderte Vater Maximos und nickte. Ich war mir fast sicher, dass er noch nie von Nietzsche gehört hatte.

»Deshalb werden die Heiligen in der Apokalypse als diejenigen bezeichnet, ›die großes Leid erfahren haben‹. Ihr Leben war nicht einfach.«

»Für Menschen, die ein Leben gewohnt sind, das sich um Vergnügen und Annehmlichkeiten dreht, ist das aber nicht gerade eine verlockende Botschaft«, betonte ich.

»Ja, das weiß ich. Aber Leid ist ein unvermeidlicher Bestandteil des Lebens, ganz gleich, wann und wo man lebt. Es ist unverbrüchlicher Bestandteil der menschlichen Existenz.«

»Ich verstehe, was Sie sagen«, betonte ich. »Schließlich steigt die Selbstmordrate in unserer modernen Zeit, statt zu fallen. Doch eine Botschaft von Leid und Opfer ist für das moderne Denken nicht attraktiv.«

»Das ist ja gerade ein Problem des modernen Denkens. Was die *Ekklesia* über diese Dinge lehrt, richtet sich an jene, die Augen haben zu sehen und Ohren zu hören. Wenn ich allerdings vom Leid rede, dann heißt das nicht, dass wir das Leiden zelebrieren, als müsse man es hoch schätzen und anstreben. Sondern es heißt, akzeptiere das Leid in seinem unvermeidlichen Ausmaß als Geschenk des Himmels. Dann entfaltet es therapeutische Wirkung auf dein Herz. Definiere es in deinem Denken als Gelegenheit zu spirituellem Wachstum. Denn in Wirklichkeit ist es eben dies. Ob es den Menschen nun klar ist oder nicht, wir leben in einer Welt fortwährender *askesis*. Kannst du mir folgen?«

Vater Maximos' Worte über das Leiden ließen mich an eine Tante von Emily und an den Wiener Psychiater Viktor Frankl denken. Emilys Tante war in Famagusta, jener pulsierenden Touristenstadt auf Zypern, die 1974 von der türkischen Armee überrannt wurde, eine wohlhabende Frau gewesen. Entwurzelt und verarmt entdeckte sie nach ihrer Flucht ihre Spiritualität. Dadurch wurde sie in einer Zeit, in der viele verbitterten und einen aggressiven Zorn entwickelten, zu einem Vorbild an Selbstlosigkeit und Altruismus. Ihr Fall war ein klassisches Anwendungsbeispiel für Frankls berühmtes Werk über »Logotherapie«.[22] Der Auschwitz-Überlebende Frankl lehrte, das wichtigste Motiv des Menschen sei weder Freuds »Lustprinzip« noch Adlers »Wille zur Macht«, sondern der »Wille zum Sinn«. Menschen wählen den Freitod, weil sie keinen Sinn mehr sehen und niemals, weil ihnen Sex fehlt. Ebenso sehr wie das Leiden ein unvermeidlicher Aspekt des Menschseins ist (Tod, Krankheit, Verlust geliebter Menschen), kann es auch eine Quelle für Sinn und Ziel des Lebens sein – in der Annahme, dass das Leid nicht selbst zugefügt ist. Logotherapie ist die psychoanalytische Methode, die Menschen in die Lage versetzt, sich selbst zu heilen, indem sie den einzigartigen Sinn ihrer existenziellen Lage für sich erkennen. Frankl, der in einem Todeslager war, entdeckte während seines Martyriums Sinn durch die Erinnerung an seine Frau (seine Sehnsucht zu überleben und wieder mit ihr vereint zu sein) und seinen Wunsch, sein Buch über Logotherapie, das die Nazis bei seiner Internierung in Auschwitz konfisziert und vernichtet hatten, neu zu schreiben.

Ich erklärte Vater Maximos kurz das Wesentliche über Frankls Werk. Er stimmte den Grundideen des Wiener Arztes voll und ganz zu. Für Vater Maximos ist jede Katastrophe im Leben eine Gelegenheit, Gott zu entdecken. Er beeilte sich jedoch hinzuzufügen, dass auch jeder Erfolg und jedes Glück Gelegenheit bieten, Gott zu entdecken. Sowohl die negativen als auch die positiven Ereignisse in unserem Leben sind Versuchungen, die uns die Vorsehung schickt, um unsere spirituelle Entwicklung voranzutreiben. Ob wir auf spirituell nutzbringende Weise darauf reagieren, liegt allein an uns. [Ein anderer Altvater wies mich darauf hin, dass das griechische Wort *peirasmos* ein umfassenderes Bedeutungsspektrum hat als das englische »temptation«

22 Viktor Frankl, ...trotzdem ja zum Leben sagen. Ein Psychologe erlebt das Konzentrationslager, Kösel 2009 (Erstausgabe Deuticke 1947)

(und das deutsche »Versuchung«). Im Griechischen bedeutet es auch »Prüfung« oder »Probe«. *Peirasmos* könnte eine Prüfung sein, die uns Gott schickt, damit wir auf dem spirituellen Weg voranschreiten können – es könnte aber auch ein Vorschlag des Teufels sein.)

Vater Maximos war kein Intellektueller im westlichen Sinne. Sein Wissen über existenzielle Fragen schöpfte er einzig aus seinen Studien und dem geistlichen Vermächtnis der heiligen Altväter des Christentums. Seine Sprache und die Konzepte, anhand derer er sich die Welt erklärte, stammten ausschließlich aus dem großen Schatz der patristischen geistlichen Tradition. Daher verwickelte ich ihn nie direkt in ein Gespräch über westliche Denker, die jahrzehntelang meine geistige Nahrung gewesen waren. Mir ging es zuerst darum, etwas über Vater Maximos' spirituelle Weisheit zu erfahren und nicht darum, mit ihm den verhältnismäßigen Wert des Denkens von Nietzsche, Freud, Frankl oder wem auch immer zu erörtern. In Gedanken führte ich jedoch ständig einen stillen Dialog zwischen den Lehren der heiligen Altväter des Christentums und den säkularen Denkern des Westens sowie den Weisheitstraditionen aus Buddhismus und Hinduismus. Als wir über die »Reinigung des Herzens« sprachen, konnte ich kaum umhin, dem Buddhas »achtfachen Pfad« gegenüberzustellen. Ich wusste jedoch sehr gut, dass fromme Christen, also auch die Athos-Mönche, jeglichen Vergleichen von Offenbarung und geistlicher Praxis des Christentums mit der Mystik und den spirituellen Übungen des Ostens abgeneigt sind. In den Augen solcher Christen kann der Vergleich den Glauben an die zentrale Bedeutung und göttliche Einzigartigkeit der christlichen Offenbarung untergraben; eine Befürchtung, die ich als Akademiker nicht teilen konnte. Deshalb hielt ich mich im Großen und Ganzen vom *peirasmos* der vergleichenden Auseinandersetzung fern.

»Im Herzen der Heiligen, die aus dem einen oder anderen Grund tiefen Schmerz und Kummer erfahren, vollzieht sich etwas ganz Paradoxes«, fuhr Vater Maximos fort, »nämlich das Mysterium von Gottes Gnade. Während alles zerfällt, tritt an einem bestimmten Punkt plötzlich eine innere Verwandlung und

Erleuchtung ein. Das, was als großes Leid erfahren wurde, wird nun zur Ursache einer großen Gnade, und dies so sehr, dass die Bitterkeit des Leids aufgehoben wird. Schmerz wird verwandelt in unaussprechliche Freude. Ich weiß nicht, ob das für dich einen Sinn ergibt; aber es ist wirklich wahr.«

»Oh doch, das tut es«, versicherte ich Vater Maximos. Dann schwiegen wir eine kurze Weile und dachten über das Thema nach, das wir gerade erörtert hatten.

»Ich rate den Menschen Folgendes«, hob Vater Maximos schließlich wieder an. »Wenn sie lernen, sich bei kleinen schmerzlichen Versuchungen in Geduld zu üben, dann lernen sie nach und nach auch, die größeren leidvollen Versuchungen anzunehmen, die ihnen im Leben unweigerlich begegnen werden. Mit etwas Übung lernen sie, unter der Last solcher Versuchungen nicht zusammenzubrechen. Ihr Herz wird vielleicht in Stücke geschlagen, aber sie zerbrechen nicht daran. Ein Problem der Menschen ist heute, dass sie selbst mit dem geringsten Kummer oder der kleinsten Versuchung nicht umgehen können. Oft sind sie dann als Mensch vollkommen aufgelöst.« Dann erläuterte Vater Maximos weitere Krankheiten des Herzens, die den Menschen im Leben heimsuchen. »Die heiligen Altväter sprechen von *Blindheit* und *Verunreinigung* als zwei zusammenhängenden Krankheiten des Herzens. Wenn das Herz an Verhärtung leidet, dann kann es nicht zwischen Gut und Böse unterscheiden und wird infolgedessen unfähig, Gottes Gegenwart zu erkennen. Es ist blind.

Manchmal fragen Ungläubige: ›Wo ist Gott? Warum kann ich Ihn nicht sehen? Warum manifestiert Er sich nicht, damit ich glauben kann? oder ›Beweise mir, dass es Gott wirklich gibt‹. Doch wie soll man das jemandem beweisen können, der nicht sieht? Sie ähneln dem Blinden, der nicht glaubt, dass es Kronleuchter gibt. Er hat einfach nicht die Augen, mit denen er sie sehen könnte. Doch diejenigen, die Augen haben zu sehen, wissen aus Erfahrung, dass alle Wirklichkeit von Gott durchdrungen ist. Und weißt du, was für ein wunderbares Gefühl diese Erfahrung ist? In der Schöpfung zu sein und überall Gottes Gegenwart zu spüren? Dann wird das Leben zur reinen Freude. Alles ist gesegnet. Wenn du dieses empirische Verständnis von Gottes Gnade nicht hast, dann wirst du bei der kleinsten Provokation kritisch, schiebst die Schuld immer auf andere und hast ständig etwas an ihnen auszusetzen. Wenn du so denkst, so lehren die heiligen Altväter, dann kannst du dich darauf verlassen, dass das eigentliche Problem du selber bist. Schau dir die Heiligen an«, fuhr Vater Maximos fort, »die Menschen, die Gott kennengelernt haben. Nie wirst du hören, dass sie sich über jemanden beklagen. Ob du es glaubst oder nicht, sie haben an niemandem etwas auszusetzen, oft noch nicht einmal am Teufel selbst.«

»Es ist sehr schwierig, so zu denken und dennoch in der Welt zu leben«, warf ich ein.

»Es ist äußerst schwierig. Aber genau das bedeutet Gotteserkenntnis. Durch ihre lange und schwierige geistliche Praxis werden die Heiligen für radikal Anderes empfänglich. Sie nehmen ihre Umgebung ganz anders wahr als wir. Sie sehen alles und jeden in seinem wahren Zustand – durchdrungen von Gott. Jeder wird als Teil der Vorsehung betrachtet. Deshalb ist für einen wahren Heiligen nichts wirklich feindselig. Dies ist der Grund, weshalb Heilige absolut keine Angst haben.«

»Hast du dich je gefragt«, fuhr Vater Maximos fort, »warum wir Mönche uns voreinander verbeugen und uns die Hand küssen, wenn wir einander begegnen?«

»Ich muss sagen, dass diese Begrüßung für einen Außenstehenden, vorsichtig ausgedrückt, ziemlich grotesk aussieht«, wandte ich nachdenklich ein.

»Genauso erging es mir auch, als ich zum ersten Mal auf dem Athos war«, sagte Vater Maximos. »Ich erinnere mich noch gut, wie ich zum ersten Mal sah, dass zwei Mönche eine tiefe Verbeugung voreinander machten und sich die Hand küssten, als sie auf einem Weg aneinander vorbeigingen. Damals kam mir das sehr albern vor. Ich konnte das Lachen kaum zurückhalten. Natürlich erfuhr ich bald, dass dieses Verhalten auf dem Glauben gründet, dass wir in jedem, dem wir unterwegs begegnen, in Wirklichkeit Gott begegnen. So wie du Gott die Ehre erweist, musst du auch dem anderen die Ehre erweisen, denn du hast Gottes Gegenwart vor dir. Du wendest dich nicht ab, um jemandem aus dem Weg zu gehen, den du nicht magst.« Er zögerte eine Sekunde und fuhr dann fort: »Ich tue das normalerweise.« Als Beispiel für die richtige Haltung unter solchen Umständen erzählte Vater Maximos dann eine weitere Begebenheit aus dem Leben von Altvater Paisios.

»Eines Tages erhielt der alte Paisios in seiner entlegenen Einsiedelei Besuch von fünf unausstehlichen, stolzen und arroganten jungen Männern. Geduldig verbrachte er mehrere Stunden mit ihnen und schenkte ihnen besondere Aufmerksamkeit. Ein ebenfalls anwesender Theologielehrer wurde allerdings ganz nervös und ungeduldig. »Wie konnten Sie die ertragen?«, fragte er ihn. Und der Altvater erwiderte: »Hast du dich schon einmal gefragt, wie Gott dich ertragen kann?«

Mit einigen weiteren Anekdoten aus dem Leben seines geliebten Altvaters schwelgte Vater Maximos noch ein Weilchen in Erinnerungen an ihn, dann kehrte er zum eigentlichen Thema der weiteren Krankheiten des Herzens zurück. Wenn sich das Herz an lasterhafte Gedanken oder *logismoi* gewöhnt, dann, so sagte er, wird es damit verseucht.

»Willst du damit andeuten«, fragte ich, »dass jeder negative Gedanke, der sich einschleicht, das Herz unweigerlich verseucht wie ein Virus?«

»Nicht unbedingt. Es lässt sich gar nicht vermeiden, dass ab und zu negative Gedanken auf einen einstürmen. Problematisch wird es, wenn wir zulassen, dass diese Gedanken bis zu unserem Herzen vordringen und dort verweilen. Wenn verwerfliche Gedanken dauerhaft im Herzen getragen werden, dann gewöhnt es sich an sie. Ja, es ergeht sich geradezu in ihnen.«

»Das Herz wird dann sozusagen die Geisel dieser Neigungen«, stellte ich fest.

»Ja, es gewöhnt sich daran, Vergnügen an verwerflichen Situationen zu finden. Ein solches Herz kann ohne diese ständige Verseuchung nicht mehr sein. Im Gegensatz dazu stehen die, die ›reinen Herzens‹ sind und bei keinem verwerflichen Gedanken verweilen können, selbst wenn sie es versuchen. Verseuchte Herzen hingegen stößt alles Reine ab. Siehst du, was passiert?«

Ich nickte, und Vater Maximos fuhr fort. »Eine weitere Herzenskrankheit ist die *Unbesonnenheit.* Das bedeutet, dass das Herz nicht einmal weiß, wo seine wahren Interessen liegen. Nehmen wir zum Beispiel einmal einen sehr wohlhabenden Mann Ende siebzig. Er kann seinen Wohlstand wahrscheinlich nicht mehr aufbrauchen, selbst wenn er sich Mühe gibt. Dennoch kann er einfach nicht aufhören, mit aller Kraft nach immer noch mehr Geld zu streben, das er gar nicht braucht.«

»In diesen Fällen liegt das Problem wahrscheinlich nicht im Streben nach immer noch mehr Geld, sondern darin, dass er seinen Status oder seine Macht erhalten will. Auf jeden Fall leiden wohl die meisten Menschen, die in der Welt leben, unter Unbesonnenheit.« In dem Moment, in dem ich dies sagte, stand mir blitzartig meine akademische Welt vor Augen. Wie unbesonnen wir doch meist sind, dass wir immer noch mehr Publikationen und Ehrungen anhäufen wollen, genau wie der Wirtschafts-Tycoon, der noch im Alter von achtzig Geld scheffelt. Vor unseren Studenten und in unseren Fakultätssitzungen tun wir gerade so, als seien wir unsterblich und halten kaum je inne, um über die tieferen Gründe unserer Existenz nachzudenken.

»Ganz gleich, aus welchem Grund sich jemand so verhält«, sagte Vater Maximos, »der Mensch ist sich nicht bewusst, dass er bald sterben wird und ihm dann all sein Reichtum und seine gesellschaftliche Stellung nichts nützen. Er hat kein *mnemen thanatou*, kein Bewusstsein seines Todes. Das Herz ist unbesonnen. Es leidet an Torheit.«

Ich weiß noch, wie schockiert ich war, als ich auf dem Athos Zeuge eines Rituals wurde, das aus der Sicht eines Normalsterblichen makaber wirkt. Die Mönche begeben sich regelmäßig in einem nächtlichen Fackelzug an einen Ort, der aussieht wie eine Katakombe und an dem die Gebeine von Mönchen aufbewahrt werden, die seit mindestens drei Jahren tot sind. Dort beten und singen sie für ihre verstorbenen Brüder. Mit diesem Ritual sollen die Mönche, so erfuhr ich später, in der Ausbildung von *mnemen thanatou* trainiert werden, damit sie einen Zustand völliger Furchtlosigkeit vor dem Tod erlangen. Ein junger Mönch sagte mir: »Beim ersten Mal packte mich das Grauen, doch dann gewöhnte ich mich nicht nur daran, sondern es half mir sogar, alle meine Ängste vor dem Tod zu überwinden. Inzwischen weiß ich sogar ganz genau, wo meine Gebeine verwahrt werden, wenn ich nicht mehr bin.« Diese Haltung, so dachte ich damals, lief unserer modernen weltlichen Tendenz, den Tod zu leugnen und ihn in Bestattungsinstituten zu verstecken, vollkommen zuwider.

»Alle Krankheiten des Herzens«, fuhr Vater Maximos fort, »sind miteinander verbunden. Die Urkrankheiten jedoch, aus denen alle anderen hervorgehen, sind Unkenntnis und Vergesslichkeit gegenüber Gott. Sobald ein Mensch mit dem inneren Selbst in Kontakt kommt und die Realität Gottes im Inneren entdeckt, wird er automatisch von allen Krankheiten des Herzens geheilt. Das ist wahre Selbst-Heilung.«

Ein Eremit wie Altvater Paisios, sagte Vater Maximos oft, hatte die Unkenntnis und Vergesslichkeit, unter denen wir alle vom ersten Tag unseres Lebens an leiden, überwunden. Durch Kenntnis und Gedächtnis Gottes wurde er von der Herzenshärte und allen anderen Krankheiten geheilt und für alle Menschen zu einem Leuchtturm der Spiritualität. Man würde erwarten, dass solche Eremiten, die ihr ganzes Leben in stetem Gebet und ständiger Askese in der rauen Natur verbringen, abstoßend, animalisch und vulgär sind. Aber nein. »Ich habe Einsiedler gekannt, die vierzig oder sogar sechzig Jahre lang asketisch gelebt haben. Unter normalen Umständen sollten solche Menschen aussehen wie wilde Tiere und sich auch so verhalten. Und doch verfeinert sich ihre Ausstrahlung, und sie sind von einer schwer zu beschreibenden Sanftmut. Sie strahlen eine so große Liebe aus, dass Besucher ungläubig vor ihnen stehen und es nicht fassen können. Sie sind im wahrsten Sinne des Wortes mit dem Feuer der Heiligkeit getauft.« Hätte ich Altvater Paisios nicht selbst kennengelernt, hätte ich gedacht, dass Vater Maximos entweder übertrieb oder sich alles nur einbildete.

Unser morgendliches Gespräch endete, als eine ganze Busladung deutscher, britischer und skandinavischer Touristen mit ihrer zypriotischen Reiseleiterin in den Hof drängte. Von unserem Sitzplatz im Kreuzgang im ersten Obergeschoss aus beobachteten wir das Gewusel unter uns. Vater Maximos stand auf, beugte sich übers Geländer und winkte den ungeladenen Gästen zu. Es war nicht immer leicht, die Stille des Klosters zu wahren. Im Gegensatz zum Athos war das Kloster Panagia mit dem Auto zu erreichen und angesichts seiner historischen Bedeutung ein Anziehungspunkt für den wachsenden Tourismus. Vater Maximos hatte jedoch Regeln aufgestellt, wann Reisebüros und der Zypriotische Tourismusverband ihre Gäste mit Bussen ins Kloster bringen und welche Bereiche sie besichtigen konnten. Touristen und Besucher durften die Kirche besichtigen, Kerzen anzünden, auf dem Klostergelände umhergehen und die Buchhandlung besuchen. Den Wohnbereich der Mönche durften sie nicht betreten. Unser Standort war für Besucher verboten, gleich ob einheimisch oder international.

Die Touristen scharten sich in einer Traube um ihre Reiseleiterin und lauschten einer kurzen Einführung in die Geschichte des Klosters Panagia. »Dieses Kloster«, begann sie in ihrem Englisch mit dem vernehmbaren Akzent, »wurde im ausgehenden 12. Jahrhundert gegründet und ist heute eines der bedeutendsten und aktivsten orthodoxen Klöster in Zypern. Es heißt, dass die Ikone der Heiligen Jungfrau, die Sie gleich in der Kirche sehen werden, von dem Evangelisten Lukas gemalt wurde. Ein unbekannter Eremit brachte sie aus Kleinasien nach Zypern, um sie vor der Herrschaft der Bilderstürmer im 8. und 9. Jahrhundert zu retten. Dieser Eremit suchte Zuflucht in den hiesigen Bergen und lebte in einer versteckten Einsiedelei. Nach seinem Tod verblieb die Ikone hier, bis etwa um das Jahr 1145 zwei weitere Eremiten eintrafen und sie, ihren göttlichen Offenbarungen folgend, wiederentdeckten. Dieses Kloster wurde schließlich genau an der Stelle errichtet, an der sie die Ikone fanden. Das Geld dafür kam aus Konstantinopel und wurde nach der Niederlage der Bilderstürmer übersandt. Seit seiner Gründung im 12. Jahrhundert ist das Kloster dreimal bis auf die Grundmauern abgebrannt und wurde stets wieder aufgebaut, zum letzten Mal Ende des 19. Jahrhunderts.«

Vater Maximos versuchte zuzuhören, doch da er kaum Englisch sprach, konnte er den Worten der Führerin nicht folgen. Ich fasste für ihn lediglich zusammen, worum es im Großen und Ganzen ging. Als sie über die Geschichte des Klosters unter fränkischer, ottomanischer und britischer Herrschaft sprach, bat Vater Maximos mich, ihn zur Inspektion von Bauarbeiten an unterirdischen Lagerräumen zu begleiten. Sie waren zum Repositorium für seltene Ikonen und andere Artefakte umgestaltet worden, die bis in byzantinische Zeit zurückreichten. Mit einer Taschenlampe folgte ich ihm die Treppen hinab in die dunklen Lagerräume, die in früheren Jahrhunderten als Zufluchtsort und Versteck vor einfallenden Armeen, Räubern und Piraten gedient hatten.

6
Ikonen und Götzenbilder

Es war Freitagmorgen. Soeben hatte ich meine Notizen beendet und saß nun auf einer Bank vor meinem Zimmer mit Blick in den sonnigen Innenhof. Ich sah den Mönchen in ihren schwarzen Gewändern zu, die ihre verschiedenen Aufgaben verrichteten. In der Kirche in der Mitte des Hofes gingen Pilger ein und aus. Sie zündeten Kerzen an und brachten der wundertätigen Ikone der Heiligen Jungfrau ihre Ehrerbietung dar.

Ich schloss die Augen, genoss ein paar Minuten lang die Sonne und dachte über das Leben in meiner neuen Umgebung nach. Das Kloster Panagia war anders als die Klöster, die ich aus meiner Jugend in Zypern kannte. Damals waren die Klöster auf der Insel praktisch verlassen. Nur noch wenige ältere Mönche lebten darin, obwohl Zypern einst eine Drehscheibe monastischen Lebens gewesen war, in erster Linie dank seiner Nähe zum Heiligen Land und zur ägyptischen Wüste, wo das Mönchtum in den ersten christlichen Jahrhunderten entstanden und zur Blüte gelangt war. Damals gingen aus diesen Klöstern so viele Heilige hervor, dass Zypern bei Gläubigen als »Insel der Heiligen« galt. Einige dieser Heiligen, etwa Spyridon und Epiphanios von Salamis, waren aktiv an der Formulierung der frühchristlichen Lehre beteiligt. Doch nach dem Zweiten Weltkrieg wurden die noch bewohnten Klöster zu Erholungsorten umfunktioniert, wo man picknicken und umsonst übernachten konnte. Mit spiritueller Erbauung hatten die meisten Gäste nicht viel im Sinn. Ganz normale Menschen konnten dort ein paar ruhige Tage mit der Familie verbringen, und an geistlichen Betätigungen bot sich höchstens ein gelegentlicher Besuch des morgendlichen Gottesdienstes an. Da Klöster grundsätzlich an entlegenen, bewaldeten Orten in den Bergen oder am Meer erbaut wurden, waren sie ein ideales Reiseziel für Einfach-Urlauber, ähnlich dem Nationalparksystem in den USA. Waren die verfügbaren Räume vergeben – dies geschah nach dem System »wer zuerst kommt, mahlt zuerst« (wobei es eindeutig von Vorteil war, den Abt zu kennen) – kampierten die Leute einfach auf dem umliegenden Klostergelände und genossen die großartige Landschaft.

Bevor Vater Maximos kam, hatte es im Kloster Panagia kaum noch Mönche gegeben, und die Besucher kamen und gingen aus Gründen, die mit ihrem Seelenheil nur sehr wenig zu tun hatten. Tatsächlich war das Kloster damals ein beliebter Treffpunkt für eingefleischte Nationalisten, die jedes Jahr dort zusammenkamen, um des Todes eines zypriotischen Guerilla-Rebellen zu gedenken, der Mitte der 1950er Jahre an einem nahen Berghang im Kampf gegen die britischen Truppen ums Leben gekommen war. Außerdem war es ein idealer Rastplatz für Jäger, die sich nach ihren Ausflügen in die umliegenden Berge, wo sie Rebhühner und Hasen schossen, im Restaurant neben dem Kloster ein herzhaftes Mittagessen schmecken ließen.

Doch mit Vater Maximos‘ Ankunft wurde alles anders. Die zunehmende Anzahl junger gebildeter Mönche, die dem Kloster in erster Linie dank der charismatischen Ausstrahlung des Abtes beitraten, erfüllten den Ort mit neuer Vitalität, und dies zu einem Zeitpunkt, zu dem die meisten Menschen, mich eingeschlossen, glaubten, das Klosterleben gehöre der Vergangenheit an. Auch Pilger kamen wieder in Scharen – um der geistlichen Führung willen und um an dem strengen Klosterleben teilzunehmen, das aus Fasten, Gebet, Meditation sowie nächtlichen Gebetswachen und Ritualen bestand. Für mich hatte es den Anschein, als würde ich Zeuge einer bedeutenden Revolution in der Geschichte des Klosterwesens auf der Insel und vielleicht darüber hinaus.

Nachdem er der Spiritualität im Kloster Panagia wieder zu neuem Leben verholfen hatte, unternahm Vater Maximos radikale Schritte, um die Stille zu wahren, die für ernsthaftes geistliches

Arbeiten und Konzentration notwendig war. Das Restaurant, das das Kloster zur Bewirtung der Besucher verpachtet hatte, wurde trotz heftiger Proteste der Pächter und der Stammgäste geschlossen. Es ist unvorstellbar, erklärte mir Vater Maximos, wie man sich mit geistlicher Arbeit befassen soll, während gleichzeitig direkt vor den Toren randalierende Urlauber trinken, zu lauter Musik tanzen und großzügige Portionen Fleisch vertilgen, das an riesigen Spießen im Freien gegrillt wird, so dass der Duft den fastenden Mönchen in ihren Zellen in die Nase steigt.

Mit Spenden von Pilgern und wohlhabenden Gönnern ließ Vater Maximos das Restaurant abreißen und an seiner Stelle ein weiteres geräumiges *archondariki* errichten, das Gäste in großer Zahl aufnehmen konnte. Dort erhielten alle Besucher an Sonn- und besonderen Feiertagen nach dem Gottesdienst Kaffee, Tee und Gebäck gratis. Über dem neuen *archondariki* ließ er eine imposante Kapelle zu Ehren von St. Gregorios Palamas errichten. Der Heilige war im 14. Jahrhundert Bischof von Thessaloniki gewesen und hatte die Lebensweise und geistliche Praxis der Athos-Mönche erfolgreich verteidigt, als rationalistische Strömungen innerhalb der Ostkirche sie zu untergraben versuchten. Mit der Errichtung der Kapelle setzte Vater Maximos ein deutliches Zeichen, was er im Kloster Panagia vorhatte: Die mystische Praxis der *Ekklesia* zu retten und zu bewahren.

Gäste waren im Kloster willkommen, wenn sie nur wenige Tage bleiben wollten sowie um der geistlichen Arbeit willen und nicht wegen eines kostenlosen Urlaubs gekommen waren. Taufen und Hochzeiten wurden im Kloster nicht mehr durchgeführt, da diese sakramentalen Feiern weltliche Unruhe mit sich brachten und die unverzichtbare Ruhe im Kloster störten.

»Kyriaco, sie sind da«, hörte ich Stephanos rufen. Er war über Nacht geblieben und in einer Zelle neben mir untergebracht. Am Abend hatten wir uns über die Spiritualität auf dem Athos unterhalten, während die Mönche in ihren Zellen das immerwährende Gebet pflegten. »Sie warten am *archondariki*.«

»Gut«, antwortete ich, öffnete die Augen, streckte mich und stand auf. »Ich hoffe, Vater Maximos hat heute Morgen Zeit für uns.«

Wir gingen die Treppe hinunter, wo unsere Freunde warteten, Eleni und ihr Mann Theodoros. Ich stellte ihnen Stephanos und Vater Nikodemos vor, ein Mönch Anfang dreißig, der zufällig gerade dort war.

»Vater Maximos ist gleich bei Ihnen«, sagte Vater Nikodemos. »Vielleicht möchten Sie in der Zwischenzeit die Kirche besichtigen.« Eleni stand auf und ging voraus.

Eleni war Mitte vierzig und stammte aus einer gut situierten Familie aus der südlichen Hafenstadt Limassol. Sie hatte gerade einen zehnjährigen Kampf gegen den Krebs überstanden. Durch diese Erfahrung hatte sie ihren Blick allmählich mehr nach innen gerichtet und spirituelleren Dingen zugewandt, behauptete sie. Das war das Geschenk, das der Krebs ihr gemacht hatte, sagte sie mir einmal; er habe sie für die Realität Gottes geöffnet. Dass jemand allen Ernstes behauptet, eine lebensbedrohliche Krankheit habe ihm die Spiritualität erschlossen, hörte ich nicht zum ersten Mal. Ich erinnere mich, dass vor Jahren bei einem Workshop in Vermont ein hinfällig wirkender Mann aus New York auf mich zukam und mir mit Tränen in den Augen anvertraute, ohne AIDS hätte er wohl sein Leben lang nicht das geringste Interesse an den Dingen entwickelt, auf die es wirklich ankommt. Dadurch, dass er die tödliche Krankheit als Geschenk des Himmels betrachtete, hatte er seinen Seelenfrieden gefunden.

In der Kirche gab es kein elektrisches Licht, und die wenigen brennenden Kerzen erzeugten jene geheimnisvolle, Ehrfurcht einflößende Atmosphäre, wie sie für alte byzantinische Kirchen typisch ist. Eleni ging zuerst hinein. Am Eingang der Kirche zündete sie eine Kerze an, bekreuzigte sich und küsste die Ikone der *Theotokos* [Gottesmutter], der Schutzpatronin des Klosters. Dann ging sie zur *Ikonostase*, der Ikonenwand, die den Altarraum vom inneren Kirchenschiff trennt. Gerade wollte sie dasselbe vor der großen Ikone Christi tun, da erzitterte sie leicht und ihre Augen wurden feucht. »Es ist dieselbe Ikone«, flüsterte sie. »Sie sind identisch.«

»Erstaunlich!«, bemerkte ihr Mann verwundert. »Was für ein erstaunlicher Zufall.« Um Fassung ringend und mit tränenüberströmtem Gesicht blieb Eleni wie angewurzelt vor dem Bildnis Christi stehen. Es war eine ungewöhnliche Ikone, auf der Christus in kaiserlichen Gewändern dargestellt war, doch statt eines Dornenkranzes eine edelsteinbesetzte Krone auf dem Kopf trug, die nicht den gekreuzigten Christus, sondern den *Pantokrator*, den Weltenherrscher, anzeigt.

Nachdem wir die Kirche wieder verlassen hatten, half ich Theodoros, eine große, schwere Ikone vom Rücksitz seines Wagens ins Gästezimmer zu tragen. Tatsächlich waren die beiden nur gekommen, um dem Kloster die Ikone zu überbringen. Vorsichtig lehnten wir sie an die Wand, und Vater Nikodemos nahm die weiße Umhüllung ab. In diesem Augenblick wurde mir klar, warum Eleni so bewegt gewesen war. Die Ikone, die sie gerade in Vater Maximos' Obhut geben wollten, war praktisch identisch mit der im Kloster. Vater Nikodemos, der gelernte Archäologe, deutete auf eine Stelle, an der das Jahr 1860 vermerkt war.

»Solche Ikonen wurden nur in sehr geringer Zahl angefertigt«, sagte er. »Hier ist sie in Sicherheit.« Dann untersuchte er den *Pantokrator* etwas eingehender. Er vermutete, dass es in der Kirche, der die Ikone gehörte, früher einmal gebrannt haben musste, denn die Rückseite der Ikone wies einige Brandstellen auf. Davon abgesehen, war sie in ausgezeichnetem Zustand. »Ich weiß nicht, ob die beiden Ikonen vom selben Künstler gemalt wurden«, erklärte Vater Nikodemos, während er die Ikone weiter aus der Nähe untersuchte. »Aber die Ikone in der Kirche und diese hier sind eindeutig zur selben Zeit entstanden. Diese Kunstform wurde auf der Insel während einer kurzen Periode im 19. Jahrhundert eingeführt. Es ist ein seltener Stil, in dem sich byzantinische Kunst und westliche Einflüsse vermischen.«

Vater Maximos betrat den Raum, als wir gerade einen aromatischen Tee aus Bergkräutern genossen, die die Mönche selbst gesammelt hatten. Er entschuldigte sich für die Verspätung und betrachtete dann einige Minuten lang eingehend die Ikone. »Wir passen gut darauf auf«, versicherte er Eleni. Wir setzten uns, und sie erklärte, wie die Ikone in ihren Besitz gekommen war und warum sie beschlossen hatte, sie dem Kloster Panagia zur Verwahrung zu überlassen.

Vor etwa fünfzehn Jahren klopfte eines Abends ein Fremder an ihre Tür und bat sie inständig, eine seltene Ikone zu retten, die im Diplomatengepäck einer ausländischen Botschaft außer Landes geschmuggelt werden sollte. Ein Diplomat, der Zugang zum türkisch besetzten Teil der Insel hatte, war bereit, einem Türken den *Pantokrator* für dreihundert türkische Pfund (damals etwa sechshundertfünfzig US-Dollar) abzukaufen. Die Ikone hatte einer unbekannten Kirche gehört, die nach der Invasion der Insel durch die Türkei im Jahr 1974 durchsucht und geplündert worden war. Eleni und Theodoros hatten nicht so viel Geld im Haus und mussten von einem Verwandten zum anderen laufen, um das Geld zur Rettung der Ikone zusammenzubringen. Andernfalls hätten die Schmuggler sie noch am selben Abend dem ausländischen Diplomaten ausgehändigt. Eigentlich hatte Eleni vor, die Ikone irgendwann den Behörden zu übergeben, aber sie schob es immer weiter vor sich her, und so vergingen fünfzehn Jahre. Die ganze Zeit spürte sie, wie sie sagte, eine schwere Last auf dem Herzen, weil sie wegen der Ikone nichts unternahm und sie immer noch in einem Schrank versteckte. Sie wusste, dass die Ikone ihr nicht gehörte. Zugleich zögerte Eleni wegen möglicher rechtlicher Komplikationen aufgrund der verstrichenen Zeit die Übergabe immer weiter hinaus. Sie musste die Ikone einer Stelle übergeben, die ihr Anonymität zusichern würde. Darüber hinaus wollte sie sie nicht an den Staat ausliefern, der sie höchstwahrscheinlich in ein Museum gestellt hätte. Eleni spürte, dass sie die Ikone in einem Gotteshaus untergebracht wissen wollte. »Als ich neulich mit Kyriacos darüber sprach«, berichtete Eleni Vater Maximos, »schlug er vor, ich solle sie hierher bringen.«

»Gut«, bestätigte Vater Maximos. »Wir werden sie für das allgemeine Gebet aufstellen, bis wir herausgefunden haben, aus welcher Kirche sie geraubt wurde. Dorthin werden wir sie zurückgeben, sobald, gebe Gott, die türkischen Truppen Zypern verlassen.«

Theodoros, der bisher geschwiegen hatte, erkundigte sich, ob er ein paar Fragen über die Bedeutung von Ikonen für die religiöse Anbetung stellen könne. Eleni hatte mich bereits darauf hingewiesen, dass ihr Mann – ein erfolgreicher, nüchterner

Unternehmer – spiritualitätsresistent sei und das Küssen von Ikonen schlichtweg als Dummheit betrachtete. Es hatte sie sehr viel diplomatisches Geschick gekostet, Theodoros (dessen Name wörtlich »Geschenk Gottes« bedeutet) zu überreden, mit ihr zusammen zum Kloster zu gehen. Da haben wir also noch einen »ungläubigen Thomas«, dachte ich mir. Als Vater Maximos erkennen ließ, dass er ihn anhören wollte, nahm Theodoros – zum Kummer seiner Frau – kein Blatt vor den Mund. »Warum ist die orthodoxe Kirche geradezu besessen von Ikonen? Ist das nicht eine Form des Götzendienstes?«, fragte er provokativ.

Vater Maximos lächelte. Ich war mir sicher, dass ihm dies schon oft vorgehalten worden sein musste, seit er die Abgeschiedenheit und Stille des Athos verlassen hatte und in die moderne, laute Welt Zyperns eingetaucht war. Aber natürlich hatte Theodoros damit ein uraltes Thema angesprochen.

»Mein lieber Freund«, erwiderte Vater Maximos, »das ist ein klassischer Vorwurf an die Kirche. Doch ich möchte dir zunächst eine Frage stellen. Glaubst du nicht, es wäre dumm, wenn die *Ekklesia* das zweite Gebot nicht hielte? Damit will ich sagen, wenn sie das Verbot des Götzendienstes nicht beachtete? Hältst du es für möglich, dass die heiligen Altväter, die sich zu allen Zeiten tiefer in die Geheimnisse der Bibel versenkt haben als jeder andere, nichts von Gottes Gebot gewusst und aus lauter Unkenntnis auf der Verwendung von Ikonen im Gottesdienst bestanden haben sollten?«

Theodoros hörte wortlos zu. Daher fuhr Vater Maximos fort und erklärte die Position der Heiligen und Altväter zur Bedeutung von Ikonen. »Zunächst einmal wollen wir klären, was mit dem Wort ›Götze‹ überhaupt gemeint ist.« Dabei schaute er zur Ikone des Christus Pantokrator hinüber, die an der Wand lehnte. Er wies mit dem Finger darauf und fuhr fort: »Götzendienst bedeutet, diese Ikone für Christus selbst zu halten. Wenn ich aber sage, dass diese Ikone das Bildnis Christi darstellt, dann ist das etwas völlig anderes. Sie ist nur eine Ikone. Wenn wir Ikonen küssen, müssen wir uns unserer Motive und Absichten sehr bewusst sein. Mit diesem Ritual ehren wir die Ikonen nur. Mehr nicht. Wir dürfen Ikonen definitiv nicht anbeten.«

»Ich kann da bloß keinen Unterschied erkennen«, erwiderte Theodoros trocken. Ein kurzer Seitenblick zu Eleni zeigte mir, dass sie ganz und gar nicht glücklich war über die nassforsche Art ihres Mannes, der den *advocatus diaboli* gab. Ich bedeutete ihr, sie brauche sich deswegen keine Gedanken zu machen.

»Okay; ich will dich Folgendes fragen«, fuhr Vater Maximos entschlossen fort. »Du hast eine Kamera, nicht wahr? Fotografierst du auch Menschen?«

»Ja«, antwortete Theodoros leicht verwundert.

»Machst du Bilder von Verwandten, die du liebst, zum Beispiel von Kindern, Eltern, Großeltern und hängst du sie dann bei dir zu Hause an die Wand?«, fragte Vater Maximos weiter.

»Natürlich.«

»Nehmen wir einmal an, du küsstest das Bild eines deiner Lieben, der nicht mehr in diesem Leben weilt. Wäre das Götzendienst?«

»Selbstverständlich nicht«, erwiderte Theodoros.

Der Wortwechsel zwischen Vater Maximos und Theodoros ging mir nahe und weckte schmerzliche Erinnerungen. Als meine Mutter mit sechsunddreißig Jahren an Brustkrebs starb – ich war damals noch nicht einmal fünf – war mein Vater untröstlich. Er hat nie wieder geheiratet. Stattdessen stand immer ein Bild meiner Mutter neben seinem Bett, und bevor er abends schlafen ging, küsste er es. Das tat er fünfundvierzig Jahre lang, bis zum Tag seines Todes. Nie wäre ich allerdings auf die Idee gekommen, dass er das Foto anbetete.

»Nimm weiter an«, fuhr Vater Maximos fort, »Jesus wäre heute hier, du würdest ein Foto von Ihm machen, es bei dir zu Hause aufstellen und jeden Tag küssen. Wäre das Götzendienst?«

»Ich glaube nicht«, stimmte Theodoros widerwillig zu.

»Gott selbst hat Moses angewiesen, Engel aus Holz anzufertigen und sie auf die Deckplatte der Bundeslade zu stellen. Glaubst du, Gott würde sein eigenes Gebot übertreten?«, fragte Vater Maximos mit verschmitztem Blick. Theodoros nickte zum Zeichen, dass er verstanden hatte, worauf Vater Maximos hinauswollte.

Ich hatte großes Verständnis für Theodoros' Konflikt und seine Schwierigkeiten mit Ikonen. In meiner agnostischen Zeit kam mir das Ritual, sich vor Ikonen zu verneigen und sie dann zu küssen, nachdem man sich zuvor bekreuzigt hatte, wenn nicht götzendienerisch oder dumm, so doch zumindest sinnlos vor. Ja, ein früher »ikonoklastischer« Kaiser von Byzanz erließ ein Dekret, das den Gebrauch von Ikonen im Gottesdienst verbot, weil er befürchtete, das Ritual sei eine Form des Götzendienstes und ein Verstoß gegen Gottes zweites Gebot. In dem Glauben, seine militärischen Niederlagen gegen den Islam seien Gottes Strafe für den Götzendienst, sandte er seine Truppen gegen Kirchen aus. Dort sollten sie die Ikonen konfiszieren und verbrennen – ein Akt, bei dem zahlreiche kostbare Kunstwerke vernichtet wurden. Doch der energische Widerstand von Mönchen im Verbund mit einflussreichen Frauen erzwang schließlich die Wiedereinsetzung der Ikonen als wichtiges Element der Gottesverehrung. Im Westen hingegen, insbesondere im Protestantismus, hielt sich die Auffassung, Ikonen seien Götzendienst.

In meinem eigenen Denken wurden die Ikonen während meines Besuchs auf dem Athos wieder in ihre Bedeutung eingesetzt. Denn dort erklärten mir Altväter wie Vater Maximos die richtige Einstellung dazu: Ikonen sind weiter nichts als ein Hilfsmittel zur geistlichen Fokussierung und Arbeit. Da erkannte ich, dass alle Religionen, auch Buddhismus und Hinduismus, zu spirituellen Zwecken ikonenähnliche Anbetungsgegenstände verwenden, und zwar auf eine Art und Weise, die an die Klostertradition auf dem Athos erinnert. Aber ich sah auch, wie leicht es geschehen kann, dass die Bedeutung dieser Praktiken vergessen wird. Dann werden sie vom Mittel zum Zweck: Ikonen werden zu Idolen und also zu Götzenbildern. Ich fragte mich, ob die protestantischen Reformatoren die Ikonenverehrung wohl aus dieser Befürchtung heraus ganz abgeschafft hatten. Tief beeindruckt war ich aber, als ich bei einem Besuch in der Kathedrale St. John the Divine in New York gleich am Eingang mehrere große byzantinische Ikonen entdeckte. Dies war eine beachtliche Neuerung, dachte ich bei mir. Allerdings waren die Ikonen sehr hoch angebracht, damit niemand sie berühren und küssen konnte.

»Da wir gerade über Ikonen sprechen: Können Sie uns sagen, wie sich Ikonen, die als wundertätig gelten, von anderen unterscheiden?«, fragte ich.

»Eigentlich«, antwortete Vater Maximos, »sind alle Ikonen insofern wundertätig, als sie *eine* bestimmte Person darstellen. Wunder geschehen durch die Gnade des Heiligen Geistes, durch die Gnade Christi. Manchmal gelten bestimmte Ikonen als wundertätig, weil mit ihnen ein gewisses historisches Ereignis verbunden wird, zum Beispiel eine Wunderheilung. Aber nicht die Ikone bewirkt das Wunder. Auch nicht das Holz oder die Farbe. Man glaubt, dass die Person, die auf der Ikone dargestellt ist, durch die Gnade Christi und den Glauben des Geheilten das Wunder bewirkt hat. In der Apostelgeschichte steht, dass Petrus' Schatten Wunder wirkte. War wirklich der physikalische Schatten Petri der Auslöser dieser Phänomene? Natürlich nicht. War es Petrus selbst? Wieder lautet die Antwort nein. Die Ursache dieser Wunder war vielmehr die Gnade Christi, die durch Petrus wirkte. Streng genommen können wir also nicht zwischen wundertätigen und nicht wundertätigen Ikonen unterscheiden. Christus ist es, der die Wunder wirkt. Ich weiß von Wundern im Umfeld von Ikonen, die lediglich eine Reproduktion des Originals auf Papier waren.« Daraufhin erzählte er uns von dem Erlebnis eines Eremiten, der beim Aufräumen in seiner Einsiedelei einen alten Nachdruck von Erzengel Michael auf Papier fand. Da es sich um ein stark abgenutztes Blatt und nicht um eine Original-Ikone handelte, wollte er es zusammen mit anderem Papier, das er nicht gebrauchen konnte, verbrennen. Doch im letzten Moment überlegte er es sich anders und warf den Druck nicht ins Feuer, sondern brachte ihn vor seiner Tür an. Als er am darauffolgenden Tag in seine Einsiedelei zurückkehrte, fand er darin einen Fremden vor, von dem ein Strahlen ausging und der sich ihm als Erzengel Michael vorstellte. Er hatte sich dort materialisiert, um dem Einsiedler in geistlichen Dingen beizustehen.

Vater Maximos betonte, die Erfahrung, dass Heilige und Engel sich materialisierten und entmaterialisierten und sich so für das bloße Auge sichtbar machten, gebe es im Leben von Eremiten und Mönchen schon seit Urzeiten. Deshalb sei es unklug, Berichte darüber automatisch als Halluzinationen abzutun.

»Wenn es aber keinen Unterschied zwischen den Ikonen gibt, warum gibt es dann Ikonen, die Tränen vergießen, und solche, die dies nicht tun?«, fragte Eleni und spielte damit auf seltsame Phänomene an, die sich früher in Zypern ereignet hatten.

»Weil wir schwach sind, meine Liebe, und Erscheinungen brauchen, die uns im Glauben stärken. Aber Ikonen der Heiligen Jungfrau oder Christi sind bloß Ikonen. Dass wir einer bestimmten Ikone größere Ehre erweisen als einer anderen, liegt einzig und allein an unserer Schwachheit und unseren Unzulänglichkeiten. Die Person Christi, die alle Ikonen darstellen, ist immer und überall ein und dieselbe.

»Du musst dir vor Augen halten«, fuhr Vater Maximos fort, »dass eine Ikone keine Fotografie des leiblichen Gesichts ist. So stellt eine Christus-Ikone zum Beispiel die Person sowohl in ihrem göttlichen als auch in ihrem menschlichen Wesen dar. Und die Ikonen der Heiligen zeigen ihr Menschsein im Endzustand der *Theosis*, der Vereinigung mit Gott. Deshalb wollen die Ikonenmaler nicht die körperlichen Charakteristika des jeweiligen Heiligen, sondern die spirituelle Essenz der *theosierten*, der Gott-verwirklichten Person darstellen.«

»Mit anderen Worten, sie malen den Archetyp«, merkte ich an.

»Aber wir müssen vorsichtig sein«, schränkte Vater Maximos ein, »die persönlichen Charakteristika des Heiligen bleiben erhalten, wenngleich in verklärter Form.«

»Was meinen Sie damit?«, fragte Eleni.

»Eine Ikone des heiligen Seraphim von Sarow ist nicht dasselbe wie eine Ikone des modernen griechischen Heiligen Nektarios. Wir wissen, wie beide ausgesehen haben. Im Falle von Seraphim aufgrund eines zeitgenössischen Portraits, bei Nektarios durch Fotografien. Verstehst du?

In jedem Fall«, fuhr Vater Maximos fort, »müssen wir uns stets vor Augen halten, dass der Sinn und Zweck einer Ikone darin besteht, dass sie uns hilft, zu Christus zu gelangen. Würden wir uns nur auf die Ikone als solche fixieren, dann wäre dies tatsächlich eine Form des Götzendienstes.«

»Als Götzendienst kann vielleicht alles gelten, was wir als Menschen erschaffen und dann anbeten, wobei wir außer Acht lassen, dass ja *wir* es erschaffen haben«, schlug ich vor. »Das ist Teil unserer Entfremdung von unserer göttlichen Natur.«

»Genau so ist es!«, pflichtete mir Vater Maximos bei.

»Das bedeutet«, fuhr ich fort, »dass die Ideologien, die zahlreiche Menschen beflügeln, sei es nun Nationalismus, Kommunismus, Patriotismus, religiöser Fundamentalismus, Kapitalismus oder irgendein anderer -ismus, in Wirklichkeit Götzen sind. Zuerst konstruieren wir sie kollektiv, dann werden sie zu verdinglichten, äußeren Realitäten. Wir erschaffen diese Realitäten, vergessen dies aber rasch wieder. Dann verinnerlichen wir diese Götzen, und sie ergreifen buchstäblich Besitz von unserem Denken und Empfinden. Anschließend knien wir vor ihnen nieder und beten sie an, als wären sie Götter. Ein einfaches Beispiel ist die Verehrung der Flagge, die bei den unterschiedlichsten Völkern beträchtlichen nationalistischen Eifer weckt«, fuhr ich fort und redete nun ganz wie ein Soziologe. »Die Menschen sind bereit, für diese Idole zu töten und getötet zu werden, gerade so wie sie einander über die Jahrhunderte hinweg für ihre religiösen Idole umgebracht haben.«

»Immer wenn wir etwas anderes anbeten als Gott, ist das eine Form des Götzendienstes«, stellte Vater Maximos fest. »Immer wenn wir etwas verabsolutieren, sei es eine Ideologie, Geld oder wissenschaftliche Erkenntnis, betreiben wir Götzendienst. Das ist mit dem zweiten Gebot gemeint: Es sollte eine Warnung sein vor alledem. Leider tappen Christen oft in die Falle des Götzendienstes. Sie erschaffen ein Idol Christi, das sie anbeten, das aber kaum Bezug zum echten Christus hat.«

»Wie etwa der ›Christus‹ des Inquisitors«, fügte ich hinzu.

»Da wird es ganz offensichtlich. Aber weißt du, es gibt auch andere, subtilere Formen christlichen Götzendienstes. So halten sich die Leute vielleicht für fromme Christen, dabei hat ihre Auffassung von Christus gar nichts mit Christus zu tun. Es ist eine Art Krankheit, eine weitere Krankheit des Herzens, über die wir vorhin gesprochen haben. Besonders wir Kleriker sind anfällig dafür, ein Idol Christi anzubeten, das wir in unserem

Kopf erschaffen, statt Christus selbst. Es ist, als würden wir unseren eigenen Gott erschaffen, einen Götzen, den wir ›Christus‹ nennen, und uns dann vor diesem verneigen und ihn anbeten. So halten sich Leute zum Beispiel so lange für Christen, bis man sie um etwas bittet, was ihren Interessen und Wünschen zuwiderläuft.«

»Was ist die Wurzel dieses Problems?«, fragte Eleni. »Warum fallen Kleriker und normale Menschen dieser Form des Götzendienstes zum Opfer?«

»Meist geschieht dies, wenn wir uns eine Form der Spiritualität ohne echte Führung zurechtzimmern, ohne geistliche Pädagogik durch einen erfahrenen Altvater«, antwortete Vater Maximos. »Dann fallen wir den zahllosen *logismoi* [Gedankenformen] zum Opfer, die wir unablässig in unserem Kopf erzeugen, verfangen uns in einem selbsterzeugten Bild Christi, einem Götzen, den wir in unserem Geist erschaffen.«

»Ich vermute, das ist in etwa so, als wie jemand versucht, sich selber Chemie beizubringen, ohne einen erfahrenen Chemiker als Tutor«, fügte ich hinzu. Vater Maximos nickte. Er wiederholte noch einmal, dass die heiligen Altväter bei der Suche nach Gott erfahrene Wissenschaftler waren und die Methoden, die in einigen Klöstern, wie zum Beispiel auf dem Athos, angewendet werden, tatsächlich eine Form spiritueller Wissenschaft sind.

Theodoros, der während Vater Maximos' Erklärungen, dass und warum Ikonen nach Auffassung der heiligen Altväter keine Götzenbilder sind, kein Wort gesagt hatte, stellte nun eine weitere Frage: »Sind Ikonen nötig?«

Vater Maximos lächelte. »Bei einem vervollkommneten Glauben besteht ganz offensichtlich keine Notwendigkeit für Ikonen oder irgendwelche anderen religiösen Objekte und eigentlich auch nicht für Reliquien. Die heiligen Altväter weisen uns sogar ausdrücklich an, beim Beten innerlich keinerlei Ikonen vor Augen zu haben, nicht einmal die Ikone Christi oder der *Theotokos*. Dieses Prinzip hat mit dem sogenannten ›reinen Gebet‹ zu tun. Wir sind stattdessen angehalten zu beten, indem wir direkten Kontakt zum Geist Gottes herstellen.«

»Wenn das so ist, wozu sind dann Ikonen nütze? Ich glaube, das ist im Grunde, die Frage, die er sich stellt«, sagte ich und deutete auf Theodoros.[23]

Vater Maximos dachte einen Augenblick nach. »Weiß du, in der Kirche gibt es eine große Vielfalt spiritueller Altersstufen. Ikonen können für Menschen jüngeren spirituellen Alters eine nützliche Hilfe beim Aufstieg zu Gott sein.«

»Aber warum?«, hakte Theodoros nach.

»Weil uns die Sinne bei unseren Bemühungen helfen können. Genau wie verwerfliche Bilder, die auf unsere Sinne einstürmen, verwerfliche Leidenschaften zu wecken vermögen, können Ikonen die umgekehrte Wirkung erzielen. Wenn wir über Ikonen kontemplieren, wird in uns gutes und heilsames Heiliges erzeugt. Denn weißt du, ein Mensch ist nicht nur Seele und Geist, sondern auch Denken, Fantasie, Gefühle und Sinne. Der Einzelne ist ein einheitliches Ganzes, eine einheitliche Entität. Das Ziel der *Ekklesia* ist es, den Menschen in seiner Ganzheit zu vergöttlichen. Der ganze Mensch strebt danach, Gott zu erreichen. Aus diesem Grund bieten wir in der *Ekklesia* Übungen an, die sich auf den Körper beziehen, wie zum Beispiel Fasten, Kniefälle, das Aufbleiben bei nächtlichen Gebetswachen. Dies alles sind Rituale, die die Heiligen seit jeher vollziehen.«

»Das sind Körperübungen«, betonte Theodoros. »Warum den Körper bestrafen und ihm ganz normale Annehmlichkeiten vorenthalten?« Und mit ironischem Unterton fuhr er fort: »Ich nehme nicht an, dass dies allein der körperlichen Kräftigung und dem Muskelaufbau dient?«

»Natürlich nicht«, erwiderte Vater Maximos. »Das Ringen mit dem ganzen Wesen – mit Seele, Geist und Körper – zielt auf die Vergöttlichung. Weißt du, lieber Freund, so wie wir seelische Leidenschaften haben – etwa Egoismus, Eifersucht, Besserwisserei und so weiter – haben wir auch körperliche Leidenschaften wie Völlerei, sexuelle Gier, alle möglichen Süchte wie Alkohol, Drogen, was auch immer. Wir brauchen Übungen, um diese

---

23 Siehe: Henri J. M. Nouwen, Bilder göttlichen Lebens: Ikonen schauen und beten, übersetzt von Dorothea Schütz, Herder 1987); Richard Temple, Icons and the Mystical Origins of Christianity, Element 1992.

Übel zu überwinden. Ikonen können uns im Kampf gegen solche destruktiven Leidenschaften helfen, die uns von Gott abschneiden.

Der vervollkommnete Mensch«, fuhr Vater Maximos fort, »braucht weder Ikonen noch Gesänge noch Liturgien. Aber wir sind nicht vollkommen, und solange wir nicht vollkommen sind, brauchen wir Hilfen wie Ikonen, Psalmen, Gesänge und Ähnliches. Wir finden solche Hilfen im Alten wie im Neuen Testament, und sie stehen uns immer zur Verfügung, solange wir unser Ziel im Einklang mit Gott noch nicht erreicht haben.«

Unser Gespräch über Ikonen rief mir eine liebe Cousine in Erinnerung, die feststellen musste, dass sie Lupus hatte, eine lebensbedrohliche Erkrankung. Sie gab ihre Arbeit auf und richtete ihre Energie ganz auf ihre Heilung. Mit die wohltuendste Wirkung verspürte sie, als sie mit der Ikonenmalerei begann. Dazu besuchte sie Kurse, die Künstler an ihrem Wohnort anboten. Schließlich brachte sie es darin zu solcher Kunstfertigkeit, dass ihre Ikonen sogar in Kirchen Verwendung fanden. Ihr neues Hobby war eine ausgezeichnete Medizin für sie. Es half ihr, mit ihrem Problem umzugehen, weil es ihr einen spirituellen Ausweg eröffnete, der ihr zuvor verschlossen gewesen war. »Jedes Mal, wenn ich sehe, wie eine Ikone Gestalt und Form annimmt, spüre ich, wie mich eine große Ruhe und tiefer Segen überkommt«, sagte sie mir einmal. »Ich spüre einfach, wie heilsame Energie von der Ikone ausgeht und meinen ganzen Körper bedeckt.«

Glücklich über ihre Begegnung mit Vater Maximos und die gute Lösung für die *Pantokrator*-Ikone, wollten Eleni und Theodoros wieder nach Limassol aufbrechen. Im Hinausgehen fragte Eleni vorsichtig, ob sie wohl eine Privataudienz bei Vater Maximos bekommen könne, nur ein paar Minuten. Während wir auf Eleni warteten, leistete ich Theodoros vor den Toren Gesellschaft, wo er sich eine Zigarette anzündete, was auf dem Klostergelände selbst verboten war.

Zwanzig Minuten später kam Eleni aus der Beichte und trocknete ihre Tränen. »Du kannst dir gar nicht vorstellen, was für eine Last mir vom Herzen gefallen ist«, sagte sie leise. Es war das erste Mal, dass Eleni die Beichte abgelegt hatte.[24]

»Denkt immer daran«, sagte Vater Maximos, als er sie zu ihrem Auto begleitete, »alles, was uns an Gutem und Schlechtem widerfährt, hat nur einen einzigen Zweck, nämlich uns zur Realität Gottes zu erwecken und uns auf dem Weg zur Vereinigung mit Ihm weiterzuhelfen. Aus keinem anderen Grund werden wir auf dieser Erde geboren, glaubt mir. Ob wir diese Weckrufe nutzen oder nicht, bleibt uns überlassen.«

Eleni lächelte und seufzte erleichtert. Ihr zehn Jahre währender Kampf gegen den Krebs war ihr Weckruf gewesen.

---

24 Nach der orthodoxen Tradition der Ostkirche sitzt der Priester, der die Beichte abnimmt, normalerweise der oder dem Hilfesuchenden gegenüber, genau wie bei einem therapeutischen Gespräch. Am Ende der Sitzung ist der Priester von der Ekklesia ermächtigt, seine Stola über den Kopf des oder der Beichtenden zu legen und das Synchoritike Efche, das Vergebungsgebet, zu lesen.

7
Zeichen und Wunder

Vater Maximos bat Stephanos, uns auf einer Reise in die Hafenstadt Limassol und dann nach Lania, ein Dorf an den Südhängen des Troodos-Gebirges, nicht weit von Limassol, zu begleiten. Er wollte, dass Stephanos mitkam, weil er nicht nur eine nette Begleitung, sondern vor allem sein wichtigster Berater in Angelegenheiten der säkularen Welt außerhalb des Klosters war. Die Beziehung des sechzigjährigen Stephanos zu Vater Maximos war von Anfang an sehr freundschaftlich gewesen. Stephanos half Vater Maximos bei den Dingen dieser Welt, und Vater Maximos unterrichtete Stephanos über die jenseitige Welt. Ich war der glückliche Nutznießer ihrer Beziehung. Stephanos, der auch mir ein lieber Freund und enger Vertrauter war, nahm sich viele Stunden Zeit zum gemeinsamen Austausch von Notizen und für Gespräche über die außergewöhnliche Welt von Vater Maximos und den übrigen Vätern im Kloster Panagia. Darüber hinaus hielt er mich als mein wichtigster Informant in meiner Abwesenheit über alle wichtigen Ereignisse im Kloster auf dem Laufenden. Deshalb war ich sehr froh, dass Vater Maximos ihn eingeladen hatte, mit uns zu kommen. Auf der Fahrt sollte sich zwischen uns dreien ein gutes Gespräch entwickeln.

Die Kommunalverwaltung von Lania hatte Vater Maximos zu einer besonderen Gemeindeversammlung eingeladen, in der Möglichkeiten zur Gründung eines Klosters auf einer Hochebene über dem Dorf erörtert werden sollten. Vor zwei Jahren war dort in der Nähe in einer Höhle eine aus dem 12. Jahrhundert stammende Ikone der Heiligen Jungfrau entdeckt worden. Der Fundort war einem Dorfbewohner vermutlich in einer Vision offenbart worden. Darin wurde ihm genau gezeigt, wo er graben musste und wie er die Ikone finden würde. Aufgrund dieser Offenbarung und der Entdeckung der Ikone kamen die Dorfbewohner zu dem Schluss, dies sei ein Zeichen Gottes, dass dort zu Ehren der Heiligen Jungfrau ein Kloster errichtet werden solle. Sie riefen einen Sohn des Dorfes, der als Mönch auf dem Athos gewesen war und nun zu diesem Zweck ins Dorf zurückkehren sollte. Aber sie wollten auch die Meinung und den Rat von Vater Maximos hören, dem herausragendsten Mönch auf der Insel mit Verbindungen zum Heiligen Berg. Ihre Bitte war ein weiteres Anzeichen dafür, welche Wirkung Vater Maximos auf das Wiederaufleben der monastischen Tradition in Zypern hatte.

Um acht Uhr morgens fuhren wir los; die Gottesdienste waren soeben zu Ende, und die Sonne breitete großzügig ihren Glanz über die Berge. Wir wollten erst nach Limassol, damit Vater Maximos seiner Mutter und seinem Stiefvater einen kurzen Besuch abstatten konnte, und dann weiter zu der Gemeindeversammlung nach Lania.

Stephanos saß auf der Rückbank und Vater Maximos neben mir, seinem Chauffeur auf Zeit. Kaum hatten wir das Außentor passiert, setzte ich mein Aufnahmegerät in Gang und ließ meine erste Frage vom Stapel, um das Gespräch in Gang zu bringen. Ein breites Lächeln überzog Vater Maximos‘ Gesicht. Inzwischen hatte er sich an meine Arbeitsweise gewöhnt.

»Vater Maxime«, begann ich, »was war Ihr außergewöhnlichstes Erlebnis, als Sie bei Altvater Paisios in Ausbildung waren?«

Im Laufe der vergangenen beiden Jahre war der vor zwei Jahren verstorbene Altvater Paisios unter den Anhängern der athonitischen Spiritualität zur Legende geworden. Es waren bereits mehrere Bücher über das außergewöhnliche Leben dieses christlichen Eremiten und modernen Heiligen erschienen. Als einer seiner engsten Schüler hatte Vater Maximos intime Kenntnisse über das Leben des Altvaters. Es waren Kenntnisse jener Art, wie er sie seinen eigenen Anhängern stets gerne weitergab, insbesondere jetzt, da der Altvater nicht mehr auf dieser Welt war. Regelmäßig legte Vater Maximos seinen Schülern nahe, dass neben dem Studium der heiligen Schriften und der systematischen Gebetspraxis auch das Nachlesen über ehrwürdige Heilige entscheidend wichtig ist für das geistliche Leben. Heilige dienen der nach Vervollkommnung strebenden Seele als Leitbilder. Sie sind, so argumentierte er, exemplarische Beispiele dafür, wie wir sein können. Dass Heilige unter uns sind, ist ein lebendiges Zeugnis für die Wirkungskraft des Evangeliums, gerade so wie die Existenz von Wissenschaftlern und ihren Werken ein konkreter Beweis für Wert und Wirkungskraft wissenschaftlicher Lehrbücher ist.

Zur Antwort auf meine Frage holte Vater Maximos tief Luft, was eher wie ein Seufzer klang, und meinte dann, er habe im Umfeld von Altvater Paisios so viele außergewöhnliche Ereignisse erlebt, dass er gar nicht wisse, wo er anfangen solle.

»Vielleicht können Sie Kyriacos den Vorfall mit den schwingenden Kerzen erzählen. Das ist eine gute Geschichte«, schlug Stephanos vor. Ich warf meinem grauhaarigen Freund im Rückspiegel einen kurzen, dankbaren Blick zu. Er hatte großes Interesse an meinem Projekt, und ich konnte mich immer darauf verlassen, dass er wie ein Katalysator für erquickliche Gespräche wirkte.

»Ach das«, erwiderte Vater Maximos. »Das ist eines der vielen Erlebnisse, die ich nie vergessen werde. Haben wir nicht bereits darüber gesprochen?«

Als er merkte, dass ich gerne weitere Einzelheiten der Geschichte hören wollte, die er mir gegenüber vor vielen Jahren nur einmal kurz angerissen hatte, fuhr er fort. »Wie ich bereits gesagt habe, schlief Altvater Paisios kaum. Das ist wirklich nicht übertrieben. Ich glaube, er schlief tatsächlich nicht mehr als ein bis zwei Stunden pro Tag. Er verbrachte die gesamte Zeit im Gebet. Er hielt sich Wort für Wort an die Ordnung der täglichen Gottesdienste und Gebete, wie sie alle anderen Mönche befolgen, die im Kloster leben. Zusätzlich hielt er jede Nacht von Sonnenuntergang bis Sonnenaufgang Vigil und betete dabei ununterbrochen für andere und die Welt. Wenn ich bei ihm war, wurde ich jedes Mal Zeuge dieses immerwährenden Gebets. Er betete jeweils eine Stunde für jede Menschengruppe, also für Waisen, Witwen, Flüchtlinge, die Kranken, diejenigen, die gerade einen Unfall hatten, für die Soldaten im Krieg und für andere Menschen in Not.«

»Offen gestanden«, warf ich ein, die Augen fest auf die Straße geheftet, »es ist schwer vorstellbar, wie jemand sein ganzes Leben auf einem abgelegenen Berg mit nichts anderem als Beten zubringen kann.«

»Offen gestanden«, gab Vater Maximos mit einem breiten Lächeln auf seinem runden Gesicht schlagfertig zurück, »der alte Paisios hat sich immer gewundert, wie Menschen ihr Leben ohne ständiges Gebet verbringen können.

Nur um dir ein Beispiel dafür zu nennen, wie wichtig ihm das Gebet war«, fuhr Vater Maximos fort: »Während des Golfkrieges hat er sich in seiner Zelle eingeschlossen und jeglichen Kontakt zu Besuchern abgebrochen. Das behielt er während der gesamten Dauer des Krieges bei. Ja, er intensivierte sein Gebet noch, damit der Krieg, wie er mir später sagte, nicht außer Kontrolle geriete und noch verheerender würde.«

»Hat er wirklich geglaubt, dass seine Gebete etwas ausrichten? Dass sie tatsächlich Einfluss auf den Kriegsverlauf in der Golfregion haben?«, fragte ich und warf Vater Maximos einen erstaunten Blick zu. Obwohl ich nun schon seit vielen Jahren Umgang mit Mystikern, Heilern und Eremiten pflegte, obwohl ich Zeuge spektakulärer Heilungsphänomene geworden war und trotz der jüngsten wissenschaftlichen Forschungsergebnisse zur Wirksamkeit von Fürbitte-Gebeten[25], lag der akademische Skeptiker in meinem Hinterkopf stets auf der Lauer, jederzeit bereit, die Führung zu übernehmen.

»Aber natürlich, Kyriaco!«, erwiderte Vater Maximos allen Ernstes, als wolle er damit sagen, dass ich inzwischen doch um die Macht des Gebetes wissen müsse. »Genau deshalb beten doch heilige Männer wie Altvater Paisios unablässig. Hältst du sie für Dummköpfe? Warum überrascht dich das? Ganz egal, ob die Menschen das anerkennen oder nicht, die Gebete der Heiligen zum Wohl der Welt sind äußerst wertvoll und sehr, sehr wirksam.«

»Gott erhört sie«, bekräftigte Stephanos vom Rücksitz aus.

---

25 Siehe Larry Dossey, *Heilende Worte: die Kraft der Gebete und die Macht der Medizin*, übersetzt von Wolfgang Schellhorn, Crotona 2010 und 2013 (überarbeiteter Nachdruck der Erstveröffentlichung im Martin Verlag 1995).

Nach der geistlichen Überlieferung auf dem Athos wird ein Mensch, der seine persönlichen Wünsche vollkommen abgelegt und den Zustand der *apathia* [Befreiung von egoistischen Leidenschaften] erreicht hat, zu einem »Gefäß des Heiligen Geistes«. Was sich dieser Mensch dann wünscht, wird ihm stets gewährt, denn es ist in Wirklichkeit Gottes Wille. Das Bewusstsein des Heiligen steht völlig im Einklang mit dem Geist Gottes.

Eben hatten wir Kalo Chorio (Gutes Dorf) passiert und waren nun umgeben von blühenden Kirsch-, Apfel- und Mandelbäumen. Vater Maximos bewunderte kurz den Anblick und die Farben des Frühlings, dann erzählte er die Geschichte weiter, die ich mit meiner skeptischen Frage unterbrochen hatte.

»Ich weiß noch, es war im Sommer 1977 und ich wollte einige Tage bei dem alten Paisios in seiner Einsiedelei verbringen. Zufällig war es um den Festtag des Heiligen Kreuzes herum. Er wies mich an, ich solle in jener Nacht mit ihm die *agrypnia* [nächtliche Gebetswache] halten, die bis zum Sonnenaufgang dauerte.

»Um sechzehn Uhr bat er mich, die Vesper mit ihm zu lesen und das Jesus-Gebet zu sprechen. Zunächst sprachen wir etliche Stunden lang das Jesus-Gebet. Dazu wiederholten wir immerfort: »Herr Jesus Christus, Sohn Gottes, erbarme dich meiner.« Um achtzehn Uhr, kurz nach Sonnenuntergang, legten wir eine kurze Teepause ein und kehrten dann in unsere sehr kleinen und engen Zellen zurück. Er sagte mir, von nun an sollten wir jeder für sich mit dem Gebet fortfahren und dazu die *komboskini* verwenden. Er gab mir besondere Anweisungen, welche Körperhaltung ich während des Gebets einnehmen, wie ich dabei atmen sollte und so weiter. Etwa um ein Uhr würde er mich rufen, damit wir zusammen die Liturgie der Himmelfahrt des Herrn lesen könnten. Danach würden wir bis zum Sonnenaufgang mit dem Gebet fortfahren.«

»Ein straffer Plan!«, staunte ich.

»Ich versuchte, seine Anweisungen Wort für Wort zu befolgen«, fuhr Vater Maximos fort, »und dabei hörte ich, wie er die ganze Zeit auf und ab ging und immerfort betete und seufzte. Es war ein schreckliches Erlebnis.«

»Schrecklich?«

»Ja, ich war jung und hatte Angst, so mitten in der unberührten Natur, um mich herum nichts als Dunkelheit, Bäume und wilde Tiere. Doch dass Altvater Paisios neben mir betete, tröstete mich. Er war für mich wie ein sicherer Fels in der Brandung.

Alle zwei Stunden«, fuhr Vater Maximos fort, »klopfte er an die Wand, die unsere Zellen voneinander trennte, um mir zu bestätigen, dass er da war. Damit wollte er dafür sorgen, dass ich konzentriert und wach blieb. Die Wand zwischen den beiden Zellen war nicht dick. Man hätte sie mit einem Fußtritt einreißen können. Etwa um ein Uhr morgens ging er in seine Kapelle. Sie war winzig und eng, fünf Ikonen schmückten die *Ikonostase*, und es gab nur ein einziges *stasidion* [Gestühl in griechischen Kirchen zum Stehen und Anlehnen, selten zum Sitzen]. Er bat mich ins *stasidion* und stellte sich neben mich. Dann las ich den Gottesdienst der Heiligen Kommunion. Als ich zu dem Vers ›Maria, Mutter Gottes, Dein Wohlgeruch …[26]‹ kam, antwortete der Altvater mit dem ›*Doxa si O Theos emon Doxa si*‹ [Ehre sei Dir, o Gott, Ehre sei Dir] und dann mit dem ›*Yperagia Theodoke soson emas*‹ [Heiligste Mutter Gottes, rette uns]. Jedes Mal, wenn ich einen Vers rezitierte, vollzog er einen Kniefall. Da stand ich nun also, eine Kerze in der linken Hand, und las die Verse. Als der Altvater mit tieftrauriger Stimme das ›*Yperagia Theodoke soson emas*‹ wiederholte und ich eben das ›*Maria Meter Theou*‹ [Maria, Mutter Gottes] rezitieren wollte, verwandelte sich plötzlich auf unerklärliche Weise alles um uns herum. Alles veränderte sich so dramatisch und plötzlich, dass ich mir nicht erklären konnte, was vor sich ging.« Gedankenverloren schwieg Vater Maximos.

»Ja?«, hakte ich vorsichtig nach und warf ihm einen kurzen Seitenblick zu.

»Plötzlich veränderte sich alles«, wiederholte Vater Maximos und deutete damit an, dass außergewöhnliche, wundersame Phänomene eingetreten waren, die er nicht vollständig offenlegen konnte. Er sagte jedoch, dass »ein ganz leichter Wind durch

---

26 2. Korinther 2, 15 (Anm. d. Ü.)

die Kapelle wehte, obwohl Tür und Fenster fest verschlossen waren. Die Lampe vor der Ikone der Heiligen Jungfrau fing von selbst an zu schwingen. Vor allen fünf Ikonen hing eine Lampe. Aber nur die vor der Heiligen Jungfrau schwang vor und zurück, vor und zurück.«

»Hatten Sie Angst?«, fragte ich.

»Um die Wahrheit zu sagen«, antwortete Vater Maximos, »ich hatte weder Angst noch freute ich mich. Ich beobachtete das Geschehen lediglich wie ein Außenstehender. Neugierig wandte ich mich Altvater Paisios zu und versuchte herauszufinden, was da vor sich ging. Er bedeutete mir, ruhig zu bleiben, kniete nieder und berührte den Boden mit seiner Stirn. In dieser Haltung verweilte er eine Zeit lang. Fassungslos stand ich mit meiner Kerze in der Hand da, während sich um mich herum die seltsamen Phänomene abspielten. Nach etwa einer halben Stunde, noch während die Lampe vor der Ikone der Heiligen Jungfrau immer weiter vor- und zurückschwang, nahm ich die Gottesdienstlesung wieder auf. Als ich zum siebten Gebet des Segens von St. Simeon gekommen war, hörte die Lampe allmählich auf zu schwingen. Das Leuchten, das den Raum bis dahin auf unerklärliche Weise erfüllt hatte, erlosch, und alles wurde wieder normal. Altvater Paisios stand auf und bedeutete mir, ich solle ihm nach draußen folgen, damit wir etwas frische Luft schnappen könnten. ›Was ging da vor sich?‘, fragte ich ihn. ›Was denn?‘, erwiderte er und tat so, als habe er keine Ahnung, wovon ich spreche. ›Die Erscheinungen in der Kapelle. Was ist da eigentlich passiert?‘, fragte ich. ›Was hast du denn gesehen?‘, fragte er noch einmal. Ich sagte ihm, ich habe gesehen, wie die Lampe vor der Ikone der Heiligen Jungfrau vor- und zurück geschwungen sei und beschrieb auch alles andere, was vor sich gegangen war. Er fragte mich, ob ich noch etwas gesehen habe. Ich antwortete ›Nein‹. ›Ach, das war nichts, das war gar nichts‹, erwiderte er und winkte ab. ›Weißt du nicht, dass die *Panagia* [Die Allerheiligste] auf dem Heiligen Berg von Kloster zu Kloster und von Zelle zu Zelle geht, um nachzusehen, was die Mönche so treiben? Vorhin ist sie auch hier vorbeigekommen. Sie hat zwei betende Dummköpfe gesehen und ließ die Lampe schwingen, um uns zu verstehen zu geben, dass sie uns einen Besuch abstattet.‹ Kaum hatte er seinen Satz beendet, brach er in lautes Gelächter aus.«

»Was mich an Vater Paisios in der kurzen Zeit, in der ich bei ihm war, wirklich beeindruckt hat, war sein großartiger Humor«, bemerkte ich.

»Ja, so war er. Selbst solche intensiven Erlebnisse konnten ihn zum Lachen bringen. Heilige haben ihre ureigenen persönlichen Charakteristika – wie alle anderen Menschen auch. Manche sind heiter und fröhlich, wie Paisios, andere sind finster und introvertiert. Ich habe beide Typen kennengelernt. Wenn Menschen heilig werden, heißt das nicht, dass sie alle die gleiche Persönlichkeit annehmen.«

»Jeder Mensch ist einzigartig und bleibt es bis zur *Theosis*«, merkte Stephanos vom Rücksitz aus an.

»Aber immer«, fügte Vater Maximos hinzu und kicherte, als er an seine erste Begegnung mit Altvater Paisios im September 1976 denken musste. »Als ich noch Student an der Universität Thessaloniki war, besuchte ich ihn einmal zusammen mit zwei Kommilitonen. Wir hatten so viele Gerüchte über Wunder gehört, die ihm zugeschrieben wurden, dass wir sehr neugierig auf ihn waren. Dabei erwarteten wir einen schrecklich aussehenden Eremiten, ein außerirdisches Wesen. Stattdessen trafen wir einen bescheidenen, einfach wirkenden alten Mann an, der einen Witz nach dem anderen riss, bis alle sich ausschütteten vor Lachen. Irgendwann zog er die Schuhe aus und hüpfte auf seiner Matratze herum wie ein Clown. Es war sehr lustig, aber zugleich ziemlich enttäuschend. Mich überkamen Zweifel, ob er auch tatsächlich ein Heiliger war. Wahrscheinlich, so dachte ich, war er ein halb verrückt gewordener alter Mann.«

»Er versuchte, Eure Vorstellungen von ihm als einem Heiligen auszumerzen«, betonte Stephanos.

»Genau«, erwiderte Vater Maximos. »Aber damals wusste ich noch nicht, wie Heilige sich verhalten. Ich hielt ihn wirklich für verrückt und glaubte nicht, dass er nur so tat als ob. Natürlich sollte es nicht lange dauern, bis mir klar wurde, dass der alte Paisios tief in sich verborgen die ganze Herrlichkeit des Heiligen Geistes trug.«

Später erfuhr ich, dass es zuverlässige Berichte über das außergewöhnliche Leben der frühchristlichen »Wüstenväter« gibt, in denen sowohl ihre Wundertaten als auch ihre Fröhlichkeit und ihr Überschwang dokumentiert sind. In einem derartigen Bericht hieß es: »Viele Erzählungen über die Wüstenväter wurden den Werken gelehrter Geistlicher entnommen, die für ihr klares Urteilsvermögen und ihre kritische Einstellung bekannt waren. ... Diese und andere Berichte über die Überwindung von Schmerz und Leid, die spärliche Nahrungsaufnahme und das nächtelange Wachen, die Langlebigkeit, den Gleichmut, die Heilkräfte und die ansteckend wirkende Überschwänglichkeit der heiligen Altväter verleihen aufgrund ihrer inneren Schlüssigkeit und Übereinstimmung mit anderen zeitgenössischen Dokumenten den Geschichten über die Mönche in der Wüste Glaubwürdigkeit.«[27] Diese Charakterisierung passt gut zu den Beschreibungen, die Vater Maximos uns von Altvater Paisios gab, und zu meiner eigenen kurzen Erfahrung mit diesem modernen Wüstenvater. »Auf jeden Fall«, fuhr Vater Maximos fort, »stellte die Episode mit der schwingenden Lampe einen Wendepunkt in unserer Beziehung dar. Sie hat sie gefestigt. In Wirklichkeit war Altvater Paisios durch diesen bestimmten Vorfall tief bewegt, und seit damals vertraute er mir bei vielen Anlässen weitere außergewöhnliche Ereignisse aus seinem Leben an.«

Vater Maximos schwieg mehrere Minuten lang, während wir höher hinauf fuhren und Palechori durchquerten, das »alte Dorf« mit seinen terrassierten Weinhängen, seinen Steinhäusern, den engen Straßen und hin und wieder einem mit Feuerholz beladenen Esel. Dann berichtete er uns von einer weiteren außergewöhnlichen Erfahrung. Altvater Paisios hatte sie ihm noch in derselben Nacht erzählt, als sie nach dem Vorfall mit der Lampe vor seiner Einsiedelei gesessen waren. Dieses Vorkommnis ereignete sich nach der Rückkehr des Altvaters aus Thessaloniki. Er hatte dort Probleme mit einem Bischof, was

27 Michael Murphy, Der Quanten-Mensch: ein Blick in die Entfaltung des menschlichen Potentials im 21. Jahrhundert, übersetzt von Manfred Miethe, Integral 1994, S. 491-492.

zwischen den Mönchen und dem etablierten Klerus gar nicht so selten vorkam.

In einer bestimmten Nacht, so die Geschichte, klopfte die frühchristliche Märtyrerin St. Efimia an die Tür des Eremiten. Es brauchte seine Zeit, bis Altvater Paisios überzeugt war, dass es sich nicht um den Teufel handelte, der sich als St. Efimia ausgab, sondern tatsächlich um die Heilige, die sich mitten in der Nacht auf seiner Schwelle materialisiert hatte.

St. Efimia wurde begleitet von der Heiligen Jungfrau und dem Evangelisten Johannes. Er konnte gerade noch die Tür öffnen, da traten die drei auch schon ein und gesellten sich drinnen zu ihm.«

»Befand er sich in einem ekstatischen Zustand?«, fragte ich und schielte zu Vater Maximos hinüber. Ich nahm an, dass Altvater Paisios eine Vision hatte, was transpersonale Psychologen wahrscheinlich als »veränderten Bewusstseinszustand« bezeichnet hätten, eine Folge seines unablässigen Betens und Fastens. Vater Maximos betonte mit Nachdruck, dem sei nicht so gewesen. Das war kein subjektives Erlebnis, das sich im Kopf seines Altvaters abgespielt hatte. Altvater Paisios sah St. Efimia, den Evangelisten Johannes und die Heilige Jungfrau mit seinen leiblichen Augen. Sie materialisierten sich in ihrem physischen Körper, ganz ähnlich wie Jesus seinen physischen Körper materialisierte, als Er nach der Auferstehung Maria Magdalena und den Aposteln erschien.

»Zuerst kam die Heilige Jungfrau durch die Tür«, berichtete Vater Maximos. »Als er sie sah, kniete der Altvater nieder und küsste ihr die Hand. Dabei strich sie ihm über den Kopf. Auf die Heilige Jungfrau folgte der Evangelist Johannes. Wieder kniete Altvater Paisios nieder und küsste auch ihm die Hand. Ohne ein Wort gingen die beiden zu der kleinen Kapelle, während St. Efimia blieb und sich mit dem Altvater unterhielt. Acht Stunden lang sprachen sie ununterbrochen über alle möglichen Themen, unter anderem über Efimias Leben und über Theologie. Altvater Paisios erklärte mir, als sie ihre Lebensgeschichte erzählt habe, sei diese wie ein Film vor ihm abgelaufen. Jedes Ereignis aus St. Efimias Leben sei in allen Einzelheiten vor seinen Augen vorübergezogen. Nachdem er die Folterqualen mit angesehen hatte, seufzte er und fragte, wie eine junge Frau nur so viel Leid aushalten konnte. Ihre Antwort lautete: ›Vater, für das Himmelreich war das gar nichts. Hätte ich damals gewusst, was mich erwartet, so hätte ich noch unendlich viel mehr ausgehalten.‹

In jener Nacht half ihm St. Efimia, seine Probleme mit dem Bischof in Thessaloniki zu lösen. Nachdem sie wieder gegangen war, strömte von seiner Zelle noch zehn Tage lang ein erlesener Duft aus. Während dieser Zeit fand der Altvater keinen Schlaf, aß nichts, empfing niemanden und verweilte in einem kontemplativen Zustand immerwährenden Gebets. In jener Nacht hatte Altvater Paisios von jener Heiligen ein großes Gnadengeschenk erhalten. Von diesem Tag an feierte er jedes Jahr mit den Pilgern, die ihn besuchten, den Tag, der von der Kirche dem Gedenken der Heiligen Efimia gewidmet ist.«

Vater Maximos sann über Altvater Paisios' Leben nach und schwieg ein paar Sekunden lang. »Sein ganzes Leben war eine fortlaufende Offenbarung Göttlicher Realitäten. Obwohl er in einem materiellen Körper steckte, lebte er doch zugleich bei den Heiligen im Himmel.«

Hätte ich von solchen Geschichten erfahren, bevor ich mit der Erforschung der Welt der Mystiker und Heiler begonnen hatte, ich hätte sie wohl als Ausgeburten einer überbordenden Fantasie vom Tisch gewischt. Bestenfalls hätte ich angenommen, dass es sich bei Altvater Paisios' Erlebnissen mit verstorbenen Heiligen, der Heiligen Jungfrau und dergleichen um Halluzinationen handelte, die sehr wahrscheinlich auf seinen Schlafentzug und die extreme Askese zurückzuführen waren. Dank meiner Feldforschungen habe ich jedoch im Laufe der vergangenen zwanzig Jahre gelernt, solche voreiligen Schlüsse zu vermeiden, die doch nur das Produkt meiner rationalistischen akademischen Ausbildung und Vorstellungskraft sind. Ich habe gelernt, mir bei der Begegnung mit dem Wunderbaren eine phänomenologische Haltung und Vorgehensweise zuzulegen. Seither verwerfe ich Berichte über außergewöhnliche Erfahrungen nicht mehr a priori als bloße Hirngespinste. Ich habe begriffen, dass eine derart negative Haltung uns in unserem

Bemühen um ein umfassenderes Verständnis der Wirklichkeit nicht dienlich sein kann.

Tatsächlich gehört zur Grundausbildung in athonitischer Spiritualität die Entwicklung von *Diakrisis* [Unterscheidungsvermögen], damit man auseinanderhalten kann, was von Gott und was vom Satan kommt, der versucht, die nach Vervollkommnung strebende Seele zu verwirren und zu desorientieren. Ganz ähnlich wie andere Geschichten, die ich über das Leben von Heiligen und großen Propheten gelesen hatte, fielen auch Altvater Paisios' Erfahrungen mit verehrten Geistwesen nicht in die Kategorie Halluzinationen. Halluzinationen kommen nicht von Gott. Wer eine Halluzination erlebt, erkennt sie später als solche. Altvater Paisios' Erscheinungen waren ein reales und konkretes Geschehen, genauso konkret, wie wenn er mit ganz normalen Pilgern und Besuchern sprach. Halluzinationen gehen normalerweise mit Verwirrung und starken Realitäts- und Wahrnehmungsverzerrungen einher. Doch wie in anderen solchen Berichten, waren auch Altvater Paisios' Erlebnisse luzide, geordnet und äußerst kohärent. Darüber hinaus wirken Halluzinationen beängstigend und verstörend.[28] Doch dies war bei diesem modernen Anachoreten ganz und gar nicht der Fall. Ganz im Gegenteil, diese außergewöhnlichen Erlebnisse schenkten ihm erhabene Gefühle tiefen Friedens und spirituellen Wohlbefindens, die transformierende Wirkung auf ihn hatten.

Ich erinnere mich noch gut an die Reaktion von Professor John Rossner, als ich auf einer Montrealer Konferenz über die Schnittstelle zwischen Wissenschaft und Religion solche Geschichten vom Berg Athos erzählte. Er, der Moderator, erhob sich und äußerte in einem unangreifbaren Ton unverrückbare Feststellungen:

»Was Sie über wundersame Geschehnisse auf dem Berg Athos und in anderen Klöstern gesagt haben, als Sie von Manifestationen toter Heiliger vor den Augen Lebender berichteten, ist sehr wichtig. Es ist genau dasselbe, was auch die frühe Kirche

28 Patrick Glynn, God: The Evidence. The Reconciliation of Faith and Reason in a Postsecular World, Forum 1997, S. 123.

und römische Historiker, ja sogar der Skeptiker Gibbon im 18. Jahrhundert, gesagt haben: Ihnen zufolge behauptet nämlich die frühchristliche Literatur, dass sich die christliche Bewegung nicht aufgrund von Lehre und Predigt ausgebreitet hat – dies war ihnen gar nicht gestattet – sondern deshalb, weil die Menschen mystische Erlebnisse hatten, bei denen die verstorbenen Heiligen und Märtyrer den Lebenden erschienen sind und sie über die Realität der geistigen Welt belehrt haben. Davon versteht das heutige Christentum natürlich nicht mehr viel. Diese Klöster und abgelegenen Orte sind tatsächlich so etwas wie Konserven der Geschichte! Und wie Kyriacos bereits gesagt hat: Der Versuch, diese geistliche Überlieferung ans Licht zu bringen, ist wie das Heben eines vergessenen Schatzes vom Meeresgrund. ... Solche Ereignisse gehören auch heute noch zum Leben und zur Tradition moderner Mönche und Einsiedler des östlichen Christentums. Wir hingegen wissen nicht einmal, dass es diesen Schatz gibt. Mit sehr viel Mühe kann man in Geschichtsbüchern darauf stoßen. Unser Problem ist aber, dass die Theologen im Westen über keine ausreichende historische Bildung verfügen, um ihn finden zu können. Außerdem erkennen sie nicht, dass die Anfänge der christlichen Bewegung spiritistisch und schamanistisch waren. Wenn sie dann an Orten wie dem Athos oder kleinen Dörfern in Russland oder Griechenland auf solche Dinge stoßen, vermögen sie keinen Sinn darin zu erkennen. Sie sind nicht imstande zu begreifen, warum eine alte Frau als heilig gilt und der Erzbischof kommt und ihr im Dorf zu Füßen sitzt, weil sie Erfahrungen mit verstorbenen Heiligen und Engeln hatte und dadurch zum Informationskanal geworden ist. Sie können nicht erkennen, dass auf diese Weise der Himmel zu den Lebenden spricht.«

Für Vater Maximos bestand nicht die Spur eines Zweifels, dass Altvater Paisios‘ Erfahrungen konkrete Materialisationen aus göttlichen Welten waren. Ich freute mich, dass er in der Stimmung war, noch weitere solcher Vignetten aus dem Leben seines Altvaters zu erzählen.

»Eines Tages«, so fuhr er fort, »hatte der alte Paisios viele Gäste zu Besuch. Ich war an jenem Tag selbst nicht da, aber er hat es mir erzählt. Er sagte: ›Ich war sehr müde und verzweifelt und fragte mich, was für ein Eremit ich eigentlich sei. Über hundert Leute waren an jenem Tag vorbeigekommen. Ich konnte nicht einmal die Vesper halten. Ich wusste nicht, welchen Heiligen wir am nächsten Tag ehren sollten. Die ganze Situation war unerträglich.‹ Erschöpft zog sich der alte Paisios in seine Einsiedelei zurück, ratlos, was er tun und wie er diesen Konflikt lösen sollte. ›Vater Maxime‹, sagte er mir einmal, ›mein größter Feind ist mein Ruf. Wehe dem Mönch, der berühmt wird. Er kommt überhaupt nicht mehr zur Ruhe. Die Leute fangen an, alle möglichen Geschichten über ihn zu erzählen, die oft gar nicht stimmen. Ehe er sich's versieht, ist er in die unmöglichsten Situationen verstrickt.‹ Er war so bekannt geworden, dass so gut wie jeder, der auf den Athos kam, ihn sehen wollte. Seine Einsiedelei wurde die erste Station auf jeder Pilgerreise.

Verstört und verzweifelt«, so fuhr Vater Maximos fort, »setzte sich der alte Paisios mit Tränen in den Augen nieder. In diesem Zustand bemerkte er plötzlich, dass ein groß gewachsener Priester im Eingang zu seiner Zelle stand. Der Fremde sprach: ›Sei gegrüßt, Vater!‹ Der alte Paisios war überrascht und fragte den unerwarteten Besucher: ›Und wer bist du?‹ Der Fremde antwortete: ›Ich bin der Märtyrer St. Loukinianos, und morgen wird in der Kirche meiner gedacht. Weil du nicht mehr weißt, welcher Heiligen-Festtag morgen ist, bin ich persönlich vorbeigekommen, um dich daran zu erinnern. Ich wurde gebeten, dir zu sagen, du sollst den Mut nicht sinken lassen. Du musst deinen Mitmenschen in Not auch weiterhin deine Dienste anbieten. Das ist Gottes Wille.‹

Altvater Paisios' Leben war voller solcher Erfahrungen«, fügte Vater Maximos hinzu, »aber er hielt sie sorgfältig geheim. Und wehe, wenn er dir etwas anvertraut hatte und du es zufällig irgendjemandem erzählt hast und er das herausfand.«

»Sein Ruhm reichte sogar bis nach Amerika«, betonte ich. 1990 hörte ich vom orthodoxen Priester in Bangor in Maine zum ersten Mal von Vater Paisios. Er bezeichnete ihn als den »Löwen vom Heiligen Berg«.

Immer bewegter erinnerte sich Vater Maximos an seine Lehrzeit bei Altvater Paisios und erzählte eine weitere Episode aus jener »goldenen Zeit« seiner Mönchs-Laufbahn. »Ich erinnere mich noch an Weihnachten 1981, als ich zu ihm kam, um mit ihm die *agrypina* zu halten. Als wir beide uns während einer Pause ein wenig unterhielten, sagte er mir, was für ein großes Geschenk die Liebe Gottes sei und wie sie wie eine lodernde Flamme im Menschen wohne. ›Eines Tages‹, berichtete er, ›kam so viel Gnade über mich, dass ich nicht gehen konnte. Da kniete ich einfach nieder und hoffte, dass mich niemand so sähe und fälschlicherweise annähme, ich sei verletzt.‹ Die Liebe Christi brannte mit solcher Kraft in ihm, dass er das Gefühl hatte, seine Knochen schmölzen wie eine Bienenwachskerze dahin. Dann sagte er: ›Die große Liebe, die ich an jenem Tag erfuhr, weckte in mir eine tiefe Sorge um die Welt.‹

Mir scheint«, sinnierte Vater Maximos, »solche Erfahrungen haben Altvater Paisios zu einem Behältnis für Gottes Gnade gemacht. Seit damals widmete er sich voll und ganz der Linderung des Leidens und des Kummers in der Welt.«

Als ich Vater Maximos fragte, ob er den Eindruck habe, Altvater Paisios leite ihn immer noch, antwortete er, er sei ihm sogar näher denn je und würde wohl immer als Führer an seiner Seite sein. Ganz in seinen Erinnerungen versunken, schilderte er uns, was am Ende seiner ersten Begegnung mit Altvater Paisios geschah, als er, Maximos, noch Student an der Universität war.

»Wir kamen aus seiner Einsiedelei und begannen, uns zu verabschieden. Als wir ihm einer nach dem anderen die Hand küssten, geschah etwas Außergewöhnliches. Von allem um uns herum ging plötzlich ein erlesener Duft aus. Der alte Paisios spürte sofort, was los war, und drängte uns, sofort zu gehen. Er hielt uns zur Eile an und bat uns, zu keinem Menschen auch nur ein Wort darüber zu sagen, was wir erlebt hatten.«

»Warum sollten Sie sich beeilen?«, fragte ich verblüfft.

»Weil der alte Paisios nicht wollte, dass die Leute darüber reden, dass um ihn herum irgendwelche Phänomene auftreten. Nichtsahnend, was da vor sich ging, rannten wir auf jeden Fall Richtung Karyes, dem Verwaltungszentrum auf dem Athos. Beim Laufen empfanden wir eine so große Freude, dass sie alle Worte und alles Fassungsvermögen übersteigt. Wir konnten einfach nicht begreifen, wie es möglich war, ein solches Gefühl der Freude und Glückseligkeit zu empfinden. Wir begriffen nicht, warum alles um uns herum mit diesem Duft erfüllt war – die Berge, die Luft, die Felsen, die Bäume, alles.«

»Himmelszeichen«, vermutete Stephanos, als wir hinter Palechori den höchsten Punkt erreicht hatten und hinunterfuhren Richtung Limassol. Von diesem Punkt aus konnten wir am gegenüberliegenden Berghang das Dorf Argos sehen, umgeben von terrassierten Hängen, die mit Weingärten und blühenden Mandelbäumen bestanden waren. Einen Moment lang dachte ich wehmütig an meine Kindheit zurück, als mein Vater meine Schwester und mich in den heißen Sommermonaten stets für ein paar Wochen dorthin zu Verwandten schickte. Argos war das Heimatdorf meines Vaters, das er mit zwölf Jahren verließ, weil mein Großvater seine große Familie nicht ernähren konnte und ihn deshalb zu Fuß auf Wegen, die man damals wirklich nicht als Straßen bezeichnen konnte, ins fast hundert Kilometer entfernte Nikosia schickte, wo er sich seinen Lebensunterhalt selbst verdienen sollte.

Bevor wir Limassol erreichten, berichtete Vater Maximos uns einige weitere Einzelheiten aus dem Leben seines verstorbenen Altvaters. »Er wurde 1924 in Pharassa geboren«, fuhr er fort, »einer kleinen Stadt in Kleinasien, in eben jenem Kappadokien, aus dem mehrere frühe Kirchenväter kommen. Er wurde getauft von Altvater Arsenios, der damals Priester in Pharassa und ebenfalls mit göttlichen Gaben begnadet war. Heute gilt er als einer der wichtigsten Heiligen unserer Kirche im 20. Jahrhundert.

Wenige Tage bevor infolge der Vereinbarung über den Austausch der Bevölkerungsgruppen nach dem Griechisch-Türkischen Krieg von 1922 alle Griechen aus jener Region Kleinasien verlassen mussten, fand die Taufe statt. Während der Taufzeremonie ereignete sich ein interessanter Zwischenfall«, berichtete Vater Maximos weiter. »Als der Moment gekommen war, da das Kind seinen Namen erhalten sollte, erkannte Altvater Arsenios, dass das Kind, das er in seinen Armen hielt, außergewöhnlich war. Er hob den Jungen weit nach oben und erklärte, mit den Augen der Seele sehend, es sei dem Kind bestimmt, ein Gefäß

Gottes auf Erden und ein Werkzeug des Heiligen Geistes zu werden. Er verkündete: ›Er wird tun, was ich tue, und ein Mönch werden wie ich.‹«

»Da hat er den Nagel auf den Kopf getroffen«, meinte Stephanos vom Rücksitz aus.

»Punktgenau«, fügte Vater Maximos hinzu.

Als Vater Maximos uns diese Geschichte erzählte, schoss mir ein unorthodoxer Gedanke durch den Kopf. Bedeutete dies, dass das Kind, das der Heilige Arsenios taufte, die Seele eines großen Heiligen war, der damals mit einem besonderen göttlichen Auftrag geboren wurde? Heißt das, dass dieser Vorfall den Glauben einiger frühchristlicher Denker, wie etwa des Origenes (der dreihundert Jahre nach seinem Tod auf Anweisung von Kaiser Justinian von der Amtskirche mit dem Kirchenbann belegt wurde), an die Präexistenz der Seelen bestätigt? Und wenn das Kind nicht bereits als Seele gelebt hat, bedeutet das dann – angesichts der Verkündigung des heiligen Arsenios – dass Gott unterscheidet, wer ein Heiliger und wer ein gewöhnlicher Sünder wird? Seit Kaiser Justinian solche »origenistischen« Auffassungen gebrandmarkt hat, sind sie im Christentum zum Tabu geworden. Natürlich könnte man anführen, dass der heilige Arsenios angesichts seiner geistigen Gaben in die Zukunft schauen und erkennen konnte, dass es Vater Paisios bestimmt war, ein Werkzeug des Heiligen Geistes und Mönch zu werden wie er. Seinen Worten ist nicht zu entnehmen, dass Vater Paisios' Seele bereits vor seiner Geburt existiert hat. Doch diese »mehrheitlich übliche« Deutung ließ für mich große Zweifel offen. Wo bleibt Gottes absolute Gerechtigkeit, wenn es einem neugeborenen Kind bereits bestimmt ist, ein großer Heiliger zu werden? Da ich Vater Maximos in seinem Erinnerungsfluss nicht unterbrechen wollte, behielt ich diese kontroversen Gedanken für mich. Ich beschloss jedoch, nach meiner Rückkehr nach Maine darüber noch einmal intensiver nachzulesen und nachzudenken.

»Tatsächlich«, fuhr Vater Maximos fort, »zeigte der junge Paisios eine tiefe Frömmigkeit und wurde konsequent in die Geheimnisse christlicher Spiritualität eingeführt. Schon in sehr jungen Jahren begann er, systematisch zu fasten und lange im Gebet zu verweilen.«

»Diese Neigungen muss er schon als Baby gehabt haben, wie der heilige Arsenios gesagt hat«, vermutete ich.

»Altvater Arsenios war mit der Gabe der Prophetie begnadet und konnte vorhersehen, was geschehen würde«, sagte Vater Maximos. Dann fuhr er fort: »Ich möchte Euch eine Episode aus Altvater Paisios' Jugend erzählen. Mit fünfzehn Jahren entwickelte er eine ausgefallene Gewohnheit. Jeden Nachmittag zog er sich in einen Wald bei seinem Dorf zurück und betete stundenlang und unter vielen Tränen. Weil er noch so jung und unerfahren war, wusste er nicht, dass seine Tränen das Mittel waren, durch das die Energie des Heiligen Geistes in ihm wirkte. Er verspürte nur eine erhabene Süße, wenn er mit Tränen in den Augen zu Christus betete. Aber seine Eltern machten sich große Sorgen. Sie dachten, sein Verhalten sei abnormal.«

»Kein Wunder.«

»Vergeblich versuchten sie, ihn dazu zu überreden, dass er zumindest etwas weniger Zeit allein im Wald verbrächte. Als ein Cousin aus Athen sie im Dorf besuchen kam, dachten die armen Eltern, dies sei die passende Gelegenheit, ihren Sohn zur Vernunft zu bringen. Der Cousin sagte dem jungen Paisios, Jesus sei ein sehr guter Mensch gewesen, genau wie die antiken Philosophen, aber eben nur ein Mensch. Deshalb sei es dumm und zwecklos, ihn anzubeten.

Der junge Paisios«, fuhr Vater Maximos fort, »war völlig niedergeschmettert und entrüstet. Immerhin war sein Cousin aus Athen und gebildet, er hingegen nur ein armer Junge vom Land. Tieftraurig erklärte er sich einverstanden, nicht mehr in den Wald zu gehen. Doch ein paar Monate nachdem sein Cousin wieder abgereist war, ergriff ihn die Unruhe von Neuem. In ihm loderte die Flamme des Glaubens an Gott. Er begab sich wieder an seinen Rückzugsort und begann erneut zu beten. Seine Seele sehnte sich nach der Vereinigung mit Gott. Der alte Paisios hat mir einmal im Scherz erzählt: ›Nun ja, ich habe mir gesagt, es sei egal, ob Christus Gott war oder nicht. Zumindest war er ein guter Mensch. Und ich war einfach glücklich, wenn ich beten konnte.‹ Doch die Worte seines Cousins hatten Zweifel in seinem Herzen gesät. Dann widerfuhr ihm eines Nachmittags etwas Außergewöhnliches. Während er betete, sah er Christus mitten im Wald genau vor sich.«

»War das eine mystische Vision Christi?«, fragte ich.

»Nein. Vater Paisios behauptete nachdrücklich, es sei Christus selbst gewesen, der vor ihm erschien. Er hatte einen materiellen Körper, und der Altvater konnte ihn mit normalen Augen sehen. Es war eine lebendige Erfahrung, genau wie die, die er später mit den verstorbenen Heiligen hatte. Bei dieser Manifestation hielt Christus ein aufgeschlagenes Evangelium in der Hand, und was Er ihm sagte, war Wort für Wort wie es im Evangelium geschrieben steht. Christus sprach ihn beim Vornamen an und sagte ihm: ›Ich bin die Auferstehung und das Leben. Wer an mich glaubt, der soll den Tod nicht schmecken.‹

Dieses unmittelbare Erleben des Christus«, fuhr Vater Maximos fort, »war meines Wissens der erste Schritt des jungen Paisios in die Welt der übernatürlichen Offenbarungen und ein Wendepunkt auf seinem Weg ins monastische Leben.«

Dann ließ Vater Maximos uns an weiteren Einzelheiten aus dem Leben seines verehrten Altvaters teilhaben. Seine formelle Bildung blieb auf Grundschulniveau, was ihn jedoch nicht daran hinderte, während seines Eremitenlebens wie Paulus Briefe an seine Schüler zu schreiben und ihnen Anleitung in geistlichen Dingen zu geben. Nach seinem Tod wurden diese Briefe und weitere Dokumente veröffentlicht.[29] Als die Deutschen im Zweiten Weltkrieg in Griechenland einfielen, wurde er zur Armee eingezogen und diente im Fernmeldewesen. Nach dem Krieg entsagte er der Welt und fuhr auf den Berg Athos, um Mönch zu werden.

---

29 Elder Paisios, Epistoles (Lehrbriefe), Sourote Monastery Press 1994; Me Pono kai Agape yia ton Synchrono Anthropo (Mit Sorge und Liebe für den modernen Menschen), Sourote Monastery Press 1998; Pneumatike Afypnise (Geistliches Erwachen), Sourote Monastery Press 1999. Auf Deutsch ist in der orthodoxen Zeitschrift *Der Schmale Pfad* (März/April 2006, Band 15, Seiten 52-152) ein Aufsatz über das Leben und Wirken von Altvater Paisios erschienen, der viele Zitate, Fotos und Darstellungen von Originaldokumenten enthält. Als PDF herunterzuladen unter www.impantokratoros.gr/0E08958B.de.aspx (abgerufen am 31. Juli 2014).

»Kaum dort angekommen«, fuhr Vater Maximos fort, »entwickelte er eine brennende Sehnsucht, lebende Heilige kennenzulernen. Also durchkämmte er im wahrsten Sinne des Wortes den Athos auf der Suche nach gottverwirklichten Altvätern.«

»Hat er welche gefunden?«, fragte ich.

»Ja, mehrere«, erwiderte Vater Maximos. Dann berichtete er uns, Altvater Paisios' wichtigster Altvater sei der russische Hieromönch Tychon gewesen, ein gefeierter Heiliger, ein »Engelsgleicher«, der auf dem Athos Heiligkeit erlangt habe. Doch bevor er Altvater Tychon kennenlernte, reiste er nach Ägypten und lebte in der Nähe des antiken Klosters St. Katharina an den Ausläufern des Berges Sinai, auf dem Moses die Zehn Gebote empfangen hatte. Seine Einsiedelei lag etwa eine Stunde vom Kloster entfernt.

»Er hat mir erzählt«, berichtete Vater Maximos, »als er dort angekommen sei, habe er eine solche Leidenschaft für das asketische Leben entwickelt, dass er nur ein Stück Brot und eine Schere mitgenommen habe. Er zerbrach die Schere in zwei Teile, benutzte diese als Messer und schnitzte damit kleine Kreuze und Ikonen. Diese bot er den Beduinen an, die ihn dafür mit den wenigen Lebensmitteln versorgten, die er brauchte. Etwa zwei Jahre blieb er ganz allein auf sich gestellt in der Wüste, hatte kaum Kontakt zu oder Unterstützung von anderen Menschen und tat nichts anderes als zu beten. Danach kehrte er auf den Athos zurück, wo er im Kloster Stavronikita Schüler von Altvater Tychon wurde. Nach Altvater Tychons Tod lebte er schließlich wieder allein und ins Gebet versunken in eben jener Einsiedelei, in der er den Rest seines Lebens verbrachte. Das war der Ort, an dem du ihm begegnet bist, Kyriaco.«

»Ich habe Geschichten gehört, wonach Altvater Paisios eine besondere Beziehung zu Tieren hatte. Ist das wahr?«

Vater Maximos nickte und behauptete, aus diesem Grund habe er sich nicht gefürchtet, wenn er nachts allein mit Altvater Paisios in seiner Einsiedelei war, auch wenn es in der ganzen Gegend von Wildschweinen, Wölfen und den unterschiedlichsten Schlangen nur so wimmelte. Dann erklärte er uns Altvater Paisios' besondere Beziehung zum Tierreich.

»Wenn Menschen das Stadium erreichen, dass sie ein Gefäß für Gottes Gnade werden, dann erkennen Tiere dies instinktiv als den Zustand der ersten Menschen vor dem Fall. Die Freundschaft zwischen den Menschen und der übrigen Natur ist wiederhergestellt. In einem solchen Zustand können selbst sehr wilde Tiere dir nichts antun. Verstehst du, was ich meine?«, fragte Vater Maximos an mich gewandt.

»Ich glaube ja«, erwiderte ich und spekulierte innerlich über die möglichen ökologischen Konsequenzen dessen, was er gerade gesagt hatte. Stephanos fragte, ob mit dem Erlangen der Heiligkeit der uralte Krieg zwischen Mensch und Natur, der unsere Umwelt auf der Erde verwüstet hat, beendet wäre. Vater Maximos antwortete, dies sei sogar die Voraussetzung für unser ökologisches Überleben. Der Beweis, so sagte er, sei das Leben von Heiligen wie Altvater Paisios.

»In den Biografien großer Heiliger aus allen Jahrhunderten haben wir sehr viele Beispiele für dieses Phänomen. Manche lebten sogar in Gesellschaft von Löwen, ohne dass ihnen etwas geschah. Ich weiß noch, als ich zum ersten Mal zum alten Paisios kam, fragte ich ihn, wo er die Schlangen halte, weil ich alle möglichen Geschichten über seine Liebe zu diesen Tieren gehört hatte. Und wisst ihr, was er gesagt hat?«, fragte Vater Maximos lachend. »›Die verwahre ich genau hier drin.‹ Dabei zeigte er auf sein Herz. ›Wenn du Beichtvater wirst‹, fügte er hinzu, ›dann komm, und ich erzähle dir alles über sie.‹«

»Haben Sie je echte Schlangen gesehen?«, fragte ich, als wir die Vororte von Limassol erreichten, wo wir das offene Meer sehen konnten.

»Ja, tatsächlich. Eines Tages entdeckte ich mit Schrecken eine riesige Schlange in seiner Zelle. Sie baumelte akrobatisch von einem Balken herab. Der alte Paisios packte sie mit den Händen, legte sie draußen ab und sagte: ›Du gehst jetzt. Wir haben Gäste, und die darfst du nicht stören.‹ Eines Tages begrüßte er einen Pilger mit einer scharfen Rüge: ›Was habe ich getan, dass du mich heute so verletzen musst?‹ Alle staunten. ›Vater, ich stehe zum ersten Mal vor Ihnen. Wie hätte ich Ihnen etwas antun können?‹, erwiderte der Pilger. ›Du hast heute eine schreckliche Tat begangen. Du hast mich tief verletzt.‹ ›Aber was habe ich denn getan, Vater?‹ ›Du hast meinen Freund getötet.‹ ›Ihren Freund?‹ ›Ja, meinen Freund, die Schlange.‹

Ahnst du, was geschehen war? Auf dem Weg zu seiner Einsiedelei hatten diese Pilger eine Schlange entdeckt, die über die Straße gekrochen war, und einer hatte sie mit einem Stock erschlagen. Der alte Paisios, der mit den Gaben des Heiligen Geistes gesegnet war, sah mit den Augen der Seele, was der Pilger getan hatte.«

»Er war hellsichtig«, betonte Stephanos.

»Neben vielem anderem«, ergänzte Vater Maximos.

Geschichten gingen um, wonach Altvater Paisios bei vielen Gelegenheiten an zwei Orten gleichzeitig gesehen wurde, ein Phänomen, das als »Bilokation« bezeichnet wird. Es hieß auch, er habe mit einer Gruppe französischer Pilger in ihrer Sprache sprechen können, obwohl er über keinerlei Französisch-Kenntnisse verfügte; er habe Menschen von unheilbaren Krankheiten geheilt und sei auf wundersame Weise an Unfallorten erschienen, um Menschen zu retten. Wenn er gebeten wurde, diese Gerüchte zu bestätigen, dann stritt Altvater Paisios alles ab und behauptete, alle wundersamen Geschehnisse, die die Menschen ihm zuschrieben, seien in Wirklichkeit durch den Heiligen Geist bewirkt worden. Jegliches Verdienst daran wies er energisch von sich. Altvater Paisios behauptete, der Heilige Geist mache sich oft sein Bild zu eigen und wirke diese Wunder, die die Leute dann ihm zuschrieben. Er aber bete lediglich ununterbrochen und könne daher nicht dort gewesen sein, wo die Menschen ihn gesehen haben wollten. Er sagte, subjektiv erlebe er die Episoden, die die Leute ihm zuschrieben, lediglich als luzide Bilder, die vor seinem geistigen Auge auftauchten, während sich die betreffenden Ereignisse abspielten. Aber es sei der Heilige Geist, der die Wunder wirke und sich dabei offensichtlich Altvater Paisios‘ Physiognomie borge.

In der athonitischen Überlieferung gibt es unzählige Geschichten über Heilige, die ohne Zeitverzögerung an einen anderen Ort teleportiert werden. Vater Joseph, ein weiterer Altvater, den ich auf dem Athos kennengelernt habe, sagt: Wenn Menschen einen bestimmten Grad der Reinigung erreicht haben, dann offenbart ihnen der Heilige Geist »durch übernatürliches Eingreifen unbekannte und geheime Mysterien«. Er »enthüllt ihnen die Geheimnisse der Natur und Seines Reiches. Er heilt sie von Krankheiten, bringt sie augenblicklich zu weit entfernten Orten und zeigt ihnen verschiedene Ereignisse aus Vergangenheit und Zukunft. Vor allem aber verhilft er ihnen zur spirituellen Entwicklung und zu einem Leben entsprechend ihrem wahren Wesen.«[30]

»Mir ist noch eine Episode mit Tieren eingefallen«, sagte Vater Maximos. »Der alte Paisios lebte eine Zeit lang bei Konitsa, einem abgelegenen Bergdorf in Nordgriechenland. Als er eines Tages das Kloster, in dem er damals wohnte, verließ und durch ein Waldstück zum Dorf ging, gingen zwei große Bären auf ihn los. Zu jener Zeit gab es in dieser Gegend noch Bären. Doch in dem Moment, in dem sie ihn erreicht hatten, erstarrten sie auf mysteriöse Weise. Er hatte ein Stückchen *Antidoron* bei sich [ein kleines, geweihtes Stück Brot, das nach den Gottesdiensten feierlich gereicht wird]; dieses schnitt er in zwei Teile und gab es den Bären. Dann packte er sie bei den Ohren, den einen rechts, den anderen links und ging so mit ihnen in den Ort. Die Dorfbewohner trauten ihren Augen nicht. Danach beschloss er, die Bären für sich arbeiten zu lassen. Er belud sie mit Proviant, packte sie wieder bei den Ohren und führte sie zurück zum Kloster, wo man ihnen ihre Ladung abnahm.«

Wir fuhren in Limassol ein und beendeten unser Gespräch. Sowohl Stephanos als auch Vater Maximos waren hier geboren und aufgewachsen und klagten nun über das schnelle Anwachsen der Stadt gleich nach der türkischen Invasion auf Zypern. Damals nahm Limassol die Stelle des besetzten Famagusta ein, sowohl als Hafen- wie auch als wichtige Touristenstadt.

»Vater Maxime«, bat ich, »bevor wir zu Ihrer Mutter gehen, möchte ich Ihnen noch eine letzte Frage über Altvater Paisios stellen. Warum bat er auf dem Sterbebett, in Sourote beerdigt zu werden?« Sourote ist das Frauenkloster am Rand des Berges Athos.

30 Markides, Auf dem Löwen reiten, S. 357.

Vater Maximos lächelte breit und wies darauf hin, dass der alte Paisios der Altvater jenes Klosters war. Sein Leben lang hatte er in regelmäßigen Abständen seine Einsiedelei verlassen und war nach Sourote gereist, um den Nonnen als Seelsorger zur Verfügung zu stehen. Er war ihnen zutiefst zugetan. Vater Maximos bemerkte amüsiert, einige Mönche vom Athos seien entsetzt gewesen, als sie erfuhren, dass Altvater Paisios bei einem Frauenkloster beerdigt werden wollte. Sie wollten, dass er für immer auf dem Athos bliebe. »Aber der alte Paisios war eben unkonventionell!«

Vater Maximos erwähnte dann, es gäbe ähnliche Geschichten über andere Anachoreten, die er aus seiner Zeit auf dem Athos kenne. »Erinnere mich daran«, sagte er, als wir aus dem Wagen stiegen, »dass ich dir ein anderes Mal etwas über Altvater Porphyrios erzähle.«

8

Engel und Dämonen

Die Wohnung, in der Vater Maximos' Mutter und sein Stiefvater lebten, lag wenige Gehminuten vom Hafen entfernt in einem Arbeiterviertel von Limassol. Hier war Vater Maximos aufgewachsen. Wir wollten etwa eine Stunde bleiben und dann weiterfahren nach Lania, unserem eigentlichen Ziel. »Verraten Sie mir, Vater Maxime«, bat ich, während wir die Stufen zum dritten Stockwerk hinaufstiegen, wo seine Mutter uns erwartete, »wie sind Sie ein Mann Gottes geworden, wenn Sie bei Eltern aufgewachsen sind, die damals überzeugte Atheisten waren?« Vater Maximos lachte und behauptete, das sei natürlich das Werk der Vorsehung gewesen. »Genauer gesagt, es war meine Großmutter, die mich als Junge an die Hand nahm und insgeheim mit mir in die Kirche ging, um mich in die Mysterien der *Ekklesia* einzuführen.«

Mehrmals hatte ich Gelegenheit, mit Vater Maximos' Mutter, einer dynamischen und extravertierten Frau, über Vater Maximos' Kindheit und Jugend zu sprechen. Aufgrund dieser Gespräche und aus dem, was Stephanos und ich unseren Unterhaltungen mit Vater Maximos entnehmen konnten, hatte ich erste Eindrücke von Kindheit und Jugend des Abtes gewonnen.

Als er etwa drei Jahre alt war, hüllte sich Vater Maximos in ein schwarzes Gewand, das seiner Großmutter gehörte, ging auf eine Gruppe von Frauen zu – Freundinnen seiner Mutter, die gerade zu Besuch waren – streckte ihnen seine rechte Hand entgegen und bat sie, sie zu küssen. Selbstsicher verkündete er, eines Tages werde er Bischof sein. An jenem Tag entdeckte seine Mutter zu ihrer Verwunderung, dass ihr kleiner Sohn auf dem Dachboden ihrer Wohnung einen Altar errichtet hatte. Mit Ikonen aus Papier und Weihrauchschalen aus Dosen hielt er dort insgeheim regelmäßig mit einem Spielkameraden Liturgien. Seine Eltern bekamen einen Wutanfall, warfen alles weg und verboten ihm, je wieder eine Kirche zu betreten. Das Ganze war für sie deshalb so schmerzlich, weil beide Eltern überzeugte Kommunisten waren, insbesondere sein Vater, der sich aktiv in der Partei engagierte.

Als Jugendlicher musste Vater Maximos sich mit vor Angst pochendem Herzen in die Kirche stehlen. Eines Tages teilte man seinem Vater mit, sein Sohn – sein einziger Sohn – besuche gerade einen Gottesdienst. Außer sich vor Wut eilte er in die Kirche, packte seinen damals dreizehnjährigen Sohn am Ohr und schleifte ihn nach Hause. Er drohte ihm mit strengen Strafen, sollte er sein Techtelmechtel mit dem »Opium des Volkes« fortsetzen. Vater Maximos' Vater hegte die Hoffnung, sein Sohn werde eines Tages in England, wo Verwandte lebten, Ingenieurswesen studieren oder, noch besser, ein Stipendium der Partei erhalten und eine russische Universität besuchen. Er hoffte, sein Sohn werde einen Abschluss an der Universität Moskau erwerben und eingehend in der Weisheit von Marx und Lenin unterwiesen werden. Er sah bereits vor sich, dass sein Sohn eines Tages eine bedeutende Rolle in der großen Proletarischen Revolution spielen würde.

Als Vater Maximos' Vater bei einem außergewöhnlichen Unfall ums Leben kam – er starb bei einem sehr unwahrscheinlichen Tornado, der in Limassol wütete – nahm der junge Vater Maximos seine stete und relativ unbelastete Liebesbeziehung mit der Religion wieder auf. Dies war der Beginn seiner Laufbahn als Mönch, der sich seine Mutter zunächst energisch widersetzte. Sie ging sogar so weit, den Bischof von Limassol um Hilfe zu bitten. »Verpasse ihm einen ordentlichen Satz Ohrfeigen«, riet dieser ihr, »und sperre ihn in seinem Zimmer ein.« Als das nicht fruchtete, suchte sie Hilfe beim Schuldirektor, der sie drängte, ihren Sohn von einem Psychiater untersuchen zu lassen. Schließlich jedoch lernte sie, seinen Wunsch zu akzeptieren.

Seit Vater Maximos nach Zypern zurückgekehrt und zum

Abt des Klosters Panagia ernannt worden war, besuchten seine Mutter und ihre Freundinnen ihn regelmäßig. Sie schlossen sich den Scharen an, die zur Beichte und zur Kommunion kamen und küssten die Hand des Abtes, ganz wie es üblich war. Die alten Ikonen von Marx und Lenin, die das Wohnzimmer seiner Mutter geschmückt hatten, wurden weggeworfen und durch Ikonen der Heiligen Jungfrau, Jesu sowie einer stolzen Reihe von Schutzheiligen ersetzt.

»Eines Tages habe ich die Parteimitglieder aufgesucht«, erzählte mir seine Mutter einmal. »Sie waren alle mit meinem verstorbenen Mann befreundet gewesen und kannten meinen Sohn von klein auf. Ich fragte sie, warum sie so sehr gegen Vater Maximos seien und in ihrer Zeitung Schmäh-Artikel über ihn schrieben. Sie waren überrascht: ›Was kümmert *dich* das?‹, fragten sie mit Unschuldsmiene. ›Wisst Ihr überhaupt, wer er ist?‹, fragte ich. Als sie erfuhren, dass Vater Maximos in Wirklichkeit ›Andrikos‹ war – unter diesem Namen hatten sie meinen Sohn als kleinen Jungen gekannt – waren sie schockiert. Sie versprachen, ihre Leitartikel gegen ihn einzustellen. Aber ich habe noch an Ort und Stelle geschworen, ihnen bei keiner Wahl mehr meine Stimme zu geben.«

Wir blieben wie geplant etwa eine Stunde, unterhielten uns mit Vater Maximos' Mutter und seinem Stiefvater und schauten alte Fotos an. Später kam noch seine Schwester vorbei, die nebenan wohnte. Alle waren sehr stolz auf ihn. Sie tauschten Erinnerungen an früher aus, und Vater Maximos pflegte ein fröhliches und humorvolles Verhältnis zu seiner Familie. Mit ihnen zusammen zu sein, war eine wohltuende Abwechslung zu seinen ernsteren Aufgaben und Verpflichtungen. Schließlich gab seine Mutter uns Pakete mit Gebäck mit, das sie für die Mönche zubereitet hatte, und wir machten uns auf den Weg nach Lania, wo wir an der Gemeindeversammlung teilnehmen wollten.

Das Dorf lag etwa fünfundvierzig Minuten von Limassol entfernt ungefähr auf halber Höhe zwischen der Küstenstadt und dem Gipfel des Troodos-Massivs. Es war ein klarer Tag, und während wir die Berge hinauffuhren, konnten wir zu unserer Linken die Halbinsel Akrotiri mit ihrem Salzsee in der Mitte sehen. Akrotiri ragt wie ein Schuh an der Unterseite der Insel ins Mittelmeer und gehört zu den britischen Exklaven, die 1960 eingerichtet worden waren. Diese Exklaven sind Teil der Vereinbarungen, durch die aus der ehemaligen britischen Kolonie eine unabhängige Republik wurde. Nicht weit von Akrotiri konnten wir das Dorf Kolossi sehen, umgeben von Orangenhainen und Weingärten und wegen seiner mittelalterlichen Burg ein beliebter Ausflugsort für Touristen. An diesem Ort soll König Richard Löwenherz 1191 auf der Rückreise von einem Kreuzzug die Hochzeitsnacht mit seiner angetrauten Berengaria verbracht haben. Die Insel stand damals unter der Herrschaft eines unbedeutenden byzantinischen Tyrannen, der die künftige Ehefrau des englischen Königs als Geisel genommen hatte, als das Schiff, das sie zu ihm bringen sollte, aufgrund schlechten Wetters in Limassol festsaß. Als König Richard davon erfuhr, brüllte er den Chroniken zufolge vor Wut wie ein Löwe. Mit einigen hundert Bogenschützen eroberte er Zypern, ließ den byzantinischen Herrscher Isaakios Komnenos in Ketten legen und heiratete seine Königin in der Burg von Kolossi. Da er kein besonderes Interesse an Zypern hatte, übergab er es den Tempelrittern. Sie führten auf der Insel das europäische Lehnswesen ein, das Bestand hatte, bis Zypern im 16. Jahrhundert an die ottomanischen Türken fiel. Es heißt, bevor König Richard die Insel verlassen habe, habe er zypriotische Trauben gekostet und eine für »very good« befunden. Seither nennen die Inselbewohner sie *Verygo*. Löwenherz' Abenteuer auf Zypern waren der Beginn einer Romanze zwischen England und Zypern, die so eng wurde, dass Shakespeare die Insel zum Schauplatz seines *Othello* machte. Das Drama spielt auf einer anderen mittelalterlichen Burg in Zypern, einem imposanten Bau, der heute zum türkisch besetzten Famagusta gehört – Emilys Heimatstadt und zugleich die einzige verlassene, stacheldrahtbewehrte Stadt der Welt.

In Lania, dem Touristenort in den Bergen mit seinen traditionellen Cafés und engen Kopfsteinpflastergassen, erwartete uns eine überschaubare Menge. Ich sah die Überraschung in Vater Maximos' Gesicht, als jemand die Glocken läutete, während er auf die Kirche zuschritt und Frauen ihn beim Betreten der Kirche mit Rosenwasser besprengten und ihm Rosenblätter über den Kopf streuten. Nach einem kurzen Gebetsgottesdienst hieß der Ortsgeistliche Vater Maximos mit einer flammenden, aber glücklicherweise kurzen Rede willkommen. Es sei eine Ehre und ein Segen, so sagte er, einen Athos-Mönch von Vater Maximos' Reputation zu Besuch zu haben. Danach zeigte man Vater Maximos die antike Ikone, die kürzlich in der Nähe des Dorfes entdeckt worden war. Er machte einen langen Kniefall, bekreuzigte sich und küsste sie. Bevor er die Kirche verließ, schlug er dem Ortsgeistlichen vor, vor der Ikone eine Öllampe aufzustellen und dafür zu sorgen, dass diese stets brenne. »Heilige«, so erinnerte er ihn, »haben gerne eine brennende Lampe vor ihrer Ikone.« Danach wurden wir zu einer kleinen Stärkung und für die geschäftlichen Unterredungen in das Café am Ort geleitet.

Die Einwohner der Gemeinde wollten das Kloster wieder aufbauen, das vor Jahrhunderten genau an der Stelle gestanden hatte, an der die Ikone gefunden worden war. Aus diesem Grund war auch Vater Kallinikos vom Athos als neuer Abt nach Zypern berufen worden. Vater Kallinikos war ein Mönch von gut sechzig Jahren, der einst ein erfolgreicher Architekt gewesen war, jedoch irgendwann beschlossen hatte, der Welt zu entsagen und sich auf dem Athos der Gottsuche zu widmen. Vater Maximos und er waren alte Bekannte und freuten sich nun, einander wiederzusehen.

Vater Maximos hatte jedoch eine andere Vorstellung von dem Kloster, das in Lania errichtet werden sollte. Nachdem ihm in allen Einzelheiten berichtet worden war, wie man die Ikone entdeckt hatte und dass die Bewohner der Ortschaft beschlossen hatten, mehrere tausend Pfund als »Grundstock« für die Baukosten zu sammeln, schlug Vater Maximos vor, die Stelle zu besichtigen und vor Ort in Augenschein zu nehmen. Von der Ortsmitte aus führte der Weg etwa fünfzehn Autominuten auf einer unbefestigten Straße bergauf.

Als wir auf der Hochebene beim Berggipfel angekommen waren, wo eine kleine Kapelle auf das Dorf heruntersah, schritt Vater Maximos das Gelände ab und fragte, wem die umliegenden Weinberge gehörten. Dann schenkte er den etwa dreißig anwesenden Bewohnern der Ortschaft ein paar aufmunternde Worte. Er gratulierte ihnen zu ihrer Arbeit und Initiative und sprach dann über den Wert eines Klosters nicht weit vom Dorf. Er sprach von dem geistlichen Nutzen für die Dorfbewohner, dass nämlich ein Kloster positive, engelhafte Energien aussendet, die sich über die gesamte Region erstrecken und so den Bewohnern die Möglichkeit bietet, selbst geistliche Werke zu tun. Dies tritt üblicherweise ein, sagte er, wenn Klöster, die normalerweise in abgelegenen Gegenden errichtet werden, in der Nähe eines Dorfes oder einer Stadt entstehen. Es ist, als baue man eine geistliche Universität, damit die Menschen aus eigener Erfahrung die Realität Gottes erleben. »Doch außer den auf der Hand liegenden geistlichen Vorteilen«, sagte Vater Maximos der kleinen Gruppe von Männern und Frauen, »trägt ein Kloster einer Region noch weiteren Nutzen ein, sowohl kulturell als auch wirtschaftlich. Es wird zu einem Zentrum, in das in großer Zahl Pilger strömen.« Bei diesen Worten von Vater Maximos war aus allen Gesichtern große Zufriedenheit zu lesen.

»Aber«, so sagte er weiter, »dieser Ort eignet sich eher für ein Frauenkloster.«

Ich bemerkte, wie die Gesichter der Männer um uns herum lang und länger wurden. Vater Maximos atmete tief durch, ließ einige Männer ihren Unmut äußern und setzte dann seine Überzeugungsarbeit fort, dass ein Frauenkloster neben dem Dorf die realistischere Option war. Später erklärte uns Vater Maximos, es sei besser, wenn ein Frauenkloster neben einem Dorf läge, denn dies gewährleiste einen gewissen Schutz vor Übergriffen und Hilfe von den Dorfbewohnern bei schweren Arbeiten, die normalerweise Männern zugedacht sind, etwa beim Pflügen der Felder und bei der Wartung der Rohrleitungen. Was nun Vater Kallinikos anbelangte, so hatte Vater Maximos ihn als Abt eines anderen verlassenen Klosters beim Mesa Potamos (der innere Fluss) vorgesehen, einer abgelegenen und isolierten Region tief in den Wäldern des Troodos-Gebirges. Ein wohlhabender und frommer Zypriote hatte gelobt, sieben Millionen Dollar zum Wiederaufbau dieses verlassenen Klosters zu spenden.

Bevor wir uns wieder verabschiedeten, versprach Vater Maximos dem Bürgermeister und seinen Gemeinderäten, im kommenden Frühjahr könnten sie ihr Kloster haben. »Sie brauchen dazu nichts weiter zu tun«, sagte er ihnen, »als ein paar Zellen für vier oder fünf Nonnen einzurichten. Eine Kapelle gibt es ja bereits, daher kann ein Architekt in kürzester Zeit die Pläne für ein dauerhafteres Gebäude entwerfen. Sobald die Leute sehen, dass tatsächlich ein Kloster eingerichtet wird und Architekturpläne vorhanden sind, werden sie großzügig spenden. So funktioniert das normalerweise«, erklärte Vater Maximos aus Erfahrung.

»Wo sollen wir denn die Nonnen herbekommen?«, fragte der Bürgermeister.

»Machen Sie sich darüber keine Gedanken. Das ist meine Aufgabe. Ich werde dafür sorgen, dass sie kommen«, versicherte ihm Vater Maximos.

Wir stiegen wieder ins Auto und machten uns auf die Rückreise zum Kloster Panagia. Nachdem wir den Dorfbewohnern zum Abschied zugewunken hatten, wandte ich mich an Vater Maximos und murmelte: »Jetzt weiß ich, warum es manche Eltern auf Sie abgesehen haben.« Bei diesen Worten brach Stephanos, der während unseres Abenteuers in Lania die meiste Zeit geschwiegen hatte, in haltloses Gelächter aus.

Am nächsten Morgen betraten Stephanos und ich auf Einladung von Vater Maximos sein Büro, um ein Gespräch wieder aufzunehmen, das wir am Vortag auf der Rückfahrt von Lania begonnen hatten. Es ging um Dämonen und Engel und darum, dass diese Kräfte für die Mönche vom Athos etwas ganz Selbstverständliches sind und daher als Realität und nicht als Halluzinationen erlebt werden.

Das Thema hatte sich uns sozusagen aufgedrängt, als Vater Maximos den Namen von Vater Porphyrios erwähnte, jenes verstorbenen charismatischen Altvaters und außergewöhnlichen Wundertäters, der Athos-Mönch gewesen war, den Heiligen Berg jedoch verlassen hatte, um einer Gemeinde bei Athen als Priester zu dienen. Das Gespräch über Dämonen und Engel wurde dadurch ausgelöst, dass ich Vater Maximos gezielte Fragen über Porphyrios' Leben gestellt hatte. Da er Altvater Porphyrios persönlich gekannt hatte, begann er mit einer Geschichte aus dem Leben dieses Wundertäters.

»Ein Hieromönch und guter Freund vom Berg Athos«, begann Vater Maximos, »wurde eines Abends im Gebet von einem Dämon angegriffen. Der Dämon packte ihn am Hals und wollte ihn erwürgen. Die beiden rangen auf dem Boden miteinander, und bevor der Mönch sich befreien konnte, verpasste ihm der Dämon einen Fausthieb genau hier auf die Brust.« Vater Maximos deutete mit geschlossener Faust auf die Mitte seiner Brust.

»Mein Freund hatte daraufhin sehr starke Brustschmerzen, glaubte aber, das sei alles. Weder der alte Porphyrios noch mein Freund kannten einander. Sie standen in keinerlei Beziehung zueinander. Außerdem hat mein Freund niemandem davon erzählt. Du kannst dir vorstellen, wie überrascht er war, als er am nächsten Morgen einen Telefonanruf vom alten Porphyrios erhielt. ›Du bist gestern Abend gut mit ihm fertig geworden, Vater‹, sagte der alte Prophyrios. ›Doch der Schlag, den er dir verpasst hat, hat deine Lungenspitzen geschädigt. Du musst das von einem Arzt versorgen lassen.‹ Das tat er. Er suchte einen Arzt in Thessaloniki auf und ließ seine Lungen untersuchen. Dabei wurde ein Schaden an den Lungenspitzen festgestellt, genau an der Stelle, auf die der alte Porphyrios ihn hingewiesen hatte. Woher wusste er das?«

»Vater Maxime«, fragte ich, »warum hat der Dämon Ihren Freund in solch körperlicher Weise angegriffen?«

»Vielleicht weil er das Gebet mit seiner *komboskini* sprach.«

»Das verstehe ich nicht. Heißt das, je näher man Gott durch das Gebet kommt, desto größer wird die Wahrscheinlichkeit, dass einen ein Dämon angreift?«, gab ich spontan zurück.

»Schau. Dies alles geschieht im Rahmen der göttlichen Vorsehung. Man kann es als geistliche Übung betrachten. Solche Episoden treten ein, damit wir erkennen, dass wir es mit einem tatsächlich existierenden Wesen zu tun haben und nicht mit einem abstrakten Bösen, wie viele glauben. Wie soll ich dir das erklären?«, fragte Vater Maximos und hob die Hände.

»Sollten wir davon ausgehen, dass ein Dämon etwas Persönliches ist?«, fragte Stephanos.

»Nein, nichts Persönliches. Nur Gott ist persönlich. Ein Dämon hingegen ist zwar nicht persönlich, aber auch kein abstraktes Böses. Er ist ein gefallener Engel, ein existierendes Wesen, eine reale, objektive Kraft, die Unheil anrichten kann«, betonte Vater Maximos. »Als Novizen werden Mönche das Ziel von Angriffen. Normalerweise geschieht es im ersten Monat ihres Lebens im Kloster. Mir ist es auch passiert. Als ich Novize war, kam einer immer wieder und packte mich am Hals. Ich lief dann zum alten Paisios und bat ihn um Rat. Er wies mich an, keine Angst vor dem Dämon zu haben und nicht zu antworten, wenn er mit mir sprach, denn der Dämon schrie immer und ängstigte mich mit Todesdrohungen. Er redete pausenlos und versprach, mich abzuschlachten wie ein Lamm.« Bei der Erinnerung an den Zwischenfall lachte Vater Maximos. »Einmal hat der alte Paisios dem Satan einen solchen Schlag ins Gesicht verpasst, dass er ihm hinterher Leid tat. Ob du es glaubst oder nicht, aber an jenem Tag ist er nicht zur Kommunion gegangen, weil er Reue empfand wegen Satan, der nach Paisios' Fausthieb vor Schmerzen stöhnte. ›Der arme Kerl!‹, hat er gesagt.«

»Mir scheint, so ein Dämon ist doch eher zu schwach, als dass er dauerhaften Schaden anrichten könnte«, meinte Stephanos, nachdem wir herzlich gelacht und uns wieder beruhigt hatten.

»Nicht unbedingt«, erwiderte Vater Maximos. »Dämonen können Menschen sehr schwer zu schaffen machen.«

»Sie meinen, Mönchen«, warf ich ein.

»Nicht nur Mönchen. Erst vor ein paar Tagen hatten wir ein solches Problem in einem Touristendorf hier in Zypern. Ein russisches Pärchen Anfang zwanzig wurde buchstäblich von einer dämonischen Kraft gepackt und aus dem Haus geworfen. Das ist ihnen bisher zwei Mal passiert, obwohl sie weder zur Kirche noch zum Klosterleben irgendeine Beziehung haben. Sie glauben weder an Gott noch an den Teufel. Dennoch haben sie diesen Dämonenangriff erlebt, nicht in ihren Träumen und Fantasievorstellungen, sondern bei vollem Wachbewusstsein. Für sie war das ein erschütterndes Erlebnis.«

Vater Maximos erklärte, es sei gefährlich, das Dämonische zu entmythologisieren und lediglich als menschliche Fantasievorstellung oder negative Energie zu betrachten. Er bestand darauf, dass Dämonen real sind. »Da fällt mir eine Episode aus dem Leben von Altvater Joseph dem Hesychasten [der die Stille praktiziert] ein«, fuhr Vater Maximos fort. »Er lebte als Eremit in einer Höhle auf dem Athos. Eines Tages erhielt er Besuch von einem Freund und dessen Begleiter. Er hatte nur zwei sehr kleine Zimmer mit zwei Betten. Der Altvater beschloss, seinem Freund sein eigenes Bett und dem anderen Pilger das zweite Zimmer zur Verfügung zu stellen. Er selbst wollte im Freien übernachten und eine *Agrypnia* halten. Während also sein Freund im Bett schlief, verbrachte Altvater Joseph die ganze Nacht betend im Freien. Leider griffen in der Nacht Dämonen die Einsiedelei an und verprügelten seinen Freund. Der hatte am nächsten Morgen überall blaue Flecken. Als der Altvater zurückkehrte und sah, was geschehen war, versuchte er, seinen Gast zu beruhigen. ›Hab keine Angst‹, sagte er ihm. ›Diese Schläge hätte ich abbekommen sollen, aber die Dämonen waren verwirrt und haben dich mit mir verwechselt.‹« Vater Maximos lachte, als er die Geschichte zu Ende erzählte. »Manchmal ist das Ganze ja ziemlich unterhaltsam.« Dann fügte er in ernsterem Ton hinzu, letzten Endes habe Satan keine Macht über uns und könne uns nur dann Schwierigkeiten machen, wenn wir Angst zeigten. Die beste Taktik sei, ihn zu ignorieren.

Ich wies darauf hin, dass Geschichten über Dämonenangriffe dem modernen Denken zuwiderliefen. Modernen, gebildeten Menschen falle es sehr schwer, an die Realität von Dämonen zu glauben. Vater Maximos erwiderte, es sei Satans größter Erfolg, dass er alle davon überzeugt habe, dass es ihn gar nicht gebe. Wer aber Erfahrung in geistlicher Arbeit habe, der wisse sehr wohl, dass es ihn gebe und welches Unheil er ständig und überall anrichte.

Ich weiß noch, wie schwer es Emily fiel, eine solche Haltung zu akzeptieren. Sie hielt sie für eine primitive Sicht des Bösen. Bei einer unserer Debatten während eines Spaziergangs am Ufer des Stillwater River, der vor unserem Haus vorbeifließt, fragte ich sie, ob sie an die Realität von Energie glaube. Natürlich, erwiderte sie. Schließlich war es in ihrer Dissertation um Heiler in

Maine und »energetische Behandlungsformen« gegangen. Dann fragte ich sie: »Akzeptierst du die Realität positiver und negativer Energie? Und wenn du das akzeptierst, kannst du dann auch akzeptieren, dass solche negativen Energien in einer Form gestaltet sein können, die mit unseren kulturellen Glaubensinhalten, Mythologien und Vorstellungen kompatibel ist?« Emilys Antwort lautete: »Wenn du es so ausdrückst, kann ich das schon eher in Betracht ziehen. Aber nenne es bloß nicht Satan!«

Die Existenz oder Nichtexistenz von Dämonen und Engeln könnte tatsächlich eine empirische Frage sein, die nicht nur Theologen, sondern auch Naturwissenschaftler interessieren sollte. Um meinen Standpunkt zu verdeutlichen, brachte ich einen Bericht aus der *New York Times* über Vorfälle in einem französischen Dorf mit nach Hause. Ich las ihr vor:

> In Delain wurde ein Exorzist gerufen, der Dämonen aus der Dorfkirche austreiben sollte. Seinen Angaben zufolge lassen sie Kerzenleuchter durch die Luft fliegen, weshalb die Kirchenleitung gezwungen war, das Gotteshaus bis auf weiteres zu schließen. ... Zeugen berichteten ... eine Kerze sei durch die Luft geflogen und in zwei Teile zerbrochen, außerdem seien Vasen und kleine Statuen aus unerklärlichen Gründen geborsten. Auch der Altar wurde um zehn Zentimeter verrückt, anscheinend ohne erkennbare äußere Einwirkung. Thierry Marceaux, der Bürgermeister von Delain, sagte: »Das waren keine kollektiven Halluzinationen, sonst müssten fünfzig Leute ins Irrenhaus eingewiesen werden.« ... Wie viele christliche Kirchen lehrt auch die römisch katholische, dass es den Teufel und böse Geister tatsächlich gibt. Moderne Theologen hingegen spielen Satans Einfluss herunter, weil sie psychologische und psychiatrische Erklärungen für anomales Verhalten akzeptiert haben.[31]

31 »Candlesticks Fly, So French Call Exorcist«, New York Times, 22. Oktober 1998.

Ich sagte Emily, man sollte doch glauben, dass nun postwendend Naturwissenschaftler in das Dorf strömten, um das Phänomen zu untersuchen. Doch wer würde seinen Ruf aufs Spiel setzen und so einem Bericht nachgehen wollen? Da ist es sicherer, ihn einfach zu ignorieren oder von vornherein davon auszugehen, dass solche Phänomene irreal und einer wissenschaftlichen Untersuchung nicht wert sind. Was aber, wenn es sie doch gibt? Bedeutet das dann, dass das, was Vater Maximos sagt und was die Kirche über die Existenz von Engeln und Dämonen lehrt, auf empirischen Fakten beruht und nicht nur das Resultat einer mythologischen Darstellung von Gut und Böse ist?

Ich fragte Vater Maximos, ob »böse Energien« konkrete Gestalt annehmen und sich im Rahmen unseres kulturell geprägten Vorverständnisses tatsächlich so materialisieren könnten, wie wir uns diese Energie subjektiv vorstellen.

»Es stimmt«, antwortete er, »dass sich die ersten Christen in Europa den Teufel als schwarzen Satyr mit Hörnern und Schwanz ausgemalt, afrikanische Christen ihn in ihrer Ikonographie hingegen weiß dargestellt haben. Ganz so einfach ist es allerdings nicht unbedingt«, setzte er hinzu, und ich bemerkte ein Zögern in seiner Stimme.

»Doch gibt unsere Kultur nicht das Bild oder, wenn Sie so wollen, die Parameter dafür vor, wie wir uns diese Energie des Bösen im Geiste ausmalen?«, hakte ich nach.

»Aber Kyriaco, dieses Wesen hat kein feststehendes Bild. Satan verändert sein Bild ständig, um uns Angst einzujagen und uns zu täuschen.«

Vater Maximos' Antwort rief mir Jesu Erlebnisse in der Wüste wieder ins Gedächtnis, besonders wie Satan versuchte, ihn zu verwirren. Ich dachte auch an die Scharen von Dämonen, die versuchten, den Buddha von seiner Konzentration abzubringen, als er unter dem Bodhi-Baum saß und Erleuchtung suchte.

»Damit wollte ich sagen«, versuchte ich zu erklären, worauf es mir ankam, »dass unsere kulturellen Überzeugungen bestimmen, wie Satan uns erscheint.«

»Gut. Aber halte dir vor Augen, dass Satan zwar keine Person, wohl aber ein reales Wesen ist, das zum Zwecke der Verwirrung kein feststehendes Bild beibehält. Wenn er Menschen so erscheint, dass er zu sehen ist, dann verändert er seine Erscheinungsform ständig. Dies ist eines der Anzeichen, anhand derer wir feststellen können, ob eine Vision von Gott oder vom Teufel kommt. Was von Gott kommt, verändert seine Gestalt oder Erscheinungsform nicht, um dadurch Angst oder Verwirrung in uns zu verbreiten. Wenn dir zum Beispiel ein Heiliger oder Christus oder die Heilige Jungfrau erscheint, dann bleibt ihre Gestalt gleich, solange sie sich dir zeigen. Erinnerst du dich, dass der alte Paisios sich acht Stunden lang mit der heiligen Efimia unterhalten hat? Solange sie bei dem Altvater war, hat sie ihr Bild nicht verändert. Satans Erscheinung hingegen verändert sich ständig. Er behält nie eine feste Gestalt bei, denn sein Ziel ist es, uns zu verwirren und zu täuschen.«

Vater Maximos illustrierte diesen Punkt anhand der Geschichte eines jungen Mannes, der Christus-Visionen hatte. Im Rahmen der weiteren Seelsorge stellte sich jedoch heraus, dass es sich bei dem »Christus«, mit dem er in Kontakt war, in Wirklichkeit um eine dämonische Kraft handelte, die sich als Christus ausgab, was ihn in tiefe Verwirrung und großen Kummer stürzte.

Daraufhin stellte ich die Frage, ob Satan, wenn er denn so schlau sei, nicht wisse, dass er sich durch die ständige Veränderung seiner Erscheinung verrate? Würde er nicht doch eher nur eine Gestalt beibehalten, um uns damit noch mehr zu verwirren? Vater Maximos nickte, meinte dann aber, Satans Ziel sei es, uns auf jede erdenkliche Art zu täuschen. Deshalb bedürfen wir eines geistlichen Führers, der uns über solche Schwierigkeiten hinweghelfe. Seinen eigenen Erfahrung nach und dem zufolge, was er von seinen Altvätern erfahren habe, verhalte sich Satan jedoch auf die zuvor beschriebene Weise und verändere sein Erscheinungsbild, um uns zu verwirren und zu desorientieren.

Vater Maximos hatte seine Geschichte eben beendet, da betrat ein Mönch das Zimmer, machte einen Kniefall und informierte seinen Altvater, im *Archondariki* warte ein Architekt für die geplanten Renovierungen am Eingang des Klosters auf ihn. »Bitte sage ihm, dass ich gleich komme«, sagte Vater Maximos, der unser Gespräch noch nicht beenden wollte.

»Vater Maxime«, fragte Stephanos, »glauben Sie, dass es Orte gibt, die mit dämonischer Energie aufgeladen sind?«

»Unbedingt. Das ist mir zwei Monate nach meiner Ordination bewusst geworden.« Vater Maximos schwieg ein paar Sekunden und fuhr dann fort: »Ich war dreiundzwanzig Jahre alt, als ich den Athos vorübergehend verließ und nach Thessaloniki ging. Damals bin ich viel spazieren gegangen, in sehr forschem Tempo. Dabei hielt ich die Augen immer auf den Gehweg gerichtet und achtete auf die Füße der anderen Fußgänger, damit ich nicht mit ihnen zusammenstieß, während ich das Gebet sprach.

Eines Tages«, fuhr Vater Maximos fort, »musste ich an einer roten Ampel anhalten. Als ich auf die Kreuzung zuging und darauf wartete, dass die Ampel umschaltete, fühlte ich mich plötzlich von einer sehr schlechten Energieform, von einer dämonischen Energie geradezu verschlungen. Ich wusste nicht, was das war. Ich drehte mich um und merkte, dass sie aus einem Keller kam, der als Nachtclub genutzt wurde. Mich überkam eine Gänsehaut, wie es bei derlei Kräften normalerweise geschieht. Und ich war mir sicher, dass der Schwall schlechter Energie aus diesem Keller kam.«

»Vielleicht gab es dort auch Drogen und Prostitution«, vermutete Stephanos.

»Vielleicht. Immer wenn an einem bestimmten Ort Sünden begangen werden, ist das ganze Umfeld mit dämonischer Energie aufgeladen. Und diese dämonische Energie wirkt sich auf die Menschen aus, die sich dort aufhalten. Es ist sehr wichtig, dass man sich dies stets vor Augen hält«, mahnte Vater Maximos. »Deshalb werden Kirchen mit Ikonen geschmückt. Sie strahlen engelhafte Energie aus, die sich positiv auf uns auswirkt.«

»Vater Maxime, kann man einen Ort, der mit negativer Energie aufgeladen ist, transformieren?«, fragte Stephanos noch einmal.

»Selbstverständlich! Haben wir das nicht auch auf dem Schiff nach Patmos getan?« Damit spielte Vater Maximos auf eine Pilgerfahrt im Sommer des Vorjahres zu der berühmten Ägäis-Insel an, wo der Evangelist Johannes die Apokalypse geschrieben haben soll. Das Schiff war exklusiv für die dreitägige Überfahrt gechartert worden, und an Bord befanden sich siebenhundert Anhänger von Vater Maximos, darunter auch Stephanos und Erato. Allerdings durchlitt mein zart besaiteter Freund Stephanos dabei selbst eine kleine »Apokalypse«. Er war auf der gesamten Überfahrt nach Patmos und wieder zurück nach Zypern schwer seekrank.

»In dem Moment, in dem wir den *agiasmos* [Weiheritual] vollzogen, wurde der Tanzsaal des Schiffes, der zuvor für Cabaret-Abende und Saufgelage genutzt worden war, zum Heiligen Berg gewandelt. Wir hatten Ikonen von Christus und der Heiligen Jungfrau mitgebracht. Diese stellten wir dort auf, richteten einen Altar ein und lasen die Liturgie. Damit war dieser Raum automatisch geweiht und von einem Nachtclub in eine heilige Kirche verwandelt. Alle haben es gespürt.«

»Außer mir«, witzelte Stephanos.

»Können geweihte Orte diese engelhafte Energie halten?«, fragte ich. »Ich nehme an, dass wiederholte Weiherituale diese Wirkung verstärken, wie in Kirchen und Tempeln.«

»Ja, genau«, nickte Vater Maximos. »Das ist insbesondere bei Gott geweihten Orten der Fall. Sie werden bekannt, weil sich dort Heilungswunder ereignen. Selbst an Orten, an denen die eigentliche Kirche gar nicht mehr steht, ist der Effekt noch Jahre, ja sogar Jahrzehnte später spürbar. Hier in Zypern, aber auch in der Türkei, gibt es sehr viele Beispiele dafür. Wie Ihr wisst, standen in byzantinischer Zeit in Kleinasien [dem heutigen Anatolien] sehr viele christliche Kirchen und Klöster. Kappadokien, das Land von Basilios dem Großen und Altvater Paisios, war bekannt für seine Einsiedeleien mit Wandmalereien von Heiligen und für seine Höhlen, in denen Heilige ihr irdisches Leben verbrachten. Selbst heute noch behaupten muslimische Türken, in dieser Region von Kappadokien außergewöhnliche Phänomene beobachtet zu haben. Ja, vor einigen Jahren besuchte einmal ein Altvater vom Athos die Stadt in Kappadokien, in der er aufgewachsen war. Dort suchte er die Stelle, an der einst die Dorfkirche gestanden hatte. Leider musste er entdecken, dass das

Johannes dem Täufer geweihte Gotteshaus abgerissen worden war. Der Altvater seufzte und murmelte: ›Oh, lieber Vorläufer [Johannes der Täufer], wir sind gegangen, und du bist mit uns fort.‹

In seiner Begleitung befanden sich mehrere Türken. Einer konnte etwas Griechisch und bekam mit, was der Altvater gesagt hatte. ›Nein, das stimmt nicht‹, meinte er daraufhin an. ›Sie sind gegangen, aber er ist geblieben. Jedes Jahr im August hören wir Glockengeläut und Gesänge und riechen den Weihrauch.‹

Diese Phänomene sind keine Einbildung oder Halluzinationen. Sie sind echt«, behauptete Vater Maximos nachdrücklich. »Im Leben der Heiligen gibt es sehr viele derartige Vorkommnisse. Das heißt, dass ein physischer Ort zwar verschwinden mag, engelhafte Energien in Gestalt eines Schutzengels einer bestimmten Kirche oder eines Klosters aber durchaus dort verweilen können.«

»Ich habe eine Frage, Vater Maxime«, warf Stephanos ein. »Greift ein Dämon uns deshalb körperlich an, weil es ihm nicht gelungen ist, uns geistlichen Schaden zuzufügen? Nach allem, was ich höre, muss ein Dämon uns geistlich angreifen, wenn er uns Schaden zufügen will. Erst wenn er auf der geistlichen Ebene versagt, greift er uns auf der körperlichen Ebene an.«

»Ja, das stimmt«, erwiderte Vater Maximos mit einem gewissen Zögern. »Man sollte jedoch sehr sorgfältig darauf achten, aus solchen Phänomenen keine voreiligen Schlüsse zu ziehen. Es ist kein Anzeichen besonderer Tugend, wenn man einen Dämon sieht und einen Angriff erleidet. Eine derartige Erfahrung kann einen täuschen. Dann fängt man womöglich an sich einzubilden, man sei heilig. Man sagt sich: ›Oh, ich bin von einem Dämon angegriffen worden und habe mit ihm gerungen. Ich muss geistlich schon sehr weit fortgeschritten sein.‹ Das ist allerdings nicht unbedingt der Fall.«

Tatsächlich hatte Vater Maximos bereits selbst solche Angriffe erlebt. Er vertraute Stephanos an, ein Dämon habe vor einiger Zeit versucht, ein Stück von seinem Bein abzubeißen, und er habe dabei einige Narben davongetragen. Bei einem anderen Zwischenfall hat ihn ein Dämon angeblich die Treppe hinunter gestoßen. In Kreisen der Athos-Mönche und -Eremiten treten solche angeblichen Vorfälle anscheinend recht häufig auf.

»Magier«, ergänzte Vater Maximos, »können ähnliche Erfahrungen machen. Auch sie können Dämonen sehen, mit Dämonen kämpfen und so weiter. Wenn diese Magier Dämonen dazu bringen, etwas Bestimmtes für sie zu tun, dies aber misslingt, dann wenden sich die Dämonen gegen diejenigen, die sie gerufen haben. Deshalb ist ein Kampf mit Dämonen nicht unbedingt ein Anzeichen besonderer Tugend.

Wisst ihr«, fuhr Vater Maximos fort, »das Thema Satan ist keine belanglose Sache; ich meine, es ist nicht so leicht von der Hand zu weisen. Authentische Spiritualität kann man erst dann verstehen, wenn man weiß, wie Satan vorgeht. Wie ich bereits gesagt habe, er ist nicht bloß das Böse im Abstrakten. Satan hasst Gott. Ihn beherrscht eine einzige Leidenschaft, die Leidenschaft der Zerstörung. Je mehr Menschen ihm anhängen, desto stärker wird seine Hölle, und es wird ihm praktisch unmöglich, sich daraus zu erretten.«

»Vater Maxime, kann ein Mensch Gott mit derselben Intensität hassen wie Satan?«, fragte Stephanos.

»Aber ja! Unbedingt! Ich habe selbst solche Menschen kennengelernt. Ich habe Leute, sogar junge Leute kennengelernt, die Satan lieben, ob ihr es glaubt oder nicht. Sie fühlen sich erotisch zu Satan hingezogen und beten ihn sogar an. Eines Tages kam ein ansonsten sogar wirklich netter junger Mann aus Thessaloniki zu mir, der Teufelsanbeter war. Er fragte mich: ›Wer ist mächtiger, Gott oder Luzifer? Wer ist der Herrscher dieser Welt? Gott ja wohl eindeutig nicht.‹

›Wir wollen doch einmal sehen, wie du reagierst, wenn ich ein paar Gebete für dich spreche‹, forderte ich ihn heraus. Ich war wirklich überrascht, als er tatsächlich vor mir niederkniete. Dann las ich ihm Auszüge aus St. Johannes Chrysostomos' Gebetbuch gegen Dämonen vor. In dem Moment, in dem ich zu lesen begann, brach er unter Krämpfen zusammen, und Schaum trat ihm aus dem Mund. Ich hatte große Angst und fing an zu zittern, denn einen solchen Exorzismus hatte ich seit etlichen Jahren nicht mehr vollzogen. Ich zitterte so sehr, dass ich mich nicht einmal mehr auf das Buch konzentrieren konnte. Es waren noch drei weitere Personen dabei, darunter ein Arzt. ›Lesen Sie weiter, Vater, lesen Sie weiter‹, bat er mich inständig.«

Ich äußerte die Vermutung, der Mann könne vielleicht an Epilepsie gelitten haben, aber Vater Maximos beharrte darauf, das Vorkommnis sei eindeutig kein Fall von Epilepsie, sondern von Besessenheit durch einen Dämon gewesen. Er fuhr fort: »Nach diesem Erlebnis überredete ich den jungen Mann, zur Beichte zu kommen und erlegte ihm eine Buße auf, damit der böse Geist ihn verließe. Ich bat ihn, jeden Abend ein *troparion* an den Erzengel Michael zu singen, in dem es heißt: ›Opou epikiase e charis sou Archangele ekeithen tou diavolou diokete dynamis …‹ [Wo deine Gnade ausgebreitet wird, oh Erzengel, da vertreibt sie die Macht des Satans. …] Erzengel Michael ist der Superior und hat Macht über Satan.

Es war ein echter Kampf, für diesen jungen Mann da zu sein und ihn von seiner dämonischen Besessenheit zu heilen. Ich unterwies ihn in dem Gebet ›Herr Jesus Christus, Sohn Gottes, erbarme dich meiner‹, aber er konnte den Namen Christi nicht aussprechen. Bei ›Herr' blieb er stecken und kam nicht weiter. ›Vater, ich kann nicht‹, klagte er. ›Mir ist, als verbrenne ich.‹«

»Was ist dann mit ihm geschehen?«, fragte ich.

»Jetzt geht es ihm gut. Zu guter Letzt ist er geheilt worden. Heute studiert er an der Universität Athen.«

»Er muss wohl mit Satanismus in Berührung gekommen sein«, spekulierte Stephanos.

»Natürlich. Solche Probleme treten nicht aus heiterem Himmel auf. Einmal hat er mir erzählt: ›Wissen Sie, ich habe einen sehr starken Drang, einen Priester zu packen, ihm die Zunge abzuschneiden und die Augen herauszureißen.‹ Er war davon besessen, einen Priester abzuschlachten«, sagte Vater Maximos und lachte.

»Vielleicht sind ja viele abscheuliche Verbrechen, über die wir in der Zeitung lesen, auf solche Erlebnisse zurückzuführen«, warf ich ein.

»Ja, das sind sie«, erwiderte Vater Maximos. »Weißt du, meiner Veranlagung nach stand ich solchen Geschichten ja zunächst auch skeptisch gegenüber. Doch ich musste meine Meinung ändern, als mir Menschen, die im Bann dämonischer Energien standen, bei der Beichte immer wieder von solchen Dingen berichtet haben. In aller Regel hatten sie deshalb solche Probleme, weil sie sich auf Schwarze Magie eingelassen hatten.«

»Wie oft hören Sie von solchen Fällen?«, fragte ich.

»Seit ich in Zypern bin, vier Mal«, erwiderte Vater Maximos und zeigte vier Finger einer Hand. »Ihr könnt euch gar nicht vorstellen, was für ein Zeug die mir erzählt haben! Der Letzte, der zur Beichte kam, war vom alten Paisios kurz vor dessen Tod zu mir geschickt worden. Dieser Mann war zum Athos gekommen, weil er Hilfe vor den Geistern suchte, die er bei einem magischen Versuch gerufen hatte, die aber dann außer Kontrolle geraten waren und ihn nun angriffen. In Griechenland genoss er einen Ruf als sehr einflussreiches und gutes Medium. Sein Gewerbe hatte er erlernt, als er sich einem brasilianischen Kult anschloss.

Als junger Mann«, erklärte Vater Maximos, »war er auf einem Schiff der griechischen Handelsmarine zur See gefahren. Auf einer Fahrt nach Brasilien lernte er Leute kennen, die ihn in die Zauberei einführten. Eines Nachts nahm er an einem Trance-Tanz teil, und da war es um ihn geschehen. Er blieb mehrere Jahre in Brasilien und erlernte die schwarzen Künste. Danach kehrte er nach Griechenland zurück und eröffnete in einer Stadt bei Thessaloniki eine Praxis. Er war sehr erfolgreich. Jede Nacht las er aus magischen Schriften und rief Geister an, die für seine Kunden tätig werden sollten. Doch irgendwann verlor er die Kontrolle, und die Geister – die in Wirklichkeit Dämonen waren – wandten sich gegen ihn. Eines Tages beschloss er, zur Kommunion zu gehen, ohne jedoch vorher seine Verbindung zu den Geistern zu beichten. In dem Moment, in dem er die heilige Kommunion empfing, brach er unter Krämpfen und mit Schaum vor dem Mund zusammen. Nach diesem Vorfall schickte ihn der alte Paisios nach Zypern, damit wir versuchen könnten, ihm zu helfen.«

»Vater Maxime«, fragte Stephanos, »kann jemand wie er Dämonen anrufen, die Menschen heilen können?«

»Ja, manchmal ist so etwas möglich. Es ist nicht immer leicht zu erkennen, wann etwas von Gott und wann es von Satan kommt. Wie Paulus schrieb, kann Satan sich in einen Lichtengel verwandeln. Ich habe ja bereits gesagt, dass zu den Eigenschaften des bösen Geistes auch sein unglaubliches Täuschungsvermögen gehört. Als Geist der Täuschung kann er nachahmen, was die Gnade Gottes zu leisten vermag. Unerfahrene und naive Menschen lassen sich dadurch leicht hinters Licht führen.«

Ich betonte, ich könne nur sehr schwer akzeptieren, dass ein böser Geist imstande sein solle, Heilung zu bewirken, da Heilung schon ihrer Definition nach von Gott kommen müsse. Vater Maximos erklärte, dies seien Geheimnisse, die unser Fassungsvermögen überstiegen, und natürlich geschehe alles im Rahmen der göttlichen Vorsehung. Solche Heilungen könnten eintreten, damit wir daraus eine notwendige Lektion lernten.

»Leider«, fuhr er fort, »erleben wir es in diesen belasteten Zeiten sehr häufig, dass naive Menschen sich von selbsternannten Heiligen und Wundertätern täuschen lassen. Mithilfe dämonischer Geister bringen sie Phänomene zustande, die Leichtgläubige beeindrucken. Denn weißt du, auch der Teufel kann Wunder wirken. Gerade erst gestern Nachmittag kamen drei junge Männer aus Limassol ins Kloster und brachten jemanden mit, den sie für einen lebenden Heiligen hielten. Die jungen Leute wollten mir den Mann aus Osteuropa vorstellen, der, wie sie behaupteten, Kranke heile und Wunder wirke. Ich wusste intuitiv, dass es sich dabei um einen Betrüger handeln musste, aber ich sagte nichts, bis ich ihn tatsächlich zu Gesicht bekam. Offen gesagt, so einen Heiligen hatte ich noch nie gesehen. Von seinen Handgelenken baumelten goldene Armbänder, er trug Ohrringe und Halsketten mit allen möglichen okkulten Symbolen und dergleichen. Außerdem trug er ein stark glänzendes blaues Hemd. Möge Gott mir vergeben, dass ich so rede. Ich fühlte ›seiner Heiligkeit‹ auf den Zahn. ›Bist du derjenige, der Wunder tut und als Heiliger gilt?‹, fragte ich ihn. ›Ja, der bin ich‹, erwiderte er.

Schockiert hat mich«, fuhr Vater Maximos fort, »wie gebildete Leute wie diese jungen Männer, die an amerikanischen Universitäten studiert hatten, sich dermaßen leicht von so einem

Popanz täuschen ließen. Als ich seine Heiligkeit in Zweifel zog, reagierte er irritiert. Als ich ihn dann darauf hinwies, dass Heilige sich nicht so aufführten, wurde er richtig wütend und verließ den Raum. Wisst ihr, die hervorstechendsten Eigenschaften des Geistes der Täuschung sind Egoismus und Stolz«, erklärte Vater Maximos.

»Heilige bezeichnen sich nie selbst als heilig«, betonte Stephanos.

»Wenn sie es täten, wären sie keine Heiligen. Vergleiche diesen Fall nur einmal mit dem Leben des heiligen Simeon Stylites. Als er sich zur Askese entschloss, stieg er auf eine Marmorsäule und verbrachte dort den Rest seines Lebens ganz allein im Gebet. Die Altväter fragten sich, ob dieses groteske Verhalten wohl von Gott oder von Satan komme. Schließlich war es noch nie vorgekommen, dass ein Einsiedler auf eine Säule gestiegen und als eine Form der *askesis* dort sitzen geblieben war. Sie waren im Konflikt. Wenn dieses Handeln tatsächlich die Folge göttlicher Inspiration war, dann würde man ihn mit der Aufforderung, von seiner Säule herunterzusteigen, an seiner geistlichen Übung hindern, mit der er Gott nahekommen wollte. Sie hielten eine Versammlung ab, auf der ihr weiteres Vorgehen beschlossen werden sollte, und trafen folgende Vereinbarung: Um zu prüfen, ob sein Verhalten von Gott komme oder nicht, wollten sie unter die Säule treten und ihn provozieren sowie ihn drängen, herunterzukommen. Sie würden ihm vorwerfen, er lasse sich vom Teufel täuschen, nur deshalb säße er auf der Säule wie ein Geistesgestörter, der so tue, als sei er ein Heiliger. Anhand seiner Reaktion wollten sie dann beurteilen, ob sein seltsames Verhalten nun göttlich inspiriert war oder nicht. Als die Altväter sich am Fuße der Säule versammelten und ihn anschrien, stieg er sofort herunter, machte einen Kniefall vor ihnen und bat um Vergebung. Da sie nun Zeugen seiner Demut geworden waren, wiesen die Altväter ihn an, wieder auf die Säule zu steigen und seine Askese fortzusetzen. Sie waren zu dem Schluss gekommen, dass er nicht vom Geist der Täuschung zu seinem Verhalten angeregt worden war.

Die herausragendste Eigenschaft der Heiligkeit ist Demut«, wiederholte Vater Maximos und lehnte sich in seinem Stuhl zurück. »Wer überheblich ist und keinerlei Kritik an seiner Person annehmen kann, der kann nicht heilig sein.«

»Am stärksten hinterfragen die Heiligen selbst ihre Heiligkeit«, betonte Stephanos.

»Unbedingt. Leute, die behaupten, sie seien Heilige, unterliegen der Täuschung. Sie stehen unter dem Einfluss des Geistes der Täuschung, nicht unter dem Gottes. Dieses Anzeichen müssen wir uns immer vor Augen halten. Schon wenn wir nur zulassen, dass uns der Gedanke beschleicht, wir könnten heilig sein, ist dies ein deutlicher Hinweis auf Verblendung.«

Weiter erklärte Vater Maximos, wie sehr es ihn überrascht habe zu erleben, dass es heute sehr viele Menschen gebe, die Opfer solcher Scharlatane werden. Die schlimmste Entwicklung sei, so sagte er, dass viele ihn als eine Art Magier betrachteten. »Sie kommen hierher ins Kloster, weil sie wissen wollen, ob jemand sie verflucht, warum ihr Mann oder ihre Geliebte sie verlassen hat und so weiter. Zunächst konnte ich mir gar nicht vorstellen, warum sie mit solchen Fragen zu mir kamen. Dann wurde mir klar, dass sie mich für eine Art Zauberer halten, der fremde Zauber aufheben kann.« Vater Maximos schüttelte den Kopf und kicherte auf seine typische Art.

»Was sagen Sie den Menschen in so einem Fall?«, fragte ich.

»Was glaubst du? Ich sage ihnen, dass es keinen Zauber gebe, der ihre Probleme lösen könne, sondern dass sie geistliche Arbeit leisten müssten. Ich sage ihnen, wenn sie ein Problem mit dämonischen Energien haben, dann können sie den Anweisungen der *Ekklesia* zur Selbstheilung folgen: Beichte, Teilnahme an den Mysterien, Fasten, Wohltätigkeit, Gebet und allgemeine *askesis*. So macht man das.«

»Also doch. Sie bieten ihnen ein Rezept zur Aufhebung des Zaubers«, erwiderte ich scherzhaft. »Aber nehmen sie es auch an?«

»Kaum. Die meisten Menschen verlangen eine schnelle Lösung. Sie sind zu faul oder nicht bereit, eigene Anstrengungen zu unternehmen. Sie denken, wenn ich eine Zauberformel über sie spreche, dann verschwinden ihre Probleme. Sie haben es nicht nötig, etwas anders zu machen. Sie haben es nicht nötig, sich mit systematischem Beten und *askesis* zu befassen. Einige folgen natürlich den therapeutischen Richtlinien der *Ekklesia* und sehen dann auch Ergebnisse.«

Wieder wurden wir durch ein Klopfen an der Tür unterbrochen, und ein Mönch erinnerte Vater Maximos daran, dass der Architekt immer noch im *archondariki* warte. Vater Maximos entschuldigte sich und bat uns, hier zu verweilen. Was er mit dem Architekten zu besprechen habe, würde nicht lange dauern. Die Pläne für die Errichtung einer Bibliothek und eines Museums für die seltenen Artefakte, die seit Jahrhunderten in dem Kloster aufbewahrt wurden, waren bereits offengelegt worden. Das Projekt, das über zweihunderttausend Dollar kosten sollte, war das Geschenk eines bekannten Geschäftsmannes und Wohltäters.

Während der nächsten halben Stunde unterhielt ich mich mit Stephanos. Wir gingen nach draußen und genossen die Sonne, während wir auf Vater Maximos warteten. Als er seine Angelegenheiten beendet hatte und wieder ins Büro kam, wandte sich unser Gespräch den Schutzengeln zu, ein Thema, das ebenso wie die Dämonen zum Kern athonitischer Spiritualität gehört.

»In unserer Religion ist es selbstverständlich, dass es Geister gibt, die von Gott gesandt sind, um Sein Werk zu tun. Diese wohlmeinenden Geister begleiten uns auf dieser Welt, beschützen uns und bieten uns ihre Unterstützung an. Sie sind Geistführer. Und gemäß Gottes Offenbarung in der Bibel haben nicht nur Menschen einen Schutzengel, sondern auch Völker.«

»Völker?«

»Ja, natürlich. Zum Beispiel erfuhr im Alten Testament der Prophet Daniel von Gott, dass das Volk der Perser genau wie auch die Hebräer einen eigenen Schutzengel habe. Und nicht nur jedes Volk hat einen, sondern jede Stadt, jede Ortschaft, jede Region und insbesondere jeder der Anbetung Gottes geweihte Tempel.«

»Es gibt also kein Volk auf Erden, um das sich Gott nicht kümmert«, betonte ich.

»Wenn dem nicht so wäre, dann wäre Gott nicht Gott.«

»Die Realität der Engel wird außerdem durch die Erfahrungen der Heiligen in der gesamten christlichen Bewegung bestätigt«, betonte Stephanos.

»Und durch ganz normale Menschen«, fügte ich hinzu. »In Amerika sind die Begeisterung für Engel und Berichte über Begegnungen mit Engeln schon geradezu zum Volkssport geworden.«

»Engel sind allgegenwärtig«, behauptete Vater Maximos mit einer Gewissheit, die typisch für ihn war, wenn er über geistliche Dinge sprach. »Viele Altväter und Heilige der *Ekklesia* erreichen die Stufe, auf der sie die Gegenwart ihres Schutzengels nicht nur spüren, sondern ihn auch sehen und sich mit ihm unterhalten können. Ich habe einmal über das Leben eines Heiligen gelesen, der mit seinem Schutzengel so vertraut war, dass er ihm immer, wenn er ein Haus betrat, den Vortritt ließ. Ich weiß nicht, ob einer von Euch schon einmal etwas über das Leben von Vater Iacovos gelesen hat«, fragte Vater Maximos. Weder Stephanos noch ich hatten von ihm gehört. »Er war ein demütiger Priester von der Insel Ebvia, der die Unschuld eines Kindes besaß und offen über seine Erlebnisse sprach. Beim Lesen der Liturgie gingen eines Tages die Augen seiner Seele auf, und er erkannte, dass der Altarraum voller Engel war. Sie standen so dicht gedrängt, dass er das Gefühl hatte, er habe nicht mehr genug Raum, um sich frei bewegen zu können. Daraufhin bat er sie freundlich, sie mögen ihm ein wenig Platz machen, damit er die Liturgie halten könne.« Anschließend erzählte Vater Maximos uns weitere Engel-Anekdoten aus dem Leben dieses modernen Heiligen. Er erwähnte, dass Christen sich an die Gegenwart von Engeln gewöhnen könnten und empfahl, es sei klug und spirituell vorteilhaft, durch Gebet und *askesis* bewussten Kontakt zu seinem Schutzengel aufzunehmen.

»Unser Schutzengel ist stets zugegen«, fuhr Vater Maximos fort, »wenn unsere Seele diese Welt verlässt und den materiellen Körper ablegt. In diesem Moment ist er da, um uns bei diesem schwierigen Übergang zu trösten und zu unterstützen und um uns dann bei der Eingewöhnung in der geistigen Welt zu helfen, wenn unsere Seele zu Gott geleitet wird. An jenem Punkt wird die Seele sich bewusst, dass sie ewig ist.

Die *Ekklesia*«, sagte Vater Maximos weiter, »erkennt die Realität der Engel aufgrund der Bezeugungen der Heiligen und der Lehren der Schrift an und hat deshalb in ihre Liturgie besondere Gebete aufgenommen, mit denen diese Geister zum Wohl unserer Seele an- und herbeigerufen werden. Ihr werdet bemerken, dass der Priester während der Liturgie neben anderen Gebeten auch Folgendes spricht: *Angelon erenes piston odygon fylaka ton psychon kai ton somaton ymon para tou Kyriou etisometha.* Mit anderen Worten, wir bitten Gott, uns einen Friedensengel zu schicken, der uns leitet und unsere Seele und unseren Körper behütet.«

»Ich vermute«, warf ich ein, »ob ein Engel dazu bereit ist, uns zu helfen, hängt davon ab, wie empfänglich wir dafür sind.«

»Das versteht sich von selbst«, erwiderte Vater Maximos. »Es gibt Engel, und es gibt Dämonen. Bei beiden hängt es von unserer Mitarbeit ab, ob sie aktiv werden. Dasselbe gilt für die Gnade Gottes. Wenn ein Mensch bereit ist, mit Gott mitzuarbeiten, dann dringt der Heilige Geist in sein Herz ein und heiligt diesen Menschen. Entsprechend wird ein Mensch, der Gott ablehnt und mit Satan kooperiert, zu dessen Werkzeug, und dämonische Energien dringen wie ein Gift in sein Herz.

Vielleicht ist euch aufgefallen«, fuhr er fort, »dass wir bei der Taufe vor dem Eintauchen in das Weihwasser viele Gebete über den Kopf des kindlichen oder erwachsenen Täuflings sprechen. Der Priester segnet und besiegelt den Täufling mit dem Symbol des heiligen Kreuzes, damit er oder sie die satanischen Energien überwinden kann. Der Priester bittet den Täufling, drei Mal zu wiederholen, dass er den Werken und der Anbetung Satans entsagt; dann wird er gebeten, drei Mal symbolisch auf Satan zu spucken. Darauf folgt eine Erklärung, dass der Täufling von nun an Christus und den Lehren der *Ekklesia* nachfolgen wird. Bei einem Kind vollziehen die Taufpaten dieses Ritual.

Der Akt des Bekreuzigens ist grundlegend für das Taufritual«, erklärte Vater Maximos. »Man muss erkennen, dass das Symbol des Kreuzes die stärkste Waffe überhaupt gegen satanische Energien ist. Ich bin nun seit fast zwanzig Jahren Mönch, und ich kann bezeugen, dass ich im Laufe meiner relativ kurzen Erfahrung immer wieder Zeuge der erstaunlichen Kraft des Kreuzes geworden bin.«

Ich fragte ihn, ob er uns einen Fall schildern könne, in dem er diese Kraft beobachtet habe. Vater Maximos antwortete, er habe viele solche Geschichten, aber zuerst falle ihm folgende ein:

»Es geschah an einem Sonntag nach der Liturgie in einer Kirche in Thessaloniki. Ich war an jenem Tag in der Stadt, weil ich verschiedene Dinge für unser Kloster erledigen sollte. In jener Kirche kannte mich keiner. Ich bin nur an jenem einen Sonntag dorthin gegangen. Am darauffolgenden Tag sollte ich meine Besorgungen abschließen und mich wieder auf den Weg zum Athos machen. Ich war im Altarraum und half dem Priester beim Aufräumen, da hörte ich plötzlich einen lauten Tumult in der Mitte der Kirche. Zahlreiche Menschen standen um eine Frau herum, die völlig außer sich war. Sie stieß sehr laute, heulende Schreie aus. Mehrere Leute versuchten, sie festzuhalten, wie sie so mit Schaum vor dem Mund schrie und heftig um sich trat. Ich verließ den Altarraum um nachzusehen, was da vor sich ging. Noch ohne dass sie mich gesehen und ohne dass ihr jemand gesagt hätte, wer ich sei, fing sie an, mir Beleidigungen entgegenzuschleudern. Dann änderte sie plötzlich ihren Ton und sprach mich mit Namen an, aber auf eine sehr kindische Art.«

»Wie?«, fragte ich. Vater Maximos grinste und ahmte die Stimme der Frau nach.

»Sie nannte mich ›Maximaaaakiii …, Maximaaakiii …. Komm zu mir, mein Kleines …‹ Ich fürchtete schon, ich hätte es mit einer mächtigen diabolischen Energie zu tun, die von der armen Frau Besitz ergriffen hatte. Sie konnte unmöglich meinen Namen kennen. Es war der Geist in ihr, der wusste, wie ich hieß. Also legte ich sofort und noch bevor ich in ihre Nähe kam, meine Hand unter meine Kutte und streichelte das Kreuz, das ich immer bei mir trage. In dem Kreuz bewahre ich ein kleines Stückchen der sterblichen Überreste von Arsenios auf, das der alte Paisios mir als Talisman gegeben hat. In dem Moment, in dem ich das Kreuz berührte, fing die Frau an, zu schreien und mir Beleidigungen an den Kopf zu werfen. Sie hatte Krämpfe und schrie immer wieder: ›Fass das nicht an, fass das nicht an, du verbrennst mich!‹ Mit beiden Händen auf dem Kreuz ging ich auf sie zu und fing an zu beten. Derweil hielten die anderen sie fest. Die arme Frau beruhigte sich und kam endlich wieder zur Besinnung. Peinlich berührt, sah sie sich um und entschuldigte sich bei mir. Sie konnte sich nicht mehr genau erinnern, was sie zuvor gesagt hatte.«

»War sie geheilt?«, fragte Stephanos neugierig.

»In dem Moment verließ der unreine Geist sie, weil er durch das Kreuz ›verbrannt‹ worden war. Die Frau erfuhr Erleichterung. Aber wisst ihr, in solchen Fällen ist es gar nicht so einfach, einen Dämon dazu zu bringen, den betroffenen Menschen dauerhaft in Frieden zu lassen. Es erforderte noch sehr viel Arbeit, bis sie endgültig von der dämonischen Energie geheilt war, die von ihr Besitz ergriffen hatte. Ohne die Kraft des Kreuzes wäre sie nicht geheilt worden.

Deshalb müssen Christen unbedingt um die außerordentliche Kraft des Heiligen Kreuzes als spirituelles Schutzsymbol wissen«, fügte Vater Maximos hinzu und lehnte sich in seinem Stuhl zurück. »Nichts, aber auch gar nichts kann vor Christi Kreuz bestehen. Diese Kraft des Kreuzes habe ich wiederholt erfahren. Kein Dämon kann vor dir bestehen, wenn du das Heilige Kreuz in Händen hältst und den Namen Christi anrufst. Wenn du das tust, wird Satans Macht zunichte. Deshalb müssen die Menschen lernen, sich richtig zu bekreuzigen und es nicht bloß mechanisch zu tun. Wenn du es dir zur Gewohnheit machst, dich vor allem, was du unternimmst, zu bekreuzigen, dann ist es, als schreite eine außergewöhnlich starke Energie vor dir her und biete dir Schutz auf deinem Weg. Durch das Heilige Kreuz behütet und unterstützt die Gnade Gottes uns Menschen. Durch das Bekreuzigen öffnen wir uns und ermöglichen Gottes heiligen Engeln, uns zu helfen und zu heiligen. Kein diabolischer Geist kann uns dann berühren oder uns Schaden zufügen.«

»Vater Maxime«, fragte ich, nachdem wir noch ein wenig über die Kraft des Kreuzes zur Unterminierung diabolischer Energien gesprochen hatten, »woher kommt nach christlicher Überlieferung der Satan?«

Darauf präsentierte Vater Maximos uns eine konventionelle Exegese der Schrift, wonach Satan als gefallener Engel gilt. »Die Bibel offenbart uns nicht genau, wie und wann die Engel entstanden sind, außer dass es sie bereits vor der Erschaffung dieser Welt gegeben hat. Nach der Schrift sind Engel Geister, die der Menschheit von Gott zu Hilfe gesandt werden. Es heißt, ursprünglich habe es zehn Engel-Ordnungen gegeben. Eine Ordnung der heiligen Engel fiel aus ihrer Beziehung zu Gott heraus. Wie genau, wissen wir nicht. Aus den Aussagen der Heiligen und einigen Auszügen aus der Schrift können wir schließen, dass Stolz eine grundlegende Ursache für diesen Fall war. Satan wollte Gott ohne Gott werden. Dadurch wurde Gottes Gnade vollständig von ihm abgezogen. Die anderen neun Ordnungen blieben dem Schöpfer treu ergeben. Dazu gehören die Cherubim und Seraphim, die Throne, Erzengel und so weiter.«

Vater Maximos wies dann darauf hin, dass die zehnte Ordnung der Überlieferung nach durch die monastische Ordnung ersetzt wurde. Deshalb, so behauptete er, bezeichne die *Ekklesia* das Mönchtum als die »Engel-Ordnung«. Wenn man Mönch oder Nonne wird, so heißt es, wird man in die monastische Engel-Ordnung aufgenommen. Er stellte jedoch klar, dass in Wirklichkeit nur jene Mönche und Nonnen, die eine bestimmte Stufe geistlicher Entwicklung erreicht haben, als Angehörige der Engel-Ordnung betrachtet werden können. »Es genügt nicht, das Gewand zu tragen.«

»Kann ein gefallener Engel erlöst werden und zu Gott zurückkehren?«, fragte ich.

»Leider scheint das höchst unwahrscheinlich. Nicht weil Gott diese Engel nicht wollte, sondern weil sie das selbst nicht wollen. Anscheinend kommen sie irgendwann sozusagen an einen Punkt, an dem es kein Zurück mehr gibt. Sie werden Gotthasser und können daher nicht mehr genug Energie und Schwung für die Rückkehr zu Gott aufbringen. Das ist das Wesen der Hölle. Mit dem Fall der Menschheit hat sich der Zustand dieser Engel anscheinend stabilisiert.«

»Sie sprechen von Dämonen, als seien sie Personen. Sind sie das denn?«, fragte ich und schnitt damit dieses Thema noch einmal an.

»Wie ich bereits gesagt habe, sind Dämonen nicht nur im abstrakten Wortsinn böse. Es sind konkrete Wesen, aber keine Personen. Deshalb dürfen wir einen Menschen nie für einen Dämon halten oder ihn so bezeichnen. Darum sollten wir uns, wenn Menschen sich uns gegenüber feindlich verhalten, stets vor Augen führen, dass sie nach dem Bilde Gottes geschaffen sind. Sie sind unsere Brüder und Schwestern. Ihre Feindschaft uns gegenüber kann eine Folge dämonischer Energie sein. Aber wir müssen den Menschen, die Person, von der Energie trennen.«

Wie es für ihn typisch ist, illustrierte Vater Maximos dies dann anhand einer Geschichte. Er sprach über Abba Theodoros, einen Altvater der Antike. Ein Mönch, der unter der Aufsicht dieses Altvaters stand, wurde von zwei anderen Mönchen übel beschimpft. »Dieser Mönch«, erzählte Vater Maximos, »zeigte große Geduld und reagierte nicht auf die Provokationen. Abba Theodoros war beeindruckt und bat ihn zu erklären, wie er trotz der Schikane seine Ruhe hatte bewahren können. Der Mönch erwiderte: ›Soll ich diesen Tieren Beachtung schenken?‹ Daraufhin ging Abba Theodoros in seine Zelle und weinte bitterlich über den Fall dieses Mönchs, der nach außen hin so tugendhaft und geduldig wirkte, dessen Herz aber völlig irregeleitet war.«

»Aber war das Empfinden des Mönchs nicht etwas ganz Natürliches?«, entgegnete ich.

»Bei Mönchen und übrigens auch bei allen anderen Menschen sind solche Gedanken unverzeihlich. Wir dürfen unsere Mitmenschen nie anders als nach Gottes Bild geschaffen sehen. Von Mönchen wird erwartet, dass sie in jedem Menschen das Bild Gottes erblicken. Wir dürfen Menschen nie als Dämonen, Esel, Hunde oder irgendetwas anderes betrachten, ganz egal, was sie uns antun oder wie sie sich uns gegenüber verhalten. Aus diesem Grund küssen Mönche einander bei jeder Begegnung die Hand. Dieses Ritual soll uns daran erinnern, dass der, den wir vor uns haben, Gott Selbst ist.«

»Also, bei extremen Provokationen fiele es mir wahrscheinlich schon schwer, diese Haltung beizubehalten«, murmelte ich. »Wie soll man unter solchen Umständen reagieren?«

»Geistlich ist man auf der sichersten Seite, wenn man es so hält wie St. Siluan«, erwiderte Vater Maximos.[32] »Er lehrt, wenn jemand uns verflucht, sollten wir uns sagen: ›Ich bin für diese Reaktion verantwortlich. Ich habe sie selbst über mich gebracht. Ich muss diesen Fluch verdient haben.‹ Das kann tatsächlich große innere Ruhe bringen. Isaak der Syrer sagt, Menschen, die in dieser Geisteshaltung verweilen, können leicht mit ihren schlimmsten Feinden zurechtkommen.[33] Das stimmt, und du solltest es versuchen.«

»Könnte eine solche Haltung nicht als pathologisch gedeutet werden?«, fragte ich.

»Das könnte sie, wenn es dir damit nicht wirklich ernst ist, weil du diese Stufe des Verständnisses und der Selbstlosigkeit noch nicht erreicht hast. Wenn du aber ehrlich bist und es aufrichtig ernst meinst, dann ist sie ein Zeichen wahrer spiritueller Gesundheit und echten geistigen Wohlbefindens. Eine solche Einstellung wappnet den Menschen mit außerordentlicher geistlicher Kraft. Wenn wir uns in Gegenwart bestimmter Menschen unwohl fühlen, dann ist dies in der Tat ein Zeichen unserer spirituellen Unvollkommenheit. Wir müssen uns sagen, dass *wir* ein Problem haben und nicht die anderen.«

»Aber wer ist denn schon vollkommen?«, fragte ich, ohne eine Antwort zu erwarten.

»Der vervollkommnete Mensch«, erwiderte Vater Maximos, »ist jener, in dessen Herzen Platz für alle ist. Der heilige Issak lehrt, dass derjenige vollkommene Liebe zeigt, der sogar für Dämonen betet und bei dem Gedanken daran, dass es Wesen gibt, die von Gott getrennt sind, Tränen vergießt. Kann man sich etwas Böseres vorstellen als Dämonen es verkörpern? Unmöglich.

---

32 Archimandrit Sophronius.(Hrsg.), Starez Siluan, Mönch vom heiligen Berg Athos: Leben, Lehre, Schriften.

33 The Ascetical Homilies of Saint Isaac the Syrian, aus dem Griechischen ins Englische übersetzt von den Mönchen des Holy Transfiguration Monastery in Boston. Auf Deutsch erhältlich: Sebastian Brock (Hrsg.), Die Weisheit Isaaks des Syrers. Eine Auswahl aus seinem Werk; *Der Christliche Osten* 2003.

Und doch liebten die großen Altväter sogar die Dämonen, nicht als böse, sondern als leidende Wesen.«

Vater Maximos setzte seine Betrachtungen über die Funktion von Dämonen in der Welt der Schöpfung fort: »Dämonen haben die Erlaubnis, innerhalb der Schöpfung frei zu agieren. Freiheit besitzen sie jedoch nur in dem Ausmaß, wie wir zulassen, dass sie Einfluss auf uns nehmen. Sie haben nicht die Erlaubnis zu tun, was sie wollen. Wehe uns, wenn dem so wäre. Dann gäbe es uns nicht. Schwarzmagier können mit Dämonen verkehren und sich ihre Kraft zunutze machen. Ein Magier kann sich einen Gegenstand verschaffen und ihn kraft der Dämonen mit deren Energie aufladen. Auf ähnliche Weise, jedoch aus der völlig entgegengesetzten Richtung, kann ein Priester ein Glas Wasser nehmen und es durch bewährte Gebete weihen sowie mit der Energie des Heiligen Geistes aufladen. Mit diesem Wasser können wir dann unser Zuhause weihen. Symbole haben große Kraft, was Laien normalerweise nicht wissen. Aus diesem Grund bietet auch das Kreuz einen sehr wirksamen Schutz vor diabolischen Energien.«

Um diesen Punkt zu veranschaulichen, erzählte uns Vater Maximos auf seine charakteristische Art und Weise eine weitere Geschichte aus dem Leben von Altvater Paisios. Ein Mann, der in dem Ruf außergewöhnlicher medialer Fähigkeiten stand, die er als Mitglied eines magischen Zirkels erworben hatte, besuchte Altvater Paisios. Er demonstrierte seine Fähigkeiten, indem er einen faustgroßen Stein durch bloße Gedankenkraft zu Staub zerstieß. Dies vermochte er durch Anrufung dämonischer Geister. Altvater Paisios schaute sich dieses Kunststückchen an, nahm eine Handvoll Erde und machte mithilfe seines Speichels Ton daraus, den er dann zu einer faustgroßen Kugel formte. Da hinein ritzte er das Kreuzzeichen und forderte den Magier auf, damit dasselbe zu machen wie zuvor mit dem Stein. Laut Vater Maximos, der dabei war, war der Magier nicht in der Lage, sein Kunststück zu wiederholen. Seine Kraft war verschwunden.

Vater Maximos schwieg ein paar Sekunden lang nachdenklich und gab uns damit Zeit, das Ganze zu durchdenken. »Worüber wir heute gesprochen haben, das mag aus der Sicht der normalen Realität und des gesunden Menschenverstandes allzu fantastisch erscheinen, ich weiß«, hob er dann etwas zögerlich wieder an. »Doch solche außergewöhnlichen Realitäten finden sich im Leben und in den Erfahrungsberichten der Heiligen seit Anbeginn der Geschichte des Christentums. Sie werden außerdem allen offenbart, die sich ernsthaft auf die Suche nach Gott machen und Ihn entdecken wollen.«

9

Unsichtbare Eindringlinge

Vater Maximos saß am oberen Ende des Tisches in der *trapeza*, dem Speisesaal der Mönche. Er griff zu einem Löffel und schlug damit an ein leeres Glas, das vor ihm stand. Dies war das Zeichen, dass das Abendessen offiziell beendet war. Er gab es, sobald er bemerkte, dass der Letzte seinen letzten Bissen hinuntergeschluckt hatte. Alle Mönche und Gäste standen auf, und der Mönch, dem die Aufgabe zugefallen war, aus einer Schrift vorzulesen, trat vom Pult herunter. Es gehört zur athonitischen Praxis, dass bei jeder Mahlzeit ein Mönch beauftragt wird, eine Geschichte aus dem Leben eines Heiligen vorzulesen, während alle anderen schweigend essen und zuhören.

Der Vorleser, ein junger Novize, verbeugte sich vor seinem geistlichen Altvater, und dieser segnete ihn, indem er über seinem Haupt das Kreuzzeichen schlug. Dann bot ihm Vater Maximos ein Stück Brot an, das er mit dem Kreuzzeichen geweiht hatte. Daraufhin küsste der junge Mann das Brot sowie die Hand des Abtes und nahm sein Abendessen alleine in der Küche ein. Alle blieben stehen und bekreuzigten sich, Vater Maximos sprach leise und kaum hörbar ein kurzes Gebet, segnete die Reste auf dem Tisch und ging dann hinaus auf den offenen langen Kreuzgang über dem Hof. Alle Mönche stellten sich in einer Reihe auf und traten einzeln zu Vater Maximos heran, um seinen Segen entgegenzunehmen. War dieses Ritual abgeschlossen, begaben sie sich wieder an ihre Aufgaben, die dem laufenden Betrieb der Klostergemeinschaft dienten. In einer Stunde würde die Abendvesper stattfinden, mit der der Tageslauf endete. Nach dem Gottesdienst zieht sich jeder Mönch in seine Zelle zurück und macht dort vor dem Zubettgehen verschiedene geistliche Übungen, die ihm individuell von Vater Maximos zugewiesen werden. Alles ist gut organisiert und durch eine lange Tradition festgelegt. Es war interessant zu beobachten, dass die Mönche sich klaglos in diese rituellen Zyklen fügten, insbesondere wenn man bedenkt, dass sie in der säkularen Welt ein erfülltes Leben geführt hatten, bevor sie das schwarze Gewand anlegten. Tag für Tag, Jahr um Jahr wiederholten sie diese Rituale, ohne das geringste Anzeichen von Langeweile und offensichtlich auch ohne den Wunsch, das Kloster wieder zu verlassen und in die Welt zurückzukehren, die sie aufgegeben hatten. Für Vater Maximos war die Antwort einfach: Sie hatten gefunden, was sie gesucht hatten, den Gott im Inneren. Warum also fortgehen?

»Komm, Kyriaco«, sagte Vater Maximos, nachdem der letzte Mönch seinen Segen empfangen hatte. »Überlasse den Abwasch anderen und gehe mit mir spazieren.«

Ich hatte mich bereit erklärt, Vater Nicholas und Vater Nektarios in der Küche zu helfen, doch sie drängten mich, alles ihnen zu überlassen und den Altvater auf seinem Spaziergang zu begleiten. Vater Maximos ging kurz in sein Büro und kam mit zwei langen Spazierstöcken wieder heraus. Er überreichte mir einen, und wir zogen los. Er hatte immer einen Stock bei sich, wenn er in den Bergen unterwegs war, eine Angewohnheit, die er in den Jahren auf dem Athos entwickelt hatte, wo er oft lange Strecken in rauem Gelände gegangen war.

»Ich wandere für mein Leben gerne in den Bergen. Aber leider habe ich hier in Zypern nicht oft Gelegenheit dazu«, klagte Vater Maximos, während wir zum Haupttor hinausgingen. »Auf dem Athos bin ich stundenlang von einem Kloster zum nächsten gewandert. Es war die reine Freude. Aber hier habe ich zu viele Aufgaben. Leider ist das Wandern da ein Luxus, den ich mir nicht leisten kann. Schau mich nur einmal an, ich werde dick.« Und mit einem Lachen behauptete er dann, es habe allerdings auch seine Vorteile, wenn man ein bisschen korpulenter wirke.

»Inwiefern?«, wunderte ich mich.

»Damit die Leute erst gar nicht auf die Idee kommen, ich

könnte ein Asket oder schlimmer noch, ein Heiliger sein«, witzelte Vater Maximos.

Ein paar Minuten gingen wir schweigend, genossen die letzten Sonnenstrahlen und atmeten die unverschmutzte, frische Bergluft. Aus der feuchten Erde stieg ein feiner Duft auf, die Nachwirkung eines kräftigen nachmittäglichen Schauers. Der Wind fegte die letzten Wolken fort, und am zusehends dunkler werdenden Himmel konnten wir bereits das schwache Funkeln der ersten Sterne entdecken. Wir gingen auf der Waldstraße bergan, und als wir um die nächste Kurve bogen, konnten wir nicht einmal mehr die wenigen Lichter des Klosters unter uns sehen. Wir blieben auf dem Hauptweg, damit wir uns in der Dunkelheit nicht verirrten.

»Vater Maxime«, begann ich, während wir mitten auf dem breiten Weg gingen, »neulich haben Sie etwas gesagt, was mich verblüfft hat.«

»Was habe ich denn gesagt?«

»Dass die *Ekklesia* die Arena eines fortwährenden Kampfes, eines fortwährenden Krieges, eines geistlichen Krieges ist, wie Sie es ausgedrückt haben. Das ist Militärsprache.«

»Warum hat dich das verblüfft.«

»Ich hatte immer den Eindruck, die *Ekklesia* sei eine Insel des Friedens und der Heilung, und kein Schlachtfeld.«

»Natürlich ist sie eine Insel des Friedens und der Heilung. Ich will es dir so erklären, dass es dich nicht entsetzt. Du musst wissen, dass die *Ekklesia* uns als Gefährt zu unserer Erlösung zur Verfügung steht. Dieses Ziel beinhaltet auch den Kampf gegen jene Kräfte, die alles daran setzen, uns den Weg zu Gott zu versperren.«

»Ich nehme an, Sie meinen satanische Kräfte.«

»Was sonst? Wir müssen lernen, wie man in diesem geistlichen Krieg kämpft, damit wir verhindern können, dass die Kräfte des Widersachers unseren Aufstieg zu Gott sabotieren. Das haben uns der Apostel Paulus und die übrigen Altväter der *Ekklesia* gelehrt: Dass wir erfahrene Krieger in diesem unerbittlichen geistlichen Kampf werden müssen.« Vater Maximos ging ein paar Schritte und fuhr dann fort. »Wir müssen uns der

Machenschaften und der Scheinheiligkeit dieser Kräfte bewusst werden, damit wir ihnen nicht am Ende doch noch zum Opfer fallen.«

Vater Maximos wirkte nachdenklich. Scheinbar das Thema wechselnd, fuhr er dann fort. »Die Menschen sind verwirrt. Sie glauben, das vordringlichste Ziel unseres Daseins sei es, ein guter Mensch zu werden oder zu einer ethisch verantwortlichen, gesellschaftlich gut angepassten und ausgeglichenen Persönlichkeit heranzureifen.«

»Ich dachte, genau darum ginge es in der *Ekklesia* – gut zu werden.«

»Nein, nicht nur darum. Diese pietistische Einstellung ist nicht der wesentliche Sinn und Zweck der *Ekklesia*. Sie ist ein grobes Missverständnis.« Mit Nachdruck erklärte er: »In allererster Linie lehrt die *Ekklesia* die Mittel und Wege, wie eine Menschenseele *Christifikation* erlangt, ihre Heiligkeit, ihre Vereinigung mit Gott. Das höchste Ziel lautet, vollkommen zu werden wie unser Himmlischer Vater vollkommen ist, eins zu werden mit Gott. Christus ist nicht in die Welt gekommen, um uns beizubringen, wie wir gute Menschen werden, uns anständig benehmen oder auf dieser Erde ein rechtschaffenes Leben führen können. Und er ist auch nicht gekommen, um uns ein Buch zu überbringen, selbst wenn dieses Buch die Bibel oder das Neue Testament ist.«

»Sondern?«, bohrte ich nach, als Vater Maximos ein wenig stehen blieb, nach oben an den Himmel schaute und die Milchstraße bewunderte. Die Nacht war vollkommen kristallklar, kein Mond stand am Himmel und nirgendwo schien künstliches Licht. Vater Maximos schwieg ein paar Sekunden, dann fuhr er fort.

»Er ist in die Welt gekommen, um uns sich selbst zu geben. Um uns den Weg zur Erlösung zu zeigen«, antwortete er, als wir unseren Spaziergang wieder aufnahmen. »Weißt du nicht mehr, was Athanasios der Große gesagt hat? ›Gott ist Mensch geworden, damit die Menschen Gott werden können.‹«

»Ja natürlich, das weiß ich«, warf ich eilends ein. »Das ist das Motto der Mystik in der orthodoxen Ostkirche. Christus hat uns also den Weg zu Gott gezeigt, während Satan die Kraft ist, die zu verhindern sucht, dass wir unser Ziel erreichen«, fügte ich hinzu. »Aber wie funktioniert das? Was sind Satans Mittel und Wege?«

»Er tut es durch das, was die Altväter *logismoi* nennen«, antwortete Vater Maximos.

»Sie meinen Gedanken?«

»*Logismoi* sind wesentlich stärker als einfache Gedanken. Sie dringen ins tiefste Innere eines Menschen ein. Sie haben enorme Kraft. Sagen wir einmal, ein einfacher Gedanke ist ein schwacher *logismos*«, erläuterte Vater Maximos. »Wir müssen uns jedoch klar machen, dass bestimmte Gedanken oder *logismoi*, sobald sie erst einmal in einem Menschen sind, schon die geringste Spur eines geistlichen Lebens im Grundsatz untergraben können. Wer in der Welt lebt, weiß nichts über Wesen und Macht der *logismoi*. Das heißt, er hat diese Realität nicht erfahren. Doch wenn er in seinem geistlichen Kampf voranschreitet, insbesondere durch systematisches Gebet, dann kann er die wahre Bedeutung und die Macht dieser Realität erfassen.«

Ich merkte, dass Vater Maximos über ein Phänomen sprach, das der Vorstellung von den *Elementalen*, über die ich in meinem letzten Buch sehr ausführlich geschrieben hatte, ganz ähnlich war. Diesem Begriff bin ich auch in anderen spirituellen Traditionen begegnet, jedoch unter anderem Namen, zum Beispiel als »Gedankenformen«.[34] Die Theorie von den *Elementalen* oder »Gedankenformen« fußt auf der Annahme, dass Gedanken und Gefühle Formen einer feinen, aber konkreten Energie sind, die wir ständig hervorbringen und die sowohl Auswirkungen auf andere als auch auf uns selbst haben. Zugleich werden wir von Gedankenformen oder *Elementalen* beeinflusst, die andere – individuell oder kollektiv – unaufhörlich produzieren und die in der Umwelt herumschwirren. *Elementale* haben also eine ontologische Existenz und müssen als objektiv reale »Dinge« und nicht bloß als subjektiver Bewusstseinszustand gedacht werden. Diese positiven oder negativen

34 Markides, Auf dem Löwen reiten, S. 66-72.

Elementale wirken ständig als reale Energien auf uns ein. Negative *Elementale* kann man als Äquivalent zu herkömmlichen Teufeln verstehen. Sie können sogar in einer Gestalt auftreten, die tief in den Vorstellungen des jeweiligen Kulturkreises verankert ist.

Da es aber nicht meine Absicht war, Vater Maximos in eine Diskussion oder gar ein Streitgespräch über vergleichbare spirituelle Traditionen und Metaphysik zu verwickeln, sondern da ich von ihm etwas über die geistliche Tradition auf dem Athos erfahren wollte, beschloss ich, dieses Thema nicht anzusprechen. Stattdessen drängte ich in ihn, er möge näher erläutern, wie die Altväter der athonitischen Spiritualität die Macht der Gedanken in Gestalt der *logismoi* verstehen. Intuitiv ahnte ich, dass Vater Maximos' Verständnis neue und tiefgreifende Erkenntnisse in dieser Sache eröffnen könnte, die nicht nur für spirituell Suchende, sondern auch für Therapeuten im Umgang mit den psychischen Problemen ihrer Patienten von Bedeutung wären. Es faszinierte mich, dass die Vorstellung von den »Gedankenformen« im Zentrum des geistlichen Tuns der Mönche und des Weltbildes der etablierten christlichen Ostkirche standen.

»Um die Wahrheit zu sagen«, fuhr Vater Maximos fort, »als ich bei einem Besuch als Laienpilger auf dem Berg Athos zum ersten Mal von der Idee der *logismoi* hörte, war ich auch verblüfft. In dem Kloster, das ich besuchte, wurde sechs Stunden am Stück gebetet, von Sonnenuntergang bis nach Mitternacht. Danach wurde noch ein bis zwei Stunden die Göttliche Liturgie gelesen. Mir war aufgefallen, dass um ein Uhr nachts eine Gruppe von zehn Mönchen vor der Zelle ihres Altvaters Schlange stand. Als ich fragte, was da los sei, antworteten sie, sie warteten darauf, ihre *logismoi* beichten zu dürfen. Ich fragte mich, wie es wohl möglich sei, dass diese Mönche ihre Gedanken beichteten? Ich hatte angenommen, *logismoi* seien bloß ganz normale Gedanken, und da wir jeden Tag Tausende von Gedanken haben, wie sollten diese Mönche sie beichten können?«

Ich versicherte Vater Maximos, diese Verblüffung erschiene mir sehr verständlich und erklärte, Forschungen an der University of Minnesota hätten ergeben, dass ein durchschnittlicher Mensch an einem Sechzehn-Stunden-Tag etwa viertausend unterschiedliche Gedanken habe. Das heißt, dass sie sich im Laufe eines etwa siebzigjährigen Lebens auf rund hundert Millionen Gedanken summieren.[35]

»Willst du damit sagen, dass man so etwas tatsächlich messen kann?«, fragte Vater Maximos, und blieb einen Moment stehen. Ich versicherte ihm, die heutige psychologische Wissenschaft brächte so etwas tatsächlich fertig.

»Als ich dann später Mönch wurde und unter dem Einfluss der *logismoi* stand, verstand ich, was diese Mönche machten. Denn siehst du«, fuhr Vater Maximos fort, während wir allmählich warmgelaufen waren und unsere Schritte beschleunigten, »der geistliche Krieg, der unbemerkt von normalen Menschen tobt, wird über die *logismoi* geführt, die ständig auf Herz und Kopf einstürmen. Dies sind die Kräfte, die verhindern, dass wir die Realität Gottes erleben.«

Vater Maximos stellte klar, dass nicht alle *logismoi* negativ seien. Manchmal können *logismoi* auch gut und von Gott gesandt sein. Durch geistliche Anleitung und Unterscheidungsfähigkeit lernen wir, den einen Typus vom anderen zu unterscheiden.

»Aber wie genau verhindern *logismoi*, dass wir zu Gott gelangen?«, hakte ich nach.

»Sagen wir einmal, ein *logismos* ist ein Gedanke von besonderer Qualität und Machtintensität«, antwortete Vater Maximos. »Ein *logismos* hat etwas Mysteriöses. Seine Wirkung ist in etwa so wie der Nadelstich, wenn man sich beim Arzt eine Spritze geben lässt. Wenn es negativen *logismoi* gelingt, in deinen geistlichen Blutkreislauf zu gelangen, können sie genauso auf dich einwirken wie die Nadel einer Giftspritze, die in dich eindringt und die tödliche Substanz in deinem ganzen Körper verteilt. Deine spirituelle Welt wird verseucht, und du wirst auf einer sehr tiefen, grundsätzlichen Ebene beeinflusst. Dein ganzes geistliches Denkgebäude kann in seinen Grundfesten erschüttert werden.

---

35 Georg Feuerstein, Lucid Waking: Mindfulness and the Spiritual Potential of Humanity, Inner Traditions International 1997, S. 84 (deutsch: Wach sein: geistige Klarheit, Einsicht und Selbstbestimmung, übersetzt von Michael Schmidt, O.W. Barth 1999).

Manchmal ist die Intensität eines einzigen *logismos* so stark, dass ein Mensch sich in seinem Bann vollkommen hilflos fühlt. Er versucht dann vielleicht, sich mit ganzer Kraft dagegen zu wehren, doch vergeblich.«

»Leiden auch Heilige an solchen *logismoi*?«, fragte ich. »Da es heißt, dass sie an der Schwelle zur *Theosis* stehen, würde ich vermuten, dass sie von solchen Angriffen befreit sind.«

»Ganz im Gegenteil. Auch sie sind ihnen ausgesetzt, aber sie beherrschen sie. Tatsächlich werden Heilige ständig von *logismoi* bedrängt, aber sie lassen nicht zu, dass sie sich in ihrer Seele breit machen.«

Später sprach ich mit meiner Freundin Erato, Stephanos' Frau, über dieses Thema. Sie ist im Leben der Heiligen sehr belesen und betonte, Mutter Gabrielia, die Fußärztin, die im 20. Jahrhundert gelebt und Leprakranke in Indien versorgt hat, habe behauptet, für Heilige seien *logismoi* wie Fliegen, die in einen leeren Raum kommen. Darin gibt es nichts, worauf sie sich niederlassen könnten, nichts, was sie anziehen würde, also verziehen sie sich wieder.[36]

Einige Minuten gingen wir schweigend weiter, und Vater Maximos atmete mehrmals tief durch. Er genoss den Spaziergang, und ich freute mich, dass ich ihm eine Ausrede für eine so lange Unterbrechung seines übervollen Terminplans bieten konnte. Unser Gespräch wirkte auf ihn anscheinend sehr belebend.

»Mir ist aufgefallen, dass manche Leute, insbesondere junge, überempfindliche Seelen«, hob Vater Maximos wieder an und brach damit das Schweigen, »so sehr unter diesen *logismoi* leiden, dass es für sie psychopathologische Folgen hat. In einen solchen Zustand geraten sie zum einen deshalb, weil sie nichts über die Natur der *logismoi* wissen. Wenn diese Menschen von einem abartigen oder sagen wir einmal sündigen *logismos* befallen werden, dann können sie nicht erkennen, dass dieser nicht unbedingt aus ihrem eigenen Inneren kommt, sondern ihnen von außen geschickt wird. Sie fühlen sich schuldig und beginnen ›die Wiederholung der Warums‹, wie der alte Paisios

36 Schwester Gabrielia, E Asketike tes Agapes.

zu sagen pflegte. Sie steigern sich richtiggehend hinein. Überempfindliche Menschen werden noch empfindlicher und quälen sich mit allen möglichen Fragen: ›Warum habe ich einen solchen Gedanken, warum nur?‹ Solche Menschen brauchen dringend eine gute Anleitung, wie mit *logismoi* umzugehen ist«, betonte Vater Maximos. Weiter sagte er, die gefährlichsten *logismoi* seien diejenigen, die von dämonischen Geistern ausgesandt und dann von unseren eigenen Leidenschaften genährt und aktiviert würden. Von Dämonen kommende *logismoi* sind äußerst hinterhältig und scheinheilig.

»Um uns zu einer sündigen Handlung zu verleiten«, fuhr Vater Maximos fort, »schicken Dämonen uns einen *logismos*, der uns beruhigt. Er vermittelt uns, dass es in Ordnung ist, etwas Bestimmtes zu tun, weil Gott mitfühlend und barmherzig ist und uns deshalb sowieso vergibt. Haben wir die Handlung dann begangen, überfällt der *logismos* von Gott als strafendem Vater unser Denken wie ein gnadenloser Richter, der uns ins ewige Feuer der Verdammnis wirft. Ich habe festgestellt, dass die Ursache sehr vieler Geisteskrankheiten und Nervenzusammenbrüche, an denen Menschen leiden, eine unmittelbare Folge solch destruktiver *logismoi* ist. Ich würde sogar so weit gehen zu behaupten, dass Menschen, die an Schizophrenie und ähnlichen schweren Störungen leiden, Opfer intensiver und obsessiver *logismoi* sind, von denen sie sich nicht befreien können.

Die heiligen Altväter«, fuhr Vater Maximos fort, »haben als erfahrene spirituelle Krieger die Beschaffenheit dieses Kampfes für uns in allen Einzelheiten beschrieben und erklärt. Sie haben eine Methodik für uns entwickelt, wie wir mit den *logismoi* fertig werden können, denen ausnahmslos jeder Mensch ausgesetzt ist, auch die Heiligen.«

Wir blieben stehen und setzten uns auf eine Holzbank, die die Forstverwaltung dort für Wanderer und Naturfreunde aufgestellt hatte. Still und majestätisch lag die dunkle, weite Bergwelt vor uns, und über uns spannten sich die sternenübersäten Himmel. Die Nacht war ungewöhnlich warm, und wir saßen beträchtliche Zeit dort und blickten in den Abgrund, der sich unter uns auftat. Vater Maximos ließ seine *komboskini* durch die Finger laufen und wirkte ein paar Minuten lang tief in Gedanken oder vielleicht sogar ins Gebet versunken. Ich brach die Stille mit meiner üblichen Fragerei. »Welche Methodik haben die heiligen Altväter denn entwickelt, um der *logismoi* Herr zu werden?«, wollte ich wissen.

Er senkte den Kopf und dachte ein paar Sekunden nach. »Bevor wir zu den Methoden kommen«, antwortete er dann, »müssen wir uns den gegenwärtigen Stand unseres existenziellen Dilemmas vor Augen führen. Wie wir bereits besprochen haben, gab es einmal eine Zeit, in der die Menschen in völliger Übereinstimmung mit ihrem wahren Wesen gelebt haben. In diesem Zustand war ihre gesamte Energie, waren alle ihre Kräfte völlig im Einklang miteinander und auf die Bewegung ausgerichtet, auf die Bewegung hin zu Gott. Ihr *Nous*, also ihr Herz und ihr Verstand, kannte nur ein einziges Ziel, das immerwährende Gebet. Auf jener Stufe war ihre einzige Erfahrung und ihr einziges Streben die *Theoria*, wie die Altväter sagen – die Gottesschau.

Durch den Fall brachen Adam und Eva, die ersten Menschen, diese Beziehung der Einheit mit Gott. Daraufhin saßen sie in dieser Welt der drei Dimensionen, der Materie, der egoistischen Leidenschaften, der Sünde fest und verstrickten sich darin. Sie befanden sich nun nicht mehr im Zustand immerwährenden Gebets, was eigentlich von Natur aus ihre wesentliche und wahre Funktion ist. Durch diese Spaltung zwischen der Menschheit und Gott musste die ganze Schöpfung leiden.

Statt des immerwährenden Gebets«, erklärte Vater Maximos weiter, »haben wir jetzt das Phänomen der immerwährenden Erzeugung von *logismoi*. Die *logismoi* sind unserem ursprünglichen Zustand, der ursprünglichen Funktion unseres *Nous*, fremd. In dem Moment, in dem wir von Gott abgeschnitten wurden, traten wir in einen Daseinszustand ein, der von weltlichen Angelegenheiten, von *logismoi* beherrscht ist. Unser *nous* hat sich in den Dingen dieser Welt verfranst.«

»Wollen Sie damit sagen – wenn ich Sie richtig verstehe – dass die Menschen in der Tiefe ihres wahren Wesens, in der Essenz ihres Seins, von den *logismoi* nicht gestört werden?«

»Ja, das stimmt. Die wahre Funktion des *nous* ist von Natur aus das immerwährende Gebet, ein Zustand der immerwährenden Kontemplation Gottes. Sämtliche *logismoi*, die wir ständig erzeugen, gehören in Wirklichkeit gar nicht zu uns, sondern wir haben sie uns erst seit dem Fall zugelegt. Sie sind zugleich Symptom und Manifestation unserer Entfernung von Gott. Tatsächlich wird unsere Trennung von Gott gerade durch die *logismoi* aufrechterhalten.

Alle Menschen leiden unter dieser ererbten Urkankheit des Falls. Das ist die Bedeutung der sogenannten Erbsünde. Das Erbe dieser Trennung von Gott hat den Weg frei gemacht für das ständige Bombardement unseres Herzens und unseres Verstandes durch die *logismoi*.«

Vater Maximos behauptete wiederholt und mit Nachdruck, die Auffassung von der Erbsünde als Verletzung eines moralischen Tabus sei kindisches Denken. Erbsünde bedeutet nach der empirischen Überlieferung der heiligen Altväter die ursprüngliche Trennung und Entfremdung der gesamten Menschheit von Gott.

Dieses Gespräch über die Erbsünde und den paradiesischen Zustand der Urmenschen rief mir eine Podiumsdiskussion über das Wesen des Mythos an meiner Universität wieder ins Gedächtnis, an der ich wenige Tage vor meinem Abflug nach Zypern teilgenommen hatte. Die Diskussion war von einer Gruppe marxistischer Kollegen organisiert worden. Thema des Podiums war die für marxistisches Denken und Forschen typische Frage, ob Mythen inhärent »reaktionär« seien. Ich bin mir sicher, dass die Organisatoren mich einer gewissen Ausgewogenheit der vertretenen Positionen wegen aufs Podium eingeladen hatten. Nach klassisch marxistischer Auffassung, die von meinen marxistischen Kollegen nicht unbedingt uneingeschränkt geteilt wurde, sind Mythen, insbesondere religiöse Mythen, Formen von Mystifizierungen, die den Menschen die Erkenntnis ihrer wahren Klassenzugehörigkeit in der Gesellschaft vernebeln. Klassische Marxisten betrachten Mythen typischerweise als Formen eines »falschen Bewusstseins«, die, wie auch die Religion, mit Erreichen des vollen und ausgereiften Kommunismus unweigerlich eingehen wie eine Primel. Dann brauchen die Menschen keine Mythen mehr, da Mythen Symptome der Ausbeutung einer Klasse durch die andere sind.

Ich erinnere mich, dass ich meine Präsentation mit dem Hinweis begann, ich würde meine Argumentation auf eine andere Prämisse als die marxistische stützen. Unser Wirklichkeitsverständnis muss letztendlich unweigerlich mythisch sein, da der Verstand an sich uns niemals zufriedenstellende Antworten auf das Rätsel unserer menschlichen Existenz geben kann. Mit den Fähigkeiten unserer Vernunft gelangen wir nie über jene erste Explosion hinaus, aus der unser Universum hervorgegangen ist. Alles menschliche Wissen – auch Naturwissenschaft und Philosophie – stehen daher auf einem mythischen oder besser noch mysteriösen Fundament. Mythen sollten nicht danach beurteilt werden, ob sie wahr oder falsch, reaktionär oder nicht reaktionär sind, sondern danach, ob sie lebensverbessernd oder lebensvernichtend sind. Die Mythen der Nazis sind zum Beispiel eindeutig lebensvernichtende Mythen. Hingegen können kulturelle Mythen, die den Menschen helfen, kreativ mit den Erfordernissen des menschlichen Daseins umzugehen, indem sie Liebe und Mitgefühl kultivieren, als lebensverbessernde Mythen betrachtet werden.

Diese Ideen kamen mir wieder in den Sinn, als Vater Maximos über Adam, Eva und den Fall sprach. Solche Geschichten, so dachte ich, müssen als Metaphern verstanden werden, die tiefe Wahrheiten über die menschliche Existenz vermitteln, welche mit rationalen Formulierungen – seien sie nun marxistisch oder nicht – nicht zu fassen sind. Die Idee des Falls, wie sie nach der athonitischen Überlieferung, die Vater Maximos vertritt, verstanden wird, ist insofern lebensverbessernd, als sie dem Menschen auf seinem Weg zu Gott weiterhilft. Sie motiviert Menschen wie die Mönche des Klosters Panagia, ihre Energien voll und ganz auf die Heilung der Trennung zwischen sich und Gott zu richten. Allerdings war ich nicht sicher, ob Vater Maximos meiner Haltung zu Mythen zugestimmt hätte, die ich bei der akademischen Podiumsdiskussion vertreten habe. Die Kirche behandelte diese Schöpfungsgeschichten traditionell als wörtlich zu verstehende historische Fakten. Für einen Menschen, der vom modernen Denken durchdrungen ist, ist dies ganz und gar inakzeptabel. Es wäre gerade so, als hielte man es für eine empirisch erwiesene historische Tatsache, dass die Welt vor ein paar tausend Jahren erschaffen wurde und Gott am siebten Tage eine Pause brauchte, weil er nach sechs vollen Arbeitstagen müde geworden war. Damals war mir aber nicht wichtig, ob Vater Maximos diese biblischen Geschichten als tatsächliche historische Ereignisse oder als Metaphern einer tieferen Wahrheit betrachtete. Wichtig war vielmehr, dass seiner Meinung nach gerade die großen jüdisch-christlichen Heiligen und Propheten aus allen Zeiten diese Geschichten als Orientierung zur Selbstüberwindung und Vereinigung mit Gott genutzt haben. Ihr Leben und ihre geistlichen Errungenschaften beweisen daher, wie wertvoll die Vorstellung von der anfänglichen Abspaltung als Orientierungsrahmen für den geistlichen Kampf und die *askesis* ist.

»Welche Methode ist die beste, um die *logismoi* zu überwinden und die ursprüngliche Einheit mit Gott wiederherzustellen?«, fragte ich Vater Maximos noch einmal und kehrte damit gedanklich wieder in die Gegenwart zurück. »Ist es das immerwährende Gebet?«

»Ja, weitgehend, aber es gehört noch mehr dazu. Die heiligen Altväter, die ja die Wissenschaftler des geistlichen Tuns sind, haben uns ihre Erfahrungen weitergegeben, wie man mit dem ständigen Bombardement unseres Herzens und unseres Verstandes durch *logismoi* umgeht.«

Plötzlich stand Vater Maximos ohne nähere Erklärung auf. »Ich denke, wir sollten uns auf den Rückweg machen.« Ich bemerkte eine gewisse Beunruhigung in seiner Stimme, dass wir bereits zu spät dran sein könnten. Wir beschleunigten unseren Schritt. Die Sterne gaben genug Licht, so dass wir nicht vom Weg abkamen und uns nicht im Wald verirren oder von einem Felsvorsprung stürzen konnten.

Plötzlich wurde die Straße vor uns von den Scheinwerfern eines Lastwagens erhellt, der neben uns anhielt. Es war Vater Efstathios, einer der älteren Mönche des Klosters, auf dem Rückweg von einer Fahrt nach Paphos. Er war am Morgen dorthin aufgebrochen, um im Großhandel einen Jahresvorrat an Mandeln zu besorgen. Es gab Gerüchte und man befürchtete, wegen der Trockenheit könnten die Mandelpreise stark steigen. Da das Kloster für Herstellung und Verkauf einer bestimmten Süßigkeit berühmt war, die aus Mandeln hergestellt wurde, war es klug, die Zutat vor dem Preisanstieg zu kaufen. Vater Efstathios war überrascht, uns um diese Uhrzeit auf der Straße vorzufinden, und fragte, ob er uns mitnehmen könne. Vater Maximos wollte lieber, dass wir zu Fuß weitergingen. Wir waren nur vierzig Minuten vom Kloster entfernt.

»Nun, was haben uns die Altväter außer dem Gebet noch über den Umgang mit *logismoi* gelehrt?«, fragte ich, während die Scheinwerfer von Vater Efstathios' Pickup hinter der nächsten Biegung verschwanden und unter uns in der Ferne die ersten Lichter des Klosters auftauchten.

Vater Maximos dachte einen Augenblick nach und setzte dann zu einer ausführlichen Erklärung an. »Die heiligen Altväter«, führte er aus, »haben fünf Stadien der Entwicklung eines *logismos* ausgemacht. Natürlich spreche ich dabei von einem *logismos*, der Gottes Gesetzen zuwiderläuft. Das erste ist das *Ansturm-Stadium*, in dem der *logismos* unseren Geist angreift.«

»Wie spielt sich das ab?«

»Ich will dir ein Beispiel nennen. Ein Gedanke schleicht sich in unser Denken ein und löst den Drang aus, sagen wir einmal, zu stehlen. Es ist, als klopfte dieser *logismos* an die Tür unseres Denkens und sagte: ›Schau mal, da drüben liegt ein Haufen Geld. Keiner schaut hin. Nimm es.‹

Dafür, dass ein solcher *logismos* zuschlägt, sind wir nicht verantwortlich, ganz gleich, wie sündig er ist«, erklärte Vater Maximos. »Unser geistlicher Zustand wird nicht nach einem solchen Ansturm beurteilt. Einfach ausgedrückt: Damit begehen wir keine Sünde. Die heiligen Altväter wurden zu allen Zeiten unerbittlich von solchen und sogar noch schlimmeren *logismoi* bestürmt.«

»Immerhin wurde sogar Jesus selbst bei seinem Aufenthalt in der Wüste vom Satan versucht«, warf ich ein.

»Genau. Das zeigt eindeutig, dass Menschen, wenn sie von solchen *logismoi* angegriffen werden, deshalb keinerlei Schuldgefühle entwickeln müssen. Sie sind vollkommen unschuldig und für diese *logismoi* nicht verantwortlich. Die großen Heiligen waren Legionen von *logismoi* ausgesetzt. Es hat noch kein Mensch gelebt, der nicht von Myriaden *logismoi* bestürmt worden wäre. Nur die Toten sind frei von *logismoi*.«

»Sogar bei denen wäre ich mir nicht so sicher«, platzte es aus mir heraus, und ich lachte. »Haben Sie auch selber solche *logismoi*?«

»Ständig. Ich versichere dir, ich werde von den verrücktesten, irrationalsten und groteskesten *logismoi* bestürmt, die du dir vorstellen kannst. Ja, ich habe sehr wohl welche.«

»Solche *logismoi*«, fuhr Vater Maximos fort, »haben nichts mit der Güte unserer Seele zu tun. Sie sind das unvermeidliche Symptom des Falls. Die Menschen erschrecken oft über die Vielzahl und die Art der *logismoi*, die sie bestürmen, und sie quälen sich mit Fragen wie: ›Warum kommen mir diese Gedanken? Warum ich?‹ Wenn sie diese Haltung entwickeln, dann fängt Satan wirklich an, ihnen Schaden zuzufügen. Diese obsessiven Fragen sind nichts weiter als ein Ausdruck von Egoismus. Solchen Menschen sage ich: ›Du hast solche *logismoi*, weil du ein Mensch bist, Punkt.‹ Es ist ganz natürlich, solche *logismoi* zu haben, denn im gefallenen Zustand ist es natürlich. Wir sind Menschen, keine Engel, und als solche sind wir unweigerlich durch den Fall gekennzeichnet. Es ist uns daher geradezu bestimmt, solche *logismoi* zu haben.«

»Was tut man also unter solchen Umständen?«

»Die Heiligen sind unsere Führer«, erklärte Vater Maximos. »Sie wurden ständig von Myriaden *logismoi* gequält. Aber sie haben ihnen nicht nachgegeben. Weißt du warum? Weil sie den Zustand der *apathia* erreicht haben, den Zustand jenseits egoistischer Leidenschaften. In diesem Zustand ist es, als liefen die *logismoi* gegen eine Wand. Und wir wissen alle, wenn wir einen *logismos* abweisen, dann sind wir nicht nur nicht geschlagen, sondern wir erzielen einen geistlichen Triumph.«

»Also haben die *logismoi* sogar noch eine nützliche geistliche Funktion«, vermutete ich. »Vielleicht gehören sie ja zum Training beim Aufstieg zu Gott.«

»Was du gerade gesagt hast, erinnert mich an eine Episode aus dem Leben eines heiligen Altvaters«, meinte Vater Maximos. »Es gab einen Altvater, der die geistliche Aufsicht über zwei junge Mönche hatte. Eines Tages bat er sie, eine Weile zu ihm in seine Einsiedelei zu kommen, damit er ihre Fortschritte überprüfen könne. Immer, wenn sie des Nachts zum Gebet aufstanden, bemerkte der Altvater, dass um den jüngeren Mönch seltsame Insekten schwirrten. Jedes Mal, wenn es ihm gelang, die Insekten zu verscheuchen, wurde er mit einem Strahlenkranz über dem Kopf belohnt. Der Altvater erkannte rasch, dass dieser Schüler von *logismoi* bestürmt wurde. Doch weil er die Kraft hatte, sie zu verjagen und nicht weiter in Herz und Verstand vordringen zu lassen, wurde ihm von der Heiligen Gnade ein geistlicher Sieg zuteil.«

»Warum können wir dann nicht sagen, dass uns diese *logismoi* von Gott als eine Art spirituelle Übung geschickt werden?«, hakte ich nach.

Ich bemerkte ein Schmunzeln in Vater Maximos' Gesicht. »Wie ich bereits gesagt habe, die Altväter behaupten, dass die *logismoi* entweder von Gott oder von Dämonen kommen können. Doch für den unerfahrenen Neuling sind die einen oft kaum von den anderen zu unterscheiden. Deshalb empfehlen sie als allgemeine Regel, sie zu ignorieren, denn je krampfhafter die Menschen sich mit ihren *logismoi* auseinandersetzen, desto stärker laufen sie Gefahr, sich psychopathologische Symptome einzuhandeln.«

»Kann es nicht sein, dass wir einen *logismos* verscheuchen, der von Gott kommt, weil wir irrtümlich annehmen, er käme von Satan?«, fragte ich.

»Selbst unter solchen Umständen kannst du sicher sein, dass Gott uns nicht missversteht oder gar zürnt«, versicherte mir Vater Maximos. »In den Fällen, in denen man sich unsicher ist, holt man am besten den Rat eines erfahrenen Altvaters ein. Folgendes ist jedoch eine Faustregel, anhand derer man feststellen kann, woher *logismoi* kommen: *Logismoi*, die von Gott kommen, lösen in uns inneren Frieden und Freude aus. *Logismoi*, die von Dämonen kommen, wühlen uns hingegen stark auf und machen unglücklich.

Ich will dir an einem Beispiel zeigen, wie schwierig es zuweilen ist, den Ursprung eines *logismos* festzustellen«, fuhr Vater Maximos fort. »Als der Heilige Siluan als junger Novize in St. Panteleimon, dem russischen Kloster auf dem Athos, lebte, beschloss er eines Tages, das Kloster zu verlassen und wie ein Einsiedler in der Wüste zu leben – eine sehr viel kärglichere Existenz. Oberflächlich betrachtet, wirkte dieser *logismos* bewundernswert – das Kloster zu verlassen, wo das Leben nicht ganz so hart war, und allein in der Wüste zu leben wie die alten Propheten, um schneller zur Heiligkeit zu gelangen. Obwohl dieser *logismos* also nach außen hin so wirkte, als habe er seinen Ursprung in Gott, kam er in Wirklichkeit doch von den Dämonen und hatte exakt das Ziel, Siluans Aufstieg zu Gott zu blockieren. Hätten die Dämonen ihn erst einmal in der Wüste isoliert, hätten sie ihn mit ihrer ganzen zerstörerischen Macht bestürmt. Jung und unerfahren wie er war, hätten sie ihn dazu gebracht, dass er den Mut sinken ließ, verzagte und schließlich den geistlichen Kampf aufgab. Glücklicherweise suchte Siluan den Rat seines Altvaters, der ihn von seinem Entschluss abbrachte, bereits in diesem frühen Stadium seiner Entwicklung Einsiedler zu werden.

Weißt du, St. Siluans Fall unterstreicht ein Grundprinzip, das für jeden ernsthaften geistlichen Forscher gilt«, fuhr Vater Maximos fort, »nämlich die Notwendigkeit der Führung durch einen erfahrenen Lehrer. Ernsthafte geistliche Arbeit steckt voller Geheimnisse, und niemand sollte sie allein auf sich nehmen. Ich würde sagen, schon aus rein praktischen Gründen ist das geradezu unmöglich. Wer alleine und ohne geistliche Aufsicht arbeitet, wird sehr wahrscheinlich hinters Licht geführt.«

»Bei dem, was Sie gerade gesagt haben, erkenne ich aber ein großes logistisches Problem. Millionen Menschen sind ernsthafte spirituell Suchende. Doch nur sehr wenige haben Zugang zu einem geistlichen Führer, also jemanden, der im Besitz der Gnade des Heiligen Geistes ist. Was geschieht mit den anderen, der weitaus überwiegenden Mehrheit der Menschheit? Behandelt Gott die Menschen ungleich? Ich vertraue darauf, dass dem nicht so ist, sonst wäre Gott nicht Gott.«

»Das heißt nicht«, stellte Vater Maximos klar, »dass der geistliche Führer nur dann effektiv ist, wenn er vom Heiligen Geist mit Gaben wie Hellsichtigkeit, Prophetie oder anderen Fähigkeiten ausgestattet wurde. Das Geheimnis geistlicher Führung beruht darauf, dass sowohl der geistliche Mentor als auch der Schüler eine geweihte Dyade bilden, die im Leib Christi ruht. Dann wirkt der Heilige Geist auf so geheimnisvolle Weise, dass der Schüler genau den Rat erhält, der für seine geistliche Entwicklung erforderlich ist. Der Heilige Geist wirkt durch den geistlichen Führer oft eher indirekt als konkret.«

»Aber ist es unter solchen Bedingungen nicht möglich, dass es auf Seiten des geistlichen Vaters zu Missbrauch kommt und falscher Rat erteilt wird?«, fragte ich.

»Wir sind Menschen, und Fehler sind unvermeidlich. Deshalb muss jeder, bevor er eine Beziehung zu einem geistlichen Führer eingeht, erst nachforschen und sich erkundigen, ob der Betreffende die Erfahrungen der heiligen Altväter unverfälscht wiedergibt. Wenn jemand fest an das Geheimnis glaubt, das im Namen Christi aktiviert wird, dann können wir zuversichtlich sagen, dass die Gnade des Heiligen Geistes ihn nicht im Stich lassen wird. Deshalb gilt: Auch wenn dann ein menschlicher Fehler unterläuft, wird er am Ende korrigiert werden. Gott wird für die notwendigen Umstände sorgen, damit der Schaden wiedergutgemacht werden kann.«

»Das ist wahrer Glaube«, staunte ich, während wir uns dem Außentor des Klosters näherten. Doch es war verschlossen! Wir drückten auf den Klingelknopf, aber niemand antwortete. Die Mönche waren noch bei der Vesper, und keiner konnte uns hören. Vater Maximos trug zwar normalerweise einen Schlüssel bei sich, doch den hatte er in seinem Büro gelassen. Wir setzten uns draußen neben einer öffentlichen Telefonzelle auf eine Bank und nahmen unser Gespräch wieder auf, während wir warteten, bis die Vesper vorüber war.

»Was ist dann das zweite Entwicklungsstadium eines *logismos*«, fragte ich, nachdem ich mir noch einmal die Grundcharakteristika des Ansturm-Stadiums vergegenwärtigt hatte.

»Das zweite Stadium ist gemäß den heiligen Altvätern das

Einlassen, wie sie es nennen. Damit ist die Eröffnung eines Dialogs gemeint, eines echten Austauschs mit dem *logismos*. Wenn dich ein *logismos* zum Beispiel dazu drängt, den besagten Haufen Geld zu stehlen, dann fragst du dich: ›Soll ich oder soll ich nicht? Was passiert, wenn ich ihn stehle? Was passiert, wenn ich ihn nicht stehle?‹ Das ist riskant und gefährlich. Doch selbst in diesem Stadium wird der Einzelne noch nicht dafür zur Rechenschaft gezogen, es ist noch keine Sünde begangen worden. Der Mensch kann tatsächlich einen solchen *logismos* bedenken und verschiedene Optionen abwägen, ohne dass er dafür zur Rechenschaft gezogen würde. Wenn der Mensch aber seiner Natur nach schwach ist, dann ist die Niederlage das wahrscheinlichste Resultat dieses Einlassens auf den *logismos*.«

Allmählich wurde es kühl. Ich stand auf und ging mit schnellen Schritten ein paar Mal auf und ab, um mich aufzuwärmen, während Vater Maximos fortfuhr. »Das dritte Entwicklungsstadium eines *logismos* ist das Stadium des *Einverständnisses*, wie wir sagen würden. Du bist einverstanden zu begehen, wozu der *logismos* dich drängt – in unserem konkreten Fall also, das Geld zu stehlen. Du hast eine Entscheidung getroffen. Jetzt entstehen Schuld und Verantwortung. Es ist der Anfang der Sünde. Von diesem Stadium sprach Jesus, als er sagte, wenn du eine Frau in Gedanken begehrst, dann hast du im Herzen bereits Ehebruch begangen. In dem Moment, in dem dieser Entschluss in deinem Herzen Wurzeln schlagen darf, bist du bereits drauf und dran, die Handlung in der Außenwelt zu vollziehen.«

»Handeln beginnt also im Kopf«, fügte ich hinzu.

»Ja, aber wir müssen vorsichtig sein«, warnte Vater Maximos. »Wir befinden uns immer noch im Stadium des Einverständnisses und des Begehrens. Noch hat keine Handlung stattgefunden. Dieser geistliche Krieg spielt sich immer noch auf der mentalen Ebene ab. Das müssen wir uns unbedingt vor Augen halten. Wenn ein Mensch es in einem solchen Fall fertig bringt, den Namen Gottes anzurufen und zu beichten, dann kann er die nächste Stufe vermeiden. Es ist immer noch möglich, sich durch das Eingreifen von Gottes Vorsehung und Liebe aus dem Stadium des Einverständnisses zu befreien.«

»Ich kann mir auch eine andere Möglichkeit vorstellen«, warf ich ein. »Nämlich, wenn ein Mensch aufgrund der Umstände die Handlung nicht ausführen kann. Es kann sich ja jemand brennend wünschen, Geld zu veruntreuen oder Ehebruch zu begehen, das heißt aber noch lange nicht, dass er auch Gelegenheit dazu erhält.«

»Ganz recht. Sogar in diesem Fall befindet sich der Betreffende immer noch im dritten Stadium, dem des Einverständnisses. Doch da er der Versuchung bereits nachgegeben hat, muss er sehr aufpassen; denn wenn man einem *logismos* wiederholt nachgibt, führt das dazu, dass er irgendwann tatsächlich umgesetzt wird. Der Feind unserer Erlösung wird zu diesem Zweck für entsprechend günstige Umstände sorgen, glaube mir. Und wenn der *logismos* das Herz eines Menschen überschwemmt, wird er ihm praktisch unvermeidlich nachgeben. Dann findet die eigentliche Handlung statt ...«, fuhr Vater Maximos fort, doch ich unterbrach ihn.

»Bevor wir zum nächsten Stadium kommen, erklären Sie mir bitte Folgendes: Ist der Mensch gemäß der Lehren der heiligen Altväter in gleichem Maße dafür zur Rechenschaft zu ziehen, ob er, sagen wir einmal, unbedingt stehlen will oder ob er tatsächlich stiehlt?«

»Nein. Vom Stadium des brennenden Verlangens bis zur eigentlichen Handlung ist es immer noch ein weiter Weg«, erwiderte Vater Maximos. Er dachte an etwas und musste kichern. »Deine Frage erinnert mich an eine Anekdote aus dem Leben des Heiligen Johannes Chrysostomos. Zu seiner Zeit, im 4. Jahrhundert, behaupteten einige sehr strenge christliche Zeloten, die selbst keinerlei geistliche Erfahrung hatten, wenn der Mensch einem *logismos* nachgebe, dann sei das gerade so, als habe er die Tat bereits begangen. Sie haben Jesu Worte über den Ehebruch falsch gedeutet, weißt du. St. Johannes versuchte vergeblich, sie davon zu überzeugen, dass dem nicht so sei. Ja, durch den *logismos* begeht man im Geiste eine Sünde, aber dies geschieht in einem anderen Stadium. Deshalb wird man dafür weniger streng zur Rechenschaft gezogen.

Als Johannes Patriarch von Konstantinopel war«, fuhr Vater Maximos fort, »lud er diese Zeloten zu einem üppigen Bankett ein. Die Köche in seinem Patriarchat wies er an, die lukullischsten Speisen zuzubereiten. Seinen Gästen ließ er außerdem die Nachricht überbringen, sie sollten tagsüber nichts zu sich nehmen, denn es gäbe bei Tisch reichlich gutes Essen. Sie taten wie geheißen und kamen ausgehungert zum Bankett, wo die Köche die köstlichen warmen Gerichte auftrugen. Bevor sie mit dem Mahl begannen, bat Johannes sie, sich wie üblich zum Gebet zu erheben. Alle standen auf, und sein Dekan rezitierte die Psalmen. Es dauerte und dauerte. Zwanzig Minuten waren schon vergangen, und der Dekan las immer noch aus den Psalmen. Seine hungrigen Gäste hinter den dampfenden Schüsseln fragten sich, ob dieses endlose Gebet wohl je zu Ende ginge, damit sie sich setzen und essen konnten. Das Wasser lief ihnen im Munde zusammen vor Verlangen. Endlich war das Gebet vorbei. Da sagte der heilige Johannes seinen Gästen: ›Ihr dürft nun gehen.‹ Sie waren schockiert und verwirrt. ›Warum schaut ihr alle so verblüfft?‹, fragte er sie. ›Habt ihr die Speisen nicht gesehen?‹ ›Das haben wir.‹ ›Hat es euch nicht nach ihnen verlangt?‹ ›Doch, das hat es.‹ ›Haben sich bei Euch nicht Geist und Körper infolge dieses Verlangens verändert?‹ ›Doch.‹ ›Nun‹, sagte er zu ihnen, ›dann war es doch ganz so, als hättet ihr die Speisen gegessen!‹

Mit diesem Streich«, fuhr Vater Maximos fort, »gelang es Johannes Chrysostomos, diese strengen, aber geistlich unerfahrenen Christen davon zu überzeugen, dass es ein großer Unterschied ist, ob man eine Sünde in seinem Herzen begeht oder tatsächlich in die Tat umsetzt.«

»Spielt es eine Rolle, aus welchen Gründen jemand die Tat nicht begehen kann?«, fragte ich.

»Überhaupt nicht. Die heiligen Altväter wussten aus eigener Erfahrung, dass man selbst dann der siegreiche Nutznießer war, wenn man die sündige Handlung in Gedanken bereits vollzogen und alle Strategien zu ihrer Umsetzung entwickelt hatte, sie jedoch gleich aus welchen Gründen nicht in die Tat umsetzen konnte. In solchen Fällen rieten sie, sich zu vergegenwärtigen und Gott dafür zu danken, dass Er mit Seiner Vorsehung zu unseren Gunsten eingegriffen habe – dank der Gebete der Heiligen und unserer Werke.«

»Also hat der Mensch immer die Möglichkeit, es nicht zum nächsten Stadium kommen zu lassen«, betonte ich.

»Unbedingt«, bestätigte Vater Maximos. Wieder schwiegen wir ein paar Minuten. Dann begann er mit der Beschreibung des nächsten Stadiums.

»Falls ein Mensch sich aus dem letzten Stadium nicht befreien kann, folgt die Niederlage. Er wird zur Geisel des *logismos*. Sobald der Mensch einmal unterlegen ist, kehrt der *logismos* beim nächsten Mal mit größerer Kraft zurück. Dann ist es viel schwieriger, ihm zu widerstehen. Das Gleiche gilt fürs übernächste und alle weiteren Male. Die heiligen Altväter bezeichneten dieses Stadium als das der *Gefangenschaft*. Jetzt kann der Betroffene nicht mehr zurück und setzt sein Handeln immer weiter fort, so dass es zu einer sich ständig wiederholenden Gewohnheit wird.«

»Psychologen würden das als Sucht bezeichnen«, warf ich ein.

»Die heiligen Altväter stützen ihre Schlussfolgerunen und Beobachtungen auf ihre persönlichen Erfahrungen. Sie sind die Psychologen im eigentlichen Sinne des Wortes.«

»Das mag sein«, stimmte ich zu. »Schließlich akzeptiert die moderne Psychologie noch nicht einmal die Existenz der Seele, der *psyche*.«

Vater Maximos schüttelte den Kopf und stieß einen Seufzer aus, bevor er fortfuhr. »Das Endstadium in der Entwicklung eines *logismos* bezeichnen die heiligen Altväter schließlich als das der *Leidenschaft* oder der Obsession. Der *logismos* ist im Bewusstsein des Menschen, in seinem *nous*, zu einer feststehenden Realität geworden. Der Mensch wird zum Gefangenen obsessiver *logismoi*, was zu fortwährendem destruktiven Verhalten sich selbst und anderen gegenüber führt, wie zum Beispiel im Falle eines besessenen Spielers. Die heiligen Altväter gaben uns die Mahnung mit: Wenn wir uns von solchen Leidenschaften beherrschen lassen, dann ist es, als hätten wir Satan den Schlüssel zu unserem Herzen gegeben, damit er jederzeit ganz nach Lust und Laune ein- und ausgehen kann. Wir erleben, dass sehr viele Brüder und Schwestern verzweifelt darum kämpfen, ihre obsessiven Leidenschaften und Süchte zu überwinden, doch ohne großen Erfolg. Sie sind sich vollkommen bewusst, dass ihr Verhalten selbstzerstörerisch ist. Sie sind perfekt imstande, dies mit klarem Verstand zu erkennen, doch ihr Herz ist gefangen. Sie können diese negative Energie, die von ihnen Besitz ergriffen hat und sie steuert, nicht aus sich austreiben.«

»Was kann man für diese Menschen tun? Ist für sie alle Hoffnung verloren, dass sie sich doch noch von ihren destruktiven Leidenschaften befreien können?«, fragte ich.

»Durch die Gnade des Heiligen Geistes ist alles möglich, auch ihre Heilung«, antwortete Vater Maximos. Dann fasste er wie ein guter Lehrer die fünf Stadien noch einmal zusammen:

»Es gibt also fünf Entwicklungsstadien eines *logismos*«, schloss er und spreizte die fünf Finger seiner rechten Hand. »*Ansturm, Einlassen, Einverständnis, Gefangenschaft* und *Leidenschaft*. Das sind mehr oder weniger alle Stadien. Sie entwickeln sich allmählich und wachsen nach und nach in uns an, manchmal wie zu einer Lawine.«

»Bis jetzt haben wir noch nicht darüber gesprochen, wie man solchen destruktiven *logismoi* entgegentritt«, betonte ich, »wie man verhindert, dass sie sich vom Ansturm-Stadium bis zum Endstadium der Leidenschaft oder Sucht entwickeln.«

Kaum hatte ich meinen Satz beendet, da öffnete sich das Außentor des Klosters. Es war Vater Arsenios mit seinem ständigen breiten Lächeln, der erkannt hatte, dass sein Abt und ich ausgesperrt waren. »Warum sprechen wir nicht ein anderes Mal über dieses Thema«, schlug Vater Maximos vor. »Jetzt ist es schon ziemlich spät, und wir sind beide müde.« Wir traten in den Hof und gingen nach oben in unsere Zellen.

10

Strategien

Vater Maximos verbrachte den Vormittag zum größten Teil in seinem Sprechzimmer, wo er sich mit zwei jungen Männern Mitte zwanzig unterhielt. Sie waren vor zwei Wochen ins Kloster gekommen und wohnten in einer Besuchern vorbehaltenen Zelle. Damals nahm ich an, die beiden seien potenzielle Novizen, die herausfinden wollten, ob das Leben im Kloster für sie infrage käme. Aber Stephanos, der eine Art Laien-Vater für die jüngeren Mönche war und daher intime Kenntnisse darüber besaß, was im Kloster vor sich ging, sagte mir im Vertrauen, dass die beiden Neuankömmlinge schwere Drogenprobleme hatten. Sie waren mit dem Ziel gekommen, sich von ihrer tödlichen Sucht zu befreien, und es ging ihnen nicht in erster Linie um ihr Seelenheil. Vater Maximos war ihr Therapeut und das Kloster gewissermaßen ihre Entzugsklinik.

Ich saß auf der Bank vor meiner Zelle, als Vater Maximos aus seinem Büro trat und mir mit einem Winken bedeutete, zu ihnen zu kommen. Die beiden jungen Männer hatten sich bereit erklärt, in plastischen Einzelheiten zu berichten, wie sie in die Drogensucht geraten waren. Einer hatte gerade eine zweijährige Gefängnisstrafe wegen Besitzes und Gebrauchs von Kokain abgesessen. Der andere, ein hoch gewachsener ehemaliger Olympia-Sportler aus Griechenland, hatte sogar ein noch größeres Problem. »Schlechte Gesellschaft«, so sagte er, habe ihn zu allem möglichen Unfug und schließlich sogar zur Heroinsucht verleitet. Seine verzweifelten Eltern hatten ihn nach Zypern geschickt, nachdem sie von einem zypriotischen Freund von Vater Maximos' Ruf als charismatischem Altvater erfahren hatten.

Wären die Gastfreundschaft und Fürsorge, die sie im Kloster Panagia erfuhren, sowie die spirituelle Führung durch Vater Maximos nicht gewesen, wären beide wieder auf der Straße gelandet, sagten sie mir. Als ich sie fragte, ob sie überlegten, Mönche zu werden, erwiderten sie entschieden, derartige Absichten hegten sie keineswegs. Ihr vorübergehender Aufenthalt im Kloster hatte rein therapeutische Gründe. Solange sie dort waren, mussten sie jedoch den normalen Tagesablauf der Mönche einhalten, wozu auch gehörte, dass sie um halb vier Uhr morgens aufzustehen und an langen Gottesdiensten teilzunehmen, das Jesusgebet zu praktizieren, zu fasten und in den Gärten zu arbeiten hatten. Ganz offensichtlich tat ihnen diese geregelte Struktur gut, und während ihres Aufenthalts im Kloster litten die jungen Männer nicht unter Entzugserscheinungen. Vater Maximos sagte mir später, er befürchte, dass ein kurzer Aufenthalt im Kloster für ihre langfristige Rehabilitation nicht ausreichen könnte. Außerdem bedrückte ihn, zu welch ernstem Problem die Drogensucht auf der Insel mittlerweile angewachsen war und wie wenig der Staat dagegen unternahm. Er hatte den Eindruck, er müsse selbst etwas tun.

An jenem Nachmittag bat mich Vater Maximos, ihn eine halbe Stunde Weges den Berg hinunter zur Baustelle des Holy Shelter zu fahren, eines Drogen-Rehabilitationszentrums, das vor einem Jahr auf Initiative von Vater Maximos gegründet worden war. Auf der Fahrt schilderte er die Umstände, die zur Einrichtung des Zentrums geführt hatten.

Vor etwa anderthalb Jahren hatte Vater Maximos begonnen, regelmäßig einen jungen Gefangenen zu besuchen. Er wollte versuchen, ihm bei seinen Drogenproblemen zu helfen. Der junge Mann stand kurz vor der Entlassung, aber es gab keine Behörde, die sich damals um seine Wiedereingliederung hätte kümmern können. Als Vater Maximos dies erfuhr, tat er, was er am besten konnte, und betete für ihn. Dann ereignete sich im Kloster ein ungewöhnlicher Zwischenfall, den er als eine Art göttliche Intervention und die Erhörung seiner Gebete betrachtete.

»Es war am frühen Morgen des 6. Januar 1996, als in dem Moment, in dem das Tor geöffnet wurde, ein wilder Hund ins

Kloster rannte. Der Hund war außer sich. Er biss Vater Arsenios ins Bein, und als Vater Isaak einzugreifen versuchte, biss er ihn in den rechten Arm. Es war schrecklich. Schließlich gelang es uns, den Hund zum Tor hinauszujagen und es fest zu verschließen. Aber er ging nicht fort und jaulte und bellte draußen immer weiter. Es war Epiphanias, und wir waren besorgt um die Sicherheit der Menschen, die zum Frühgottesdienst kommen würden. Also riefen wir die Polizei. Die sagten lediglich, sie seien nicht dafür zuständig, streunende Hunde einzufangen, wir sollten stattdessen bei dieser und jener Behörde anrufen. Das taten wir, und was glaubst du, wie die reagiert haben? Sie schärften uns ein, dem Hund nichts zu tun und ihm ja gutes Futter zu geben. Noch bevor sie im Kloster ankamen, riefen sie mehrmals an – nicht etwa um sich zu erkundigen, ob jemand verletzt worden war, sondern ob es dem Hund gut gehe«, kicherte Vater Maximos auf seine typische Art.

»Nach diesem Erlebnis habe ich mir gedacht, wenn so viel Aufhebens um das Wohlergehen wilder Hunde gemacht wird, warum kümmert sich dann keiner darum, wie es Drogensüchtigen geht? Wenn es Heime für streunende Hunde gibt, warum sollte es dann nicht auch ein Heim für Menschen geben, die von ihrer Drogensucht geheilt werden wollten?

Dieser Vorfall mit dem Hund«, fuhr Vater Maximos fort, »brachte mich auf die Idee, mich auf die Suche nach Geld für ein Rehabilitationszentrum für Drogenabhängige zu machen. Zuerst hielt ich einen Vortrag in Nikosia. Zu meiner großen Überraschung erklärten noch am selben Abend sehr viele Menschen ihre Spendenbereitschaft, und es wurden viertausend zypriotische Pfund [umgerechnet damals etwa sechstausend Euro] gesammelt. Ich hatte keine Ahnung, was ich mit dem Geld machen sollte. Am nächsten Tag erhielt ich einen Anruf von einer fünfundsechzigjährigen Frau. Sie war Flüchtling, hatte fünftausend Pfund geerbt und wollte sie für das Projekt spenden. Also zahlten wir das gesamte Geld, das wir gesammelt hatten – bis dahin neuntausend Pfund – auf ein Sonderkonto ein.

Am Sonnabend darauf«, fuhr Vater Maximos fort, während ich den Wagen vorsichtig die holprige unbefestigte Straße entlangsteuerte, »nahm ich den ganzen Tag den Pilgern die Beichte ab. Es war später Nachmittag, als ich fertig war und erschöpft die Treppen hinunterging. Dort wartete eine Frau auf mich, die wohl zur Beichte gekommen war, wie ich annahm. Ich sagte zu ihr: ›Meine liebe Dame, ich bin sehr müde. Bitte kommen Sie ein anderes Mal.‹ Ich konnte mich kaum noch auf den Beinen halten. ›Aber Vater‹, insistierte sie, ›ich möchte mit Ihnen über eine sehr wichtige Angelegenheit sprechen.‹ ›Es tut mir wirklich leid, aber ich kann Ihnen nicht helfen‹, erwiderte ich. Ich sah, dass noch zwei weitere Frauen auf der Treppe saßen und nahm an, dass auch sie zur Beichte gekommen waren. ›Vater‹, verkündete sie, ›wir würden gerne eine Spende für das Zentrum machen, das Sie gründen.‹ ›Vielen Dank. Aber könnten Sie das Geld bitte Vater Arsenios geben. Er stellt Ihnen dann eine Spendenbescheinigung aus.‹ ›Aber Vater‹, sie ließ nicht locker. ›Ich spreche von sehr viel Geld.‹ Ich dachte, sie meinte irgendetwas um hundert Pfund. ›Vater, Sie verstehen nicht‹, sagte sie. ›Ich spreche von einer halben Million Pfund!‹ [Umgerechnet damals etwa achthunderttausend Euro.] Ich erstarrte. Sie wiederholte: ›Haben Sie mich verstanden? Pfund, nicht Drachmen.‹ ›Meinen Sie das wirklich ernst‹, fragte ich, ›oder ziehen Sie mich auf?‹ ›Sehen Sie die beiden Damen dort auf der Treppe?‹, erwiderte sie. ›Wissen Sie denn nicht, wer sie sind?‹ Woher sollte ich wissen, dass es sich um die Ehefrauen griechischer Reeder handelte? Sie hatten von dem Projekt gehört und waren nach Zypern gekommen, um zu helfen. Noch am selben Tag sagte jede eine viertel Million Pfund zu.

Am Tag danach«, fuhr Vater Maximos fort, während ich weiterfuhr und ungläubig den Kopf schüttelte, »besuchten ein sehr wohlhabender Zypriote und seine Frau das Kloster. Als sie von der Spende erfuhren, boten sie von sich aus eine weitere viertel Million Pfund an, ohne dass sie darum gebeten worden wären.«

»Unglaublich!«

»Kyriaco«, sagte Vater Maximos in vollem Ernst und wandte sich mir zu, »wohlhabende Freunde dieses Paares sagten weitere hunderttausend Pfund zu. Innerhalb von nur einer Woche hatten wir ohne jegliche Anstrengung von unserer Seite eine Million Pfund gesammelt.«

Vater Maximos fügte hinzu, das Kloster habe für das Projekt sein bestes Stück Land, mehrere Kilometer talwärts gelegen, eingebracht, und der Bau stehe nun kurz vor der Vollendung. »Jetzt haben wir nur noch das Problem, Spender für die Kosten des laufenden Betriebs zu finden.«

»Das ist ein großes Problem. Wie wollen Sie es angehen?«, fragte ich, während wir auf die Baustelle zufuhren.

Mit einem breiten Lächeln antwortete er: »Noch mehr beten.« Vater Maximos glaubte fest daran, dass der Allmächtige in der einen oder anderen Form darauf reagiert, wenn Menschen aufrichtig und aus ganzem Herzen beten.

Das Rehabilitationszentrum für Drogenabhängige lag mitten in einem uralten Olivenhain. Dieser strahlte eine heitere Ruhe aus und war genau der richtige Ort für seinen Zweck. Das zweigeschossige quadratische Gebäude war nahezu fertig; mit seinem großen Innenhof und traditionellen Rundbögen überall sah es aus wie ein Kloster. Vater Maximos legte besonders großen Wert auf die Ästhetik und achtete sehr darauf, dass das Gebäude sich in die umgebende Landschaft fügte. »Weißt du«, sagte er, während er mich herumführte, »das hier wäre der ideale Ort für ein Seminar gewesen.«

»Na gut, dann beten Sie noch ein bisschen mehr, und man weiß ja nie, vielleicht taucht wie aus dem Nichts ein Spender auf«, witzelte ich.

Die beiden Arbeiter, die an dem Gebäude letzte Hand anlegten, freuten sich, Vater Maximos zu sehen und boten uns etwas Alkoholfreies zu trinken an. Sie holten zwei Stühle, und Vater Maximos und ich saßen neben dem Gebäude unter einem uralten Olivenbaum. Laut einem der Arbeiter, der aus einem Dorf in der Nähe kam, schätzte man das Alter dieses Baumes auf etwa achthundert Jahre. Dort saßen wir, nippten an unserer Orangenlimonade und genossen den Anblick der alten Olivenbäume als betrachteten wir ein prachtvolles Ölgemälde.

»Vielleicht«, so schlug ich vor, »ist dies der richtige Zeitpunkt und der passende Ort, um unser unabgeschlossenes Gespräch über die *logismoi* wieder aufzunehmen. Bis jetzt haben wir noch nicht darüber gesprochen, wie wir uns gegen negative *logismoi* wehren können und wie wir mit ihnen umgehen sollen, falls sie unser Denken doch beherrschen.«

Vater Maximos dachte ein paar Sekunden nach. »Ich erinnere mich, dass einmal ein Pilger einen Einsiedler auf dem Athos nach diesem Problem der *logismoi* gefragt hat. ›Vater, mich plagt eine wahre Flut von *logismoi*‹, klagte er, ›insbesondere beim Gottesdienst in der Kirche. Ich habe so viele negative *logismoi*, blasphemische *logismoi* gegen Gott, gegen die Mysterien, gegen die Priester, dass ich davonlaufen könnte. Ich kann das nicht ertragen. Mir ist, als stünde ich in Flammen. Was kann ich tun?‹ Der Eremit wies zum Himmel und antwortete: ›Weißt du, wem diese Dinger ähneln?‹ Bei ihrem Gespräch hörten sie einen Militärjet, der über den Athos donnerte …«

»Ich dachte, der griechische Staat lasse keine Überflüge über die Athos-Halbinsel zu?«, unterbrach ich ihn.

»Das war, bevor dieses Gesetz in Kraft trat. Auf jeden Fall erklärte der Altvater dem Pilger: ›Genau dem da oben ähneln diese *logismoi*. Das Flugzeug, das den ganzen Lärm und die Unruhe verursacht, kann nicht auf dem Athos landen, weil wir hier keinen Flugplatz haben. Wenn wir nicht zulassen, dass ein *logismos* in der Tiefe unseres Herzens und unseres Verstandes landet, dann sollten wir keine Angst vor ihm haben, selbst wenn er uns eine Zeit lang mit seiner Anwesenheit quält. Wir dürfen nicht wehklagen und uns an die Brust schlagen, weil ein Flugzeug über das Dach unseres Haues hinweggeflogen ist. Sorgen sollten wir uns erst machen, wenn das Flugzeug auf unser Haus stürzt‹«, scherzte Vater Maximos und zog eine witzige Grimasse.

»Die heiligen Altväter behaupten also«, fügte ich hinzu, »dass die beste Strategie im Umgang mit lästigen *logismoi* darin besteht, sie einfach zu ignorieren.«

»Genau. Unsere erste Verteidigung gegen destruktive *logismoi* ist völlige *Gleichgültigkeit*. Das ist die gesündeste und effektivste Methode, um sie gleich im Keim zu ersticken. Ignoriere sie völlig. Beginne nie ein Gespräch mit diesen Eindringlingen. Lasse dich erst gar nicht auf sie ein, weder aus Neugier noch aus Vertrauensseligkeit. Das wäre ein taktischer Fehler. Es ist, als ließest du dich auf ein Gespräch mit einem sterblichen Feind ein, der wesentlich stärker ist als du. Wenn du einem *logismos* Aufmerksamkeit schenkst, musst du wissen, dass er dadurch immer dreister wird. Dann dringt er mit immer noch lauterem Getöse in dein Herz ein. Die beste Strategie in der Auseinandersetzung mit einem *logismos* ist daher völlige Missachtung. Achte nicht darauf, was er dir sagt und wozu er dich drängt.«

»Das ist ein vernünftiges Prinzip, das man nicht nur gegenüber aufdringlichen *logismoi* anwenden kann, sondern auch wenn man von anderen provoziert wird.«

»Ja, ganz genau, solange du dir dabei bewusst bist, dass Menschen keine *logismoi* sind, sondern diese hervorbringen. Stelle dir einfach vor«, fuhr Vater Maximos fort und versuchte die Methode der Gleichgültigkeit zu illustrieren, »du bist zu Hause, hast Fenster und Türen fest verschlossen, und draußen brüllt einer Schimpfwörter und fordert dich auf, herauszukommen und dich mit ihm zu prügeln. Er kann nicht herein. Er ist lediglich draußen und schleudert dir Beleidigungen an den Kopf. Er droht dir und greift dich verbal mit allen erdenklichen Beschimpfungen an, um dich damit zu einer Reaktion und zum Verlassen des Hauses zu bewegen. Die beste Strategie für dich ist, das Ganze einfach abzuschütteln. Achte nicht darauf. Höre nicht hin. Bleibe einfach im Haus und sei gewiss, dass du mit dem Menschen da draußen nichts zu tun hast. Lasse ihn so lange schreien wie er will. Solange du im Haus bleibst und Fenster und Türen fest verschlossen hältst, kann er dir nichts tun. Noch einmal, diese Geisteshaltung haben die heiligen Altväter als Strategie der Gleichgültigkeit bezeichnet. Es ist die beste Methode zur Bekämpfung von *logismoi.* Sperre sie einfach aus.«

»Aber gibt es nicht auch Situationen, in denen man einen *logismos* einfach nicht ignorieren kann, in denen man reagieren muss?«, fragte ich.

»Wie du weißt, gibt es natürlich zu jeder Regel auch eine Ausnahme. In Fällen, in denen negative *logismoi* an Grundprinzipien des Glaubens, wie etwa an der Existenz Gottes, rütteln, sollte man vielleicht die entgegengesetzte Strategie verfolgen, nämlich aktive Gegenwehr.«

»Ich hätte angenommen, dass insbesondere unter solchen Umständen Schweigen die beste Strategie wäre«, sagte ich.

»Nein, nicht immer. Lasse mich erklären, warum. Nehmen wir einmal an, ein *logismos* quält dich mit der ständigen Einflüsterung, dass es keinen Gott gibt. Du gehst zur Kommunion, und der *logismos* schleicht sich an und sagt: ›Was machst du hier? Es gibt keinen Gott. Was ist das für ein Unsinn, Wein zu trinken und Brot zu essen und es als Leib und Blut Christi zu bezeichnen. Ist das ein kannibalisches Ritual, ein Überbleibsel einer längst vergangenen Zeit? Diese Bräuche haben die Priester doch bloß als Arbeitsbeschaffungsmaßnahme für sich selber ausgeheckt.‹ Oder nehmen wir einmal an, sie sagen dir, die Bibel sei keine göttlich inspirierte Schrift, sondern nur ein Buch, das die Menschen dumm und gefügig machen soll. Dann musst du mit Gegenargumenten reagieren wie zum Beispiel: ›In Ordnung, wenn du sagst, es gibt keinen Gott, kannst du mir dann auch erklären, wie das Universum entstanden ist?‹ Wenn es um die Grundprinzipien des Glaubens geht, musst du unter Umständen reagieren.

Diese Vorgehensweise ist natürlich leicht für die«, fuhr Vater Maximos fort, »die den Zustand der *apathia* erreicht haben, das heißt, die sich von irdischen Leidenschaften und Wünschen geleert und gereinigt haben. Solche Menschen, die sich aktiv gegen *logismoi* zur Wehr setzen, können mit ihnen debattieren und sie schlagen. Schließlich hat auch Jesus Satan nicht ignoriert, als er sich Ihm in der Wüste entgegenstellte. Er widersprach ihm. Er wandte die *Gegenwehr*-Methode an und setzte dazu genau dieselben Strategien ein, die auch Satan benutzte. Zum Beispiel zitierte Satan verschiedene Auszüge aus der Heiligen Schrift, und Christus antwortete ihm mit anderen Auszügen aus der Schrift. Mit dieser Methode errang er den Sieg.

»Aber natürlich eignet sich diese Strategie nicht für Anfänger«, fügte Vater Maximos hinzu. In aller Regel ist es besser, von Anfang an eine Haltung völliger Gleichgültigkeit beizubehalten.«

Vater Maximos stand auf und streckte sich. Er schlug vor, einen Spaziergang zu machen und die Strahlen der untergehenden Sonne zu genießen, die durch die Blätter der Olivenbäume schimmerten.

»Was ist, wenn ich trotz allen Bemühens den negativen *logismos* nicht vertreiben kann und drauf und dran bin, nachzugeben und ihm zuzustimmen?«, fragte ich weiter, während wir gemütlich dahinschlenderten. »Was dann?«

»In solchen Fällen schlagen die heiligen Altväter ein Spiel vor, das du mit deinem Verstand spielen kannst.«

»Ein Spiel?«

»Ja, gib deinem Verstand einen *Spaltlogismos* ein, wie sie sagen. Das heißt, greife zu einem anderen *logismos* und konzentriere dich auf diesen. Ein Eremit hat mir einmal erzählt, er habe einen besonders quälenden *logismos* dadurch vertrieben, dass er die Kerzen auf dem Kronleuchter zählte, der in der Mitte der Kirche hängt.

Wenn also der *logismos* nicht weichen will«, fuhr Vater Maximos fort, »raten die Altväter, sich auf etwas anderes zu konzentrieren, auf irgendetwas Unsinniges oder Unbedeutendes. Es ist eine List, mit der man den Verstand austricksen kann. Denke stattdessen an etwas Lächerliches, um dadurch die Macht und Energie des *logismos* zu untergraben, der dich quält. Mit dieser Methode kannst du nach und nach die Energie und die Kraft des *logismos* verringern. Wenn er dann beim nächsten Mal wiederkommt, ist er schon schwächer.«

»Für mich sind Körperübungen wie zum Beispiel schnelles Gehen in den Wäldern von Maine eine effektive Methode zum Umgang mit solchen *logismoi*.«

»Gut. Die Natur wirkt immer heilsam auf uns, besonders Bäume.«

»Mutter Gabrielia[37] rät sogar, einen Baum zu umarmen, wenn man müde ist«, fügte ich hinzu. »Das lade einen mit frischer Energie auf.«

»Gut. Ich muss ebenfalls sagen«, fuhr Vater Maximos fort, »dass die heiligen Altväter körperliche Arbeit als eine effektive und praktische Methode zur Bekämpfung der *logismoi* betrachten.«

»Ist das der Grund, warum die Mönche immer arbeiten, wenn

37 Schwester Gabrielia, E Asketike tes Agapes.

sie nicht gerade beten?«, fragte ich. Mir war aufgefallen, dass es keine Zeit für Hobbys oder zur Unterhaltung gab. Wenn im Tageslauf der Mönche im Kloster Panagia überhaupt einmal Freizeit entstand, dann wurde diese entweder zum Schriftstudium oder zum Gebet genutzt. Diese Strenge soll verhindern, erklärte mir Vater Nikodemos einmal, als ich ihm in der Bibliothek zur Hand ging, dass der Geist durch die Dinge dieser Welt abgelenkt und der Gnadenstrom im Einzelnen unterbrochen wird. Jeder Augenblick muss durch immerwährendes Gebet produktiv »zur Erlangung des Heiligen Geistes« genutzt werden.[38] »Die Arbeit, die die Mönche auf den Feldern verrichten, dass sie sich um die Obst- und Gemüsegärten kümmern, dient nicht nur der materiellen Versorgung«, fügte Vater Maximos hinzu und wies mit einer ausholenden Geste über die Felder, die das Holy Shelter umgaben. »Sie ist auch eine Form geistlichen Tuns.« Er dachte ein, zwei Sekunden nach. »Das erinnert mich an eine Episode aus dem Leben von Antonios dem Großen, dem Wüstenvater aus dem 3. Jahrhundert. Als er das Stadtleben aufgab und in die Wüste ging, um ganz alleine in dieser völligen Stille zu leben, stieß er auf das Problem der *logismoi*, die auf ihn einstürmten. Unerfahren, wie er damals noch war, fühlte er sich verlassen und verunsichert. Er ertrank förmlich in seinen *logismoi*. Da er noch nichts über geistliche Kriegsführung wusste, verfiel er in eine tiefe Depression und Verzweiflung. Unablässig betete er zu Gott, er möge ihn lehren, wie er die Myriaden *logismoi* überwinden könnte, die ihn quälten. Da sah er im Gebet in einiger Entfernung einen anderen Eremiten, der ebenfalls betete. Er beobachtete, dass der andere Eremit eine Zeit lang betete und dann aufstand, zu einer Spitzhacke griff und das Land beackerte, seine Wohnstatt putzte, Steine brach, Unkraut jätete, Körbe flocht und so weiter. Dann hielt er inne und nahm das Gebet wieder auf. Danach ging er erneut an die Arbeit. Dieser Kreislauf wiederholte sich ein ums andere Mal. In Wirklichkeit aber war der andere Eremit ein von Gott gesandter Engel, der Antonios den Großen darin unterweisen sollte, wie er als Eremit zurechtkäme.

38 I. M. Kontzevitch, The Acquisition of the Holy Spirit, St. Herman of Alaska Brotherhood 1996

Dieses Erlebnis lehrte ihn, dass körperliche Arbeit, insbesondere Arbeit mit Land und Erde, Menschen gut tut, die unter *logismoi* leiden, die sie mit anderen Mitteln nicht überwinden können. Durch körperliche Arbeit kann man nach und nach seine *logismoi* überwinden und allmählich seine geistige und spirituelle Gesundheit wiedererlangen.«

»Wenn ich mich nicht täusche«, betonte ich, »hat auch die konventionelle Psychotherapie die wohltuende Wirkung bestimmter Tätigkeiten, wie zum Beispiel der Feldarbeit, erkannt. Irgendwo habe ich sogar gelesen, dass man auf Kuba Insassen einer Nervenheilanstalt zur Arbeit eingeteilt hat, weil man gemäß der marxistischen Ideologie an die erlösende Kraft der Arbeit glaubte. Nach Marx«, so sagte ich, »kann man kein ganzer Mensch sein, wenn man nicht schöpferisch tätig sein darf.«

Vater Maximos deutete auf die Felder um das Zentrum und erklärte, zum Rehabilitationsprogramm für die Bewohner des Holy Shelter gehöre auch die Feldarbeit. »Hier haben wir also noch ein Gebiet«, sinnierte er, »auf dem Marxisten und Eremiten etwas gemeinsam haben.« In ernsterem Ton fuhr er dann fort: »Es ist wirklich schrecklich, wenn man mitansehen muss, wie Menschen im Bann eines destruktiven *logismos* stehen, der von ihrem Verstand Besitz ergriffen hat. Manchmal ist es wirklich unglaublich. Bei der Beichte begegnen mir Menschen, die sich an die Brust schlagen und unter bitteren Tränen erklären: ›Ich will das gar nicht tun, ich will es nicht. Es zerstört mich: Ich bin hilflos.‹ Und noch im selben Moment, in dem sie aus der Beichte kommen, gehen sie hin und tun genau dasselbe, wovon sie noch vor Minuten geschworen haben, sie wollten es nie wieder tun. Weißt du, warum? Weil ihr Verstand eine Geisel des *logismos* geworden ist. In diesem Fall könnte ihnen vielleicht ein Spaltlogismos helfen.«

»Sie haben bis jetzt das Gebet noch gar nicht erwähnt«, gab ich zu bedenken. »Ist das nicht auch eine Möglichkeit, sich vor lästigen *logismoi* zu schützen?«

»Das versteht sich von selbst. Das ist natürlich die effektivste Methode. Es ist die stärkste Waffe, die uns als Christen zur Verfügung steht. Und das wichtigste Gebet ist das *Efche*, die wiederholte Anrufung des Namens Christi, das ›Herr Jesus Christus, Sohn Gottes, erbarme dich meiner.‹ Halte dir stets vor Augen, dass die Teilnahme an den Mysterien und an der Tradition der *Ekklesia* eine Form geistlicher Nahrung ist, die bis in unser Inneres dringt und unsere Seele stärkt, so dass sie die *logismoi* überwinden kann. Diese Art der geistlichen Arbeit bezeichnen wir als *askesis* und meinen damit Gebet, Fasten, Beichte, Kommunion, das Studium des Wortes Gottes und des Lebens der Heiligen, schlaflose nächtliche Gebetswachen und so weiter. Alle diese Arbeit führt zur Stärkung der Seele, weil sie dann gleichsam von der Göttlichen Gnade umarmt wird. Auf diesem Weg erlangt die Seele geistliche Gesundheit.« Danach schwieg Vater Maximos eine Zeit lang nachdenklich.

»Eine Sache müssen wir uns in Bezug auf das wiederholte Sprechen des Gebetes als Methode zur Überwindung von *logismoi* vor Augen halten«, sagte Vater Maximos sanft, als wir den Rückweg zum Wagen einschlugen. »Man sollte nicht unmittelbar nach dem Ansturm lästiger *logismoi* auf das Gebet zurückgreifen.«

»Warum nicht?«, fragte ich verwundert.

»Ich weiß, was ich gleich sagen werde, mag paradox klingen. Doch ein automatischer Rückgriff auf das Gebet könnte gegenteilige Wirkung haben. Es könnte den Menschen in extreme seelische Qualen stürzen und zum Verlust der Selbstbeherrschung führen. Der alte Paisios hat uns immer gesagt, wer in der Auseinandersetzung mit einem *logismos* sehr schnell auf das Gebet zurückgreift, gleicht einem verängstigten Soldaten in der tobenden Schlacht. Gelähmt vor Angst, hält er sein Gewehr krampfhaft im Anschlag. Um sich selbst einzureden, er habe keine Angst, sagt er immerzu: ›Heilige Jungfrau, hilf mir; Heilige Jungfrau, hilf mir.‹ Dabei zittert er von Kopf bis Fuß, sitzt völlig unbeweglich da, unfähig zu kämpfen oder auch nur zu atmen.«

Vater Maximos lachte. »Das erinnert mich an den Zahnarzt, den wir auf dem Berg Athos hatten«, sinnierte er. Im selben Moment, in dem er uns in den Mund schaute, seufzte er stets, bekreuzigte sich und fing an zu klagen: ›Heilige Jungfrau! Bitte hilf uns. Möge Gott Seine Hand über das da halten.‹

Bevor jemand bei der Begegnung mit einem lästigen *logismos* zu beten anfängt, muss er versuchen, der Situation rational Herr zu werden. Auch dann ist es am besten, möglichst die Strategie der völligen Gleichgültigkeit anzuwenden.«

»Wann sollte man dann beten?«

»Bete, aber nicht, solange du in Panik bist. Nicht genau in dem Moment, in dem du Krieg gegen einen *logismos* führst, der dich außer Gefecht setzt. Unter diesen Umständen bist du sehr anfällig für die Machenschaften des Widersachers. Das Gebet tut seine Wirkung in den tiefsten Tiefen des menschlichen Herzens und führt zu wahrer geistlicher Gesundheit. Doch es sollte kein Ersatz für den Gebrauch unserer Vernunft und Willenskraft im Umgang mit *logismoi* sein. Es sollte nicht in einem Zustand der Panik praktiziert werden. Sonst verhalten wir uns wie der vor Angst gelähmte Soldat im Beispiel des alten Paisios.«

»Mir gefällt, was Sie gerade gesagt haben«, betonte ich. »Es zeigt, dass systematisches geistliches Tun kein Ersatz für Vernunft, Eigeninitiative und Freiheit sein muss, wie manche Religionskritiker immer behaupten.«

»Natürlich sollte es kein Ersatz für die Vernunft sein«, entgegnete Vater Maximos. »Da wir gerade vom alten Paisios sprechen, mir kommt da eine Episode in den Sinn, über die ich jedes Mal wieder lachen muss, wenn ich an sie denke. Er und ich lasen zusammen die Vesper in einer kleinen Kapelle neben seiner Einsiedelei. Danach ging er in sein Zimmer, um mit einem Pilger zu sprechen, während ich mich im Altarraum aufhielt. Plötzlich sah ich durch das Fenster, dass der alte Paisios nach draußen rannte. Er sah aus, als sei ihm schlecht. Ich bemerkte, dass er sich übergeben musste und eilte ihm zu Hilfe. ›Was ist los, *Geronta* [Altvater]?‹, fragte ich. ›Ist Ihnen schlecht? Soll ich Ihnen etwas Wasser bringen?‹ ›Ach, es ist nichts‹, sagte er. ›Mir ist nicht schlecht.‹ ›Aber was ist passiert?‹, fragte ich. ›Was soll ich dir sagen. Ich habe gerade etwas gehört …‹

Passiert war Folgendes«, erklärte Vater Maximos: »Der Mann, der zu ihm gekommen war, muss etwas geschildert haben, was er getan hatte, und der alte Paisios hatte sich die Sünde vor seinem geistigen Auge ausgemalt und konnte sie nicht ertragen.

Deshalb wurde ihm schlecht. Ein anderes Mal«, fuhr Vater Maximos fort, »begann ich ihm zu erzählen, was ich in der Beichte gehört hatte. Er unterbrach mich: ›Halt. Genug. Ich kann mir das nicht länger anhören. Immer wenn ich solche Sünden höre, dann ist mir, als müsse ich alles, was ich an dem Tag gegessen habe, wieder rückwärts vespern.‹«

»Wie konnte er so sensibel sein?«, wunderte ich mich. »Ich würde doch annehmen, dass jemand mit einer so umfassenden geistlichen Ausbildung sich nicht so sehr davon berühren lässt.«

»Er hat sich nicht davon berühren lassen. Der Geist eines Menschen, der sich von den niederen Leidenschaften befreit hat, wird nicht mehr zulassen, dass sich ein gemeiner *logismos* einschleicht und seinem Denken aufdrängt. Auf dieser Stufe kann man sich – wie es beim alten Paisios der Fall war – aus reiner Neugier sagen: ›Wollen wir doch mal sehen, was es heißt: diesen oder jenen *logismos* zu haben.‹ In jenem bestimmten Fall war es ein sehr provokativer, banaler *logismos*. Der alte Paisios konnte es einfach nicht fassen. Sein Körper hat ihn rundweg abgelehnt.

Der reine Mensch, der befreit ist von sündigen Leidenschaften, erträgt solche *logismoi* nicht einmal als Gemälde auf einer Leinwand, als Bild vor seinem inneren Auge. Andererseits begeht ein Mensch, dessen Verstand gemeinen *logismoi* nachgegeben hat und der nun ihr Gefangener ist, Sünden mit ›manischer Intensität‹, wie der Heilige Johannes Chrysostomos sagte. Der Verstand eines solchen Menschen steht im Bann der Leidenschaft, er ist voll und ganz Geisel der Sünde. Wie ein Drogenabhängiger wird er davon angezogen und kann nicht anders.«

Als wir ins Auto stiegen und uns auf die Rückfahrt über die Schotterstraße zum Kloster machten, wiederholte Vater Maximos noch einmal, dass regelmäßiges und systematisches Beten die beste Übung zur Erlangung geistlicher Gesundheit sei: Es helfe dem Verstand, sich gegen zudringliche *logismoi* zu wehren. »Wenn unser Herz vom Gebet bewacht wird«, sagte er, »dann kann sich ihm kein Bild oder negativer *logismos*, der uns über den Weg läuft, einprägen.

Die heiligen Altväter«, fuhr er fort, »wurden Zeuge entsetzlicher sündiger Szenen, aber sie waren darüber nicht entrüstet. Sie ließen sich nicht zur Sündhaftigkeit verleiten. Nichts konnte sie persönlich berühren. Doch sie vergossen bittere Tränen über das Dilemma der Menschen – erschaffen nach dem Bilde Gottes und doch so tief gefallen – und beteten für sie. Du wirst bemerken, dass Menschen, die regelmäßig beten, mit der Zeit ihrer niederen Leidenschaften Herr werden. Weißt du, das Gebet wirkt auf geheimnisvolle Weise in Herz und Verstand der Menschen und bringt sie nach und nach mit Gottes Liebe in Berührung. In dem Moment, in dem ein Mensch eine Kostprobe von der Kraft der göttlichen Liebe erhält, werden alle anderen Erfahrungen auf dieser Welt im Vergleich dazu belanglos.«

»Reicht das Gebet an sich bereits zur geistlichen Entwicklung eines Menschen aus?«, fragte ich erstaunt.

»Wie ich dir bereits gesagt habe, sind zusätzlich zum Gebet die Lektüre und das Studium der Heiligen Schriften, wie etwa des Wortes Gottes in den Evangelien, sowie des Lebens und Wirkens der heiligen Altväter von entscheidender Bedeutung. Sie tragen dazu bei, dass unser Verstand mit geistlichen Inhalten genährt wird, was die Inhalte Wut, Neid, Gier und andere derartig gemeine Gefühle verdrängen kann.«

Weiter führte Vater Maximos aus, durch die Lektüre göttlich inspirierter Literatur erzeugten wir in unserer Psyche spirituelle Antikörper, die die destruktiven geistigen Viren negativer *logismoi* bekämpfen könnten. Schriften wie die Bibel und die Werke der heiligen Altväter seien unter der Inspiration und der Anleitung des Heiligen Geistes geschrieben worden. Wer sie studiert, hat auf mystische Weise an dieser Göttlichen Gnade teil. Die Seele wird mit Gnade genährt, selbst wenn der Lesende die Bedeutung dessen, was er liest, nicht versteht. »Allein durch das Lesen dieser Schriften«, behauptete er, »wird der Mensch durch die Gnade, die in die Worte als solche eingebettet ist, geistlich gestärkt.«

»Dasselbe Prinzip muss auch für Menschen gelten, die an heiligen Ritualen teilnehmen«, brachte ich vor. »Sie verstehen vielleicht nicht, was gesagt wird, aber die geistlichen Energien, die dabei erzeugt werden, berühren sie auf subtile Art und Weise.«

»Genau. Darüber hinaus gibt es weitere Möglichkeiten, sich

von negativen *logismoi* zu reinigen. Für Christen ist dies, wie ich bereits gesagt habe, die Teilnahme an den Mysterien der *Ekklesia*. Außer der Taufe, die normalerweise in früher Kindheit gespendet wird, sind die wichtigsten Mysterien die Beichte und die Kommunion. Durch die Beichte wird der Mensch gedemütigt, und durch Demut erlangt man wahre *metanoia*, die geistige Wandlung in Gestalt tiefer Reue und Umkehr. Das führt zur Aufhebung des Egoismus, der wiederum die Urwurzel der *logismoi* ist. Außerdem geht der Mensch durch das Sakrament der Heiligen Kommunion eine tiefe Verbindung zu Christus ein. Wenn ein Mensch das Stadium wahrer Demut erreicht hat, dann können *logismoi* ihn nicht berühren. Legionen von *logismoi* können auf ihn einstürmen und bleiben doch wirkungslos, wie es bei den Heiligen der Fall ist.

Natürlich«, fügte Vater Maximos hinzu, »spielen die *logismoi* eine wichtige Rolle bei der geistlichen Entwicklung der Menschen.«

»Ich bin überrascht, dass Sie dem ›Teufel‹ auch sein Verdienst zugestehen«, rief ich lachend aus.

Vater Maximos erklärte daraufhin ausführlich: »Negative *logismoi* dienen recht häufig Gottes Plan. Nicht weil etwa Gott selbst sie ersänne, sondern weil sie möglicherweise die einzige Möglichkeit sind, wie stolze Menschen Demut erlangen können. Denn weißt du, die *logismoi* können uns großes Leid, bittere Erfahrungen und tiefen Schmerz zufügen.«

»Ich habe das Werk eines Altvaters vom Athos gelesen«, fügte ich hinzu, »der behauptet, jeder, der nicht aus eigenem Willen demütig wird, werde vom Teufel gedemütigt.«

»Ja, dieses Sprichwort ist auf dem Athos sehr bekannt. Satan ist immer bereit, uns zu helfen. Deshalb lernen wir, gesenkten Kopfes durchs Leben zu gehen.«

Es war schon fast dunkel, als wir wieder in die Nähe des Klosters kamen, und das Licht war bereits an. Da uns nur noch ein paar Minuten für uns alleine blieben, beeilte ich mich, unser Gespräch über die Strategien zur Überwindung von *logismoi* abzuschließen.

»Vater Maxime, wir haben noch nicht darüber gesprochen,

welche Schritte man unternehmen kann, um sich zu befreien, wenn der Verstand von destruktiven, negativen *logismoi* übernommen worden ist. Was passiert, wenn man in einer obsessiven Sucht feststeckt?«

»Das Wichtigste ist, dass man sich sofort von den Ursachen der Leidenschaft lossagt.«

»Leichter gesagt als getan«, gab ich zurück.

»Die heiligen Altväter lehren«, erklärte Vater Maximos, »dass man zunächst eine gründliche Diagnose der Ursachen des Problems erstellen und sich dann von ihnen lossagen soll.«

»Aber wenn man das so einfach könnte, dann wäre es kein Problem.«

»Ich will dir ein Beispiel nennen. Nehmen wir einmal an, du wärest Alkoholiker, hättest einen Entzug hinter dir und glaubst, du hättest dein Alkoholproblem mehr oder weniger überwunden. Wenn du wirklich nicht mehr trinken willst, dann musst du dich von allem fernhalten, was dich an Alkohol erinnert. Gehe nicht in eine Bar und glaube, dass du dort nur Orangensaft trinken wirst. Gehe nicht auf Partys, auf denen getrunken wird. Halte dich von der Ursache deiner abhängig machenden Leidenschaft fern. Werde nicht übermütig und glaube, du könntest widerstehen, weil du dich nun stark fühlst. Die heiligen Altväter sagen, dass du die Orte meiden musst, an denen deine Leidenschaft ihren Ursprung hat. Halte dich um jeden Preis von ihnen fern. Ziehe um. Bleibe nicht an Orten, die dich an die Geschichten erinnern, die zu deiner Gefangenschaft in der Sucht geführt haben. Alles, was dich an deine Leidenschaft erinnert, ist eine potenzielle Falle.«

Ich fand es sehr interessant, Vater Maximos' Ausführungen zum Thema Sucht zuzuhören, die perfekt mit heutigen therapeutischen Prinzipien übereinstimmten. In einem früheren Gespräch hatte Vater Maximos abhängig machende Leidenschaften als *philepistrofa* bezeichnet. Das bedeutet, dass sie die Tendenz haben, zu einem Menschen zurückzukehren, der einmal unter ihrem Einfluss stand. Einmal beichtete ihm einer seiner Laien-Schüler, er sei beim spätabendlichen Fernsehen versehentlich an einen Porno-Sender geraten. Daraufhin sei er die ganze Nacht aufgeblieben und habe die Filme angeschaut. Vater Maximos wies ihn an, sofort seinen Fernseher abzuschaffen. Der Grund war, dass dieser Mensch in seiner Jugend ein ausschweifendes Leben geführt hatte. Deshalb bestand die Gefahr, dass durch solche Filme seine Sexsucht wie bei einem trockenen Alkoholiker mit voller Kraft wieder aufflammte und sowohl für ihn persönlich als auch für seine Ehe gewaltiges Unheil anrichtete. Vater Maximos erklärte mir, dass Menschen, die in ihrer Vergangenheit kein solches Problem gehabt haben, nicht so anfällig sind wie Menschen, die noch unter dessen Einfluss stehen. Leidenschaften, so wiederholte er, sind *philepistrofa*; sie kehren gerne wieder.

»Das ist ja alles gut und schön, Vater Maxime«, warf ich ein, »und es ist auch alles ein vernünftiger Rat. Aber ist es nicht auch ein bisschen zu einfach? Schließlich hat ein Mensch mit Süchten zuerst einmal ein Problem mit der Selbstkontrolle.«

»Da hast du vollkommen recht. Ein Mensch mit solchen Problemen braucht die Hilfe eines erfahrenen Beraters. Natürlich gibt es aus unserer Sicht Heilmethoden, die die *Ekklesia* vorsieht: Teilnahme an den Mysterien und regelmäßige Beichte, was zu einer Reinigung des Herzens durch tiefe *metanoia* führen kann. Wenn ein Mensch dies systematisch einhält, dann hat er nichts zu befürchten. Früher oder später wird er von seiner belastenden Sucht befreit. Selbst wenn er wiederholt scheitert, kommt die Zeit, in der sein Herz geheilt ist. Es wird zusehends mehr gereinigt.«

»Vater Maxime«, fragte ich und wandte mich zu ihm um, während ich vor dem Klostertor den Motor ausschaltete, »Sie sprechen oft vom Herzen. Was ist denn in der athonitischen Spiritualität mit diesem Begriff genau gemeint? Mir ist nicht ganz klar, wie sich ›Herz‹ und ›*nous*‹ in ihrer Bedeutung unterscheiden.«

»Das Wort ›*nous*‹ hat zuweilen zwei Bedeutungen. ›*Nous*‹ wird oft mit dem Herzen gleichgesetzt, und mit ›Herz‹ meinen wir das Zentrum und die Gesamtheit der geistigen und seelischen Kräfte des Einzelnen. Das hat Christus gemeint, als Er sagte: ›Selig sind, die reinen Herzens sind, denn sie werden Gott schauen.‹ Ein anderes Mal hingegen wird der Geist einfach mit dem gleichgesetzt, was man heute unter Intellekt oder Logik versteht. Oft stellen wir jedoch fest, dass Geist oder Logik eines Menschen zwar rein, sein Herz aber dennoch unrein sein kann. Das heißt, dass er in bestimmten Situationen über gutes Urteilsvermögen oder klares Denken verfügt. Weil sein Herz unrein ist, kann derselbe Mensch jedoch Handlungen begehen, von denen er genau weiß, dass sie verwerflich sind. Das Herz, das Zentrum seiner psychonoetischen Existenz, ist eine Geisel seiner *logismoi.*«

»Ich habe noch eine letzte Frage«, sagte ich, während wir ins Kloster hineingingen, wo gleich die abendliche Vesper beginnen würde. »Können wir sagen, dass das Herz das ist, was normalerweise unter dem Unbewussten verstanden wird und wo die unerfüllten Wünsche und Sehnsüchte des Menschen verwahrt sind? Ist das Herz das Lagerhaus, in dem, wie Freud sagt, die ›Verdrängung‹ stattfindet?«

Vater Maximos zuckte mit den Schultern. »Solche Begriffe haben die heiligen Altväter nicht verwendet. Deshalb kann ich dazu eigentlich nicht viel sagen. Doch so wie ich es verstehe, ist das Unbewusste ein Aufbewahrungsort, an dem die Menschen sozusagen diejenigen Erinnerungen und Erfahrungen stapeln, an die sie nicht mehr denken wollen. Man mag es nennen, wie man will, aber eines ist mir klar: Aus der Sicht eines wahren geistlichen Lebens müssen wir das Unbewusste beseitigen.«

»Das Unbewusste beseitigen?«, rief ich aus. Mittlerweile hatte sich eine Gruppe neugieriger Mönche um uns versammelt, die unserem Austausch mit großem Interesse zuhörten.

»Was du als ›Verdrängung‹ bezeichnet hast, ist in der wahren geistlichen Medizin völlig inakzeptabel«, erwiderte Vater Maximos. »Auf dem geistlichen Kampfplatz der *logismoi* zielen wir auf die Umwandlung oder Metamorphose unserer Leidenschaften und nicht darauf, sie im sogenannten Unbewussten zu verwahren.

Nehmen wir zum Beispiel die Sexualität«, fuhr Vater Maximos zu meiner völligen Überraschung fort. Ich hatte immer angenommen, Sex sei unter Asketen ein sensibles, wenn nicht gar ein Tabu-Thema. »Wir Mönche versuchen nicht, unsere sexuellen Leidenschaften ins Unbewusste zu verdrängen. Ich erinnere mich, ein Interview mit einem verheirateten Priester gelesen zu haben, der behauptete, das zentrale Problem der Mönche sei das Sexuelle. Um nicht an Sex zu denken, arbeiteten wir den ganzen Tag auf den Feldern, fegten den Hof, putzten die Böden und so weiter«, spottete Vater Maximos und schüttelte den Kopf, während die um uns stehenden Mönche in Gelächter ausbrachen. »Das ist purer Blödsinn. Und was machen wir dann nachts? Weiter Böden putzen oder Gräben auf Feldern anlegen oder Pillen schlucken, um unsere Schlaflosigkeit zu überwinden?

Wehe den Mönchen und Nonnen«, fuhr Vater Maximos fort, nachdem unser Gelächter verklungen war, »die ihre sexuellen Leidenschaften ins Unbewusste abschieben. In einem solchen Zustand würden ihnen beim Anblick des anderen Geschlechts die Knie schlottern und der Schweiß ausbrechen. Daran ist überhaupt nichts Spirituelles. Was tatsächlich geschieht, und was wir anstreben, ist die Umwandlung der erotischen Energie von der irdischen Anziehung zu Gott, so wie die Menschen im Urzustand waren.«

»Aus Eros wird *Agape*«, nuschelte ich.

»Richtig. Ein solcher Mensch liebt alle Menschen ohne Ansehen ihres Geschlechts. Ein solcher Mensch hat mit dem, was zum Zustand der Menschheit nach dem Fall gehört, nicht viel zu tun. Verstehst du? Gottes Liebe verwandelt die Menschen durch Gnade vollkommen. Deshalb verdrängen wir Mönche in aller Regel – und im Idealfall natürlich – unser Verlangen nicht in unser Unbewusstes. Wir versuchen vielmehr, uns dazu zu zwingen, alles aus unserem Unbewussten hervorzuholen und zu bereinigen.«

Er hielt einen Moment inne, schaute seinen Mönchen reihum ins Gesicht und fuhr dann fort: »Wenn jemand Mönch wird, dann warnt ihn sein Altvater: ›Schau, in dem Moment, in dem du ins Kloster eintrittst, erklärst du dich bereit, Hunger, Durst, Demütigungen und Ungerechtigkeiten auszuhalten.‹ Der Altvater wird den Novizen gelegentlich schwierigen Übungen unterziehen. Er wird Bedingungen und Umstände schaffen, die ihn provozieren und verärgern. Er ist wie der Arzt, der uns ein Medikament verabreicht, das uns zum Erbrechen bringt, damit wir die Gifte loswerden, die wir geschluckt haben. So ist es auch mit der Medizin, die uns unser Altvater gibt. Wir müssen unser altes Denken und Empfinden erbrechen. Das geschieht erst dann, wenn wir an empfindlichen Stellen getroffen werden. So erlangt man wahre Demut.«

»Ich habe solche harten Übungen in diesem Kloster noch nicht beobachtet«, merkte ich an und nickte Vater Arsenios und Vater Nikodemos zu, die unserem Gespräch zusammen mit den anderen Mönchen zuhörten. Tatsächlich war ich sogar beeindruckt, wie sanft Vater Maximos und die anderen Altväter mit den Novizen umgingen.

Vater Maximos lachte: »Dank der Hilfe des Heiligen Geistes bekommt jeder Mensch die Erfahrungen, die zu seiner Situation passen.«

»Gilt das auch für die Laien und Nonnen, deren geistlicher Führer Sie sind?«

»Natürlich«, nickte Vater Maximos. »Wir haben gelernt, bestimmte Methoden anzuwenden, mit deren Hilfe wir bis in die Tiefen unseres Wesens vordringen können, bis in das, was du Unbewusstes genannt hast. Und wir haben gelernt, anderen zu helfen, ihre eigenen Tiefen zu erkunden. Gemäß der Spiritualität der heiligen Altväter darf das Unbewusste nie im Dunkeln bleiben. Das Ziel ist, es zu reinigen, zu destillieren und transparent zu machen. Wir dürfen unsere Schwächen und Leidenschaften niemals unterdrücken. Das Ziel der *Ekklesia* als Heilmethode ist es, den einzelnen Menschen mit seiner ganzen Person zu heiligen.«

»Wenn also«, murmelte ich, »die Arbeit, die Sie hier tun, zur Unterdrückung der Wünsche und Sehnsüchte führte …«

»Dann, Kyriaco, wären wir alle Psychopathen, Neurotiker und Schizophrene! Denn wie lange kann man seine Leidenschaften unterdrücken? Das führt doch unweigerlich dazu, dass man verrückt wird, und gerade deshalb sind die Heiligen in ihrem Wesen wahrhaft befreit. Sie sind die freiesten Menschen auf Erden. Sobald sie diesen Zustand erreicht haben, haben die Sünden der Welt keinen Einfluss mehr auf sie. Sie schrecken sie nicht.

Sie sind keine Menschen, die sich hinter ihren Vorurteilen und ihrem Verdrängten verschanzt hätten. Du kannst Heilige aufsuchen und ihnen die scheußlichsten Sünden erzählen. In ihrem innersten Wesen werden sie davon nicht berührt. Wer aber seine Leidenschaften unterdrückt hat, der wird wütend und entwickelt das Bedürfnis zu bestrafen. Wenn du einem solchen Menschen sagst, dass du eine sündige Handlung begangen hast, dann wird er sehr aufgebracht und urteilt scharf. Er wird intolerant, ohne eine Spur von Mitgefühl. Weißt du, warum? Weil er selber leidet. Er trägt sehr viele unterdrückte Gefühle und Wut in sich, viele verdrängte *logismoi*. Ein solcher Mensch ist moralisierend und fromm, aber kein Heiliger. Sein Kennzeichen ist nicht größte Demut.« Bei diesen Worten hörten wir den rhythmischen Klang des *symandron*, der uns zur Vesper rief.

Vater Maximos' letzte Bemerkung über die große Demut der Heiligen und die Anwesenheit dreier russischer Mönche im Kloster Panagia, die während der Vesper neben mir standen, ließen mich an das vorrevolutionäre Russland denken. Hier im Dunkeln zu stehen und die russischen Mönche zu beobachten, die mit ihrer *komboskini* beteten und dabei endlose Kniefälle vor der wundertätigen Ikone der Heiligen Jungfrau machten, rief mir eine Geschichte von Leo Tolstoi in Erinnerung, der, wie auch Fjodor Dostojewski, tief berührt war vom eremitischen Erbe der *Starzen* (Altväter). Beide Schriftsteller waren häufige Besucher des Klosters Optina, des führenden geistlichen Zentrums in Russland, das später von den Kommunisten zerstört wurde. Tolstoi muss Geschichten über wundersame Begebenheiten im Zusammenhang mit diesen russischen Eremiten gekannt haben. Von den Gesängen wie hypnotisiert, wanderte mein Geist ins Russland des 19. Jahrhunderts.

In der Geschichte, die mir wieder einfiel, schreibt Tolstoi über die Begegnung zwischen einem russisch-orthodoxen Bischof und drei Eremiten. Der Bischof reiste zusammen mit anderen Pilgern per Schiff zum Kloster Solovki. Unterwegs hörte er Gerüchte, auf einer verborgenen Insel auf der Route lebten drei alte Eremiten, die ihr ganzes Leben mit dem Versuch zugebracht hätten, ihre Seele zu retten. Der Bischof war beeindruckt und bat den Kapitän inständig, das Schiff anzuhalten, damit er sie besuchen könne. Nach einigem Zögern war der Kapitän einverstanden und ließ vor der Insel Anker werfen. Der Bischof wurde sodann in ein Boot gesetzt und mit mehreren Ruderern ans Ufer gebracht. Die drei Eremiten waren in Lumpen gekleidet, und ihr langer weißer Bart reichte ihnen bis zu den Knien. In völliger Demut hießen sie den Bischof willkommen und verneigten sich tief. Dieser segnete sie und fragte dann, was sie täten, um ihre Seele zu retten und Gott zu dienen. Sie sagten, sie hätten keine Ahnung, wie man Gott dient. Sie dienten sich einfach gegenseitig und sorgten füreinander. Der Bischof erkannte, dass die armen Eremiten nicht einmal wussten, wie man betet; denn sie erhoben lediglich die Arme zum Himmel und sprachen: »Du bist drei, wir sind drei, hab Erbarmen mit uns.« Der Bischof betrachtete es als seine kirchliche Pflicht, die drei Eremiten das Vaterunser zu lehren. Sie waren jedoch schlechte Schüler und brauchten einen ganzen Tag Unterricht. In der Dämmerung und vor seiner Rückkehr auf das Schiff erteilte der Bischof ihnen sogar noch eine kurze Lektion in christlicher Theologie.

Doch siehe! Als das Boot die Insel bei Sonnenuntergang verließ, erblickten alle Passagiere auf dem Schiff in der Ferne eine Szene, die sie mit Furcht erfüllte. Die drei Eremiten liefen übers Wasser als sei es Festland. Als sie neben dem Schiff angelangt waren, flehten sie den Bischof an, ihnen das Vaterunser noch einmal beizubringen, denn die armen Kerle hatten es bereits wieder völlig vergessen. Der Bischof bekreuzigte sich in Ehrfurcht und sagte, sie mögen mit ihrem eigenen Gebet fortfahren, denn sie bräuchten keine Unterweisung. Dann verneigte er sich tief vor den alten Männern und bat sie, für ihn zu beten. Diese machten kehrt und liefen übers Meer zurück auf ihre Insel. »Und bis zum Morgengrauen leuchtete ein Licht an der Stelle, an der man sie zuletzt gesehen hatte.«[39]

---

39 Leo Tolstoy, »The Three Hermits« in Ann Chartres (Hrsg.), The Story and Its Writer: An Introduction to Short Fiction, St. Martin's Press 1987, S. 169-173. Auf Deutsch als »Die drei Einsiedler« z.B. enthalten in Leo Tolstoi, Gesammelte Erzählungen, Diogenes 2006.

11

Ein Entrinnen aus der Hölle

Am Morgen des 25. März erfüllte eine festliche Atmosphäre das Kloster Panagia. Mönche und Pilger feierten das Fest der Verkündigung, als der Erzengel Gabriel vor Maria erschien und ihr die gute Nachricht brachte, sie sei die Auserwählte für die jungfräuliche Geburt von Gottes einzigem Sohn. Doch für die Griechen hatte das Fest der Verkündigung zusätzliche Bedeutung, denn es fiel mit dem Ausbruch des Krieges gegen die ottomanischen Türken im Jahr 1821 zusammen. Im Laufe der Jahrzehnte hatte dieses weltliche, patriotische Ereignis die religiöse Bedeutung des Tages immer mehr überschattet. Insbesondere in Zypern mit seinen chronischen politischen Problemen hatten nationalistische Leidenschaften und ethnischer Stolz um diese Zeit Hochkonjunktur. Es war die Zeit der Paraden, der Fahnenschwinger und flammender, feuriger Reden, wobei die Kirchen traditionell als Anlauf- und Brennpunkt nationalistischen Eifers dienten.

Kein anderes Datum im griechisch-orthodoxen Kirchenkalender, so schrieb ich an jenem Morgen in mein Notizbuch, symbolisierte augenfälliger die beunruhigende Verquickung von Religion und Nationalismus – eine tödliche Mischung und eine Entwicklung, die erleuchtete religiöse Führungspersönlichkeiten wie etwa Patriarch Bartholomäus von Konstantinopel offiziell für gottlos erklärten. In einer neueren Enzyklika hatte er den Nationalismus als gefährliche Häresie verurteilt, die dem ökumenischen Geist des Christentums zuwiderlaufe.[40] »Doch auf solche Warnungen hören anscheinend nur wenige«, kritzelte ich hin, bevor ich aus meiner Zelle zu den Feiernden trat.

Zu meiner großen Erleichterung war die Atmosphäre im Kloster Panagia radikal anders als überall sonst auf der Insel. Es gab nicht die Spur nationalistischen Eifers, und die Festlichkeiten drehten sich einzig und allein um die Verkündigung. Keiner ließ patriotische Hetzreden vom Stapel, keiner wetterte gegen die Türken, keiner beschwor die Versammelten, »niemals zu vergessen«. Ganz im Gegenteil, die Feierlichkeiten im Kloster hatten am Vorabend mit einer Nachtwache, einer *agrypnia*, begonnen, in der der *Theotokos*, der Muttergottes, Grüße und Loblieder dargebracht wurden.

Doch sollte das überraschen, angesichts dessen, dass Vater Maximos der Archetyp des unpolitischen, unideologischen Hieromönchs war? Im Gegensatz zur Mehrheit des höheren Klerus auf der Insel weigerte er sich standhaft, dem gnadenlosen Druck, der auf ihm lastete, nachzugeben und sich in lokalnationalistischen Eifer, politische Aufstände und Partisanen-Intrigen verwickeln zu lassen. Als Athos-Mönch, der die bewusste Entscheidung getroffen hatte, der Welt zu entsagen, konzentrierte er sich ausschließlich auf seine geistliche Mission. Damit schützte er auch die seiner Aufsicht unterstellten Mönche vor den Leidenschaften und Wechselfällen dieser Welt. Im Kloster Panagia war weder Radio noch Fernsehen erlaubt. Selbst Zeitungen durften an die Mönche und Novizen nicht ausgegeben werden. Vater Maximos war davon überzeugt, dass alle diese weltlichen Ablenkungen für jemanden, der sich voll und ganz auf die Suche nach Vergöttlichung in Christus begeben hatte, schädlich waren.

Auf Zypern mit seinem glühenden Nationalismus so provokativ unpolitisch zu sein, war an sich bereits eine subtile, unerkannte politische Botschaft. Doch Vater Maximos' Politik beschränkte sich aufs Fasten und nächtliche Gebetswachen um Göttlichen Beistand, um einen Krieg mit der Türkei abzuwenden, der von sehr vielen mit beunruhigender Regelmäßigkeit

40 Siehe Olivier Clement, *La Vérité vous rendra libre,* Editions Jean-Claude Lattes 1996.

herbeigeredet wurde. »Der erste Schritt zu einem dauerhaften Frieden mit den Türken«, wiederholte er beharrlich, »besteht darin, Frieden im eigenen Inneren zu finden. Der äußere Friede wird dann die natürliche Folge sein.«

Das gesellschaftliche und politische System der Insel wies so tiefe Mängel auf und war mit so vielen unlösbaren Problemen behaftet, sagte mir Vater Maximos einmal, dass wir nur mit Gottes Hilfe eine Chance hätten, damit fertig zu werden und Lösungen zu finden. Denn was dem Menschen nicht möglich ist, das vermag Gott. Dasselbe Motto hatte ich vor ein paar Jahren von einem hinduistischen Abt, Swami Swaroopananda vom Sivananda-Orden, gehört – an einem Abend auf Paradise Island im Rahmen informeller Gespräche über die Frage, wie die Welt von ihrem selbstzerstörerischen Weg abzubringen sei. Der hinduistische Abt aus Israel hörte sich Emilys enthusiastische Idee von den »internationalen Öko-Friedensdörfern« an, die an neuralgischen Orten auf der Welt eine Oase des Friedens bilden könnten, erkannte freundlich den großen Wert eines solchen Unternehmens an und schüttelte dann den Kopf. Die Probleme der Welt, betonte er, seien viel zu monumental und komplex, als dass sie allein durch den menschlichen Verstand und ohne Göttliches Eingreifen gelöst werden könnten. Deshalb meinte er, es sei unbedingt notwendig, dass die Menschen es sich zur Gewohnheit machten, systematisch um Gottes Beistand zu beten. Einen solchen Vorschlag hätte Vater Maximos voll und ganz verstanden und gutgeheißen.

Weil es ein landesweiter Feiertag war und daher alles anders als an normalen Tagen verlief, war die Kirche des Klosters Panagia voll gestopft mit Pilgern. Schon sehr früh am Morgen kamen die ersten Männer und Frauen mit ihren Kindern und brachten besondere Opfergaben mit: Übergroße Brotlaibe, Flaschen mit Olivenöl und *kollyva* – Platten mit gekochtem Weizen mit Granatapfelkernen und Sesam, gestoßenen Mandeln und Rosinen. Brot, Olivenöl und *kollyva* sollten zum Andenken an verstorbene Verwandte geweiht werden. Nach dem Gottesdienst werden *kollyva* und Brot an die Gemeindemitglieder ausgegeben, die wiederum sprechen: »Möge Gott seiner/ihrer Seele vergeben.«

In der orthodoxen Kirche ist es Brauch, dass hin und wieder am Ende der Liturgie mit einem Gedenkgottesdienst der Verstorbenen gedacht wird. Dies geschieht regelmäßig auf Bitten der Verwandten. Zweck des Gedenkgottesdienstes ist das Gebet zu Gott um die Erlösung der Verstorbenen und ihre Wiedereinsetzung ins Paradies.

Der Heilige Chrysostomos und andere frühe Väter der *Ekklesia* lehrten, dass die bloße Erwähnung des Namens Verstorbener während der Eucharistie ihrer Seele gut tut. Deshalb wurde es Brauch, beim Gottesdienst regelmäßig Totengedenken zu halten.

Ich weiß noch, wie verblüfft ich war, als ich auf die Worte des Abtes eines amerikanischen Klosters stieß, der behauptet, er könne die Auswirkung eines solchen Totengedenkens auf die Seele der Verstorbenen »sehen«. Wie um die Worte des Heiligen Chrysostomos aus dem 4. Jahrhundert zu bestätigen, sagte dieser amerikanische Abt:

> Beim Gedenkgebet entsteht ein feines Kommunikationsband zwischen ihnen und denjenigen, die auf der Erde zurückbleiben. Meist sehe ich die Verstorbenen bei den Ritualen, die ich für sie vollziehe. Zu einem späteren Zeitpunkt des Rituals sehe ich sie oft in ihrer neuen … Heimat und spüre die Wirkung der Energien, die ihnen geschickt werden. Häufig sehen sie auch ihre Angehörigen und Freunde während der Zeremonie, oder sie spüren ihre Nähe. Ich habe erlebt, dass sich jahrelange Trauer vollkommen löste, nachdem die Hinterbliebenen einen Gedenkgottesdienst besucht hatten.[41]

Dieser Abschnitt kam mir plötzlich wieder in den Sinn, als ich sah, wie Vater Maximos aus dem Altarraum trat, um beim Gedenkgottesdienst den Gesang zu leiten. Anders als an gewöhnlichen Tagen, trug er ein purpurnes Zeremoniengewand. In der einen Hand hielt er ein Zepter und in der anderen ein langes

41 Abbot George Burke, *An Eagle's Flight*, Saint George Press 1994, S. 37.

Weihrauchgefäß. Vater Maximos stand in der Mitte der Kirche, umgeben von Mönchen und Pilgern, und blickte feierlich zum Altar. Vor ihm lag ein Tablett mit den Opfergaben. In die Mitte jedes Brotlaibs wurden brennende Bienenwachskerzen gestellt. Mit gesenktem Kopf Gebete murmelnd, schwenkte er das Weihrauchfass, so dass die Luft mit einem Wohlgeruch erfüllt war, den ich dank meiner Konditionierung automatisch mit einem kirchlichen Gottesdienst in Verbindung brachte. In einem sanften, traurigen Ton stimmte er, begleitet von den anderen Mönchen, den bekannten Choral an:

> »Gesegnet seist Du, o Herr, lehre mich Deine Gesetze.
> Der Chor der Heiligen hat den Quell des Lebens und das Tor zum Paradies entdeckt. Möge auch ich durch Buße den Weg finden. Ich bin das verlorene Schaf: Oh Erlöser, rufe mich zu dir und errette mich.
> Gesegnet seist Du, oh Herr, lehre mich Deine Gesetze.
> Einst hast du mich aus dem Nichts erschaffen und mich mit Deinem göttlichen Abbild geehrt. Doch als ich Dein Gebot missachtete, oh Herr, hast du mich zur Erde hinabgeworfen, aus der ich gemacht bin. Führe mich wieder zu Deiner Ebenbildlichkeit und erneuere meine ursprüngliche Schönheit.
> Gesegnet seist Du, oh Herr, lehre mich Deine Gesetze.
> Ich bin das Abbild Deiner unaussprechlichen Herrlichkeit, wenn ich auch die Narben meiner Verfehlungen trage. Mit Deiner Schöpfung, oh Herr, hab Erbarmen und reinige mich mit Deiner Barmherzigkeit. Gewähre mir die Heimat, nach der ich mich sehne, und mache mich wieder zu einem Bewohner des Paradieses.
> Gesegnet seist Du, oh Herr, lehre mich Deine Gesetze.
> Deine Diener, oh Gott, lasse ruhen in Frieden und setze sie ins Paradies, wo der Chor der Heiligen und der Gerechten erstrahlt wie die Sterne am Himmel. Deine dahingeschiedenen Diener lasse ruhen in Frieden, oh Herr, und vergib all ihre Missetaten.«

Nach einigen weiteren Gesängen las Vater Maximos mit leiser

Stimme weitere Gebete für die Seelen der Verstorbenen. »Oh Gott der Geister und allen Fleisches, du hast den Tod zertreten und die Macht des Teufels vernichtet und Deiner Welt das Leben geschenkt: Lasse die Seelen Deiner verstorbenen Diener in Frieden ruhen an einem Ort des Lichtes, an einem Ort der Ruhe, an einem Ort der Erquickung, wo es keinen Schmerz gibt, keinen Kummer und kein Leid. Als guter und liebender Gott vergib ihnen jede Sünde, die sie in Gedanken, Worten und Werken begangen haben, denn es ist keiner, der lebt und ohne Sünde ist. Du allein bist ohne Sünde. Deine Gerechtigkeit ist eine ewige Gerechtigkeit, und Dein Wort ist die Wahrheit.«

Diesen Gedenkgesang hatte ich seit früher Kindheit immer wieder gehört, aber jetzt konzentrierte ich mich zum ersten Mal wirklich auf seine Bedeutung. Ich erkannte, dass die Worte des Gesangs wesentliche Elemente der christlichen mystischen Überlieferung beinhalten, nämlich die Vorstellung, dass die Seele von Gott seit alters her getrennt ist sowie die ausdrückliche Hoffnung auf ihre endgültige Wiedereinsetzung in ihren ursprünglichen Zustand durch die Gnade des Heiligen Geistes.

Als Vater Maximos mit der Verlesung der Namensliste der Verstorbenen begann, wischten sich viele Pilger Tränen aus den Augen. Ich beobachtete weiter, hörte genau zu und machte mir, wie ich es von Berufs wegen gewohnt war, Gedanken über die gesellschaftliche Bedeutung solcher Rituale. Das war ein rationalistischer *logismos*, der mir da in den Sinn kam und gegen den ich keinen Widerstand aufbieten konnte. Religiöse Rituale, so dachte ich, erfüllen insofern eine nützliche Funktion für die Gesellschaft und den Einzelnen, als sie das Ausmaß an Angst und Furcht etwas eindämmen, das Menschen in der Auseinandersetzung mit den Tragödien, die zum menschlichen Leben dazugehören, unweigerlich erleben. Ein Soziologe hätte argumentiert, solche Gedenkfeiern kämen in Wirklichkeit den Lebenden zugute und nicht den Verstorbenen. Solche Zeremonien führen dazu, dass Leid emotional losgelassen werden kann, und fördern die zwischenmenschliche Solidarität. Darüber hinaus stärken sie die moralische Struktur der Gesellschaft. Mich aber interessierte die potenzielle mystische Bedeutung dieser Gedenkfeiern. Über diesen Aspekt könnte Vater Maximos aufgrund seiner persönlichen Erfahrung sprechen.

Als ich später meinen *logismos* beichtete, lautete seine Antwort, solche säkularen Erklärungen seien nur ein Teil der Wahrheit. Vater Maximos zitierte aus den Werken der Väter der *Ekklesia* und beharrte darauf, dass sich bei Gedenkritualen für die Seelen Verstorbener ein echtes mystisches Ereignis mit geistlicher Wirkung entfalte. Er sprach mit solcher Autorität über dieses Thema, dass mir kaum Raum für Zweifel blieb. Vielleicht, so dachte ich mir, ist Vater Maximos' Deutung auf einer höheren Ebene der Realitätswahrnehmung angesiedelt als mein soziologisch konditionierter Verstand.

Nach dem Gottesdienst verteilten die Trauernden draußen im Hof die Brotlaibe und das *kollyva* an die Gottesdienstteilnehmer. »Möge Gott ihre Seele segnen«, wünschte ich einem Mann und seinen drei Töchtern im Teenageralter, als sie mir zum Gedenken an ihre kürzlich verstorbene Frau und Mutter eine Schale ihres mitgebrachten *kollyva* und ein Stück geweihtes Brot anboten.

Nach dem *kollyva* gab es für die Pilger im neuen *archondariki* Tee, Kaffee und Gebäck gratis. Danach war Zeit für Geselligkeit: Etliche Besucher waren enge Verwandte der Mönche; sie kamen an solchen Feiertagen ins Kloster, um mit ihren Söhnen und Brüdern plaudern zu können. Bei diesen Gelegenheiten waren die Mönche von ihren übrigen Pflichten befreit, damit sie mehr Zeit für ihre Gäste hatten. Jetzt erfuhren sie auch, was jenseits der Klostergrenzen in der Welt vor sich ging. »Ich bin froh, dass mein Sohn hier ist und nicht auf dem Athos«, sagte mir die schwarz gekleidete Mutter eines Mönches. »Hier kann ich ihn zumindest hin und wieder sehen«, seufzte sie und nahm einen Schluck aus ihrer Teetasse.

Ich freute mich, im *archondariki*, wo um die hundert Leute versammelt waren, auch Stephanos, dem ich nun schon seit Tagen nicht mehr begegnet war, sowie seine tiefgläubige und spirituelle Frau Erato zu sehen. Auch mein Freund Antonis, durch den ich den Athos überhaupt erst kennengelernt hatte, war da. Er wollte das Wochenende zur geistlichen Stärkung im Kloster verbringen.

Nach dem Mittagessen bat Vater Maximos uns vier sowie Maria, eine energische, freimütige Sozialarbeiterin, die mit Stephanos und Erato befreundet war, zu sich in ein privates Gästezimmer. Auch Vater Arsenios und Vater Nikodemos waren dabei. Ich sorgte dafür, dass mein Diktiergerät einwandfrei funktionieren würde und neue Batterien sowie eine neue Kassette eingelegt waren.

Das Zimmer für besondere Gäste war besser möbliert als das *archondariki.* Wir nahmen in bequemen, samtbezogenen Sesseln Platz, und Vater Arsenios servierte uns Tee. An den Wänden hingen mehrere große Ikonen sowie ein Bild von Altvater Paisios, das ihn vor seiner Einsiedelei stehend zeigte. Daneben hing ein großes Portrait von Altvater Ephraim, ebenfalls ein moderner, charismatischer Altvater vom Athos. An der gegenüberliegenden Wand befand sich ein gerahmtes Foto von Altvater Porphyrios. Die Bilder der drei konnten öffentlich ausgestellt werden, weil sie alle vor kurzem verstorben waren. Nach athonitischer Tradition darf von einem Altvater erst dann ein Bild in der Öffentlichkeit gezeigt oder ein Buch über sein Leben verfasst werden, wenn er diese Welt verlassen hat. Vater Maximos hielt es für wichtig, dass solche Bilder gezeigt wurden, weil sie verdeutlichen, dass seit den allerersten Anfängen der *Ekklesia* bis heute immer Heilige unter uns gelebt haben und leben und sie somit kontinuierliche Realität sind. Während wir Tee tranken, versuchte ich, das Gespräch auf weitere Ausführungen über die Bedeutung von Gedenkgottesdiensten zu bringen. Deshalb fragte ich Vater Maximos, ob er etwas dazu sagen könne, was mit Seelen geschieht, die niemanden haben, der für sie betet. »Welches Schicksal erwartet sie?«

Vater Maximos stellte seine Teetasse auf dem Tisch vor sich ab. Er erkannte die provokative Unterstellung in meiner Frage und behauptete mit einem verschmitzten Lächeln, die Liturgie als solche diene dem Wohl der gesamten Menschheit, der Lebenden und der Toten aller Generationen und zu allen Zeiten.

»Wollen Sie damit sagen«, fragte ich, »dass all die Milliarden Menschen, die je gelebt haben und heute leben, geistlich von den Gebeten im Gottesdienst profitieren?«

»Aber natürlich.«

Ich deutete seine Antwort dahingehend, dass die Gebete, die die Menschen sprechen, ein wohlwollendes, engelhaftes Energiefeld erzeugen, das der gesamten Menschheit zugutekommt. Allerdings hielt ich ihm auch vor, dass der Gedenkgottesdienst an jenem Morgen für ganz bestimmte Menschen gehalten worden war, deren Verwandte ausdrücklich wünschten, dass ihrer während der Liturgie gedacht würde. »Was geschieht aber mit jenen anonymen anderen, die niemanden haben, der für sie betet, und keinen, der ihrer gedenkt?«, hakte ich nach. »In hundert oder zweihundert Jahren denkt niemand mehr an uns, so wie wir heute auch nicht mehr an die denken, die vor zwei- oder dreihundert Jahren verstorben sind. Was dann?«

Vater Maximos dachte kurz über meine Frage nach und erwiderte dann: »Ich will dir eine wahre Geschichte erzählen, die mir eben wieder eingefallen ist. Vielleicht erhellt sie ein wenig, was geschieht, wenn wir für die Verstorbenen beten. Sie spielte sich in Russland ab, noch vor der Revolution. Damals gab es einen Priester, der Alkoholprobleme hatte. Zum Entsetzen der Gläubigen erschien er oft betrunken in der Kirche. Die Gemeinde entsandte eine Delegation zum Bischof mit der inständigen Bitte, einzugreifen und etwas dagegen zu unternehmen. Der Bischof entsprach ihrer Bitte und ermahnte den alkoholsüchtigen Priester. Leider hatte der arme Kerl seine Sucht nicht im Griff. Deshalb sagte ihm der Bischof schließlich: ›Sieh her, Vater, da du das Trinken nicht aufgeben kannst, musst du dein Priesteramt aufgeben. Von jetzt an bist du nicht mehr berechtigt, die Sakramente zu spenden.‹ Der Bischof enthob den alkoholsüchtigen Priester seines Amtes. Voller Schuldgefühle nahm der Priester das Urteil an und schlich demütig davon.

In jener Nacht«, fuhr Vater Maximos fort, »hatte der Bischof, als er allein in seiner Kammer ins Gebet versunken war, eine außergewöhnliche Vision. Er sah tausende wütender Menschen auf einem offenen Feld, die drohten, ihm etwas anzutun. Wieder im normalen Bewusstseinszustand, fragte er sich schockiert, was eine solche Vision wohl bedeuten könne. War es vielleicht eine Fantasievorstellung, eine Halluzination? Schließlich beruhigte er sich und nahm sein Gebet wieder auf. Doch er erlebte dieselbe Vision noch einmal. Darin sah er schreiende Menschen, die von ihm verlangten, dass er den Priester wieder einsetze.

Am nächsten Tag rief der Bischof den seines Amtes enthobenen Priester in sein Büro. Er fragte ihn: ›Was ist los mit dir? Was hast du getan?‹ ›Was habe ich getan, mein Bischof?‹ stammelte der Arme verwirrt. ›Darüber haben wir doch gestern erst gesprochen.‹ ›Aber du musst noch etwas getan haben‹, bohrte der Bischof nach und bat ihn, seinen Tagesablauf als Priester in allen Einzelheiten zu schildern. ›Wissen Sie, Eminenz‹, sagte er, ›wegen meines Alkoholproblems habe ich starke Schuldgefühle und tiefe Reue empfunden. Zum Ausgleich für mein Problem habe ich es mir deshalb zur Gewohnheit gemacht, jeden Tag auf den Friedhof zu gehen und dort Gedenkgottesdienste für die Toten zu halten. Ich habe für ihre Seelen gebetet, da ich für meine nichts tun konnte. Mehr habe ich nicht getan.‹

Da erkannte der Bischof«, erklärte Vater Maximos, »dass die Menschen, die er in seiner Vision gesehen hatte, die Seelen der Verstorbenen waren, die die Rückkehr des Priesters forderten, damit er weiterhin für sie beten könne. Jener russische Priester kannte keinen, der dort beerdigt war.«

»War das vielleicht eine Art Traum?«, beeilte sich die Sozialarbeiterin Maria zu fragen.

»Nein, es war eine Vision. Er schlief nicht«, antwortete Vater Maximos. Dann fuhr er fort: »In dieser Geschichte sehen wir, dass Gott, der nicht nach menschlichen Vorstellungen von Gerechtigkeit urteilt, das Gute, das der Priester für die Seelen der Verstorbenen tat, hoch schätzte und im Vergleich zum kleineren Übel seiner Alkoholsucht für wichtiger hielt.«

Da Maria weitere kritische Fragen stellte, versuchte Vater Maximos, die Sache noch deutlicher zu machen. »Ich möchte euch noch von einem weiteren Fall erzählen, damit ihr besser versteht, wie geistliche Gesetze wirken. Seht ihr dieses Bild?«, fragte Vater Maximos und deutete auf das Bild von Altvater Ephraim. »Er war einer der größten Altväter und Asketen des 20. Jahrhunderts, ein echter moderner Heiliger, begnadet mit außergewöhnlichen Gottesgaben.

Altvater Ephraim«, fuhr Vater Maximos fort, »ging auf den Athos, als er erst zwanzig Jahre alt war. Gleich von Anfang an war er Vater Nikeforos unterstellt, einem Eremiten, der in Katounakia, einer zerklüfteten Region auf dem Athos lebte. Beide stammten aus Theben. Leider war Vater Nikeforos als Altvater berüchtigt und stand in dem Ruf, ein besonders strenger und autoritärer Mann zu sein. Ich kann euch gar nicht sagen, welche Schwierigkeiten Altvater Ephraim in seiner Novizenzeit mit diesem Altvater durchzustehen hatte. Vater Nikeforos war gnadenlos, er ließ nichts gelten und hatte keine Spur von menschlichem Verständnis oder Mitgefühl. Andere Altväter, die ihn kannten, pflegten zu sagen: ›Wir sind dorthin gegangen, um Vater Ephraim zu besuchen, aber wir konnten seinen Altvater nicht mehr als fünfzehn oder zwanzig Minuten ertragen, deshalb mussten wir uns gleich wieder verabschieden.‹ Ein Altvater ging sogar so weit zu behaupten: ›Papa Nikeforos sieht zwar vielleicht aus wie ein Mensch, aber in Wirklichkeit ist er ein Ungeheuer.«

»Vielleicht war er psychisch krank«, mutmaßte Maria.

»Wer weiß? Vielleicht war er das«, erwiderte Vater Maximos.

»Vielleicht war er besessen«, fiel Antonis ein.

»Auch diese Möglichkeit würde ich nicht ausschließen«, sagte Vater Maximos sanft und fuhr dann fort. »Oft war Vater Ephraim an dem Punkt, dass er ihn verlassen wollte. Nicht nur, dass er von diesem Altvater gequält wurde, anscheinend waren auch die Bedingungen für wirkliche geistliche Arbeit nicht gegeben. Es war unmöglich, dass sie sich zum Essen setzten, ohne dass Papa Nikeforos schrie und tobte. Das Leben war ein Martyrium.«

»Aber warum ist er bei ihm geblieben? Das ist nicht normal«, protestierte Maria und stellte damit eine Frage, die uns allen auf der Zunge lag.

»Nun ja, es ist ein Mysterium und ein Paradoxon. Als ich ihm einmal dieselbe Frage stellte, vertraute Altvater Ephraim mir an, immer wenn er beschließe, ihn zu verlassen, spüre er, wie die Gnade Gottes von ihm genommen werde. Eines Tages fragte ihn ein anderer Altvater: ›Wie geht es dir, Vater Ephraim?‹ ›Gut‹, antwortete er süß-säuerlich. ›Und wie geht es deinem Altvater?‹

Vater Ephraim seufzte und erwiderte: ›Er quält mich, Vater, er quält mich.‹ Nun ratet einmal, was passiert ist. Wegen dieser Worte spürte er, wie die Gnade Gottes sich sechs Monate lang vor ihm zurückzog. In dieser Zeit betrauerte er den Verlust der Gnade und fühlte sich abgrundtief elend. Stellt euch das einmal vor! Könnt ihr so etwas fassen?«

Eine solche Einstellung konnten wir uns nicht vorstellen, weil wir alle nicht wussten, was es heißt, von der Gnade verlassen zu werden. »Für mich klingt das nach Masochismus«, murmelte Maria.

»Altvater Ephraim spürte den Verlust der Gnade«, fuhr Vater Maximos fort, »weil er negative Gedanken, negative *logismoi*, gegenüber seinem Altvater hatte. Immer wenn er mit dem Gedanken spielte, ihn zu verlassen, spürte er, wie die Gnade ihn verließ. Zweiundvierzig Jahre vergingen in diesem unerträglichen Zustand. Mit zwanzig Jahren kam er auf den Athos, und als Vater Nikeforos starb, war er zweiundsechzig. ›Zweiundvierzig Jahre‹, sagte mir Altvater Ephraim einmal, ›in denen er mich nicht ein einziges Mal bei meinem Namen genannt hat. Immer hat er mich nur mit schlimmen Worten und Flüchen angesprochen.‹

Am Ende seines Lebens«, fuhr Vater Maximos fort, »ist Papa Nikeforos verrückt geworden. Je älter er wurde, desto paranoider wurde er. Dann war Altvater Ephraim gezwungen, ihn in seiner Zelle einzuschließen, damit er nicht Hand an sich oder einen anderen legte. Altvater Ephraim sagte uns immer: ›Zweiundvierzig Jahre, aber es waren Sekunden.‹ Mir hat er einmal gesagt: ›Verstehst du, was ich dir sage? Rechne zweiundvierzig Jahre in Sekunden um, dann kannst du dir vorstellen, dass ich das Martyrium nicht nur Tag für Tag, nicht nur Stunde um Stunde oder Minute um Minute, sondern Sekunde für Sekunde durchgemacht habe.‹

»Als Papa Nikeforos gestorben war«, erzählte Vater Maximos weiter, »wurde die Beerdigungszeremonie gehalten. Als sein Untergebener machte Altvater Ephraim einen Kniefall und küsste, wie es der Brauch war, zum letzten Mal die Hand seines verstorbenen Altvaters. Genau in diesem Moment sprach die Gnade

Gottes zu ihm und sagte: ›Was du in all diesen Jahren getan hast, war der Wille Gottes.‹ Und der Altvater entgegnete: ›Und das sagst du mir erst jetzt, wo er tot ist. Zweiundvierzig Jahre lang habe ich Tag und Nacht zu dir geschrien und dich angefleht, dass du mir sagst, was ich tun soll. Ich bin innerlich verbrannt, und nun, da er tot ist, sagst du mir, es war dein Wille? Was, wenn ich fortgegangen wäre?‹ Da antwortete ihm Gott: ›Wärst du fortgegangen, wärst du nicht da, wo du jetzt bist. Ja, du wärst verloren gewesen.‹ Vater Ephraim war es um geistliche Entwicklung gegangen. Das hat er gewollt, und das hat er bekommen. Er pflegte uns zu sagen, im Endeffekt habe sein Altvater ihm geistlich sogar gut getan. Das meinte er wirklich ernst.«

Vater Maximos hielt einige Momente inne und lächelte, als er unsere Gesichter sah, in denen sich Skepsis spiegelte. Dann fuhr er fort: »Die Geschichte geht noch weiter. Eines Tages hatte Altvater Ephraim, als er tief ins Gebet versunken war, eine Vision. Durch die Gnade des Heiligen Geistes erkannte er, dass sein Altvater nach seinem Tod von Gott abgeschnitten war und in der Hölle leiden musste.«

»Das überrascht mich nicht«, gab Maria schlagfertig zurück, und wir alle lachten.

»Doch noch im selben Moment begann Vater Ephraim einen geistlichen Handel, der sich über Jahre hinzog, einen Kampf mit den Mitteln des Gebetes, des Fastens und der Wohltätigkeit, um seinen Altvater aus der Hölle zu befreien. Er fiel auf die Knie und flehte Gott um Barmherzigkeit an, er möge seinen verstorbenen Altvater verschonen und seine Seele aus ihrem qualvollen Zustand befreien. Die darauffolgenden vier Jahre betete Altvater Ephraim unablässig für seinen Altvater. Immer wenn er betete, sah er, wie die Seele von Papa Nikeforos ein wenig weiter aus der Hölle herauskam, bis er vollständig daraus befreit war. Er verließ die Hölle dank der Gebete seines Schülers, den er vier Jahrzehnte lang tyrannisiert hatte.«

»Ich kann immer noch nicht verstehen, wie so etwas möglich sein soll«, sagte Maria und schüttelte ungläubig den Kopf.

»Weißt du, Maria, durch die Gebete der Heiligen hat die *Ekklesia* die Macht, die Seelen der Verstorbenen zu retten. Glaube mir, diese Macht hat die *Ekklesia* wirklich. Natürlich ist Altvater Ephraims Geschichte für diejenigen, die mit dem Leben auf dem Athos in Berührung gekommen sind, nicht so außergewöhnlich. Im Alter und bis zu seinem Tod wurde Altvater Ephraim von denen, die ihn kannten, als lebender Heiliger und Wundertäter verehrt, genau wie Altvater Paisios und Altvater Porphyrios«, sagte Vater Maximos und deutete dabei auf die Fotos der beiden anderen verehrten Altväter und modernen Heiligen.

Mir fiel auf, dass Stephanos und Erato wie auch Antonis und die Väter Arsenios und Nikodemos zwar darüber staunten, was Vater Maximos uns erzählte, sich jedoch von solchen ungewöhnlichen Geschichten nicht sonderlich verwirren ließen. Sie kannten die athonitische Spiritualität bereits zu lange, als dass weltliche Zweifel und Fragen sie noch beschäftigen konnten. Erato, die ihrer Natur nach eine stille Frau war, jedoch in geistlichen Dingen über ein tiefes Wissen verfügte, ergänzte, Altvater Ephraims Erfahrung ähnele anderen Fällen in der Geschichte des christlichen Mönchtums.

»Mir fällt sogar ein identischer Fall ein«, sagte sie, »nämlich das Leben des Heiligen Paisios des Großen.«

Kaum hatte Erato den Namen des Heiligen Paisios erwähnt, wandte sich Vater Maximos an Vater Nikodemos und bat ihn, ein bestimmtes Kirchenbuch aus der Bibliothek nebenan zu holen. Der junge Mönch kehrte mit einem dicken, übergroßen Folianten zurück. Erato blätterte ihn durch und fand die Geschichte über den Anachoreten aus dem 4. Jahrhundert. Daraufhin bat Vater Maximos Erato, die Vignette vorzulesen, die dem Fall von Altvater Ephraim ähnelte, jedoch mit vertauschten Rollen.

Dieser Geschichte zufolge beging der Schüler eines Altvaters zahlreiche Verfehlungen, ohne darüber die geringste Reue oder *metanoia* zu empfinden, bis er plötzlich verstarb. Sein Altvater, der sich große Sorgen um das Schicksal seines Schülers machte, flehte Gott an, ihm zu offenbaren, was mit diesem faulen und reuelosen Novizen geschehen sei. Daraufhin ließ Gott ihn wissen, dass er in der Hölle schmore. Der Altvater war darüber tieftraurig und begann, fieberhaft für die Erlösung seines Schülers zu beten. In seiner Verzweiflung suchte er Hilfe beim heiligen

Paisios, der in der Wüste lebte und in dem Ruf stand, ein großer Altvater und Heiliger zu sein, der mit außergewöhnlichen Geistesgaben begnadet war. Solche Gaben stritt der Heilige Paisios zwar ab, aber er erklärte sich bereit, mit dem Altvater für die Errettung der Seele jenes reuelosen Schülers zu beten.

»Der heilige Paisios erhob die Hände zum Himmel«, las Erato, »und betete: ›Oh All-Schöpfer, bitte erhöre das Gebet deiner unwürdigen Diener und zeige deine unendliche Barmherzigkeit, indem du den Schüler dieses Altvaters aus der Hölle befreist.‹«

Weiter las Erato uns vor, nach dieser Anrufung hätten der heilige Paisios und der Altvater des verstorbenen Schülers dieselbe Vision gehabt und sich später gegenseitig erzählt. Die Vision zeigte ihnen in allen Einzelheiten, wie der Schüler schließlich von Christus aus den Qualen der Hölle befreit wurde. »Dann bat der Altvater«, las Erato weiter vor, »den großen Paisios, ihm zu verraten, in welche geistlichen Kämpfe er sich begebe, dass er diese außergewöhnliche Gabe erlangt habe. Dem Chronisten zufolge antwortete der Heilige Paisios demütig: ›Vergib mir, ehrwürdiger Vater, aber kein Werk, das ich vollbracht habe, ist einer solchen Gabe würdig. Die Göttliche Vorsehung regelt diese Dinge für jene, die aus tiefstem Herzensgrund um Hilfe bitten. Die Göttliche Vorsehung hat deine Gebete erhört und erkannt, welche große Liebe du deinem Schüler erwiesen hast. Damit bist du dem Beispiel des barmherzigen Gottes gefolgt, der uns seine Wahrheit offenbart hat, dass es keine höhere Tugend gibt als die selbstlose Liebe, aus der heraus man sogar sein Leben für seine Freunde hingibt. Diese Liebe hast du deinem Schüler erwiesen, und deshalb hat der Herr deine Gebete erhört.‹«[42]

---

42 *O Megas Synaxaristis Orthodoxou Ecclesias* [Das griechische Synaxarion der orthodoxen Kirche], Band 5, E. M. Langi 1989, S. 255-258 [zusammengestellt im 19. Jahrhundert vom Heiligen Nikodemos vom Berg Athos. Es dient in der Ostkirche als Quelle zur geistlichen Unterweisung von Novizen, Mönchen und spirituell Suchenden.] Siehe auch Hieromönch Makarios von Simonos Petra, *The Synaxarion: The Lives of the Saints of the Orthodox Church*, aus dem Französischen ins Englische übersetzt von Christopher Hookway, Holy Convent of the Annunciation of Our Lady Press 1999 (auf Deutsch ist erschienen: *Das Synaxarion; Die Leben der Heiligen der Orthodoxen Kirche, in 2 Bänden, gestützt auf die 6-bändige Ausgabe des Heiligen Klosters Simonos Petra*, Chania, Kloster des Heiligen Johannes des Vorläufers, September bis Februar 2005, März bis August 2006); Archimandrite Cherubim, *Contemporary Asce-*

Ich meinte, ungeachtet des faktischen Gehalts dieser Erfahrungen seien solche Geschichten theologisch im Hinblick darauf sehr interessant, wie sich die athonitische christliche Tradition nach dem Verständnis ihrer leidenschaftlichsten und charismatischsten Vertreter die Hölle vorstellt.

»Lass mich zuallererst einmal etwas klarstellen: *Wir* nennen es Hölle«, warf Vater Maximos mit Betonung auf dem *Wir* ein. »In Wirklichkeit meinen wir damit, dass die Seele Entfremdung von Gott erlebt. Vater Nikeforos‹ Seele war auf ähnliche Art und Weise von Gott abgeschnitten wie die des Schülers, den der heilige Paisios befreit hat.«

»Gut. Aber aus dem, was Sie uns heute erzählt haben, ergeben sich meiner Ansicht nach für jemandem, der Kultur und Ethos des Athos nicht kennt, vier grundlegende Konflikte«, wandte ich ein und warf Maria einen Blick zu, die zustimmend nickte, als könne sie meine Gedanken lesen.

»Dann wollen wir doch mal hören«, sagte Vater Maximos mit dem üblichen Lächeln auf den Lippen.

»Ich habe sie sogar kurz notiert, während Sie gesprochen haben«, sagte ich und las aus meinem Notizbuch vor: »Mein erstes Anliegen gilt der Frage, ob diese Erfahrungen real sind. Ich meine die Geschichte von dem russischen Bischof, der Verstorbene sieht, die ihn anschreien; Altvater Ephraim, der seinen eigenen Altvater erst in und dann außerhalb der Hölle wahrnimmt, und die Geschichte vom Heiligen Paisios, der den reuelosen Schüler befreit. Oder handelt es sich dabei nicht vielmehr bloß um Fantasievorstellungen oder Halluzinationen? Zweitens, und verzeihen Sie mir, wenn ich mich dabei wiederhole, was passiert mit Leuten, die in der Hölle enden, aber niemanden wie Altvater Ephraim oder den heiligen Paisios haben, der sie durch seine Gebete daraus erretten könnte? Drittens, wollen diese Geschichten sagen, dass die Hölle kein dauerhafter Zustand ist und man ihr entkommen kann? Und viertens, in Bezug zu Altvater Ephraims Erfahrung: Ist es geistlich sinnvoll, einem solchen Altvater die Treue zu halten, komme, was da wolle? Was lernen wir

---

tics of Mount Athos, 2 Bände, St. Herman of Alaska Brotherhood Press 1992.

aus einer solchen Beziehung zwischen Altvater und Schüler und dem Kampf um *Theosis*? Steht so eine Missbrauchsbeziehung nicht im krassen Gegensatz zu Grundprinzipien der Menschenrechte?«

Vater Maximos schüttelte den Kopf, während der Rest der Gruppe und insbesondere Maria mit Spannung seine Antwort erwartete. Antonis deutete mit dem Finger auf mich und meinte scherzhaft, trotz meiner jahrelangen Beschäftigung mit Mystikern und Mönchen sei ich immer noch ein rationaler Akademiker geblieben.

»Wie wäre es, wenn wir mit der ersten Frage anfangen«, schlug ich vor. »Ist es möglich, dass Altvater Ephraim tatsächlich gewisse Dinge über seinen Altvater in der Hölle gesehen hat oder war seine Vision nicht vielmehr eine Projektion seiner lebhaften Fantasie? Wie soll man akzeptieren und glauben, dass Altvater Ephraims Erfahrung authentisch war und auf der Realität beruhte, statt auf Wahnvorstellungen oder Halluzinationen?«

»Nun, ohne gewisse theologische Kriterien und Grundvoraussetzungen muss alles als Illusion oder Halluzination verworfen werden«, erklärte Vater Maximos, »sogar die Existenz Gottes.«

»Von welchen theologischen Kriterien und Grundvoraussetzungen sprechen Sie, Vater?«, warf Maria ein.

»Zuerst muss man die Existenz Gottes akzeptieren und daran glauben. Außerdem muss man an die Existenz von Geistwesen sowie geistigen Ebenen und Unterebenen glauben, die anders sind als die Erde und über sie hinausgehen. Des Weiteren muss man akzeptieren, dass Heilige tatsächlich andere Realitäten erfahren. Zum Beispiel war Altvater Ephraim nicht der Einzige, der so ein Erlebnis hatte. Alle Heiligen haben zu allen Zeiten Ähnliches erlebt. Von Abraham und Moses und dem heiligen Paisios dem Großen bis heute haben Heilige mit Gott gesprochen. Das muss man zumindest als Möglichkeit in Betracht ziehen, bevor wir weitermachen können. Altvater Ephraim war kein psychisch gestörter Mensch. Er war ein außergewöhnlich begnadeter Heiliger, ein Wissenschaftler geistlicher Realitäten, nicht ein psychisch unausgeglichener Mann. Auf dem Athos waren seine geistlichen Gaben bei allen, die mit ihm in Berührung gekommen waren, wohlbekannt. Er hat diese Vision nicht nur einmal gehabt. Es war eine über vier Jahre immer wiederkehrende Vision. Darüber hinaus hat er beobachtet, dass seine Gebete nach und nach Auswirkungen auf die Seele seines Altvaters hatten. Jedes Mal, wenn er betete, sah er, wie sie dem höllischen Zustand weiter entstieg. Mit anderen Worten, die Seele seines Altvaters wurde allmählich immer empfänglicher für Gottes Gnade. Dies ging bis zu ihrer vollständigen und endgültigen Wiedereinsetzung in Gott weiter.«

»Die theologische Bedeutung dieser Geschichte liegt darin, dass sie der konventionellen Auffassung von Hölle und Verdammnis zuwiderläuft«, merkte ich an. »Die Hölle ist in diesem Fall anscheinend nicht unbedingt von Dauer. Eine Menschenseele kann also tatsächlich Befreiung aus diesem Zustand erlangen.«

»Selbstverständlich ist das möglich«, sagte Vater Maximos mit Nachdruck, als verstünde sich das von selbst. »Wir sprechen hier natürlich von Menschen, die für die Heiligung empfänglich sind. Es gibt aber auch immer wieder welche, die einer solchen Hilfe nicht zugänglich sind. Für Dämonen kann man so viel beten, wie man will. Meiner Meinung nach sind sie unfähig, Gnade anzunehmen, wenngleich Altvater Paisios sogar für das Seelenheil der Dämonen gebetet hat.«

»Die naheliegende Frage, die mir dabei einfällt«, warf Maria ein, »entspricht dem zweiten Anliegen, das Kyriacos im Hinblick auf diesen tyrannischen Altvater vorgebracht hat, der aufgrund der Gebete seines gehorsamen Schülers, Altvater Ephraim, gerettet wurde. Was ist mit anderen Menschen, ganz normalen Leuten, die niemanden haben, der für sie betet, denen schlicht solche geistlichen Netzwerke und Verbindungen fehlen? Mir scheint, hier besteht eine offenkundige Ungleichheit, die nicht zu Gottes allumfassender Liebe zu allen Geschöpfen passen will.«

»Aber darüber haben wir doch gerade gesprochen. Haben wir nicht gesagt, dass die *Ekklesia* für alle Verstorbenen betet? Darüber hinaus gibt es bestimmte Tage, die speziell dem Gebet für die Seelen der Entschlafenen vorbehalten sind. Diese Gottesdienste sind den Seelen der Verstorbenen auf der ganzen Welt gewidmet.«

»Orthodoxe und nicht orthodoxe gleichermaßen?«, fragte Maria noch einmal.

»Die Gebete schließen die gesamte Menschheit ein und gelten der gesamten Menschheit«, antwortete Vater Maximos.

»Diese Gebete wirken sich also auf alle Menschen aus, die verstorben sind«, warf ich ein. »Wenn sie dafür empfänglich sind, erhalten sie Hilfe bei ihrem Aufstieg zu Gott. Wenn ich das richtig verstehe, dann bedeutet das, dass die Hölle oder das, was wir als Hölle bezeichnen, etwas Relatives ist. Man kann in einem tieferen oder oberflächlicheren Höllen-Zustand sein.«

»Dessen bin ich mir nicht sicher. Hölle ist Hölle. Ich weiß nichts von einer tiefen oder oberflächlichen Hölle. Zunächst einmal müssen wir verstehen, was die Hölle ist.«

»Ich dachte, sie wäre der Zustand des Abgeschnittenseins von Gott.«

»Das ist sie natürlich. Sie ist die Unkenntnis Gottes, aber nicht nur das. Den heiligen Altvätern zufolge ist Hölle die Erfahrung Gottes nicht als Licht und ewige Gnade, sondern vielmehr als ewiges Feuer. Doch Gott ist nicht das ewige Feuer. Diese Verdrehungen erzeugen die Menschen, nicht Gott. Daher müssen die Seelen der Menschen geheilt werden, damit sie Gott als Licht und nicht als quälendes Feuer schauen können.«

Vater Maximos entwarf eine Vision der Hölle, die sich radikal von dem Bild brodelnder Ölkessel und brennenden Schwefels unterschied, das dem westlichen Bewusstsein eingeimpft worden ist. Ich war fasziniert, denn ich hatte immer den Eindruck, dass es für modern denkende Christen nichts Befremdlicheres gibt als die Theologie von »Hölle und Verdammnis«. Solche Dogmen treiben die Menschen in Scharen anderen religiösen Tradition zu, die kein so düsteres Bild des Jenseits zeichnen. Von derselben Erkenntnis getrieben, hatte eine Kommission der Church of England vor kurzem die Vorstellung von der Hölle als einem Ort »des Feuers, der Mistgabeln und endloser Schmerzensschreie« verworfen und sie stattdessen als Vernichtung derjenigen bezeichnet, die sich von Gottes Liebe abwenden.

Laut dem Bericht wird die mittelalterliche Vorstellung von der Hölle abgelehnt. Weiter heißt es: »Christen haben sich zu fürchterlichen Theologien bekannt, die aus Gott ein sadistisches Ungeheuer gemacht und bei vielen brennende theologische Narben hinterlassen haben.« Darüber hinaus werden mehrere Gründe für den Positionswechsel in der Anglikanischen Kirche genannt, darunter ethische Proteste von innerhalb und außerhalb der christlichen Glaubensgemeinschaft gegen eine Religion der Angst sowie die wachsende Erkenntnis, dass das Bild eines Gottes, der Millionen ewigen Qualen ausliefert, der Offenbarung von Gottes Liebe in Christus entgegensteht.

Doch der Bericht endete mit einer Bemerkung, aus der sich meinem Empfinden nach ebenso viele neue Fragen erheben. »Die Hölle«, so hieß es da, »ist keine ewige Qual, sondern die endgültige und irreversible Entscheidung für das, was Gott so völlig und so absolut entgegengesetzt ist, dass das einzig mögliche Ende totales Nicht-Sein ist.«[43]

Totales Nicht-Sein? Nach meinem Verständnis der Ordnung der Dinge können selbst Menschen, die Gott »so völlig« abgelehnt haben, nicht in einen Zustand des »Nicht-Seins« verfallen. Würde das nicht dem Grundprinzip der unsterblichen Seele widersprechen? Setzen außerdem Gottes absolute Gnade und Barmherzigkeit nicht voraus, dass Seelen weiterhin die Chance erhalten, ihrer veritablen Hölle und ihrem Elend zu entkommen? Und erfordern Gottes totale Barmherzigkeit und absolute Liebe nicht ihre letztendliche Wiedereinsetzung in den göttlichen Stand? Ich vermute, dass diese innere Logik Altvater Paisios dazu trieb, sogar für das Seelenheil der Dämonen zu beten und den Heiligen Siluan zu der Aussage veranlasste, er könne nicht in Frieden ruhen, wenn er glaubte, dass auch nur eine einzige Seele verloren sein könnte. Wie kann ich im Paradies glücklich sein, klagte der moderne russische Athos-Heilige, wenn auch nur einer meiner Mitmenschen weiterhin in der Hölle Qualen leidet?«[44] Können wir daraus schließen,

---

43 Laut einem Bericht der Associated Press in der *Bangor Daily News* vom 19. Januar 1996.

44 Archimandrit Sophronius.(Hrsg.), *Starez Siluan, Mönch vom heiligen Berg Athos: Leben, Lehre, Schriften*

schrieb ich an den Rand der Seite, auf der ich jene Passage über das Leben des heiligen Siluan gelesen hatte, dass die Seele im Paradies nicht in jenem Zustand völliger Glückseligkeit sein kann, in dem sie eigentlich sein sollte, wenn auch nur ein einziger Mensch in der ewigen Verdammnis verrottet? Ist das Paradies daher mit einer dermaßen morbiden Auffassung unvereinbar?

Ich wollte dieses Thema gerade gegenüber Vater Maximos ansprechen, da stellte Stephanos, der bis zu diesem Moment geschwiegen hatte, eine Frage: »Vater Maxime, wie können wir Täuschung und Authentizität voneinander unterscheiden? Selbst wenn wir noch so fortgeschritten sind, tragen wir als Menschen doch immer die Möglichkeit der Selbsttäuschung in uns. Man mag eine Vision Gottes haben oder Gottes Stimme hören, wie es bei Altvater Ephraim der Fall war, und dennoch könnte man es für eine Form der Sinnestäuschung oder eine Halluzination halten. Wie kann man eine echte Gotteserfahrung von einer unechten unterscheiden? Heute behaupten viele, sie hörten die Stimme Gottes, sähen die Heilige Jungfrau oder Christus und so weiter.«

»Ich habe Menschen kennengelernt, die ankommen und mir erzählen, sie hörten Botschaften von Gott, sie hörten dieses und sie hörten jenes, und ich bin mir ziemlich sicher, dass sie sich etwas vormachen«, warf ich ein.

»An so etwas habe ich bei dieser Frage gedacht«, fügte Stephanos hinzu. »Woher können wir wissen, dass das Erlebnis von Altvater Ephraim oder das des Heiligen Paisios eine direkte Kommunikation mit Gott und keine Selbsttäuschung ist? Das sind dieselben Bedenken, die auch Kyriacos und Maria erhoben haben.«

»Schau, durch Seine und die Worte der Altväter hat Gott uns selbst Kriterien an die Hand gegeben«, erwiderte Vater Maximos. »Am wichtigsten ist, dass wir die Echtheit aus Erfahrung überprüfen können. Wer erfahren ist, kann eine Täuschung leicht erkennen, genau wie ein erfahrener Juwelier einen echten Diamanten von einer Fälschung unterscheiden kann.« Er hielt inne, strich sich über den schwarzen Bart und dachte eine Zeit lang nach. Dann fuhr er fort: »Wenn die Seele an die Gegenwart und den Geschmack der Gnade gewöhnt ist, dann erkennt sie eine

Täuschung oder das, was die Altväter *plani* nennen, sofort. Oberflächlich betrachtet, mag etwas vollkommen rein und arglos erscheinen und keinerlei Anlass zu Zweifeln oder Verdächtigungen geben. Die erfahrene Seele erkennt jedoch die Täuschung. Damit meine ich die Täuschung, die als eine Manifestation des Geistes der Täuschung entsteht. Versteht ihr?« Wir nickten, weil wir verstanden, dass er Satan meinte. »Ich meine damit keine falsche Vorstellung. Wenn die Seele krank sowie von Eitelkeit, Stolz und ähnlichen Leidenschaften beherrscht ist, dann ist eine Täuschung wahrscheinlich. Ist die Seele aber demütig, dann ist der Geist der Täuschung leicht zu enttarnen.«

»Meinen das die Altväter, wenn sie sagen, dass Unterscheidungsvermögen aus Demut geboren wird?«, fragte Stephanos.

»Richtig«, nickte Vater Maximos. »Als Unterscheidungsvermögen bezeichnen sie den Prozess, mit dem man die Herkunft eines Geistes beurteilt, also ob er von Gott oder nicht von Gott kommt. Unterscheidungsvermögen ist unmöglich, ohne dass die Seele Demut erlangt hat, weißt du. Im Grunde ist Unterscheidungsvermögen nichts anderes als die Gesamtsumme aus Erfahrung, Vernunft und Intuition. Es ist die Fähigkeit, sofort zu erkennen, dass ein bestimmter Geist ein Geist der Täuschung ist. Sowohl Altvater Ephraim als auch der Heilige Paisios waren hoch erfahrene Krieger im geistlichen Kampf und haben große Tiefen der Demut erreicht. Daher haben sie Unterscheidungsvermögen erlangt und konnten eine echte Botschaft oder Kommunikation mit Gott von Illusion und Täuschung unterscheiden.«

»Ist es nicht auch möglich, einen Heiligen zu täuschen?«, rätselte Maria.

»Bei Themen, die mit weltlichen Dingen zu tun haben, ja. Aber das hat nichts mit Täuschung oder *plani* zu tun. Das ist dann einfach ein Irrtum, der wiederum das Produkt menschlicher Unvollkommenheit ist. So etwas ist ein intellektueller Fehler, ein Fehler, der mit Kenntnissen über diese Welt zu tun hat. Es ist kein Fehler, der auf fehlendem Unterscheidungsvermögen zwischen guten und bösen Geistern beruht oder auf Verwirrung darüber, ob eine Botschaft von Gott oder nicht von Gott kommt. Verstehst du? Ein Heiliger mag zum Beispiel auf einen Baum deuten und sagen: ›Das ist eine Kiefer‹, obwohl es in Wirklichkeit etwas ganz anderes ist. Ein Heiliger ist nicht unbedingt ein Wissenschaftler der äußeren Welt. Nach Pfingsten wurden die Jünger Jesu nicht plötzlich von einfachen Fischern zu Fachleuten für diese Welt. Sie wurden mit göttlicher Weisheit und Gaben des Heiligen Geistes wie Heilung und Prophetie begnadet. Sie wurden nicht mit Expertenwissen über die materielle Welt versehen.«

Wir beendeten unser Gespräch wie schon so oft zuvor, als das *symandron* uns zur Vesper rief. Vater Arsenios stand als Erster auf, und wir halfen ihm, die Teetassen in die Küche zu tragen. Stephanos und Erato gingen zur Kapelle, Maria hingegen dankte Vater Maximos, empfing seinen Segen und begab sich dann zu ihrem Auto, um die zweistündige Rückfahrt nach Nikosia anzutreten.

Ich erinnerte Vater Maximos daran, dass wir noch nicht über Rolle und Aufgaben eines Altvaters gesprochen hatten und darüber, was man im Falle des Missbrauchs tun sollte, wie es bei Altvater Ephraim der Fall gewesen war. »Erinnere mich daran, dass ich das morgen aufgreife«, sagte er, während wir zusammen mit Vater Nikodemus und Antonis zur Kirche gingen.

Es war halb neun Uhr abends, als die Vesper vorüber war und Stephanos und Erato in ihr Wochenendhäuschen in den Bergen zurückfuhren. Es lag nur zwanzig Autominuten entfernt. Ich begab mich in meine Zelle und schloss die Tür hinter mir. Auch Vater Maximos und die anderen Mönche gingen in ihre Zellen, um vor dem Schlafengehen ihre *askesis* fortzusetzen. Ich hingegen machte mir Notizen und dachte noch eine ganze Weile über die Fragen nach, über die wir mit Vater Maximos gesprochen hatten.

Geschichten wie die über Altvater Ephraim und sein Ringen um die Befreiung seines Altvaters aus dem Zustand »ewiger Höllenqualen« hinterließen bei mir einen tiefen Eindruck. Meiner Einschätzung nach liefen solche Erfahrungen, die zur Tradition athonitischer Spiritualität dazugehörten, der Theologie von Hölle und Verdammnis, mit der ich aufgewachsen war, zuwider. Ich hatte Vater Maximos meine Gedanken dazu schon einmal geschildert, worauf er mich mit den Worten beruhigte: »Das Einzige, dessen wir uns vollkommen sicher sein können, ist, dass Gott mit absoluter Liebe und absoluter Barmherzigkeit über uns richtet.«

Doch Vater Maximos' Antworten befriedigten mein Interesse nicht, und ich wollte noch weiter über diese Fragen nachdenken. An jenem Abend begann ich mit der Lektüre eines Buches über das Werk des Heiligen Gregor von Nyssa[45]. Er war einer der drei kappadokischen Väter und hatte zusammen mit seinem Bruder, Basilios dem Großen, eine Schlüsselrolle bei der Entwicklung der frühchristlichen Theologie gespielt. Beim Lesen stieß ich auf Textstellen, die zu meiner Überraschung in direktem Bezug zu den Themen standen, mit denen wir uns am Nachmittag beschäftigt hatten. Es war nicht das erste Mal, dass plötzlich wie zufällig Antworten auftauchten, wenn mich eine Idee oder eine Frage nicht mehr losließ. In dem Buch ging es um St. Gregors Auffassung vom Aufstieg der Seele zu Gott, und es enthielt seine umstrittenen Lehren über die endgültige Erlösung aller Seelen.

»Der Sinn des menschlichen Lebens ist es«, schrieb der Verfasser mit Bezug auf die Theologie des heiligen Gregor, »das absolute Gute zu erlangen, Vollkommenheit zu erlangen. Dies wird durch einen langen, schmerzhaften und beschwerlichen Weg erreicht, an dessen Anfang der Erwerb von Tugend und an dessen Ende die Erlangung der *Theosis* steht. … Dies ist der Kampf aller Menschen, insbesondere der Asketen, der wahren Philosophen.«

Mit großer Begeisterung las ich weiter über die Auffassung des heiligen Gregor von der Hölle, die er als Zustand für die therapeutische Behandlung der Seele verstand. Ich las: »Das Denken des heiligen Gregor fußt auf dem überzeugten Glauben an die absolute Güte und Liebe Gottes. … Er glaubt, dass die Höllenqualen einzig und allein dem Zweck der Heilung der Seele dienen, was bedeutet, dass sie nicht ewig sind.« Hier ist die Antwort, die ich gesucht habe, murmelte ich vor mich hin und las weiter. »Die Therapie wird durch Feuer bewirkt, das nicht

45 Panaghiotis Christou, *Ellenike Patrologia* [Griechische Patrologie], Band 4, Kyromanos Publishers 1989

das Feuer der Sinne ist, sondern ein Feuer moralischer Natur. … Nach ihrer Katharsis treten die Seelen in die Ewigkeit ein. Einigen gelingt es, ihre Reinigung während ihres Erdenlebens zu vollenden, andere erlangen sie im Jenseits. Sogar jene Seelen, die noch nicht von Gut und Böse dieses Lebens gekostet haben, werden im künftigen Leben an Gottes Liebe und Güte teilhaben. Auferstehung bedeutet für Gregor unsere Wiedereinsetzung in unseren natürlichen Urzustand. Nach Katharsis und Auferstehung kehren die Menschen zu Gott zurück. Das Ende wird sein wie der Anfang.«

Weiter stellte der Patristik-Experte und Verfasser dieses Buches fest, dass diese Wiedereinsetzung dem Heiligen Gregor zufolge deshalb erlangt werden kann, weil die Seele sich nach der Rückkehr in ihren engelhaften Zustand sehnt und die Güte Gottes dies möglich und notwendig macht. Bei ihrer Rückkehr erlangt die Seele eine dauerhafte Stellung neben Gott, nachdem sie zuvor diese Welt erfahren hat. »Am Ende wird sogar der Erfinder des Bösen auf ähnliche Art geheilt werden. Und wenn alles wieder in seinen Urzustand eingesetzt ist, dann steigt ein Lobgesang auf zu Gott, den die gesamte Schöpfung singt.«[46]

Die unkonventionellen Auffassungen des heiligen Gregor von der Hölle und der Wiedereinsetzung der gesamten Schöpfung haben nicht verhindert, dass er als Kirchenvater der Ostkirche anerkannt wurde. Beim Fünften Ökumenischen Konzil wurde er zum »Vater der Väter« erklärt. Der Teil der Theologie des heiligen Gregor, in dem es ausdrücklich um das Thema Hölle und Wiedereinsetzung geht, wurde allerdings außer Acht gelassen und nicht in die offizielle kirchliche Lehre aufgenommen, weder im Westen noch im Osten. Stattdessen beherrschten schließlich die Vision der Apokalypse und die Dantes die Kultur der Christenheit.

Meine Begegnung mit dem Werk des heiligen Gregor, der mir Antworten auf für mich sehr bedeutende Fragen gab, verlief an

46 Ebendort S. 159-200 [Übersetzung durch den Autor]. Eine wichtige Erörterung dieses Themas findet sich auch in Bischof Kallistos Ware, „Dare we hope for the salvation of all? Origen, Gregory of Nissa, Issac of Niniveh", *Theology Digest* (Winter 1998), S. 303-317.

jenem Abend praktisch genauso wie eine ähnliche Erfahrung, die ich bereits vor etlichen Jahren bei der Auseinandersetzung mit diesen Themen gemacht hatte. Damals erhielt ich die Antwort in Gestalt des Vortrags eines führenden, in Harvard ausgebildeten griechischen Theologen und Philosophen, der über die Auffassung der christlichen Kirchenväter von der Hölle Ähnliches sagte. Im Gegensatz zu anderen, die Hölle und Verdammnis predigen, behauptete Dr. Constantine Cavarnos, die großen Väter der *Ekklesia* – etwa die Heiligen Gregor von Nyssa, Johannes Klimakos, Symeon der Neue Theologe, Gregor vom Sinai und Nikolaos Kabasilas – lehrten, dass die geistliche Entwicklung, die der Einzelne hier auf der Erde durchläuft, mit dem Tod nicht endet. Sie lehrten, dass »im jenseitigen Leben ein ständiger Fortschritt stattfindet, ein niemals endender Zuwachs an Vollkommenheit, Erkenntnis und Liebe«.[47]

Hier haben wir es, dachte ich bei mir. Sowohl in den Erfahrungen moderner Heiliger wie Altvater Ephraim als auch in den Lehren der alten Kirchenväter findet sich keine Vorstellung von einer ewigen Hölle. Heute wird die offizielle christliche Lehre allerdings stark von dieser Auffassung beherrscht, weshalb viele Anhänger nach Alternativen in anderen Religionen suchen.

Am nächsten Morgen ging ich in die Bibliothek, um dort Vater Nikodemos aufzusuchen, ihm für das Buch zu danken und ihm meine Gedanken mitzuteilen. Er war von Hause aus Archäologe und stand im Ruf eines intellektuellen Mönches. Als ich die Themen ansprach, die mich am Vorabend beschäftigt hatten, stand er gerade auf einem Hocker und räumte Bücher ins Regal. Vater Nikodemos wandte sich zu mir um und sagte, bloß weil jemand ein großer Heiliger sei, heiße das noch lange nicht, dass seine gesamte Theologie automatisch in die Dogmen und den Kanon der *Ekklesia* aufgenommen würde. Zur offiziellen Lehre, so behauptete er, würden nur die theologischen Punkte, die bei offiziellen Konzilen bestätigt würden.

Doch die Erfahrungen von Altvater Ephraim und dem heiligen Paisios sind nicht nur plausibel, sondern sie stimmen auch

47 Hellenic Chronicle, 12. August 1993, zitiert in Markides, *Auf dem Löwen reiten*, S. 351.

mit der These des heiligen Gregor über Hölle und Wiedereinsetzung überein, machte ich gegenüber Vater Nikodemos geltend. Außerdem stehen sie im Einklang mit den Lehren vieler weiterer frühchristlicher Väter. Darüber hinaus sind die Thesen des heiligen Gregor wie auch die anderer christlicher Väter eher mit einem Gottesverständnis als totale Barmherzigkeit und bedingungslose, absolute Liebe zu vereinbaren. »Meinen Sie nicht auch, Vater?«

Der junge Vater Nikodemos schüttelte den Kopf, lächelte und sortierte weiter Bücher ins Regal, ohne meine Frage zu beantworten. »Finden Sie nicht, Vater«, bohrte ich weiter, einen Hauch Respektlosigkeit in der Stimme, »dass es höchste Zeit ist, dass ein neues ökumenisches Konzil sich dieses und vieler weiterer Themen noch einmal neu annimmt?« Vater Nikodemos hörte auf, Bücher ins Regal zu stellen, wandte sich mir erneut zu und sagte dann kryptisch: »Vielleicht gestattet ja die Göttliche Vorsehung nicht, dass im Moment ein weiteres ökumenisches Konzil zustande kommt.« Was er mit dieser etwas verstohlenen Antwort andeuten wollte, führte er allerdings nicht näher aus. Als ich diesen Punkt später gegenüber einem führenden orthodoxen Gelehrten und Kirchenbischof ansprach, gab dieser mir zu verstehen, dass der Grad an Bildung und Heiligkeit unter den Mitgliedern der kirchlichen Hierarchie im Moment mehrheitlich so abgrundtief gering sei, dass ein solches Konzil eine Katastrophe für das Christentum bedeuten könne. Deshalb sei es am besten, wenn vorerst kein solches Konzil abgehalten werde, auch wenn seit dem letzten bereits über tausend Jahre vergangen seien.

Das Problem ist allerdings, dass zwischenzeitlich kritisch denkende Christen in Scharen zu Hinduismus und Buddhismus abwandern, auch deshalb, weil sie finden, dass im Christentum unhaltbare Lehren von Hölle und Verdammnis vertreten und gepredigt werden. Die bittere Ironie liegt darin, dass derlei Glaubensinhalte ganz offensichtlich nicht mit den Lehren der heiligen Gründungsväter des Christentums zu vereinbaren sind.

12

Leidenschaftliche Gerechtigkeitsliebe

Es war bereits Juli, und das Ende meines Sabbat-Semesters rückte mit raschen Schritten näher. In der Mittagszeit kletterte das Thermometer in den Städten, insbesondere in Nikosia, regelmäßig über die 35-Grad-Marke, was das Leben für alle, die keinen direkten Zugang zum Meer oder zu den Bergen hatten, nicht eben paradiesisch machte. Doch wenn bei Sonnenuntergang von Westen die Meeresbrise einsetzte, dann konnte kein anderer Ort am ganzen Mittelmeer mit einem Abend auf Zypern mithalten – erfüllt vom betörenden Duft nach Jasmin und Geißblatt.

Umgeben von Kiefern hoch in den Bergen fühlte ich mich unvergleichlich privilegiert. Im Sommer war das Kloster Panagia ein Ort wahrer Erholung für Körper und Geist. Eines Tages hielt sich eine Gruppe von zwanzig schwarz gekleideten Nonnen mehrere Stunden im Kloster Panagia auf, um den hohen Temperaturen in den Ebenen zu entfliehen. Sie kamen aus Griechenland und waren auf Pilgerfahrt zu den heiligen Stätten Zyperns. Der wahre Grund für ihren Besuch war jedoch allem Anschein nach Vater Maximos, dessen Ruf als charismatischer Altvater bis zu ihrem klösterlichen Rückzugsort in Griechenland vorgedrungen war.

Vor meiner Abreise von der Insel wollte ich noch mehrere weitere Themen athonitischer Spiritualität erforschen. Als mich Vater Maximos daher am Nachmittag des 19. Juli, nach langen Gesprächen mit den Nonnen über das geistliche Leben, bat, ihn ganz früh am nächsten Morgen zum Kloster Stravrovouni zu fahren, war ich wohl vorbereitet.

Wir begannen unsere Fahrt kurz nach vier Uhr morgens, anscheinend Vater Maximos' liebste Tageszeit. »Die Gerontissa, die du gestern kennengelernt hast, stand Altvater Porphyrios sehr nahe«, sagte er beiläufig, als wir aufbrachen. »Sie hat mir von ein paar wirklich außergewöhnlichen Erlebnissen berichtet, die sie mit ihm hatte.«

»Vater Maxime, vor einiger Zeit haben Sie mich gebeten, Sie daran zu erinnern, dass Sie mir von den Erlebnissen erzählen wollen, die Sie selbst mit Altvater Porphyrios gemacht haben. Wie wär's? Vielleicht ist jetzt genau der richtige Moment dafür«, erwiderte ich unbeschwert. Vater Maximos strich sich über den Bart und lächelte. Offensichtlich hatte er meine Bitte schon erahnt. Dann erzählte er mehrere Episoden aus dem Leben dieses legendären Altvaters.

»Der alte Porphyrios war völlig offen für den Heiligen Geist.[48] Ich erinnere mich, dass wir einmal einen italienischen Mönch zu Gast hatten, der mehrere Wochen bei uns auf dem Athos blieb. Er war aus Kalabrien und sprach so gut Griechisch, dass er glatt als Grieche durchging.«

»War er orthodox?«

»Nein, katholisch. Aber außer dem Abt und mir wusste das keiner. Wir verschwiegen es den anderen Mönchen. Er war so gekleidet wie wir und nahm am Klosterleben teil wie alle anderen auch. Er hörte vom alten Porphyrios und fragte mich kurz vor seiner Rückkehr nach Italien, ob ich ihn zu dem Altvater begleiten würde. Damals war der alte Porphyrios bereits über achtzig und wohnte in einem Vorort von Athen. Wir hatten kaum sein Haus betreten, da begrüßte er uns auch schon und sprach den italienischen Mönch mit Vornamen an. Dabei war er blind, und niemand hatte ihm gesagt, dass wir ihn besuchen kämen. Im selben Moment, in dem wir sein Haus betraten, sagte er: ›Ich habe dich schon erwartet, Bruder Augustinus!‹ Dann unterwies ihn der alte Prophyrios in den Dingen, die er nach seiner Rückkehr nach Italien zu tun hätte, um eine Katastrophe von

48 Constantinos Yiannitsiotes, *Konta Sto Geronta Porfyrio* [In der Nähe von Altvater Porphyrios], Verlag des Frauenklosters der Verklärung des Erlösers 1995

seinem Kloster abzuwenden. Er sagte, die Trinkwasserquelle des Klosters sei verseucht und gab ihm detaillierte Anweisungen, wo nach gutem Wasser gegraben werden sollte. Er sprach, als ob er die Gegend genau kenne. Außerdem warnte er den italienischen Mönch vor einer weiteren Gefahr. Am Gipfel des Hügels, an dessen Fuß das Kloster lag, hatte sich ein großer Felsblock gelockert. Er riet, den Felsblock zu entfernen oder mit Befestigungen zu sichern, damit er keine Bedrohung mehr darstelle. Der italienische Mönch war verblüfft und bat den alten Porphyrios zu erklären, woher er diese ganzen Einzelheiten wisse. Seine Antwort lautete schlicht: Der Heilige Geist erhelle ihn mit solchen Informationen.«

»Wurde das Wasser tatsächlich gefunden?«

»Ja. Etliche Wochen später rief mich Bruder Augustinus an und ließ mich wissen, dass sie sich exakt an das gehalten hatten, was der alte Porphyrios gesagt hatte. Sie fanden die neue Wasserquelle und fixierten den Felsblock. Die katholischen Mönche stellten fest, dass der Felsen ihr Kloster zertrümmert hätte, hätten sie nichts unternommen – genau wie Altvater Porphyrios vorhergesagt hatte.«

Danach erzählte mir Vater Maximos, dass die Gerontissa aus Griechenland, die ich am Vortrag kennengelernt hatte, ihm einige Erlebnisse mit Altvater Porphyrios anvertraut hatte, die wesentlich dramatischer und außergewöhnlicher waren als alles, was er selbst mit ihm erlebt hatte.

»Vor etlichen Jahren stand die Gerontissa vor einer sehr schwierigen Operation am offenen Herzen, und sie machte sich Sorgen, dass sie diese vielleicht nicht überleben würde. Sie sang sehr gerne, aber auf Anraten ihres Arztes musste sie es aufgeben. Während einer *agrypnia* jedoch wurde die Gerontissa mitgerissen und konnte nicht mehr an sich halten. In ihrer Begeisterung stimmte sie mit den anderen Nonnen ein und sang das *Trisagion*, das *Ayios O Theos, Ayios Ischyros, Ayios Athanatos Eleison Ymas* [Heiliger Gott, Heiligmächtiger, Heiligunsterblicher, erbarme dich unser]. Sie sang es mit hoher Stimme und aus ganzem Herzen, erschrak dann aber bei dem Gedanken, dass ihr Herz versagen könnte. Sie erhielt die Kommunion und ging dann in ihre Zelle, um sich angsterfüllt auszuruhen. Als sie sich hinlegte, klingelte das Telefon. ›Wer ist da?‹, fragte sie. ›Vater Porphyrios‹, antwortete die Stimme in der Leitung. Er rief sie aus seiner Wohnung in Athen an. ›Wie wunderbar, dass du gesungen hast‹, sagte er ihr. ›Das Heiliger Gott, Heiligmächtiger, Heiligunsterblicher … Daraufhin hat der Unsterbliche dich heimgesucht und dich vor dem Tod errettet.‹ Kurz nach dem Anruf verbesserte sich ihr Gesundheitszustand drastisch, und sie brauchte nicht mehr operiert zu werden.«

»Der alte Prophyrios«, fuhr Vater Maximos fort, »tat so etwas ständig. Er griff zum Telefon und sprach mit Menschen, die er überhaupt nicht kannte. Er sagte ihnen genau, was gerade mit ihnen los war und erteilte ihnen Rat.«

»Ich habe gehört, es habe ihn einmal jemand angerufen, der nicht wusste, dass er bereits verstorben war, und Altvater Porphyrios habe angeblich mit ihm gesprochen. Ist da etwas Wahres dran?«

»Möglicherweise«, nickte Vater Maximos und fuhr fröhlich fort, so etwas sei dem alten Porphyrios durchaus zuzutrauen. »Der Anrufer war aus Sydney. Er wusste nicht, dass der alte Porphyrios verstorben war und rief ihn etwa einen Monat nach seinem Tod an. Der alte Porphyrios ging ans Telefon und sagte dem Australier: ›Ruf mich nicht wieder an, denn ich bin nicht mehr in dieser Welt. Ich bin gestorben und lebe jetzt im Himmel‹«, erzählte Vater Maximos heiter.

»Aber das Dramatischste, was ich je gehört habe, ist einer Gerontissa und vierzig ihrer Nonnen nach einem Besuch bei Altvater Porphyrios passiert.«

In Vater Maximos Stimme lag eine gewisse Zurückhaltung. Doch als er spürte, dass ich unbedingt mehr hören wollte, erzählte er folgende lange Geschichte über eine Zeitverschiebung aus dem Leben dieses modernen Wundertäters:

»Dieses Erlebnis hat mir die Gerontissa selbst anvertraut. Eines Tages begab sie sich mit etwa vierzig ihrer Nonnen auf eine Pilgerfahrt nach Arta, eine Tagesreise mit dem Bus von ihrem Kloster entfernt. Auf dem Rückweg beschlossen sie, einen Zwischenhalt in Athen einzulegen und Altvater Porphyrios zu besuchen. Sie erreichten sein Haus am frühen Abend. Bis zu ihrem Kloster waren es noch einmal viereinhalb bis fünf Autostunden, mit dem Bus sogar noch etwas länger. Mit großem Nachdruck ermahnte sie ihre Nonnen daher: ›Schwestern, es ist bereits sieben Uhr, und wir sind schon acht Stunden gefahren. Wir haben noch fünf Stunden vor uns und sind alle müde. Deshalb sollten wir nicht länger als eine Viertelstunde bei Vater Porphyrios bleiben. Wir wollen ihn um seinen Segen bitten und dann gleich weiterfahren.‹

Mit diesem Vorsatz betraten sie sein Haus«, fuhr Vater Maximos fort. »Aber der blinde alte Prophyrios freute sich so sehr, die Nonnen bei sich zu haben, dass er sie nicht gehen ließ. Die Gerontissa saß sozusagen auf glühenden Kohlen. Mehrmals versuchte sie, ihn zu unterbrechen. ›*Geronta* [Altvater], wir müssen gehen.‹ ›Setzt euch und habt es nicht so eilig‹, erwiderte er jedes Mal. Es war bereits acht Uhr abends, und sie waren immer noch bei ihm. Irgendwann hielt sie es nicht mehr aus. ›Es tut mir leid, *Geronta*‹, blaffte sie, ›aber wir müssen jetzt gehen. Wir besuchen Sie ein anderes Mal wieder.‹ Der alte Prophyrios machte eine abschätzige Handbewegung und erwiderte: ›Nun habt es nicht so eilig. Ich will das Radio anschalten. Ein Radiosender in Piräus bringt um diese Zeit sehr gute Gesänge.‹

Der Gerontissa wurde kalt und heiß. Es war zehn nach acht. Sie rechnete damit, dass sie nicht vor zwei Uhr morgens im Kloster ankämen und war daher zum sofortigen Aufbruch entschlossen. ›*Geronta*, bitte schalten Sie das Radio aus. Wir müssen gehen. Als sie in den Bus stiegen, rief er sie und bedeutete ihr, er müsse ihr etwas Dringendes unter vier Augen sagen.‹ Sie stieg wieder aus dem Bus, und er erzählte ihr alle möglichen unbedeutenden Dinge. Sie wurde sehr ungeduldig und aufgebracht und sagte dem Altvater: ›Es tut mir leid, es ist schon weit nach acht, und ich fürchte, es wird sehr spät, bis wir im Kloster ankommen.‹ ›Ach was, mache dir deswegen nur keine Gedanken‹, versicherte er ihr, ›ihr werdet rechtzeitig da sein.‹

Endlich konnte die Gerontissa in den Bus steigen. Doch bevor sie losfuhren, hatte der alte Porphyrios noch eine weitere Bitte, die sie ihm nicht abschlagen konnte. Er drängte sie, zwei junge

Frauen mitzunehmen, die ihn gerade besuchten. Der alte Porphyrios bat, sie im Zentrum von Athen abzusetzen.

Du kannst dir die Enttäuschung der armen Gerontissa vorstellen. Statt Athen wie geplant zu umfahren, steckten sie nun im Stadtverkehr fest. Sogar das Benzin ging ihnen aus. Nach stundenlangen Irrungen und Wirrungen kamen sie schließlich in ihrem Kloster an. Es war weit nach zwei Uhr morgens. Die Gerontissa hoffte, dass mit etwas Glück vielleicht eine Nonne wach wäre, die ihnen das Tor aufmachen könnte. Zu ihrer Überraschung war das Kloster noch hell erleuchtet, und die Nonnen, die zu Hause geblieben waren, waren noch putzmunter. ›Seltsam‹, dachte die Gerontissa bei sich. ›Warum sind sie bis jetzt wach geblieben? Haben sie auf uns gewartet?‹

Die daheimgebliebenen Nonnen wollten unbedingt erfahren, wie die Reise und die Begegnung mit Porphyrios gewesen waren. ›Bitte‹, drängte die Gerontissa ungeduldig, ›lasst uns etwas essen und stellt jetzt nicht solche Fragen.‹ Aber die anderen Nonnen wollten unbedingt etwas über die Reise erfahren. ›Was hat Altvater Porphyrios euch gesagt?‹, erkundigten sie sich hartnäckig. Da verlor die Gerontissa die Geduld. ›Ist das die richtige Zeit, solche Fragen zu stellen? Und übrigens, warum seid ihr zu so später Stunde noch auf? Warum seid ihr nicht im Bett?‹ Die anderen Nonnen schauten einander an und brachen in Gelächter aus. ›Meine liebe Gerontissa‹, antwortete eine von ihnen und deutete auf die Uhr: ›Ist das spät?‹ ›Was meinst du damit? Was soll der Unsinn?‹, gab sie zornig zurück. ›Es ist nach drei Uhr morgens, und ihr fragt, ob das spät ist?‹ Die anderen Nonnen sahen einander an und schütteten sich erst recht aus vor Lachen. ›Schauen Sie auf die Uhr, liebe Gerontissa.‹ Du kannst dir vorstellen, was in ihr vorging, als sie sich zur Uhr umwandte und erkannte, dass es erst halb neun Uhr abends war. Sie hatten die Strecke vom Haus des alten Porphyrios in einem Athener Vorort bis zu ihrem Kloster – eine über fünfstündige Fahrt – in etwa fünfzehn Minuten zurückgelegt! Und halte dir vor Augen, dass es nicht nur ein oder zwei Nonnen waren. Eine ganze Busladung von vierzig Personen waren Zeugen dieses Vorfalls.«

»Wie erklären Sie ihn?«

»Wie? Dafür gibt es keine rationale Erklärung. Es ist ein Mysterium«, erwiderte Vater Maximos.

»Vielleicht sind sie in eine andere Zeitzone, in eine andere Dimension geraten«, mutmaßte ich. »Ein Skeptiker würde sagen, es habe sich um eine Massenhalluzination gehandelt oder ihre Armbanduhren gingen nicht richtig.« Vater Maximos tat meine skeptischen Überlegungen mit einem Schulterzucken ab. »Solche Phänomene treten im Leben von Heiligen tatsächlich auf«, behauptete er nachdrücklich. »Lies über ihr Leben nach, dann siehst du es selbst. Beim alten Porphyrios kam so etwas schon routinemäßig vor.« Wenn ein Mensch Heiligkeit erlangt, sagte mir Vater Maximos einmal, dann werden die normalen Naturgesetze gelegentlich transzendiert. Gewöhnlich geschieht dies zu höheren Zwecken, wie etwa zur Heilung oder geistlichen Unterweisung.

Mehrere Minuten fuhr ich schweigend weiter und dachte über die Legenden nach, die Vater Maximos mir über Altvater Porphyrios erzählt hatte. »Vater Maxime«, brach ich dann das Schweigen, »gestern haben Sie etwas zu den Nonnen gesagt, das mir unangenehm aufgestoßen ist.«

»Was habe ich denn gesagt?«, erwiderte er überrascht und drehte das Fenster herunter, um die frische Morgenluft hereinzulassen.

»Sie haben gesagt, wir sollten loslassen, das heißt, uns der *Ekklesia* ergeben, damit wir geistlich genährt werden können, so wie sich kleine Kinder mit absolutem Vertrauen und Hingabe in die Arme ihrer Mutter sinken lassen.«

»Loszulassen«, erklärte Vater Maximos, »bedeutet, ohne Angst und Sorge ein geistliches Leben zu führen.«

»Aber was heißt das?«

»Es bedeutet, sich nicht ständig Gedanken um den Grad seiner spirituellen Entwicklung zu machen. Vertraue dich einfach im Rahmen der Mysterien der *Ekklesia* den Händen deines geistlichen Altvaters an.«

»Mit dieser Auffassung habe ich ein Problem«, gab ich zurück. »Blinder Glaube und vorbehaltloser Gehorsam stehen meinem westlichen Denken völlig entgegen.«

»Deshalb bist du ja auch kein Mönch«, witzelte Vater Maximos.

»Eine solche Haltung kann konstruktiv sein«, fuhr ich fort, »wenn man davon ausgeht, dass der Altvater eine hohe Stufe der Heiligkeit erreicht hat. Aber besteht nicht die Gefahr, dass jemand, der als Altvater gilt, weder heilig ist noch über Geistesgaben verfügt, sondern eine Missbrauchssituation erzeugt, wie es bei Altvater Ephraim der Fall war?«

»In allem, was wir tun, lauern unvermeidlich Risiken und Gefahren. Deshalb müssen wir bei der Wahl eines Altvaters sehr vorsichtig sein. Natürlich braucht man nicht unbedingt jemanden, der hohe Stufen der spirituellen Entwicklung erlangt hat oder der charismatisch ist, sondern jemanden, der sehr demütig ist. Das Nährende besorgt die Tradition der *Ekklesia* und nicht die geistlichen Gaben des Altvaters.«

»Die Ekklesia«, sagte ich, die Augen fest auf die Straße geheftet, »hat also eine eigene, selbsttätige innere Dynamik. Ist der Altvater dann einfach nur ein Vermittler?«

»So kann man es sehen. Geistliche Führer, die noch keine hohe Stufe spiritueller Entwicklung erreicht haben, aber treu der von den heiligen Altvätern festgelegten Methodik folgen, können diese Rolle sehr wirksam ausfüllen. Unter solchen Umständen öffnen sich Altväter und Schüler den Energien des Heiligen Geistes, damit er sie zur *Theosis* führe. Es ist auch möglich, dass die Schüler die Altväter auf dem Weg zur *Theosis* überflügeln, wie es bei Altvater Ephraim der Fall war.«

»Das kann ich gut verstehen«, sagte ich. »Ähnlich ist es bei Studenten, die in ihren akademischen Leistungen besser werden können als ihre Professoren. Mein Problem ist die autoritäre Struktur der Beziehung, der Aufbau mit einem Übergeordneten und einem Untergeordneten. Das steht Werten wie Gleichheit, Freiheit, Demokratie und Bürgerrechten entgegen.«

Ein ironisches Lächeln überzog Vater Maximos' Gesicht. »Zunächst müssen wir verstehen, was wahre Freiheit ist, erst dann können wir beurteilen, welche Weisheit in der Beziehung zwischen Altvater und Schüler liegt. Bedeutet Freiheit, dass Menschen einen Freibrief erhalten, zu tun, was sie wollen? Aus Sicht der heiligen Altväter setzt wahre Freiheit vielmehr die Befreiung von den eigenen egoistischen Leidenschaften und Wünschen voraus. Im Grunde bedeutet Freiheit Unterordnung unter Christus. Christus ist es, der uns wahrhaft frei macht.«

»Das ist eine radikal andere Auffassung von Freiheit als die Vorstellung, die wir kennen«, merkte ich an.

»Für uns Mönche ist Christus alles. Er ist unsere Freiheit, unser Frieden, unser Erfolg, unser Glück. Wahre Freiheit ist keine Frage philosophischer Spekulationen über abstrakte Vorstellungen von persönlichen Vorrechten. Das ist ein völlig anderes Thema. Diese Diskussion überlassen wir Philosophen, Politikern und Soziologen wie dir«, sagte Vater Maximos mit einer leichten Spitze.

Dann stellte er klar, dass der monastische Gehorsam gegenüber einem geistlichen Altvater nicht mit dem Gehorsam gegenüber einer weltlichen Macht zu verwechseln ist. Ein solches Anliegen würde den Zielen des klösterlichen Lebens zuwiderlaufen. Weltliche Macht, erklärte Vater Maximos, fußt auf der Beherrschung des Menschen durch den Menschen. Sie ist der Gehorsam gegenüber einem von Egoismus getriebenen menschlichen Willen.

»Altvater Sophroni lehrte – wie auch alle Altväter vor ihm – dass Gehorsam ein geistlicher Akt ist, der voll und ganz auf der eigenen Willensfreiheit beruhen muss.[49] Gehorsam gegenüber einem Altvater ist geistlich nur dann fruchtbar, wenn er aus dem freien Willen des Eingeweihten erfolgt. Er bedeutet die Hingabe seiner eigenen Wünsche und seines persönlichen Urteils, um mit Hilfe des Altvaters ›die Wege zu suchen, die zu Gott führen‹, wie Altvater Sophroni es ausgedrückt hat. Wie du siehst, geht es dem geistlichen Führer also nicht darum, den Willen des ihm Unterstellten zu unterwerfen, indem er ihn zum Sklaven seines eigenen menschlichen Willens macht.«

»Wenn es so funktioniert, dann ist dieses Ideal identisch mit dem, das für die Beziehung zwischen Arzt und Patient gelten

---

49 Archimandrit Sophronius (Sacharow), *Askesis kai Theoria* [Askese und Theorie], aus dem Russischen ins Griechische übersetzt, Stavropegic Monastery of John the Baptist Press Essex, England, 1996, S. 53-54.

sollte«, betonte ich. »Ärzte haben eine geradezu beängstigende Macht über unseren Körper. Sie können uns sogar buchstäblich mit unserem Einverständnis in Stücke schneiden.«

»Und nur, weil manchmal zwischen Arzt und Patient etwas schieflaufen kann, heißt das, dass wir deshalb die gesamte Medizin auseinandernehmen sollten?«, fragte Vater Maximos rhetorisch.

»Natürlich nicht.«

Dann ging Vater Maximos näher darauf ein, dass ein Schüler Christus ergeben ist und nie der Person des Altvaters. Wenn Letzterer diese Rolle nicht erfüllt, dann hat der ihm Unterstellte nach monastischen Regeln und Traditionen das Recht, ihn abzulehnen und einen anderen, geeigneteren Altvater zu suchen.

Schweigend fuhr ich weiter und dachte einige Sekunden über das eben Gesagte nach. »Wirklich frei«, schloss ich dann, »sind also wohl nur die Heiligen, denen es gelungen ist, ihre eigenen Wünsche zu überwinden.«

»Das zeigt die Tradition der *Ekklesia*. Die Heiligen sind die weisesten und klügsten Menschen auf Erden, weil sie sich von den Versuchungen dieser Welt nicht haben täuschen lassen und ihr Ziel in der richtigen Richtung gesetzt haben: Vereinigung mit Gott.«

»Normale Menschen«, merkte ich an, »setzen Freiheit oft mit der Möglichkeit gleich, ihre Wünsche zu verwirklichen und ihre Sehnsüchte zu erfüllen: Eigentum zu erwerben, eine gute Arbeitsstelle zu finden, materielle Güter konsumieren zu können, Erfolg zu haben, mit einverstandenen Erwachsenen Sexualität zu leben, zu reisen, über die Dinge, die sie betreffen, demokratisch mitentscheiden zu können und so weiter. Im Allgemeinen bedeutet Freiheit, nach Glück zu streben, so wie man es sich vorstellt. Ihre Auffassung von Freiheit erscheint mir da radikal anders. Sie bedeutet, über genau diese Wünsche hinauszugelangen.«

»Genau. Eben diese Wünsche ketten uns an diese vergängliche Welt. Was normale Menschen also als Freiheit betrachten, kann in Wirklichkeit eine Form der Sklaverei sein, die aber nicht als solche erkannt wird.«

Kurz vor halb fünf Uhr morgens kamen wir am Kloster Stravrovouni an. Es ist eines der ältesten Klöster im östlichen Mittelmeerraum. Das auf sechshundertachtundachtzig Metern Höhe auf einem kegelförmigen Berggipfel gelegene Kloster wurde im 4. Jahrhundert von der heiligen Helena, der Mutter Kaiser Konstantins, erbaut. Der Legende nach wurde Helena auf der Rückkehr von einer Reise ins Heilige Land durch eine Vision dazu angeregt, Stravrovouni errichten zu lassen. Dort hinterlegte sie ein Stück des Heiligen Kreuzes. Bis heute bewahren die Mönche den kleinen Splitter vom Heiligen Kreuz auf, der von einem silbernen Kreuz ummantelt ist. Aus diesem Grund heißt das Kloster Stravrovouni, was wörtlich »Berg des Kreuzes« bedeutet.

In Stravrovouni war Vater Maximos zum ersten Mal mit der mystischen Tradition des Christentums in Berührung gekommen. Als Teenager nahm er oft den Bus von Limassol, stieg am Fuß des Berges aus und wanderte mehrere Stunden auf den Gipfel, um dort Altvater Athanasios zu besuchen, den verehrten Abt, der für seine Heiligkeit und sein Charisma bekannt war. Stravrovouni wurde wie das Kloster Panagia nach dem Muster eines athonitischen Klosters betrieben, wobei ein Altvater der Gemeinschaft der Mönche vorstand.

»Ohne Altvater Athanasius würde es heute wohl nicht die Spur eines Klosterwesens auf Zypern mehr geben«, sagte mir Vater Maximos, als ich den Wagen vor dem Tor des Klosters parkte, nachdem wir uns dreißig Minuten langsam und vorsichtig immer wieder um den Berg herumgeschlängelt hatten. »Mit seiner *komboskini* und zwei weiteren Mönchen hielt er den Geist wahren Christentums auf Zypern aufrecht, als alle schon dachten, das Klosterleben gehöre der Vergangenheit an.

Wir stiegen die Treppe zur Kirche hinauf, als sich in der Ferne die ersten Sonnenstrahlen aus dem Meer erhoben und uns einen weiten Blick über den Ostteil der Insel auftaten. Als ich die Region so sah, wurde mir klar, dass es kein Zufall gewesen war, dass die heilige Helena für die Errichtung ihres Klosters gerade dieses Fleckchen ausgewählt hatte. Fernab der Küste und auf dem Gipfel eines steil abfallenden Berges war das Kloster gut geschützt vor Piraten und einfallenden Armeen, die regelmäßig Zyperns Küste plünderten. Der Ort eignete sich außerdem sehr gut für die Praxis des *Hesychasmus* [der stillen Einkehr], jener schweigenden, immerwährenden Gebetsmeditation, die das Kennzeichen athonitischer Spiritualität ist.

Wir betraten die kleine Kirche, als die Mönche eben ihren Morgengottesdienst beendet hatten. Sie freuten sich sehr, Vater Maximos zu sehen, und begrüßten ihn mit den üblichen Verneigungen und dem Handkuss. Dann trat Altvater Athanasios aus einer Seitentür, die anscheinend der Beichte diente. Eine Sekunde lang erstarrte ich in Ehrfurcht. Mit seinem langen weißen Haar und Bart wirkte Altvater Athanasios wie ein Prophet aus dem Alten Testament, eine Gestalt, die Renaissance-Malern zum Modell hätte dienen können, wenn sie Gott darstellen wollten. Der heute Fünfundachtzigjährige war seit seinem sechzehnten Lebensjahr Mönch im Kloster Stravrovouni. Vor mehreren Jahren hatte Stephanos mir von Altvater Athanasios erzählt. Als er sich nach vielen Jahren der Beschäftigung mit Hinduismus und Sufismus wieder auf die Suche nach seinen christlichen Wurzeln machte, war Altvater Athanasios sein erster Mentor gewesen. Er sah zutiefst demütig aus, konnte aber in der Seele seiner Mitmenschen lesen wie in einem offenen Buch. Als Stephanos Altvater Athanasios fragte, woher er Dinge wissen konnte, die er, Stephanos, niemandem je erzählt hatte, hatte der Altvater geantwortet: »Ich weiß es selbst nicht, mein Sohn. Hier in meiner Brust sitzt eine Art Flamme, die mir zeigt, was ich wissen muss.«

In dem Moment, in dem er uns sah, machte Altvater Athanasios das Kreuzzeichen in unsere Richtung und murmelte Segensgebete. Nachdem Vater Maximos vor ihm auf die Knie gefallen war und seine Hand geküsst hatte, traten beide in den der Beichte vorbehaltenen Raum ein. In diesem Moment wurde mir klar, aus welchem Grund Vater Maximos mich gebeten hatte, ihn nach Stravrovouni zu fahren. Die Zeit war gekommen, dass er selbst beichtete. Auf Zypern war Altvater Athanasios Vater Maximos' Altvater.

Nach Vater Maximos' Beichte wurden wir mit etwa dreißig weiteren Mönchen zum Frühstück geladen. Danach sprach Vater Maximos noch eine Zeit lang unter vier Augen mit Altvater Athanasios, und anschließend fuhren wir zurück zum Kloster Panagia. Es war der 20. Juli, für die griechischen Zyprioten ein Tag der Trauer, der Wut und der offenen Rechnungen. Vor dreiundzwanzig Jahren hatte die Türkei mit der Invasion begonnen, die schließlich de facto zur Teilung Zyperns führte. Es war ein Tag der Massendemonstrationen auf den Plätzen der Städte und Gemeinden, bei denen die Invasion verurteilt und der Rückzug aller türkischen Truppen, die die nördlichen vierzig Prozent der Insel besetzt hielten, sowie die Rückkehr der Flüchtlinge in ihre Heimat gefordert wurde.

Zum Glück war der vorhergesagte Sommerkrieg bisher nicht eingetreten, und es gab keine unmittelbaren Anzeichen für eine weitere Aufheizung des Konflikts. Vielleicht, so dachte ich, veränderten die nächtlichen Gebetswachen in den Klöstern Panagia und Stravrovouni die spirituelle Landschaft, indem sie die »negativen *logismoi*« aufhoben, die der Kriegstreiberei dienten.

Ich sprach das Thema an, nachdem wir mehrere Dörfer passiert hatten, in denen riesige Banner uns an die Bedeutung des Tages erinnerten: »Gerechtigkeit für Zypern«, »Ich werde nie vergessen«, »Türkei raus aus Zypern«. Vater Maximos sah traurig aus und senkte sehr nachdenklich den Kopf, als ich laut über Tragödie der Invasion und die Rolle des höheren Klerus nachdachte, der die Leidenschaften noch angestachelt hatte, die jener Katastrophe den Weg ebneten.

»Mir scheint, hier reden und handeln sehr viele Kleriker auf eine Art und Weise, die die Religion, zu der sie sich bekennen, untergräbt«, brummte ich nach einer Weile, als wir das Dorf Kapedes passiert hatten und auf die kurvenreiche, kiefernbestandene Straße einbogen, die zum Kloster führte. »Anscheinend geht es ihnen nicht in den Kopf, dass man die Begriffe ›Gott‹ und ›Volk‹ voneinander trennen muss. In Amerika haben wir das gleiche Problem bei den religiösen Fundamentalisten. Sie halten Christus und Amerikanismus für synonym. In Zypern ist es Christus und Hellenismus. In Russland ist es das ›Heilige Russland‹. Unmittelbar bevor ich ins Kloster kam, hörte ich eine Predigt von einem Bischof, der Jesu Seligpreisung über die Gerechtigkeit auslegte, als rede er einem militanten Kampf gegen Unterdrückung das Wort.«

Eine ganze Zeit lang reagierte Vater Maximos nicht auf meine beiläufigen Bemerkungen. Traurig und nachdenklich ließ er seine *komboskini* durch die Finger gleiten. »Schau, Kyriaco«, sagte er schließlich, hob die Augen und sah auf die Straße vor uns, »ich bin kein Politiker. Meine Rolle ist eine andere. Verstehst du, was ich meine? Menschen, die mit dem Wort Gottes in Berührung kommen, verstehen und deuten es nach dem Grad ihrer geistlichen Reife und Empfänglichkeit. Ich kenne viele, die nur *ein* Wort von Gott, nur *ein* Wort aus dem Evangelium gehört haben, und es hat ausgereicht, dass sie ihr Leben völlig verändert haben. Es hat ausgereicht, um sie auf den Weg zur Heiligkeit zu führen.

Was Jesu Worte angeht«, fuhr Vater Maximos fort, »so dürfen wir sie nicht nach weltlichen Kriterien auslegen. Das ist gänzlich unklug. Christus hat nicht von den Dingen dieser Welt gesprochen. Das können viele nicht begreifen, Laien ebenso wie Kirchenmänner. Er hat nicht versucht, diese Welt besser und gerechter zu machen. Was Christus uns durch das Evangelium geschenkt hat, hat eine tiefere Bedeutung, nämlich die Erlösung der Menschheit, unsere ewige Wiedereinsetzung in das Reich Gottes. Deshalb haben Worte wie ›Selig sind, die da hungert und dürstet nach Gerechtigkeit, denn sie sollen satt werden‹, nichts mit Fragen weltlicher Gerechtigkeit zu tun.« Er hielt einen Moment inne und fuhr dann fort: »Ich bin mir wohl bewusst, dass das, was ich sage, vielen unangenehm aufstoßen wird.«

»Manche schauen zu Christus auf, weil Er von großen Wahrheiten gesprochen hat und uns etwas über Gerechtigkeit und die Gleichheit von Menschen aller Rassen sowie von Männern und Frauen gelehrt hat«, warf ich ein. »Etliche Gelehrte gehen sogar so weit zu behaupten, die Bergpredigt habe die Welt verändert. Sie habe zur Abschaffung der Sklaverei, zur Entstehung der modernen Demokratie und zur allgemeinen Anerkennung der Menschenrechte geführt.«[50]

---

50 Page Smith, *Rediscovering Christianity: A Search for the Roots of Modern Democracy*, St. Martin's Press 1994

»Über Christus werden Dinge behauptet, die einfach nicht stimmen«, meinte Vater Maximos verächtlich. »Die Menschen verstehen nicht, dass Christi wichtigstes und vordringlichstes Anliegen nicht Fragen und Angelegenheiten dieser Welt waren. Viele wollen Christus gerne als eine Art Sozialreformer sehen, der gute Taten vollbringt und nicht viel mehr.«

»Wollen Sie damit sagen, dass Christus gar kein Interesse daran hatte, Gutes zu tun?«

»Nein, nein, Kyriaco! Christus war sehr wohl daran gelegen, Gutes zu tun. Ja, natürlich. Wer wollte das infrage stellen? Aber ich wiederhole: Es war nicht seine Hauptaufgabe, wegen der er in die Welt gekommen ist.«

»Ah, jetzt verstehe ich, was Sie meinen. Schließlich haben auch andere vor Christus bereits die Liebe als Lösung für die Probleme der Menschen gepredigt«, sagte ich und hatte dabei die »Mohisten« im alten China vor Augen.[51]

»Christi wichtigstes Anliegen war weder die Abschaffung der Sklaverei noch die Gleichheit der Rassen oder von Mann und Frau«, fuhr Vater Maximos fort. »Bitte missverstehe mich nicht. Dies sind sehr gute Entwicklungen, die vielleicht aus Christi Lehre hervorgegangen sind. Aber Sein wichtigstes Anliegen und Seine vordringlichste Aufgabe betraf die Essenz des menschlichen Daseins, die Erlösung der Menschen in Gottes Reich. Als Er die Seligpreisung über die Gerechtigkeit verkündete, meinte er damit nicht, dass diejenigen, die sich aktiv für die Einhaltung weltlicher Gerechtigkeit einsetzen, unbedingt selig sind.

Denke nur einmal einen Augenblick darüber nach«, führte Vater Maximos weiter aus, »wenn wir uns im Konflikt mit anderen befinden, dann denken wir doch in aller Regel, dass die anderen im Unrecht sind und ungerecht zu uns waren. Ist dir schon einmal jemand begegnet, der mitten in einem Streit plötzlich innehält und sagt: ›Mein Freund, es tut mir aufrichtig leid. Du hast recht, ich habe dich ungerecht behandelt?«

---

51 Huston Smith, *The World's Religions*, HarperSanFrancisco 1991, S. 166-167 (deutsch: *Die sieben großen Religionen der Welt: eine Wahrheit, viele Wege*, übersetzt von Roland Irmer, Goldmann 2004. Erstausgabe: *Eine Wahrheit – viele Wege: Die großen Religionen der Welt*, Bauer 1993).

»Das gilt auch auf kollektiver Ebene«, fügte ich hinzu. »Wir dämonisieren die, die wir für unsere Feinde halten, und stürzen uns dann begeistert in einen Krieg gegen sie. Und das tun wir in dem Glauben, Gott sei auf unserer Seite. Allerdings, Vater Maxime, haben religiöse Menschen bei dieser Dämonisierung anderer eine entscheidende Rolle gespielt.«

»Allerdings!«, brummte Vater Maximos. Dann fiel ihm etwas ein, und sein Gesicht hellte sich wieder auf. »Bei der Beichte frage ich die Menschen oft: ›Bist du irgendwann einmal ungerecht zu jemandem gewesen?‹ Die klassische Antwort lautet: ›Ich? Nie! Ganz im Gegenteil.‹«

Ich lächelte über seine verschmitzte Miene. »Wo verstecken sich die ganzen ungerechten Leute bloß? Ich bin noch nie einem begegnet. Ich höre immer nur von denen, denen Unrecht getan wird.«

»Wir neigen dazu zu glauben«, erklärte ich, »dass ein gerechter Gott irgendwie zu unseren Gunsten eingreift und für Gerechtigkeit in unserem Sinne sorgt, also zum Beispiel die Türken aus Zypern vertreibt.«

»Gerechtigkeit bedeutet für uns normalerweise«, ergänzte Vater Maximos, »dass wir diejenigen, die wir als unsere Feinde betrachten, von Gott bestraft sehen wollen, am liebsten vor unseren Augen, damit wir uns daran ergötzen können, wie sie in der Hölle schmoren.«

»Und wenn keine Gerechtigkeit eintritt«, warf ich ein, »dann kommt es uns so vor, als sei Gott in der Geschichte der Menschheit nicht vorhanden, als habe Er keinen Einfluss auf den Lauf der Dinge und auch kein Interesse daran. Einmal habe ich gehört, wie ein Flüchtling erklärte, es könne keinen Gott geben, weil die Türken seine Heimatstadt eingenommen hätten.«

»Da hast du es. Nach menschlichem Gerechtigkeitsverständnis können wir die berechtigte Frage stellen: ›Wo war Gott, als die Türkei in Zypern einfiel?‹ Doch so dürfen wir nicht denken«, fuhr Vater Maximos fort. »Gott ist in der Geschichte der Menschheit durchaus vorhanden. Nichts geschieht ohne einen Göttlichen Zweck.«

Er schwieg einen kurzen Moment und ergänzte dann: »Vielleicht haben wir in unserer religiösen Erziehung nicht gelernt, dass die Wege der Menschen nicht unbedingt Gottes Wege sind. Ich weiß noch, dass ich auf dem Gymnasium in einem Religionslehrbuch einmal eine Erörterung gelesen habe, in der es hieß, die Logik führe uns zu dem Schluss, dass es einen Gott geben müsse, damit Gerechtigkeit geübt werde. In diesem Buch wurde Gott als eine Art höchste Gerechtigkeit verstanden. Angesichts der vielen Ungerechtigkeiten auf der Welt muss Gott sich doch früher oder später darum kümmern und diejenigen bestrafen, die Ungerechtigkeiten begehen.«

»Und uns, die Gerechten, belohnen«, platzte es aus mir heraus.

»Das zeigt«, fuhr Vater Maximos fort, »welchen Ethos wir kultivieren und wie weit er vom Geist Gottes entfernt ist. Weißt du, was ein alter Heiliger einmal gesagt hat? ›Sage nie, Gott sei gerecht, denn Gott ist nicht gerecht.‹ – Das heißt: Nach menschlichem Ermessen. Der Heilige argumentierte: ›Wie kann Gott gerecht sein, wenn Er von uns verlangt, dass wir uns nicht wehren, wenn uns einer etwas klaut, sondern ihn gewähren lassen? Und dass wir einen, der bittet, dass wir eine Meile mit ihm gehen, zwei Meilen weit begleiten? Und dass wir, wenn einer uns auf die eine Wange schlägt, ihm auch noch die andere hinhalten? Ist das Gerechtigkeit? Er ist um derer willen gestorben, die Ihn hassen, die Ihn bespuckt und getreten haben, um der ganzen Welt willen. Als Christus Mensch geworden war und kurz vor Seinem Tod stand, da betete Er nicht für Seine Apostel, sondern für die, die Ihn gekreuzigt hatten. Er hat zu seinen Jüngern nicht gesagt: ›Wartet's nur ab, ihr werdet schon sehen, was ich mit denen mache, wenn ich auferstanden bin!‹ Wir haben so viele Beispiele für Märtyrer und Heilige, die diese Form christlicher Liebe bewiesen haben. Als der junge Märtyrer Stephanos zu Tode gesteinigt wurde, betete er für seine Angreifer. Er kniete nieder, und seine letzten Worte waren: ›Herr, bitte halte ihnen diese Sünde nicht vor.‹

Was soll das nun alles heißen?«, fragte Vater Maximos. »Dass die Gerechtigkeit Gottes nicht die ist, die wir im Sinn haben. Es ist wichtig, dass die Menschen sich dies bewusst machen, damit sie nicht den Glauben verlieren und zynisch werden, wenn sie vor Problemen stehen.«

»Es gibt so viel Ungerechtigkeit um uns herum«, fuhr ich fort, »so viel Krankheit, so viel Tod und Zerstörung, so viele Tragödien aller Art. Gute Menschen leiden, sogar heilige Menschen, da drängt sich einem von ganz allein die Frage auf: ›Wo ist Gott? Wo ist Seine Gerechtigkeit?‹«

»Gottes Gerechtigkeit«, betonte Vater Maximos nachdrücklich, »wirkt auf wundersame Weise, die sich unserem Verstand entzieht.«

»Mir scheint, dass Auffassungen wie die Befreiungstheologie eher abwegig und nicht im Geiste Christi sind«, betonte ich.

Vater Maximos hatte noch nie von der Befreiungstheologie gehört, deshalb erklärte ich ihm, dass die Befreiungstheologie die Lehre Christi für vereinbar hält mit einem gewaltsamen Aufstand zur Herstellung sozialer Gerechtigkeit. »Natürlich hat der Papst diese Theologie als häretisch abgelehnt«, ergänzte ich.

»In diesem Punkt stimme ich vollkommen mit dem Papst überein«, gab Vater Maximos prompt zurück.

»Kritiker könnten daraus schließen, dass dies eine Anweisung zur Passivität im Angesicht von Ungerechtigkeit ist. Wollen Sie damit sagen, dass wir in der Welt gleichgültig und passiv bleiben müssen, dass wir uns nicht bemühen sollten, diese Welt ein bisschen besser zu machen, sondern alle unsere Energien ausschließlich auf das Jenseits verwenden sollten? Ist das die Lehre der heiligen Altväter?«

»So darf man es nicht sehen. Seid unter allen Umständen in der Welt aktiv und versucht, sie so gut und gerecht zu machen wie irgend möglich. Aber auch hier gilt: Gebt euch keinen Illusionen hin. Unsere Vorstellungen von Gerechtigkeit sind andere als die Gottes. Verstehst du, was ich meine? Machen wir aus Christus doch bitte keinen Sozialrevolutionär!«

»Was ist denn dann Gottes Gerechtigkeit?«

»Wahre Gerechtigkeit«, antwortete Vater Maximos nach einem tiefen Atemzug und mit lauterer Stimme, »ist, dass Gott uns durch Seine Gnade hilft, das wiedergutzumachen, was uns wirklich Unrecht getan hat. Und was ist das? Unsere Entfremdung von unserem Göttlichen Wesen. Wahre Gerechtigkeit bedeutet, *Theosis* zu erlangen, die Wiedervereinigung mit Gott, der uns nach Seinem Bilde erschaffen hat. Wir haben das Potenzial erhalten, durch Gnade Götter zu werden. Unser höchstes Ziel ist es, wieder vereint zu sein mit dem, der uns gemacht hat. Das ist unsere wahre Heimat und unsere endgültige Bestimmung. Unrecht ist uns also mitten im Kern unseres Wesens getan worden, ontologisch gesprochen, und zwar durch den Fall.«

»Wenn ich Sie richtig verstehe«, wiederholte ich, »dann heißt das, dass Gerechtigkeit letzten Endes unseren Wiedereintritt ins Paradies bedeutet, die Rückkehr des verlorenen Sohnes ins Haus des Vaters.«

»Genau. Wenn das gelungen ist, dann arbeitet alles in uns im Einklang mit unserem wahren Wesen. Dann öffnen sich uns Herz und Verstand, und wir können die Dinge dieser Welt mit völlig anderen Augen und unter neuen, geistlichen Kriterien sehen. Dann wird Gerechtigkeit nicht mehr in der Form wirken und erfahren werden, wie wir sie normalerweise verstehen, sondern als totale, absolute und bedingungslose Göttliche Liebe. Paradoxerweise stellen wir fest, dass sich immer dann, wenn Menschen sich auf die Seite der Göttlichen Gerechtigkeit in Gestalt bedingungsloser Liebe stellen, die Gesetze der Logik überwunden werden und Gott in ihnen so wirkt, dass Er sie sowohl auf Erden als auch im Himmel rechtfertigt. Deshalb sind Eremiten, die Heiligkeit erlangt haben, diejenigen, die am wenigsten über andere Menschen urteilen. Man würde erwarten, dass sie streng und intolerant gegenüber menschlichen Schwächen sind. Doch das Gegenteil ist der Fall.

Auf jeden Fall«, fuhr Vater Maximos fort, besagt die Bedeutung von Christi Worten: ›Selig sind, die hungert und dürstet nach Gerechtigkeit …‹ in Wirklichkeit: ›Selig sind, die nach der Gnade Gottes dürstet.‹ Denn Gott ist Gerechtigkeit, Wahrheit, Frieden, alles.«

»Würden Sie dann sagen, dass auch die übrigen Seligpreisungen dieselbe grundsätzliche Bedeutung haben, etwa ›Selig sind die Barmherzigen‹?«

»Unbedingt. Die Seligpreisungen dienen einem einzigen

Zweck, nämlich den Menschen auf dem Weg zur *Theosis* weiterzuhelfen. Es geht dabei nicht um menschlich verstandene Tugendhaftigkeit oder um richtiges Verhalten. Sie haben eine tiefere, ontologische Bedeutung.

Aus diesem Grund zielt die gesamte Pädagogik der *Ekklesia* auf die Heilung der Menschen, damit sie ihrer Natur gemäß leben und handeln können, so wie Gott sie ursprünglich gedacht hat. Dieses geistliche Werk beginnt in der *Ekklesia*. Die Menschen stellen sich diesen Kampf normalerweise als gesetzliche Art der Seelenrettung vor. Seelenrettung ist für sie so etwas wie der Sprung aus den brodelnden Kesseln der Hölle auf die grünen Auen des Paradieses.

In Wirklichkeit aber zielt der geistliche Kampf, der sich in der *Ekklesia* abspielt, darauf ab, unser Dasein, unser Personsein zu heilen und unsere Kommunion mit dem Göttlichen zu besiegeln, was unsere wahre Bestimmung und die Rechtfertigung dafür ist, dass wir auf der Welt sind. Solange dieses Ziel noch nicht erreicht ist, werden wir weiterhin auf unvollkommene, pathologische Art und Weise leben und handeln und dabei eine Ungerechtigkeit nach der anderen erleben.«

»Die soziale Welt, die wir kollektiv erschaffen, wird dieses Pathologische in uns natürlich widerspiegeln«, fügte ich hinzu. »Wenn wir gerade von den Seligpreisungen sprechen, in welchem Bezug steht ›Selig sind die Barmherzigen‹ zu dem, was Sie gerade gesagt haben?«

»Wenn ich mich recht erinnere, haben wir bereits darüber gesprochen. Auf jeden Fall ist die Bewegung Gottes auf die Menschen zu wesentlich durch eben diese Neigung zur Barmherzigkeit gekennzeichnet. Aus diesem Grund nennen wir Gott in der Liturgie auch *Eleimon*, den Barmherzigen. Laut der Schrift hat Gott sich als *Eleimon* bezeichnet. Stimmt's? Da wir aufgerufen sind, selbst Götter zu werden, müssen wir notwendigerweise auch barmherzig werden. Solange wir diese Eigenschaft nicht in uns entwickeln, können wir nicht wie Gott sein.«

»Meinen Sie damit, den Bedürftigen helfen?«

»Mit Barmherzigkeit meine ich nicht nur, den Armen Almosen zu geben und diversen verdienten Organisationen Geld zu spenden. Dies sind äußere Manifestationen der Barmherzigkeit. Die Neigung zur Barmherzigkeit als die Gott kennzeichnende Bewegung ist nichts anderes als bedingungslose Liebe.«

Vater Maximos dachte eine Sekunde nach und fuhr dann fort: »Als eine Form der geistlichen Übung müssen wir lernen, die Geschehnisse in unserem Leben nicht unbemerkt vorüberziehen zu lassen. Damit meine ich nicht, dass wir uns auf die Tragödien und Probleme, auf die wir stoßen, konzentrieren und sie noch düsterer zeichnen sollten, als sie ohnehin schon sind. Das würde uns nur in Verzweiflung und Depressionen stürzen. Wir müssen vielmehr erkennen, dass alles, was uns geschieht, sich innerhalb des unendlichen Meeres aus Gottes Gnade und Barmherzigkeit entfaltet.

Wenn wir lernen, nur gute *logismoi* zu erzeugen und rechtes Urteilsvermögen sowie einen klaren Blick zu entwickeln«, fuhr er fort, »dann werden wir erkennen, dass alles, was uns begegnet, in Wirklichkeit ein Segen ist.«

»Für leidende Menschen ist es aber sehr schwer, eine solche Haltung zu bewahren, gar nicht zu reden davon, dass wir ihnen dazu raten sollten«, wandte ich ein.

»Es ist schwierig, aber wahr. Wir wissen dies durch das Zeugnis der Heiligen und aus unserer täglichen Erfahrung. Ist dir klar, dass genau das, was schmerzhaft ist und nach menschlichem Ermessen als Unglücksursache gilt, mit der Gnade Gottes in einen Vorteil verwandelt werden kann? Ich bin absolut davon überzeugt, dass Menschen, die in ihrem Leben traumatisiert worden sind – sei es körperlich oder seelisch – ein gewaltiges Potenzial zu wahrer Größe haben. Dies ist auch der Grund, warum die heiligen Altväter so viel Wert darauf legen, wie man mit Versuchungen umgeht. Damit meinten sie nicht die Pseudoversuchungen, die mit sinnlichem Vergnügen verbunden sind. Sie meinten die Versuchungen, die mit den schwierigen und scheinbar hoffnungslosen Umständen verbunden sind, in denen sich Menschen immer wieder befinden. Sie meinten die Versuchungen, die Menschen quälen und oft zu schweren psychischen Traumata führen.

Wenn wir uns in solchen Umständen befinden, uns aber auf richtige Weise Gott zuwenden und zulassen, dass die Gnade in uns aktiviert wird, dann geschieht etwas Paradoxes. Gott als der Arzt unseres Leibes und unserer Seele heilt nicht nur unsere Traumata, so dass nicht die Spur davon zurückbleibt, sondern Er tut noch etwas sehr viel Wichtigeres. Er verwandelt die alten Verletzungen in geistliche Schätze. Der geheilte Mensch hat nun Kenntnisse über die Innenwelt des Menschen erlangt und kann anderen ein Heiler sein.

Deshalb«, fuhr Vater Maximos fort, »hat Gott ziemlich oft zugelassen, ja sogar dafür gesorgt, dass Heilige unter Druck verschiedenen und großen Versuchungen erlegen sind, die ihnen tiefes Leid und psychische Qualen bereitet haben.«

»Warum?«

»Weil ein Mensch, der nicht versucht worden ist, der keinen Schmerz erlebt oder bittere Tränen vergossen hat, andere in ihrem Schmerz und Leid nicht verstehen kann.«

»Wie das zypriotische Sprichwort sagt«, ergänzte ich, »wessen Bauch voll ist, der denkt nicht an die Hungrigen.«

»So ist es«, stimmte Vater Maximos zu. »Ein Mensch, der nicht versucht worden ist, ist wie Brot, das nicht gebacken wurde. Alle Versuchungen im Leben entfalten sich nach Gottes Vorsehung.«

»Wollen Sie damit etwa sagen, Vater Maxime, dass Gott mit dem Bösen kooperiert?«

»Nein, Gott kooperiert nie mit dem Bösen. Er bietet uns einfach nur die Möglichkeit, die schmerzlichen Erfahrungen im Leben in Vorteile und Segnungen zu verwandeln. Ich werde nie Altvater Paisios' Worte vergessen, der uns immer gesagt hat, es werde die Zeit kommen, da wir Gott für allen Schmerz und alles Leid, das wir im Leben erfahren haben, dankbar sind. Jeder trägt sein eigenes Kreuz. Wenn wir standhalten und unsere Prüfungen geistlich angehen, dann werden wir an einem bestimmten Punkt erkennen, dass diese Traumata und Versuchungen in uns zu großen Vorteilen, zu echten Schätzen verwandelt worden sind. Weißt du, Kyriaco, die Heiligen wussten um dieses Mysterium. Deshalb wichen sie Prüfungen und Leid oft absichtlich nicht aus, sondern ließen sogar zu, dass sie ausgelöst wurden.«

»Ich hoffe, sie haben Schmerz und Leid nicht als Erleuchtungsweg angestrebt«, unterbrach ich ihn in ironischem Ton.

»Aber nein. Sie waren doch keine Masochisten. Aber wenn sie etwas Leidvolles erlebt haben, dann ließen sie es geschehen. Sie verweilten unbewegt und unerschüttert in einer inneren Haltung des Gebetes. Du fragst dich vielleicht, wozu. Weil sie wussten, dass alle diese Phänomene nicht das sind, was sie zu sein scheinen, sondern sich im Kontext unseres geistlichen Lebens entwickeln. Letzten Endes arbeiteten die geistigen Gesetze so, dass sie nicht zur Vernichtung, sondern zur Vollendung der Heiligen geführt haben. Sie führten dazu, dass sie wahre Gotteskinder wurden. Die Heiligen nahmen ihre Prüfungen und schmerzlichen Erfahrungen klaglos genauso an, wie Christus seine Prüfungen und sein Leid angenommen hat. Pontius Pilatus bat Jesus inständig, etwas zu seiner Verteidigung zu sagen, damit er Ihn freilassen konnte, aber Er schwieg.«

»Petrus hat sich aber im Garten Gethsemane ganz anders verhalten«, warf ich ein. »Er zog sein Schwert und hieb dem römischen Soldaten ein Ohr ab.«

»Aber weißt du, warum?«, fragte Vater Maximos. »Weil Petrus damals noch von seinem weltlichen Gehirn, von seinem weltlichen Denken beherrscht wurde. Nachdem er Christus drei Mal ohne besonderen Grund verleugnet hat, erhielt er eine sehr wichtige Lektion. Weißt du noch, was die Dienerin ihn gefragt hat? ›Du warst doch auch bei ihm, nicht wahr?‹ Doch Petrus stritt es aus Feigheit ab. ›Ich kenne Ihn nicht, ich habe Ihn nie gesehen.‹ Das war ein unglaublicher Absturz für Petrus.«

»Warum, glaubst du, lässt Gott zu, dass einem großen Apostel wie Petrus so etwas passiert?«, rätselte ich.

»Genau aus dem Grund, damit Petrus aus Erfahrung lernt, was einen Menschen ausmacht, und ein mitfühlendes Herz entwickelt, damit er *Eleimon* wird statt zu verurteilen. Vor diesem Erlebnis war Petrus grob, moralisierend und intolerant. Er konnte nicht verzeihen und hatte keine Geduld mit menschlichen Schwächen. Durch diese Erfahrung wurde Petrus verwandelt. Wenn Menschen eine so demütigende Erfahrung machen, dann kann ihr Herz eine Neigung zu *Eleimon* entwickeln. Zuerst werden sie sich selbst gegenüber mitfühlend. Sie lernen, eine gute Beziehung zu sich selbst aufzubauen.«

»Heißt das, wir sollten keine Schuldgefühle wegen unserer Verfehlungen haben, damit wir uns selbst gegenüber mitfühlend werden?«, fragte ich.

»Nein. Ich meine damit, dass wir lernen müssen, eine solche Situation richtig einzuschätzen. Wir sollten unser Handeln ganz ohne masochistische Absichten untersuchen, ohne uns in unnötige Depressionen und Verzweiflung zu stürzen. Wir sollten dafür sorgen, dass wir unsere Verfehlungen nicht noch einmal begehen, doch dies immer im Rahmen des Mitgefühls für uns selbst. Verzweiflung und Depression kommen nicht von Gott.

Das erinnert mich an eine Geschichte aus dem *Gerontikon* [Sammlung biographischer Kurzgeschichten aus dem Leben der Altväter]«, fuhr Vater Maximos fort. »Ein junger Mönch hatte intensive sexuelle Versuchungen und eilte zu seinem Altvater zur Beichte. ›Vater‹, sagte er, ›ich werde von *logismoi* der Ausschweifung geplagt und weiß nicht, was ich tun soll.‹ Der Altvater war ein Mann Gottes, aber es mangelte ihm an Erfahrung. Er hatte kein Verständnis dafür, was es bedeutet, unter dem Einfluss starker sexueller Versuchungen zu stehen. Er tadelte den jungen Mönch scharf und sagte, solche *logismoi* widersprächen seinen Ordensgelübden. Verzweifelt beschloss der junge Mann, das Mönchsleben aufzugeben. Er hielt sich für dessen unwürdig und ging. Auf dem Weg in die Stadt begegnete er einem anderen, weisen Altvater, der überdies geistige Gaben besaß. Vermittels seiner Hellsichtigkeit erkannte dieser Altvater sofort, was geschehen war. ›Wohin gehst du, Bruder?‹, fragte er beiläufig. Der junge Mönch berichtete von dem Vorfall, der ihn dazu veranlasst hatte, das Klosterleben aufzugeben, nachdem er seit acht Jahren Mönch war. Die Antwort des Altvaters war tröstlich. ›Ich bin seit siebzig Jahren Mönch, und ich leide immer noch unter solchen *logismoi*. Gehe zurück in deine Einsiedelei, mein Sohn, und Gott wird dir helfen. Ich werde für dich beten.‹ Der junge Mönch kehrte in sein Kloster zurück und wurde vom Krieg der *logismoi* befreit. Doch jener Altvater tat noch etwas. Er sah nach oben, erhob seine Hände und betete: ›Bitte, Gott, richte diese

Versuchungen gegen den Altvater dieses jungen Mönchs.‹ Gemäß dem *Gerontikon* verließen die *logismoi* sexueller Wollust den Schüler und fuhren direkt in die Gedanken seines Altvaters. Bald danach sah der weise Altvater den unerfahrenen Altvater in die Stadt eilen. ›Wohin gehst du, Vater?‹, fragte er in unverfänglichem Ton. ›Oh, frage mich nicht, frage mich nicht‹, antwortete der andere. ›Ich gehe in die Stadt. Ich bin mit sexuellen Versuchungen geschlagen. Sie ersticken mich. Ich bin nicht würdig, Mönch zu sein. ›Gehe wieder in deine Einsiedelei‹, erwiderte der Weise. ›Gott hat dir diese *logismoi* gesandt, damit du an Demut wächst und jungen Mönchen nicht Dinge sagst, die sie in die Verzweiflung stürzen können.‹« Vater Maximos beendete seine Geschichte, als ich um die letzte Kurve bog und den Wagen unter einer Schatten spendenden Eiche direkt vor dem Tor zum Kloster Panagia parkte.

Bevor ich an jenem Abend schlafen ging, las ich noch ein wenig über Barmherzigkeit nach und stieß auf ein Zitat des heiligen Isaaks des Syrers, eines gefeierten frühchristlichen Altvaters. In einer seiner Homilien spricht der heilige Isaak über das Wesen des *Eleimon*-Herzens. Er schrieb, ein Herz, das wahrhaft *Eleimon* sei, stünde in Flammen, es verzehre sich vor Liebe zur gesamten Schöpfung … »zu Menschen, Vögeln, wilden Tieren, Dämonen und jedem Geschöpf auf Erden. Höchstes Mitgefühl mit der gesamten Schöpfung bewirkt, dass ein solches Herz es nicht ertragen kann, wenn der Schöpfung Schmerz oder auch nur das kleinste Leid zugefügt wird. Aus diesem Grund betet das *Eleimon*-Herz für die Bestien und für die Raubvögel, für Tiere und Dämonen, für Schlangen und für alles, was in der Schöpfung ist, auch für die Feinde der Wahrheit.«[52]

Ich schlug das Buch zu und döste ein, in Gedanken noch bei St. Isaaks Homilien über Barmherzigkeit. Ich fühlte mich Lichtjahre von einem solchen Daseinszustand entfernt. Doch Vater Maximos‘ Worte spendeten mir Trost: »Vertraue und mache dir keine Gedanken, wie weit du auf dem spirituellen Weg bereits bist.«

---

52 Kallistos Ware, *E Endos Emon Vasilia* [Das Königreich in uns] Akritas Press 1997, S. 133.

13
Geistige Gesetze

Aus dem Gespräch über Gerechtigkeit, das ich auf unserer Fahrt zum Kloster Stavrovouni mit Vater Maximos geführt hatte, ergaben sich für mich noch einige unbeantwortete Fragen. Ich schrieb sie mir auf, und sobald sich eine günstige Gelegenheit bot, wollte ich sie mit ihm besprechen. Als habe er meine Gedanken gelesen – was während meines Aufenthaltes im Kloster recht oft vorkam – bat er mich, ihn auf einen Spaziergang zur *Skite* [Einsiedelei] Johannes des Täufers zu begleiten.

Auf dem Berg Athos wurden die *Skiten* als Wohnung für einen Eremiten oder als Rückzugsort für regelmäßig wiederkehrende Phasen intensiverer geistlicher Arbeit einzelner Mönche eingerichtet. Sie waren untrennbarer Bestandteil der geistlichen Praxis und Methodik auf dem Athos, und Vater Maximos führte sie im Kloster Panagia ein, weil er die Absicht hatte, diese Tradition in ihrer Gesamtheit auf die Insel zu übertragen. Durch den Bau mehrerer *Skiten* um das Kloster herum wurde Vater Maximos‘ langfristige Vision erkennbar. Sie waren ein klares Anzeichen dafür, dass er die institutionellen Strukturen schaffen wollte, die Heilige hervorbringen konnten, so wie Universitäten große Wissenschaftler und Nobelpreisträger hervorbringen.

Die meisten athonitischen Altväter und Heiligen des 20. Jahrhunderts, wie etwa der russische Heilige Siluan und Altvater Paisios, hatten einen Großteil ihres Lebens in einer solchen Einsiedelei verbracht, wo sie sich ohne Ablenkung dem immerwährenden Gebet widmen konnten. Bis jetzt waren die drei *Skiten*, die Vater Maximos um das Kloster Panagia errichtet hatte, noch unbewohnt und wurden nur zu besonderen Gelegenheiten als zeitweiliger Rückzugsort genutzt.

Am Nachmittag brachen wir zu unserer vierstündigen Wanderung auf. Vater Maximos reichte mir einen der beiden Wanderstöcke, die er in seinem Büro hatte. Nachdem wir ein Feld mit Rosenbüschen passiert hatten, die das Kloster für die Herstellung und den Verkauf von Rosenwasser anbaute, stellte ich meine erste Frage.

»Vater Maxime«, begann ich, »in den Lehren der Altväter ist oft von Versuchungen und dem Umgang mit ihnen die Rede. Für viele Menschen klingt eine solche Sprache ziemlich überholt und recht archaisch. Tatsächlich weckt gerade diese Sprache oft negative Gefühle gegenüber der Religion. Wenn ich Sie und alles, was Sie mir gestern gesagt haben, richtig verstanden habe, dann scheint das landläufige Verständnis des Begriffs »Versuchung« ein völlig anderes zu sein als das der Altväter.«

»Das stimmt«, erwiderte Vater Maximos, während wir in forschem Tempo unsere Wanderung aufnahmen.

»Normalerweise meinen wir mit diesem Wort, dass wir uns zu einer sündigen Handlung hingezogen fühlen, zum Beispiel Stehlen, Lügen, Unzucht treiben und so weiter«, fügte ich hinzu, »also etwas, von dem wir uns Vergnügen versprechen oder das ein verbotenes Verlangen befriedigt.«

»Das ist nur ein kleiner Teil dessen, was die Altväter damit meinen«, antwortete Vater Maximos. »Wie ich gestern erklärt habe, bedeutete Versuchung für die Altväter alles, was Probleme oder Leid verursacht. Eine Versuchung könnte das Scheitern eines Vorhabens oder eine Enttäuschung sein, alles, was uns unzufrieden macht oder unsicher werden lässt, ob wir auf dem rechten Weg zu Gott sind.« Vater Maximos blieb kurz stehen, wandte sich mir zu und fragte: »Weißt du, was Christus uns als Gebet gegeben hat? ›Führe uns nicht in Versuchung …‹«

»Andererseits«, erwiderte ich, während wir unser Tempo wieder aufnahmen, »habe ich Altväter behaupten hören, Versuchungen seien gut für uns. Wenn alle Versuchungen ausgemerzt würden, würde niemand mehr gerettet. Ist das nicht ein Widerspruch?«

»Nein, es ist ein Missverständnis. Christus spricht von den Versuchungen, die Macht über uns haben und unserer Seele schaden können. Er spricht nicht von all den unvermeidlichen Versuchungen, die uns begegnen. Wenn gut mit ihnen umgegangen wird, sind solche Versuchungen geistlich förderlich.«

»Inwiefern?«

»Die Altväter lehrten, dass niemand vor Versuchungen gefeit ist. Sowohl die Heiligen als auch die Sünder leiden unter allen möglichen Irrungen und Wirrungen. Leiden gehört zum Menschsein untrennbar dazu. Ja, Schmerz und Leid der großen Heiligen können sogar wesentlich größer sein als bei uns Normalmenschen.

Weißt du«, fuhr Vater Maximos fort, nachdem er tief Luft geholt hatte, was wie ein Seufzer klang, »die meisten Menschen wissen nicht, wie die geistigen Gesetze in unserem Leben wirken. Daher beklagen wir uns und werden schon bei der kleinsten Provokation oder Schwierigkeit, die sich uns in den Weg stellt, ungeduldig. Wir werden verbittert und nachtragend und fragen uns, warum dieses oder jenes Unglück uns und nicht andere trifft.«

»Das ist eine alte Frage«, betonte ich, »warum passieren guten Menschen schlimme Dinge?«

»Solche Fragen stellen wir aus dem Grund, weil wir nicht um den wahren Sinn und Zweck unseres Daseins wissen. Wären wir uns dessen bewusst, wie es die Heiligen sind, würden wir solche Versuchungen als Gelegenheit zu geistlichem Wachstum begrüßen«, behauptete Vater Maximos. Einen kurzen Moment gingen wir schweigend weiter und konzentrierten uns auf eine felsige Kurve auf unserem Weg.

»Es ist sehr schwer, diesen Blickwinkel im Angesicht großen Kummers beizubehalten«, gab ich zu bedenken. »Aber wie erklären die Altväter die Ursachen menschlichen Leidens?«

»Sie haben verschiedene Ursachen ausgemacht«, erwiderte Vater Maximos, als wir in einen bewaldeten Abschnitt kamen und der Pfad mit Kiefernnadeln gepolstert war. »Eine Ursache kann unser früheres Verhalten sein. Das ist Teil des geistigen Gesetzes, durch das Gott über das Universum herrscht. Es ist das Gesetz von Ursache und Wirkung.«

»Wer das Schwert nimmt, der soll durch das Schwert umkommen«, murmelte ich.

»Gegen dieses Gesetz ist niemand gefeit«, erklärte Vater Maximos. Wir haben Handlungsfreiheit. Wenn wir so denken und handeln, dass wir dadurch von Gott abgeschnitten werden, dann bereitet gerade diese Entfremdung den Boden für schmerzhafte Ereignisse. Die Kräfte des Bösen werden gegen uns auf den Plan gerufen. Weißt du, warum? Weil wir solchen leidvollen Erfahrungen grünes Licht gegeben haben. Wenn wir zum Beispiel stehlen, dann ist die Polizei hinter uns her und wir landen im Gefängnis. Das ist nicht Gottes Strafe, sondern die natürliche Folge unseres Verhaltens.«

»Das ist ja noch leicht zu verstehen«, betonte ich. »Was ist aber mit schmerzhaften Ereignissen, die ohne erkennbaren Grund über uns hereinbrechen? Skeptiker würden sagen, dass solche Argumente oft dazu benutzt werden, unschuldigen Opfern auch noch selbst die Schuld an ihrem Leid zuzuschieben. Wenn man zum Beispiel Krebs hat, dann muss man etwas Schlimmes getan haben, an das man sich nicht erinnern kann. Jetzt bezahlst du für alte Sünden.«

»Das geistige Gesetz von Ursache und Wirkung ist nur *eine* mögliche Ursache solcher Versuchungen, nicht die einzige.«

»Gibt es denn noch andere geistige Gesetze außer dem von Ursache und Wirkung?«, fragte ich einigermaßen überrascht.

»Natürlich gibt es die. Sehr häufig widerfahren guten Menschen, ja sogar Heiligen, schreckliche Dinge um ihres spirituellen Wachstums willen oder aus anderen Gründen.«

Vater Maximos bemerkte den fragenden Ausdruck in meinem Gesicht und führte dann weiter aus: »Nehmen wir einmal an, wir sind zutiefst spirituell und beten Tag und Nacht zu Gott um die Errettung unserer Seele. Zugleich geben wir uns vielleicht nicht genügend Mühe, um zu erreichen, wonach wir uns am meisten sehnen, nämlich die Vereinigung mit Gott. Womöglich fehlt es uns einfach am richtigen Schwung, um diesen Zustand zu erreichen. Möglich ist auch, dass wir uns gar nicht bewusst sind, dass bestimmte Dinge, die wir tun oder lassen, unserem Ziel der Vereinigung mit Gott eher schaden. Damit berauben wir uns selbst des Fortschritts, den wir angesichts unseres Kraftaufwands und unserer geistlichen Entwicklung zu diesem Zeitpunkt bereits gemacht haben sollten.«

»Ich vermute, das ist so ähnlich wie bei vielversprechenden Schülern, die sich nicht genug anstrengen, um ihr ganzes Potenzial auch zur Entfaltung zu bringen«, merkte ich an.

»Gut gesagt. Gute Lehrer, denen es ausschließlich um das Wohl ihrer Schüler geht, greifen gelegentlich wohl auch zu Strafen, um sie dadurch zu größerem Fleiß anzuregen, damit sie ihre schlummernden Talente umsetzen können. Die Schüler haben ein großes Potenzial, strengen sich aber vielleicht aus Unwissenheit oder Faulheit nicht genügend an. Ähnlich ist auch uns oft nicht klar, dass wir uns stärker auf unser geistliches Leben konzentrieren und ernsthafter daran arbeiten müssen. Die Alltagsumstände ›stehlen unser Herz‹, wie die Altväter sagen, und wir kommen nicht so gut voran wie wir sollten. Zugleich aber streben wir eifrig nach Gottes Gnade. Damit aber geben wir Gott das Recht, uns auf unserem geistlichen Pfad weiterzuhelfen. Das geschieht nicht durch Zauberei, sondern durch die Ereignisse um uns herum. Erinnerst du dich noch an die Geschichte, die ich dir über Altvater Paisios erzählt habe?«

»Welche?«

»Als er zu Gott betete, Er möge sein Herz demütig machen, damit er Ihn schauen könne. Gott tat ihm den Gefallen und schuf den Vorfall mit dem Priester, der ihn in der Kirche demütigte, als er gerade die Heilige Kommunion empfangen sollte. Weißt du noch?«

»Oh ja. Ich erinnere mich an die Geschichte.«

»Wenn wir also um Demut bitten, dann lässt Gott zu, dass etwas in unserem Leben eintritt, das uns zu diesem Ziel verhelfen kann. Gott greift nur dann ein, wenn wir Ihm die Erlaubnis dazu geben.«

»Dann passe ich wohl besser gut auf, worum ich bitte«, warf ich scherzhaft ein. Daraufhin erklärte Vater Maximos, unter solchen Umständen sei es notwendig, das betreffende Ereignis als geistliches Geschenk zu betrachten. »Denn wenn wir negativ reagieren und daraus schließen, dass Gott uns vergessen oder unsere Gebete nicht erhört hat, dann verlieren wir die Möglichkeit, davon, worum wir gebeten haben, auch tatsächlich zu profitieren.«

»Was Sie mir da sagen, unterscheidet sich etwas von der asiatischen Auffassung von *Karma*, die besagt, dass alles, was uns geschieht, die unmittelbare Folge unseres früheren Verhaltens ist.«

»Ich weiß nicht, was das bedeutet. Ich weiß aber, dass es gemäß den Lehren der Altväter verschiedene Gründe dafür gibt, dass Guten Menschen Schlimmes widerfährt. Außer dem Gesetz von Ursache und Wirkung und dem Gesetz des geistlichen Wachstums können Menschen durch das Gesetz und die Macht der Liebe auch für andere leiden. Das gilt insbesondere für fortgeschrittene geistliche Meister. Auf geheimnisvolle Weise laden sie oft die Lasten derer auf sich, die unter ihrer Führung stehen und nehmen ihnen dadurch die Schwere ihrer Schuld ab. Das Leid und die Versuchungen der Schüler werden dann auf ihren geistlichen Lehrer übertragen. Das nennt man das Gesetz der *anadoché*.«

»Ich vermute, das ist so ähnlich wie bei Christus, der die Sünden der Welt auf sich genommen hat?«

»Genau. Christus ist unser Archetyp. Deshalb können geistliche Meister, die es Christus gleichtun, durch *anadoché* die Last ihrer Anhänger erleichtern, indem sie vieles auf sich nehmen. Das kann oft zu schweren körperlichen Beeinträchtigungen, ja sogar zum Tod führen.«

»Christi Apostel haben tatsächlich überwiegend einen schrecklichen Tod erlitten«, betonte ich. »Sie sind durch Kreuzigung, Köpfen und dergleichen umgekommen. Ich habe auch gehört, dass moderne Heilige an Krebs sterben, wie Altvater Paisios.«

»In der Geschichte der *Ekklesia* gibt es Tausende von Beispielen. Sankt Athanasios vom Heiligen Berg, der Gründer der Großen Lavra [des ersten Klosters auf dem Athos, erbaut im 10. Jahrhundert] stürzte vom Kirchendach in den Tod, als er an ihrem Bau arbeitete. Man mag sich berechtigterweise fragen, warum einem so großen Heiligen ein solches Unglück passiert ist.«

»Könnte man es nicht einfach als tragischen Unfall erklären?«, gab ich kritisch zurück, weil Vater Maximos' Darstellung den Skeptiker in mir wachrief.

»Es gibt keine Unfälle«, ermahnte er mich postwendend und stieß nachdrücklich seinen Stock auf den Boden. »Im ganzen Kosmos geschieht nichts, aber auch gar nichts ohne einen tieferen Sinn. Dieser große Heilige ist Christi Beispiel gefolgt. Um des geistlichen Fortschritts des Klosters willen, das er errichtete, hat er die Last seiner Schüler bereitwillig auf sich genommen.«

Wir unterbrachen unsere Unterhaltung eine Weile, als wollte Vater Maximos mir absichtlich Zeit geben, über die Bedeutung dessen nachzudenken, was er gerade gesagt hatte. Dann griff er unser Gespräch wieder auf. »Willst du noch etwas wissen? Das Gesetz der *anadoché* kann auch in negativer Weise wirken.«

»In negativer Weise?«

»Ja, das gehört zu dem Geheimnis, wie geistige Gesetze im Leben wirken. Genau so wie die heiligen Altväter die Lasten anderer auf positive, altruistische Weise auf sich nehmen können, kann es uns übrigen passieren, dass wir unmerklich die Lasten derer übernehmen, die wir misshandeln. Wenn wir zum Beispiel andere verleumden oder Lügen über sie verbreiten und sie es uns nicht mit gleicher Münze heimzahlen, dann kann es geschehen, dass ihre Last, ihr Leid und ihre Versuchungen zum Teil auf uns als die Übeltäter, die ihnen Schaden zugefügt haben, übertragen werden. In diesen Fällen handelt es sich um negativ wirkende *anadoché*.«

»Aber wenn das so ist«, überlegte ich, »dann sind ja eigentlich diejenigen, die uns Schaden zufügen, in Wirklichkeit unsere Wohltäter. Man könnte doch anführen, dass das ziemlich grotesk ist, zumindest aus der Sicht des gewöhnlichen Menschenverstandes betrachtet.«

»Grotesk oder nicht – so lehren es die heiligen Altväter. Hier sind geistige Gesetze am Werk, von denen die meisten Menschen keine Ahnung haben. Wenn andere uns verletzen, dann neigen wir dazu zurückzuschlagen, weil wir davon ausgehen, dass wir uns wehren müssen, dass wir unseren guten Namen, unsere Ehre, unsere berufliche Position und so weiter verteidigen müssen. In Wirklichkeit holen wir mit diesem Zurückschlagen jedoch gegen uns selber aus.«

»Aber ist es nicht normal, dass man so reagiert?«, fragte ich. »Psychologen und Coaches werden nicht müde, uns vor Augen zu halten, dass wir ein Problem haben, wenn wir uns von anderen schikanieren lassen. Es mangelt uns an Selbstsicherheit, wir machen uns zum ›Fußabtreter‹ für die, die uns quälen. Ist es da nicht nur natürlich, dass wir versuchen, uns zu schützen und auf unseren Rechten zu bestehen?«

»Zurückzuschlagen mag normal sein, aber es ist nicht immer unbedingt die beste Reaktion. Mir ist durchaus bewusst, dass dies kein leicht zu akzeptierendes Prinzip ist, aber so funktionieren die geistigen Gesetze nun einmal. Was wir als berechtigtes Eintreten für unsere Rechte betrachten, kann uns in Wirklichkeit in einen Teufelskreis führen, der womöglich unsere geistlichen Grundlagen untergräbt. Wenn wir auf Aggression mit Aggression reagieren, verlieren wir die Möglichkeit, aus der Erfahrung geistlichen Nutzen zu ziehen. Dieses Gesetz erklärt auch, warum Heilige, wenn sie geschlagen wurden, oft wortwörtlich die andere Wange hingehalten haben.«

Während Vater Maximos über das Gesetz der *anadoché* sprach, wurde mir klar, warum er sich geweigert hatte, sich gegen eine wahre Lawine an Vorwürfen zu verteidigen, die ein heimischer Bischof seit seiner Ankunft auf der Insel unerbittlich gegen ihn lostrat. Wiederholt behauptete der Bischof in der Öffentlichkeit, Vater Maximos sei Teil einer Verschwörung, die die Athos-Mönche mit dem Ziel angezettelt hätten, die *autokephale* Zypriotische Kirche zu übernehmen. Als er mit dieser Taktik niemanden überzeugen konnte, streute der Bischof Gerüchte, Vater Maximos ließe sich sexuelle Verfehlungen zuschulden kommen. Angewidert von dem Bischof, richteten einige Anhänger von Vater Maximos ein Komitee zu seiner Verteidigung gegen diese ihrer Meinung nach eklatant falschen Anschuldigungen und böswilligen Lügen ein, dem auch mehrere Rechtsanwälte angehörten. Als Vater Maximos von diesem Vorgehen erfuhr, bat er die Anwälte, ihre Tätigkeit sofort einzustellen und den Bischof behaupten zu lassen, was er wolle. Vater Maximos erklärte ihnen, er wolle sein Vertrauen lieber ganz auf Gottes Vorsehung setzen. Deshalb brauche er keine Verteidiger. Am Ende geriet der Bischof durch sein Verhalten gründlich in Verruf, während Vater Maximos' Popularität zu wahren Höhenflügen ansetzte. Ganz offensichtlich funktionierte das Gesetz der *anadoché*.

Weiter sagte Vater Maximos, außer aufgrund des Gesetzes von Ursache und Wirkung, des Gesetzes des geistlichen Fortschritts und des Gesetzes der *anadoché* könne den Menschen auch durch die Heimtücke böser Geister Übles widerfahren. Ein klassisches Beispiel sei der Fall Hiobs im Alten Testament.

»Seine Kinder wurden ermordet, sein Besitz wurde zerstört und er wurde zum Niedersten der Niederen gemacht. Er wurde von allen abgelehnt, auch von seiner Frau. Dieser einst glückliche, wohlhabende und gerechte Mann, der in seinem ganzen Leben niemandem etwas getan hatte, der der Wohltäter aller gewesen war, die ihn um Hilfe baten, war gezwungen, auf Müllhalden zu leben, und sein Körper war mit Lepra übersät. Hiob erreichte den höchsten Grad der Verzweiflung, der alles übersteigt, was ein Mensch ertragen kann, und dies so sehr, dass er den Tag verfluchte, an dem er geboren worden war.

Am schlimmsten aber war«, fuhr Vater Maximos fort, »dass Hiob das Schweigen Gottes erfuhr.«

»Das Schweigen Gottes?«

»Ja, das Gefühl, dass Gott in unserem Leben nicht da ist, dass es Ihn nicht gibt, dass Gott unbarmherzig zulässt, dass das Böse auf die Menschen einschlägt.«

»So müssen sich die Leute gefühlt haben, als die Nazis sie in die Gaskammern trieben«, merkte ich an.

»Ja. Unter solchen Umständen können Menschen den Punkt äußerster Verzweiflung erreichen, an dem man nichts mehr weiter ertragen kann, während Gott schweigt, wie in Hiobs Fall. Denke daran, dass seine früheren Freunde ihn aufziehen und provozieren und fragen: ›Wo ist dein Gott denn jetzt?‹

Plötzlich, im Zustand höchster Verzweiflung, spricht Gott zu ihm und offenbart Sein wahres Wesen. Darauf spricht Hiob die unvergesslichen Worte: ›Ich hatte von Dir nur vom Hörensagen vernommen, aber nun hat mein Auge Dich gesehen. Darum spreche ich mich schuldig und tue Buße in Staub und Asche.‹ An jenem Punkt äußerster Verzweiflung erfuhr Hiob eine direkte und klare Gottesschau.

Einer unserer Altväter«, fuhr Vater Maximos fort, während wir aus der bewaldeten Region heraustraten, »hat uns immer gesagt, am Ende einer unerträglichen Geduld werde Gott manifest. An jenem allerletzten Punkt, an dem der Mensch nicht das Geringste mehr ertragen kann, kann Gott sich zeigen.«

»Ich vermute, so ist es auch bei Altvater Ephraim geschehen«, merkte ich an.

»Genau. Beiden hat sich derselbe Gott offenbart«, betonte Vater Maximos. Wieder gingen wir schweigend weiter, bis wir die *Skite* des heiligen Johannes erreicht hatten, ein kleines Gebäude aus Stein mit einem Ziegeldach, das sich sehr gut in seine bergige Umgebung fügte. Es stand am Rande eines Felsvorsprungs und hatte einen schmalen, nach Osten weisenden Vorbau. Neben dem Gebäude spendete eine hohe, ausladende Kiefer der Einsiedelei während der heißen Stunden des Tages Schatten. Die *Skite* wirkte ideal für ein Leben in Gebet, Kontemplation und völliger Stille.

Vater Maximos öffnete die Tür und betrat zunächst die winzige Kapelle. Er bekreuzigte sich, machte mehrere Kniefälle und küsste dann die Ikone Christi, danach die der Heiligen Jungfrau und schließlich die des Johannes des Täufers. Danach goss er Öl in die Lampen, die vor den Ikonen hingen, und zündete sie an. Anschließend entzündete er etwas Weihrauch, während ich mich im Hintergrund hielt und jeder seiner Bewegungen mit den Augen folgte.

»Sie haben das gern, weißt du«, sagte er mit einem Lächeln, nachdem mir der Gedanke durch den Kopf geschossen war, warum er wohl die Lampen anzündete, wo wir doch ohnehin gleich wieder gingen.

Als er das Ritual abgeschlossen hatte, saßen wir auf einer Bank auf dem Vorbau und ruhten uns ein wenig aus. Ein paar Minuten lang betrachteten wir die weite Landschaft, die sich vor uns auftat, dann nahm ich das Gespräch wieder auf. »Da die Versuchungen, auf die wir treffen, also unterschiedliche Ursachen haben können, woher können wir wissen, ob sie durch unser früheres Verhalten oder etwas anderes ausgelöst wurden? Wenn jemand schwer an Krebs erkrankt, wie können wir dann wissen, ob so eine Versuchung eine Folge des Gesetzes von Ursache und Wirkung oder, sagen wir einmal, des Gesetzes der *anadoché* ist?«

»Das können wir nicht wissen. Es ist ein Geheimnis, das der menschliche Verstand nicht zu entschlüsseln vermag. Sicher können wir uns nur sein, dass geistige Gesetze am Werk sind, wie die heiligen Altväter sie beschrieben haben, also jene Menschen, die Wissen über Gott erlangt haben. Wie diese Gesetze in bestimmten Situationen wirken, das weiß nur Gott.«

»Also ist es sinnlos, Ursachen zu suchen«, schloss ich.

»Es ist nicht nur sinnlos, sondern es kann womöglich unser geistliches Leben untergraben.«

»Ah, ich verstehe, was Sie meinen. Unser Ego verstrickt sich unweigerlich in so eine Suche. Deshalb könnte sie uns von unserem Bemühen ablenken, unsere Leidenschaften und Schwächen zu überwinden.«

Vater Maximos stimmte dem zu und riet dazu, sich darauf zu konzentrieren, wie wir ganz unabhängig von ihrer Ursache mit der jeweiligen Versuchung umgehen. »Die heiligen Altväter lehren, dass alles, was uns begegnet, in eine Versuchung verwandelt werden kann.«

»Zum Beispiel?«

»Armut, Wohlstand, Glück, Unglück, Gesundheit, Krankheit, Erfolg, Misserfolg. Jede Situation, in der wir uns befinden, kann eine Versuchung werden.«

»In Armut, Krankheit, Unglück und Misserfolg kann ich die Versuchung erkennen. Schwieriger es ist aber, sie in Glück, Wohlstand und Erfolg zu sehen.«

»Die Altväter lehren, dass auch Wohlstand und weltlicher Erfolg eine große Versuchung sein können, wenn sie unser Herz und unseren Geist an diese Welt ketten oder wir dadurch arrogant und eitel werden«, erwiderte Vater Maximos. »Dasselbe Prinzip gilt für Glück, Gesundheit und so weiter. In jeder denkbaren Situation müssen wir uns daher stets vor Augen halten, dass wir jetzt dieser bestimmten Versuchung gegenüberstehen. Was sollen wir tun und wie sollen wir mit solch einer Versuchung umgehen? Sagen wir einmal, ich bin reich. Wie soll ich mich geistlich zu meinem Reichtum stellen? Oder ich bin arm. Wie soll ich geistlich mit meiner Armut umgehen? Ich bin glücklich. Wie soll ich geistlich mit meinem Glück umgehen? Ich habe Probleme in der Familie. Wie soll ich meine Probleme geistlich angehen? Kannst du mir folgen? Beachte, dass die heiligen Altväter als die tapferen Seelen, die sie sind, die Ursache jedes Problems, das sie haben, in aller Regel ausschließlich bei sich selbst suchen.«

»Gar nicht so leicht für gewöhnliche Sterbliche wie mich«, gab ich zurück.

»Betrachte es einfach so«, fuhr Vater Maximos fort, stand auf und breitete die Arme weit aus. »Christus hat uns vor Augen geführt, dass Gott für die Vögel am Himmel sorgt und sich um jeden einzelnen Grashalm kümmert. Wird Er da nicht auch für uns sorgen? Und wenn es wahr ist, dass Er jedes Haar auf unserem Kopf gezählt hat, wie sehr gilt dies dann für wichtige Dinge in unserem Leben? Wenn wir daran glauben und uns dies als unsere tiefste Überzeugung stets vor Augen halten, warum sollten wir dann verzweifeln? Selbst wenn das Leid, das wir erleben, die Folge unserer Verfehlungen ist, können wir es doch, wenn wir nur Geduld haben, in einen geistlichen Vorteil verwandeln. Gott hat die Macht der Schutzimpfung, Er kann das Böse, das wir begangen haben, in Gutes verwandeln. Du fragst vielleicht, warum. Weil Gott nicht in eine Sackgasse geraten, weil Er nicht schmachmatt gesetzt werden kann. Ebenso wenig ist es möglich, dass die Schlechtigkeit der Menschen den Sieg über Gottes unendliche Weisheit erringt. Selbst das Böse, das der schreckliste aller Mörder begangen hat, kann gegen Gottes Liebe nicht gewinnen.«

In Vater Maximos' Worten lag Leidenschaft. Sein absoluter und unerschütterlicher Glaube an Gottes Vorsehung war wohltuende Medizin für schwankende Geister wie mich, die jahrelang in den Tugenden des Zweifels unterwiesen und trainiert worden waren.

Vater Maximos verschloss die *Skite* wieder, und wir machten uns auf den Heimweg. »Vater Maxime, was Sie gerade gesagt haben, erinnert mich an David.«

»Oh David. David!«, erwiderte Vater Maximos und schüttelte den Kopf. »Das ist wirklich ein gutes Beispiel dafür, worüber wir gesprochen haben.«

Vor zwei Jahren hatte ich einen Brief von David erhalten. Der Strafgefangene, der zum Tode verurteilt worden war und nun auf seine Hinrichtung wartete, hatte meine Bücher gelesen. David schrieb, er habe seit seinem Todesurteil großes Interesse an Spiritualität entwickelt. Er fragte, ob ich ihm einen Lehrer empfehlen könne, dem er schreiben dürfe. Ich gab ihm Vater Maximos' Adresse. Drei Monate später schrieb er mir erneut und berichtete, was geschehen war. David schrieb, er habe einen regelmäßigen Briefwechsel mit Vater Maximos aufgenommen. Noch nie, so behauptete er, habe er erlebt, dass ihm ein anderer Mensch so viel Liebe entgegenbrachte. Außer den Briefen schickte Vater Maximos ihm Bücher über das Leben der Altväter, etwa die *Philokalia*[53] und den russischen Klassiker *Aufrichtige Erzählungen eines russischen Pilgers.*[54] Ganz offensichtlich entfalteten diese Schriften und der Kontakt mit Vater Maximos tiefe Wirkung auf David. Seine Haft sei das Beste, was ihm je passiert sei, schrieb er. Sie habe ihn für spirituelle Realitäten geöffnet und davor bewahrt, seiner Seele weiteren Schaden zuzufügen.

Durch Zufall oder vielleicht auch durch Vorsehung war vor etlichen Jahren ganz in der Nähe des Hochsicherheitsgefängnisses, in dem er einsaß, mit finanzieller Unterstützung eines

---

53 St. Nikodemos of the Holy Mountain and St. Makarios of Corinth, *The Philokalia,* aus dem Griechischen ins Englische übersetzt und hrsg. von G. E. H. Palmer, Philip Sherrand, Kallistos Ware, Band 1, Faber and Faber 1990. (Auf Deutsch sind mehrere Ausgaben erhältlich. Die aktuellste ist eine Fassung nach der russischen Übersetzung: *Kleine Philokalie: Betrachtungen der Mönchsväter über das Herzensgebet,* gesammelt und übersetzt von Matthias Dietz, Patmos, 2. Auflage 2013; Erstausgabe Benzinger 1956.)

54 *Aufrichtige Erzählungen eines russischen Pilgers. Die vollständige Ausgabe,* hrsg. und eingeleitet von Emmanuel Jungclaussen. [Der Text beruht auf der Übersetzung von Reinhold von Walter, die für diese Ausgabe durch das Ökumenische Institut der Abtei Niederaltaich ergänzt und durchgesehen wurde], Herder 2000, Erstausgabe 1959.

texanischen Millionärs, der von einem Einsiedler auf dem Athos wundertätig geheilt worden war, ein athonitisches Kloster gegründet worden. Vater Maximos rief den Abt an, einen amerikanischen Mönch, den er vom Athos kannte, und bat ihn, David zu besuchen. Es dauerte neun Monate, bis er die Erlaubnis dazu erhielt, weil die Gefängnisverwaltung keinerlei Richtlinien zum Umgang mit Mönchen hatte. Die einzigen Kategorien religiöser Würdenträger, die bis dahin dort anerkannt waren, waren Pfarrer, Priester und Rabbis. Von da an besuchten die bärtigen, schwarz gewandeten Mönche David regelmäßig. Sie entwarfen einen strengen Tagesplan geistlicher Übungen für ihn, einschließlich des systematischen immerwährenden Gebetes, nächtlicher Gebetswachen, der Lektüre der Werke der heiligen Altväter, Fasten sowie Kniefälle vor der Ikone Christi und der Heiligen Jungfrau. Durch eine solche rigorose asketische Lebensweise durchlief David eine tiefe *metanoia*, einen radikalen Wandel in Herz und Verstand.

»Er hat sich ganz sicher verändert«, klagte Vater Maximos, »nicht aber seine Verurteilung!«

Für Vater Maximos war Davids Fall nichts anders als der des Räubers, der neben Jesus gekreuzigt und geistlich dank seiner Umkehr gerettet wurde. Die heiligen Altväter haben gelehrt, würde er sagen, dass Menschen das Himmelreich sogar noch im letzten Moment, vor ihrem letzten Atemzug erlangen können, wenn sie aufrichtig eine echte *metanoia* durchmachen. Was mit David oder übrigens auch jedem anderen Menschen geschehen ist, muss als Entfaltung des Willens der Göttlichen Vorsehung betrachtet werden. Deshalb darf man nie verzweifeln, egal was geschieht.

Wir beschleunigten unsere Schritte, denn die Dämmerung brach bereits an. Bald würde die Vesper beginnen, und danach gäbe es ein leichtes Abendessen. Einen knappen halben Kilometer vor dem Kloster begegneten wir Vater Christodoulos auf einem Traktor. Er war bereits über sechzig und damit der älteste Mönch im Kloster Panagia. Von Stephanos erfuhr ich, dass Christodulos erst vor wenigen Jahren, nach dem Tod seiner Frau und der Heirat aller vier Kinder, Mönch geworden war. Da er fast sein Leben lang Bauer gewesen war, war ihm die *diakonia* [der Dienst] zugefallen, sich um die Felder des Klosters zu kümmern. Er hatte gerade erst ein frisches Stück Land an einer Seite des Berges gepflügt und bepflanzte es nun mit der Hilfe zweier russischer Novizen und eines rumänischen Wanderarbeiters. Vater Maximos unterhielt sich mit ihm ein paar Minuten lang über das Wachstum der Kartoffeln. Dann gingen wir weiter, da auch sie es eilig hatten, fertig zu werden und ins Kloster zurückzukehren.

»Ich habe noch eine letzte Frage für heute, Vater Maxime«, sagte ich, als wir auf das Außentor des Klosters zugingen. »Was verstehen die heiligen Altväter genau unter dem Willen der Göttlichen Vorsehung?«

»Darüber haben wir die ganze Zeit gesprochen«, sagte Vater Maximos nachdenklich. »Aber ich will es kurz machen, da die Zeit knapp wird. Die heiligen Altväter lehren, dass Gottes Wille sich auf vierfache Weise manifestiert.« Er schwieg ein paar Sekunden, um seine Gedanken zu sammeln. Die erste ist der Wille Gottes als *Evdokia* oder Huld. Das ist das, was Gott wirklich wünscht.«

»Ich weiß nicht, ob ich Ihnen folgen kann.«

»Der Wille Gottes als *Evdokia* war, dass die ersten Menschen in immerwährender Einheit mit Ihm lebten. Das war Gottes eigentlicher Herzenswunsch. Doch aufgrund des Falls stellte Gott Seinen Willen als *Evdokia* hintan und ersetzte ihn, so behaupten die heiligen Altväter, durch *Economia*.

Vater Maximos bemerkte, dass ich das Gesicht verzog, als ich das Wort *Economia* für die zweite Stufe des göttlichen Willens hörte. Eilends erklärte er, dass die Altväter damit etwas anderes meinen als üblicherweise darunter verstanden wird. »Erst sandte Gott seinen Sohn, dann schuf er die *Ekklesia*, begründete die Mysterien und so weiter. Mit anderen Worten, Gott bot der gefallenen Menschheit eine Methodik, mit der sie ihre Gottwerdung, ihre *Theosis*, erlangen konnte. Er schuf eine *Economia* für die geistliche Erlösung.

Doch wieder vermochten die Menschen nicht, nach der zweiten Stufe des Willens Gottes zu leben. Sie konnten die ihnen zur

Verfügung stehenden Instrumente zum Wiederaufbau ihrer verlorenen Beziehung zu Gott nicht nutzen. Danach manifestierte sich Gottes Wille als *Zugeständnis*. Gott ließ zu, dass Menschen scheinbar schmerzhafte Erlebnisse widerfahren, damit sie erwachen, ihre wahre Situation erkennen und sich daher selbst dazu anhalten können, am Ende wieder göttlich zu werden. So hatte Gott das im tiefsten Herzen eigentlich nicht gewollt, doch Er ließ zu, dass im Leben der Menschen schmerzhafte Vorfälle und unterschiedlichste Versuchungen eintreten, damit sie das höchste Ziel erreichen können, nämlich ihre Wiedereinsetzung in ihren wahren göttlichen Stand.«

»Ich vermute«, fügte ich hinzu, das ist wie eine bittere Medizin gedacht, die ein kranker Mensch einnehmen muss, um gesund zu werden. An dieser Stelle setzt wohl das Gesetz von Ursache und Wirkung ein.«

»Gut«, nickte Vater Maximos und fuhr dann fort: »Den Altvätern zufolge gibt es noch eine vierte Manifestation von Gottes Willen. Diese bezeichnen sie als das Verlassenwerden von Gott.«

»Kann denn Gott überhaupt jemanden verlassen?«, fragte ich erstaunt.

»Dieses Verlassenwerden ist nur vorübergehend und scheinbar oder äußerlich. Natürlich verlässt Gott in Wirklichkeit niemanden. Denn eigentlich verlassen wir Menschen Gott und brechen jegliche Beziehung zu Ihm ab. Doch selbst innerhalb dieser vierten Manifestation von Gottes Willen, inmitten dieses scheinbaren Verlassenwerdens, können Männer und Frauen Erlösung erlangen, vorausgesetzt sie durchlaufen eine aufrichtige *metanoia*, wie es bei David der Fall war.

Siehst du, wie einfach das eigentlich ist, Kyriaco?«, fragte Vater Maximos allen Ernstes, als wir in den Klosterhof traten. »Sobald wir erkennen, dass alles, was in unserem Leben geschieht, sich im Rahmen der Göttlichen Vorsehung abspielt, im Rahmen dieser vier Stufen Seines Willens, lassen wir uns von den Schwierigkeiten oder Tragödien, die sich uns in den Weg stellen, nicht mehr niederdrücken.«

»So kann man allerdings nur dann denken, wenn das höchste Ziel für einen in der Vereinigung mit Gott liegt«, betonte ich.

»Aber das ist das Grundthema unseres Daseins, unsere Beziehung zu Gott«, erwiderte Vater Maximos mit Nachdruck in der Stimme. »Denke nur einmal daran, dass Eltern kommen und über alle möglichen Probleme klagen, die sie mit ihren Söhnen und Töchtern haben. Ich erinnere sie dann daran, dass es in erster Linie gar nicht darum geht, welches Problem ihr Kind ihrer Meinung nach hat. In erster Linie geht es darum, ob ihr Sohn oder ihre Tochter eine authentische Beziehung zum lebendigen Gott hat. Wenn nicht, dann wird diese Leere unweigerlich mit Lastern wie Drogen, Promiskuität, Alkohol, Faulheit und was einem sonst noch alles einfallen mag, gefüllt. Wenn sie aber eine richtige Beziehung zu Gott aufbauen, dann wird sich am Ende auch für alle anderen Probleme eine Lösung finden. So funktioniert das.«

Die *Ekklesia*, wiederholte Vater Maximos immer wieder, muss als das spirituelle Krankenhaus verstanden werden, das die Trennung zwischen den Menschen und Gott heilen kann. Wenn dies geschieht, dann werden schließlich auch alle anderen weltlichen Probleme gelöst. Eine solche Haltung stand in schroffem Gegensatz zum säkularen Denken, zu meiner Denkschule also.

Wir betraten die Kapelle des Klosters, als die Vesper bereits begonnen hatte. Vater Maximos bekreuzigte sich, küsste die Ikone der Heiligen Jungfrau und ging dann zum *stasidion*, das traditionell ihm als dem Abt vorbehalten war. Ich stand in einer dunklen Ecke im hinteren Teil des Kirchenraums und hörte den Gesängen zu, einer Kunst, die Vater Maximos als wesentlich für das geistliche Leben betrachtete. Ja, er stellte sogar einen Lehrer an, der als Experte für Phonetik und byzantinische Musik seine Mönche in der Kunst des richtigen Gesangs ausbilden sollte.

Unmittelbar vor dem Ende der Vesper stimmten die Mönche das »*Fos Ilaron Ayias Doxes …*« an, eine meiner Lieblingsmelodien der byzantinischen Musik, die in der Vesper gesungen wird. Ich summte mit.

Du heiteres Licht der Herrlichkeit
des ewigen, heiligen und seligen Vaters:
Jesus Christus!

Sind wir zum Untergang der Sonne und zum Abendlicht gelangt,
so preisen wir Gott, den Vater und den Sohn und den Heiligen Geist.
Würdig bist Du allezeit, mit geziemenden Rufen gepriesen zu werden,
Sohn Gottes, Lebensspender.
Deshalb verherrlicht Dich das All![55]

55 Orthodoxes Glaubensbuch: Die Nachtwache, http://orthpedia.de/index.php/Nachtwache (abgerufen am 18.08.2014)

14

Immerwährendes Gebet

»Viele Menschen, die hierher kommen oder den Athos besuchen, nehmen an, wir Mönche besäßen Zauberformeln und apokryphe Geheimnisse. Sie erwarten, dass diese Geheimnisse an sie weitergegeben werden, denn dann glauben sie sich auf dem Weg zur geistlichen Vervollkommnung. Ich kenne keine solchen Geheimnisse«, erklärte Vater Maximos, als wir bei einem kurzen Nachmittagsspaziergang unter einer Schatten spendenden Eiche auf einer Bank saßen, von der aus das gesamte Kloster Panagia zu überblicken war.

Er ließ seine *komboskini* durch die Finger gleiten und erläuterte, dass der Weg zur geistlichen Vervollkommnung nach den Lehren der Altväter kein anderer war als das uneingeschränkte Befolgen der Methodik der *Ekklesia.* Das setze Beten, Fasten, Gehorsam gegenüber einem Altvater, Beichte, Umkehr, Kommunion, das Studium des Wortes Gottes und der Schriften der erleuchteten Altväter und so weiter voraus. »Wir haben keine okkulten Geheimnisse und Formeln dafür, wie man zu Gott gelangt«, spottete er. »Sobald man sich ernsthaft an die vorgeschriebenen Methoden der *Ekklesia* hält, wird man gestärkt und geistlich erhoben. Man erhält genau die geistliche Nahrung, die für einen richtig ist.«

»Geschieht das automatisch?«, fragte ich erstaunt.

»Betrachte es folgendermaßen: Die *Ekklesia* ist wie das *Manna*, das Gott den hungernden Israeliten zu essen gab. Als Nahrung war das *Manna* für jeden dasselbe. Doch durch die Gnade Gottes wurde es so umgewandelt, dass es die besonderen Bedürfnisse jedes Einzelnen erfüllte. Sagen wir einmal, jemand benötigte Vitamin B, dann erhielt er mit dem *Manna* dieses Vitamin in größerer Menge. Ein anderer brauchte Vitamin D; wieder wurde das *Manna* auf wundersame Weise in dieses Vitamin umgewandelt. Gott nährte sein Volk auf eine persönliche, individuell abgestimmte Art und Weise.

Dasselbe Prinzip gilt für die *Ekklesia*«, fuhr Vater Maximos fort und strich sich über den Bart. »Während der Göttlichen Liturgie wird der Heilige Geist in jedem Menschen anders aktiviert. Im einen erzeugt er ein Gefühl höchster Anmut, im anderen tiefste Ehrfurcht. Jeder erhält das, dessen er zu seinem spirituellen Wachstum bedarf. Deshalb dürfen wir uns, wie ich neulich schon gesagt habe, keine Gedanken darüber machen, wie weit wir vorangekommen sind.«

Weiter wies Vater Maximos darauf hin, dass die Menschen dem Grad ihrer Reife und ihres Verständnisses nach sehr unterschiedlich sind. Es stehen nicht alle auf der gleichen geistlichen Altersstufe. Doch die *Ekklesia* kann alle aufnehmen, gerade weil der Heilige Geist auf diese wundersame Weise wirkt und jedem Menschen die richtige und zu ihm passende Nahrungsmenge gibt.

»Im Gegensatz zu dem, was manche Leute glauben, ist keiner je in irgendwelchen Geheimlehren unterwiesen worden, die zu seiner geistlichen Entwicklung geführt hätten, absolut niemand. Wir beginnen alle ganz einfach und schreiten nach Maßgabe unserer Empfänglichkeit und Entwicklungsstufe fort. Die meisten Lehren der Altväter sind in Wirklichkeit praktische Übungen, um den Stolz zu überwinden sowie Demut und Mitgefühl zu entwickeln. Ohne echte Demut gibt es gibt keine Spiritualität. Das ist ein Axiom.«

Vater Maximos lächelte, als er sich an eine Episode aus seiner eigenen Lehrzeit erinnerte. »Die erste Aufgabe, die ich von meinem Altvater erhielt, war, den Kirchenboden zu schrubben. Ich hatte erwartet, dass er mich in den Geheimnissen des geistlichen Gebetes und so weiter unterweist. Stattdessen reichte er mir einen Besen, einen Lappen und einen Eimer Wasser. …«

»Die Erfahrung, die Sie gerade geschildert haben, ähnelt der eines anderen Novizen, der auf den Athos ging, um Meister geistlicher Geheimnisse zu werden«, unterbrach ich ihn und zog das Buch, das ich gerade las, aus meiner Tasche. Ich blätterte ein wenig darin herum und übersetzte dann einen entsprechenden Abschnitt Satz für Satz ins Griechische.

»Vor nicht allzu vielen Jahren«, las ich vor, »kam ein junger Mönchsanwärter auf den Athos. In seinem Aufnahmegespräch mit dem ehrwürdigen Abt des Klosters, das er besuchen wollte, erklärte er: ›Heiliger Vater! Mein Herz brennt für das geistliche Leben, für die Askese, für die immerwährende Kommunion mit Gott, für den Gehorsam gegenüber einem Altvater. Bitte, Heiliger Vater, unterweisen Sie mich, damit ich geistliche Fortschritte erlange.‹ Der Abt ging zum Bücherregal und zog ein Exemplar von Charles Dickens‹ *David Copperfield* heraus. ›Lies dies, mein Sohn‹, sagte er. ›Aber Vater!‹, wandte der verwirrte Anwärter ein. ›Das ist heterodoxe viktorianische Gefühlsduselei, ein Produkt der westlichen Gefangenschaft! Das ist nicht geistlich; es ist noch nicht einmal orthodox! Ich brauche Schriften, die mich *Spiritualität* lehren!‹ Der Abt lächelte und sprach: ›Wenn du nicht zuerst normale, menschliche, christliche Gefühle entwickelst und lernst, das Leben so zu sehen wie der kleine David – mit Einfachheit, Freundlichkeit, Herzenswärme und Vergebung – dann werden dir die ganze orthodoxe Spiritualität und sämtliche patristischen Schriften nicht nur nichts nützen – sie werden dich zu einem geistlichen Ungeheuer machen und deine Seele vernichten.‹«[56]

»Nett!«, bemerkte Vater Maximos. »Darauf weisen uns die Altväter immer wieder hin. Spirituelles Wissen allein führt nicht zu Gott. Es kann uns sogar in die entgegengesetzte Richtung treiben. Wir können der Versuchung erliegen und uns einbilden, weil wir über viel Wissen verfügten, seien wir von Gott besonders begünstigt. Das könnte uns zu Stolz und Eitelkeit anstacheln«, betonte Vater Maximos, während ich das Büchlein wieder in meine Tasche steckte.

»Vater Maxime«, unterbrach ich ihn abrupt und in drängen-

56 Monk Damascene Christensen, *Not of This World: The Life and Teachings of Father Seraphim Rose, Pathfinder to the Heart of Ancient Christianity*, Father Seraphim Rose Foundation 1993, S. 894-895.

dem Ton, »in ein paar Tagen reise ich aus dem Kloster ab, und ich habe immer noch ein paar Fragen, die ich gerne geklärt hätte.«

»Ja, worauf wartest du dann noch?«, spornte er mich an und ließ den Blick entlang der Schlucht unterhalb des Klostergeländes über die Bucht von Morphou schweifen, die sich weit in die Ferne hinzog.

»Ständig betonen Sie die zentrale Bedeutung des immerwährenden Gebetes für das geistliche Leben. Die Frage, die sich dazu wohl für viele Menschen stellt, ist folgende: Warum ausgerechnet das Gebet und nicht etwas anderes, zum Beispiel Meditation? Erstens, welchem Zweck dient das Gebet? Zweitens, wie geht man beim immerwährenden Gebet vor?«

Ein paar Sekunden lang ließ Vater Maximos seine *komboskini* durch die Finger gleiten, um seine Gedanken zu sammeln. Dann holte er tief Luft und setzte zu seiner Antwort an. »Die *Ekklesia* hat – darüber haben wir schon oft gesprochen – als ihr oberstes Ziel die Wiedereinsetzung der Menschen in ihren natürlichen Stand, die Einheit mit Gott. Wir haben gesagt, dass die Menschen vor dem Fall in einem Zustand der ständigen Kontemplation Gottes gelebt haben. Nach dem Fall waren Herz und Geist zerstreut und auf die Dinge dieser Welt gerichtet und wir daher von dieser heiligen Einheit und Verbindung abgeschnitten.

Kennst du die wahre Bedeutung von Sünde?«, fragte Vater Maximos unvermittelt, als wolle er das Thema wechseln.

»Nun ja«, gab ich zur Antwort, »die Leute denken, Sünde sei die Verletzung einer moralischen Ordnung. Aber ich weiß, dass Sie etwas anderes vor Augen haben. Die uralte Bedeutung von *amartia*, von Sünde, lautet, ›vom Ziel abgekommen‹, was wiederum bedeutet, von Gott abgeschnitten zu sein.«

»Gut. Wenn wir zum Beispiel sagen, dieses oder jenes Verhalten sei Sünde, dann kann man sich fragen, warum. Warum ist Lust eine Sünde, wo sie dem Einzelnen doch Freude bringt und niemandem weh tut? Warum ist Geiz oder auch Unersättlichkeit eine Sünde?

Die Altväter lehren«, fuhr Vater Maximos fort, »wenn dein Geist und dein Herz, dein *nous*, an den Dingen dieser Welt hängen bleibt, ganz gleich ob diese Dinge nun Geld oder körperliche Freuden oder Egoismus oder Meinungen oder Ideologien oder was auch immer heißen, dann begehst du eine *amartia*, eine Sünde. Du wirst von diesen Ablenkungen unterjocht, und sie halten Herz und Geist von Gott fern.«

»Wollen Sie damit sagen, dass wir alle der Welt entsagen und ins Kloster gehen sollten?«, gab ich zurück, und in meiner Stimme lag eine gehörige Portion Protest.

»Keineswegs. Achte einfach nur darauf, Herz und Geist nicht von den Dingen dieser Welt, die dich von Gott abschneiden, unterjochen zu lassen. Weißt du, was die Altväter noch sagen? Dass ein Mensch schwer reich sein kann und doch in den Augen Gottes nicht als reich gilt. Ein anderer besitzt vielleicht nur eine einzige Nadel und ist in Gottes Augen dennoch reich. Andererseits kann ein wohlhabender Mensch vom Geiz befreit werden und sich psychisch völlig von seinem Reichtum lösen und Gott nahe sein, wohingegen ein Mensch, der nur eine einzige Nadel besitzt, mit Herz und Geist an dieser Nadel kleben kann.«

»Dann ist also Jesu Gleichnis, wonach eher ein Kamel durch ein Nadelöhr geht als dass ein Reicher in den Himmel kommt, in diesem Licht zu betrachten.«

»Natürlich. Der ›Reiche‹, der nicht in den Himmel kommen kann, ist derjenige, der von den Dingen dieser Welt besessen ist, ganz gleich, ob es sich dabei um Millionen oder seine Nadel handelt. Ins Himmelreich zu kommen, bedeutet die Befreiung von den Dingen dieser Welt, das, was die Altväter *kenosis* oder Leere nennen.«

»Und was ist mit dem Gebet?«

»Darauf komme ich gleich. Die Methodik der Kirche zielt darauf, uns zu helfen, dass wir diese Freiheit, diese *kenosis* von den Leidenschaften erreichen. Gebet ist die Kraft, die einen Menschen zur Wiederverbindung mit Gott treibt. Im Gebet ist es erforderlich, Gedanken, Ideen und Obsessionen sämtliche Türen zu verschließen und seine ganze Energie auf den persönlichen Gott zu richten. Es ist keine Bewegung hin auf eine abstrakte unpersönliche Intelligenz irgendwo jenseits der manifesten Welt oder über den Wolken. Sondern in dem Moment, in dem ich den

Namen Gottes anrufe, beginne ich, eine persönliche Beziehung zu Ihm aufzubauen. Auf diese Person bewegt sich meine Seele zu, wenn ich bete.«

»Ganz praktisch gesprochen, wie soll man beten?«, warf ich ein.

»Wie du weißt, gibt es viele Arten und Formen des Gebetes«, erwiderte Vater Maximos. »Die eine ist das gemeinsame Gebet mit anderen. Wir sind keine vereinzelten Atome im Kosmos. Wir sind Menschen in Beziehungen. Das gemeinschaftliche Gebet stärkt unsere Verbindung zueinander und zu Gott.

Und es gibt das persönliche Gebet. Die *Ekklesia* bietet uns, immer gestützt auf die Erfahrungen der heiligen Altväter, eine wahre Plethora, eine Fülle an Gebeten, auf die wir zurückgreifen können, wenn wir alleine beten. Es gibt Gebete für alle Gelegenheiten, die wir nutzen können, je nachdem vor welchem Problem wir gerade stehen.«

»Und diese Gebete sind aufgeladen mit geistlicher Energie«, betonte ich.

»Immer! Sie wurden von Gott-bewussten heiligen Altvätern verfasst, die von der Gnade des Heiligen Geistes erfüllt waren. Ihre Liebe zu Gott strömte aus ihnen, als sie ihre Gebete komponierten, gerade so wie Liebende Gedichte schreiben, um einander ihre Liebe auszudrücken.«

»Heilige sind die Liebenden Gottes«, wiederholte ich und erinnerte mich an ein früheres Gespräch mit Vater Maximos. Dabei hatte er behauptet, die sogenannte »Gottesfurcht« sei eine grobe, auf einem infantilen Gottesverständnis beruhende Verzerrung des Christentums. Die »Gottesfurcht« der Heiligen, behauptete er, bezeichne ihre Furcht, ihre *Verbindung* zu Gott, dem Göttlichen Geliebten, zu verlieren und nicht die Furcht vor einem patriarchalischen Despoten, der mit eiserner Faust über das Weltall herrscht.

»In diesem Geist wurden die Lobgesänge der *Ekklesia* verfasst«, wiederholte Vater Maximos. »Wenn wir es uns zur Gewohnheit machen, Gebete der Heiligen zu lesen, dann werden wir mit dem Geist der Heiligkeit verbunden, auf dessen Veranlassung diese Gebete geschrieben wurden. Die Energie der göttlichen Liebe, die in diese Dichtung eingebettet ist, wird dann auf unsere Seele übertragen. Deshalb ist es so wichtig, dass wir lernen, mit diesen bewährten Gebeten zu beten. Nehmen wir zum Beispiel einmal an, du erlebst etwas, das dir großen Kummer verursacht. Dann könntest du entweder die *paraklesis*, also den Bittkanon, an die Heilige Jungfrau oder die *paraklesis* an Christus lesen. Durch die Konzentration auf die Worte der Lobgesänge, der Psalmen oder des Evangeliums verbindest du dich mit der göttlichen Energie, der Inspirationsquelle, die dazu geführt hat, dass diese Verse geschrieben wurden.«

»Aber, Vater Maxime, manchmal verstehen die Leute gar nicht, was sie bedeuten.«

»Das macht nichts. Den Nutzen daraus hat man trotzdem. Die geistliche Energie, die von diesen Worten ausgeht, kann in einer Art und Weise auf einen einwirken, die man gar nicht bemerkt.«

Dann sprach Vater Maximos über das *Efche*, das »Herr Jesus Christus, Sohn Gottes, erbarme dich meiner«. Über dieses Thema hatten wir schon einmal gesprochen. Diese besondere Gebetsform haben die heiligen Altväter als wesentlich für das geistliche Leben erachtet. Er erinnerte mich daran, dass das Gebet von einem ernsthaften Pilger und Vollzeit-Praktizierenden der geistlichen Künste immerwährend gesprochen werden muss. Es ist, so behauptete er, die wirksamste Medizin für die Heilung der Seele, die »Wissenschaft der Wissenschaften«, und zwar deshalb, weil es, wenn man es beherrscht, die Methode ist, die die Tore zu Gott aufgehen lassen kann. Die stete Wiederholung dieser Worte, so sagte Vater Maximos, kann uns durch die ihnen innewohnende Kraft in Welten jenseits der Worte und zum großen Mysterium der *Theosis* führen.

»Vielleicht sind das die geistlichen Geheimnisse, die die Menschen suchen«, vermutete ich.

»Moment mal. Wenn überhaupt irgendwelche Geheimnisse offenbart werden, dann nicht infolge intellektuellen Wissens oder okkulter Formeln. Es sind Offenbarungen, die infolge der Reinigung des Herzens durch tiefe *metanoia* und Demut von oben kommen. Altvater Sophronius schreibt, wenn das Gebet wie eine wohltuende Flamme im Inneren des Menschen aktiviert wird, dann werden ihm göttliche Erkenntnisse und Inspirationen geschenkt. Es ist, in seinen Worten, ›das süße Gefühl von Gottes Liebe, das den Geist erfasst und ihn mit geistlichen Visionen in Berührung bringt sowie gelegentlich mit der Schau des Göttlichen Lichtes einhergeht‹.[57] Es sind Geschenke für die um die Einheit mit Gott ringende Seele.«

»Das sind Geheimnisse, die sich nicht durch reine Vernunft entschlüsseln lassen«, fügte ich hinzu und dachte dabei an die Kantische Idee von der Unmöglichkeit, das Wesen des Unbedingten mittels der reinen Vernunft zu erkennen. Diese Gedanken behielt ich allerdings für mich, und Vater Maximos fuhr fort.

»Wenn du das Jesusgebet systematisch praktizierst, dann ist das, als trügst du beim Gang durch eine Stadt mit starker Luftverschmutzung eine Sauerstoffmaske über dem Gesicht. Nichts kann dir etwas anhaben.«

»Es klingt einfach«, sagte ich. »Ich meine, ›Herr Jesus Christus, erbarme dich meiner‹ ständig zu wiederholen.«

»Es ist einfach im Ausdruck, aber reich an Energie. Es ist auch einfach in der Anwendung, zumindest am Anfang. Zunächst habe ich gedacht, um etwas über das *Efche*, das Herzensgebet, zu erfahren, müsse ich eine komplexe Initiation durchlaufen. Doch als ich dann zum ersten Mal meinem Altvater begegnete, reichte er mir einfach eine *komboskini* und bat mich, das Gebet in Demut und ohne weitere Vorstellungen zu sprechen. ›Geh und tue es‹, drängte er mich, ›und dann sprechen wir uns wieder.‹«

»Wie viel Zeit sollten wir, die wir in der Welt leben, für das Gebet aufwenden?«, fragte ich.

»Du kannst mit bloß fünf Minuten täglich anfangen. Aber es ist wichtig, dass du dabei bleibst. Nach einer Woche kannst du dem Gebet mehr Zeit widmen, zum Beispiel zehn Minuten am Morgen und zehn am Abend, aber immer zur selben Tageszeit und an einem ruhigen Ort. Zunächst fällt die Konzentration vielleicht schwer und die Gedanken wandern ab, aber halte

57 Archimandrit Sophrony, Über das Gebet.

durch. Stelle dich darauf ein, dass dir in dem Moment, in dem du mit dem Gebet beginnst, alles einfällt, was du eigentlich noch zu tun hättest, was du den Tag über vergessen hast und so weiter. Aber gib unter keinen Umständen auf.«

Vater Maximos sagte außerdem, es sei hilfreich, bevor man mit dem Jesusgebet beginne, durch ein paar Minuten normalen Betens »das Herz aufzuwärmen«. Danach könne man anfangen, das Jesusgebet zu rezitieren, sich ausschließlich darauf zu konzentrieren und alle anderen Gedanken zu verscheuchen.

»Sobald du merkst, dass deine Gedanken abwandern, bemühe dich einfach, sie wieder auf das Gebet zu lenken und bei seinen Worten zu halten. Dies ist der erste Schritt zum immerwährenden Gebet.«

Vater Maximos lachte, weil er sich an einen Vorfall im Zusammenhang mit einem anderen Athos-Mönch erinnerte. »Er sagte von sich, er sei sehr vergesslich, aber zu seinem Glück erinnere ihn der Teufel immer in dem Moment, in dem er zu beten beginne, an alles, was er im Laufe des Tages vergessen habe.«

Vater Maximos behauptete, das Jesusgebet könne eine Gewohnheit werden, »die unser Herz aufbricht«. Der Mensch entwickelt dann eine ganz andere Sensibilität. »Gnade kehrt in das Herz ein, was zur Auferstehung schlummernder Kräfte führt, und der Mensch beginnt, innerhalb der Energien Gottes zu leben und zu handeln. Weißt du«, fuhr er in ernstem Ton fort, »den Heiligen war das Jesusgebet wichtiger als das Atmen.«

»Die Mysterien und Geheimnisse Gottes werden also durch Gnade als natürliche Konsequenz des Jesusgebets offenbart«, schlussfolgerte ich.

»Es ist ein ausschlaggebender Faktor. Aber diese Stufe ist nicht so einfach zu erreichen. Damit das Gebet bis in die tiefsten Tiefen der Seele vordringen kann, ist ein beständiger und unnachgiebiger geistlicher Kampf erforderlich. Ist der überstanden, wird der Mensch erleuchtet und mit Weisheit begnadet. Auf dieser Stufe wird ein anderes Erkenntniswerkzeug aktiviert, das über die Logik und den rationalen Verstand hinausgeht. Ja, es leitet sogar die Logik an, weil es ihr nämlich überlegen ist. Wenn ein Mensch diese Geisteshaltung erlangt hat, beurteilt er alles erst, nachdem es den Gebetstest durchlaufen hat. Wenn er während des Gebetes eine Botschaft erhält, die der Logik widerspricht, dann gehorcht er dieser Botschaft, ganz gleich, was die konventionelle Logik dazu sagen würde. Es ist so, Kyriaco, erst wenn der Geist des Jesusgebets das Herz übernimmt, werden die Menschen in der Tiefe ihres Wesens geheilt. Dann ist im Herzen die Flamme Gottes entzündet worden.«

»Vater Maxime, neulich hat mir eine Frau, die gerade auf die Beichte wartete, erzählt, sie spreche das Gebet immer, wenn sie in einem startenden Flugzeug sitze. Aber sie hat das Gefühl, dass sie nicht ehrlich ist. Dass sie irgendwie den Hintergedanken hegt, sich dadurch in Sicherheit bringen zu wollen. Sobald diese Überlegungen ihr bewusst werden, verliert sie den Drang zu beten.«

»Wenn du dich auf das Gebet konzentrierst, spielt es keine Rolle, mit welchem Motiv du es tust. Selbst wenn deine Absichten nicht vollkommen sind, wird die systematische Gebetspraxis mit der Zeit auch deine Motive vervollkommnen. Denn siehst du, das Jesusgebet lehrt dich beten. Sprich das Gebet, dann kümmert sich Gott um alles Übrige. Durch das Gebet wird er dich außerdem zu sich führen.«

Bei diesen Worten strahlten Vater Maximos' Augen. Ich hatte den Eindruck, er sprach aus persönlicher Erfahrung, aber er würde dies nie bestätigen. Meiner Vermutung nach lag dies an einem Vorfall, der sich in einer frühen Phase unserer Beziehung abgespielt hatte. Zu jenem Zeitpunkt unserer Freundschaft hatte ich Schwierigkeiten mit Vater Maximos. Offensichtlich hatte er den Inhalt meiner früheren Bücher missverstanden und, da er nicht gut Englisch sprach, zu meinem großen Bedauern angenommen, ich schriebe in gewisser Weise über Magie und beschäftige mich auch damit und gefährde dadurch mein geistliches Wohlergehen. In meiner Enttäuschung platzte es eines Tages aus mir heraus, das Problem unserer missverständlichen Kommunikation rühre von unseren völlig unterschiedlichen Lebensumständen her. »Hätte ich zehn Jahre auf dem Athos verbracht und Sie zehn Jahre an einer amerikanischen Universität«, sagte ich ihm in einem Zustand freundlicher Verzweiflung,

»dann würden wir einander hervorragend verstehen.« Nachdem ich nun meiner Frustration so unverblümt Ausdruck gegeben hatte, fürchtete ich schon, ich hätte die letzten Brücken zu meinem athonitischen Freund abgebrochen. Er wirkte verstört und traurig. Doch kurz danach geschah etwas Wundersames. Am nächsten Tag zeigte er eine völlig andere Haltung. Er zeigte keinerlei Besorgnis mehr, dass ich etwas mit Magie zu tun haben und daher das Schicksal meiner unsterblichen Seele aufs Spiel setzen könnte. Was geschehen war, erfuhr ich nicht von Vater Maximos selbst, der nach unserer aufrichtigen Begegnung meinem Eindruck nach vollstes Vertrauen zu mir hatte, sondern von meinem Freund Stephanos, der sowohl Vater Maximos' als auch mein Vertrauter war. Stephanos berichtete mir, Vater Maximos sei in seine Zelle gegangen, habe gebetet und eine Lösung für die Schwierigkeiten in unserer Beziehung gesucht. Nach dem Gebet empfing er »Erleuchtung von oben« in Gestalt einer Botschaft: »Kyriacos ist nicht zu dir gekommen, um dein Schüler zu werden. Seine Aufgabe ist eine andere. Er soll wissenschaftliche Arbeit leisten, um die athonitische Spiritualität einem breiteren Publikum bekannt zu machen.« Meine Beziehung zu Vater Maximos war wiederhergestellt, und von jenem Augenblick an war er bereit, mich geduldig an seinen tiefsten Erkenntnissen teilhaben zu lassen. Endlich konnte ich meine Erforschung der athonitischen Spiritualität mit seiner uneingeschränkten Kooperation fortsetzen.

»Muss man eine *komboskini* haben, um das Jesusgebet zu sprechen?«, fragte ich und deutete auf die Gebetskette in seiner Hand.

»Das da«, sagte er und hob sie hoch, »kann einem nur helfen, sich auf das Gebet zu konzentrieren. Immer, wenn du ›Herr Jesus Christus, Sohn Gottes, erbarme dich meiner‹ gesagt hast, schiebst du deinen Daumen einen Knoten weiter. Diese *komboskini* hat hundert Knoten. Wenn ich wieder zu der Stelle gekommen bin, an der ich angefangen habe, dann weiß ich, dass ich das Gebet hundert Mal gesprochen habe. Wenn mein Altvater mir auferlegt, das Gebet vor dem Schlafen vierhundert Mal zu sprechen, dann kann ich mithilfe der *komboskini* leichter mitzählen, ohne abgelenkt zu werden. Aber notwendig ist eine *komboskini* natürlich nicht, man kann auch ohne sie beten.«

»Wer die athonitische Spiritualität nicht kennt, könnte sich fragen, welchem Zweck das endlose Wiederholen des Namens Christi dienen soll.« Ich ergänzte, das Jesusgebet erinnere mich an *Mantra Yoga*, die Meditationsform, die ich mehrere Jahre lang praktiziert hatte. Vater Maximos wies den Vergleich zurück. Den Namen Christi anzurufen sei nicht dasselbe wie andere Formen spiritueller Praxis, betonte er nachdrücklich. Zweck und Folgen des Jesusgebetes seien etwas völlig anderes als das, was mit der Meditation als einer Form tiefer geistiger Entspannung erreicht werden solle. Er behauptete, beim Jesusgebet sei ein mysteriöser göttlicher Prozess am Werk. Christus, so fuhr er fort, sei ein lebendiger Gott, eine lebendige Person. Das Wiederholen des heiligen Namens sei daher eine Anrufung dieser Heiligkeit, was sich sofort auf die tiefsten Tiefen der Seele auswirke. Nach und nach empfinde die Seele ein Gefühl göttlicher Anmut.

»Dies gehört zu den ersten Erfahrungen eines Menschen, der mit dem Gebet beginnt«, fuhr er fort. »Und dies tun die Heiligen, die den Namen Gottes ständig im Sinn behalten.«

»Wenn man aber bedenkt, dass wir Laien zumeist weder Mönche noch Heilige sind, wozu kann dieses ständig wiederholte Gebet dann gut sein? Wir haben doch gar nicht die Zeit dazu.«

»Schau! Zuerst musst du von der Kraft des Gebetes überzeugt sein, davon, dass es sie gibt und sie sich nicht nur auf dich selbst, sondern auch auf alle auswirkt, für die du betest.«

Ich erwähnte, dass Wissenschaftler heute durchaus behaupten, es könne tatsächlich experimentelle Beweise für die Wirksamkeit von Gebeten geben.[58] Vater Maximos zog ein verächtliches Gesicht und zeigte damit, dass ihn das Urteil der Wissenschaft über die Kraft des Gebetes weder beeindruckte noch interessierte. Er wusste es aus eigener Erfahrung.

»Du wirst überrascht sein, welch unglaubliche Kraft das Jesusgebet bei ganz normalen Menschen hat«, erklärte er. »Es mag

58 Dossey, *Heilende Worte*.

zwar von Heiligen erfunden worden sein, aber es ist zu jedermanns Gebrauch bestimmt – für Mönche, Eremiten und ganz normale Menschen. Das gilt ganz besonders heute, wo sich die Menschen isoliert und voneinander abgeschnitten fühlen. Aufgrund meiner Erfahrungen in der Beichte habe ich festgestellt, dass es den Menschen in gewisser Hinsicht schwerfällt, zu ihren Kindern, Ehegatten, Nachbarn und Mitmenschen eine Beziehung aufzubauen und mit ihnen zu sprechen. Sie fühlen sich innerlich verlassen und ohne persönliche Nähe. Das ist wirklich sehr traurig.«

»Das sind die Probleme der Industriegesellschaft«, warf ich ein. »Hier in Zypern ist der Gemeinsinn immer noch ziemlich stark ausgeprägt.«

»Nicht so stark wie du wohl glaubst. Auf jeden Fall ist das Gebet das beste Gegenmittel gegen das Gefühl der Unverbundenheit, egal ob man nun in Zypern oder mitten in New York City lebt.«

»Wollen Sie damit sagen, dass es eine Therapie für die Einsamen und Entfremdeten ist?«

»Nicht nur für sie, aber ja, du hast recht, eine bessere Therapie gibt es nicht«, betonte Vater Maximos nachdrücklich. »Das Jesusgebet schenkt den Menschen große innere Kraft. Ich weiß ganz sicher, dass sich dieses moderne Empfinden der Entfremdung und Einsamkeit mit dem systematischen Beten schlicht in Luft auflöst. Vor Jahren bin ich auf dem Athos einem Eremiten begegnet, der ganz allein in freier Natur lebte. Ich fragte ihn: ›Vater, haben Sie keine Angst, hier so ganz alleine zu leben?‹ Seine Antwort lautete, er könne sich gar nie alleine fühlen, weil er unablässig bete. Er war erfüllt von der lebendigen Gegenwart der Liebe Gottes.

Das immerwährende Gebet schenkt einem ein tiefes Empfinden von Gemeinschaft«, betonte Vater Maximos und versuchte, mir meine Zweifel zu nehmen. »Es schenkt dir ein solches Gefühl der Verbundenheit, dass es vollkommen egal ist, ob einer mit dir spricht oder ob du mitten in einer feindlichen Welt lebst. Glaube mir, durch die Kraft des immerwährenden Gebetes schwindet jeglicher Eindruck, isoliert oder ungeliebt zu sein, nicht gemocht oder beneidet zu werden. Eine wirksamere Medizin gibt es nicht. Durch das Gebet verbindest du dich mit dem lebendigen Christus, der in der Tiefe deines Wesens weilt. Dies gehört sogar zu den ersten Phänomenen, die sich in jemandem manifestieren, der fortwährend betet.«

»Es klingt so einfach«, sagte ich und schüttelte den Kopf, einen Rest von Zweifel in mir verratend. »Ich meine, ununterbrochen zu beten. Als Mensch, der in der Welt lebt, kann man sich das kaum vorstellen.«

»Aber wie ich dir schon gesagt habe, es ist wirklich ganz einfach«, behauptete Vater Maximos beharrlich. »Fülle einfach deine ungenutzte Zeit mit dem Gebet.«

»Ich habe keine ungenutzte Zeit«, gab ich halb im Scherz, halb ernst gemeint zurück.

»Sieh mal, du fährst Auto, nicht wahr? Dabei kannst du weder lesen noch mathematische Probleme lösen. Nutze diese Zeit, um das Gebet zu rezitieren. Oder sprich es, während du kochst, den Boden putzt, auf den Bus wartest. Wenn du dir angewöhnst, diese leeren Zeiten mit dem Jesusgebet zu füllen, wirst du in deinem Herzen außergewöhnlichen Nutzen daraus ziehen, wahrhaft außergewöhnlichen Nutzen, glaube mir.«

»Ich vermute, dass man damit die *logismoi* gut in Schach halten kann«, merkte ich an.

»Das auch«, erwiderte Vater Maximos. »Aber noch viel mehr. Der Name Christi als solcher hat Kraft. Er schenkt der Seele Ruhe.«

»Meinen Sie das, wenn Sie von Gnade sprechen?«

»Nein, Ruhe erlangt man nur im Anfangsstadium, wenn man mit dem regelmäßigen Sprechen des Gebetes beginnt und ein Gefühl inneren Friedens, der Freude und Anmut das Herz überkommen. Das Jesusgebet wird sogar noch effektiver, wenn man sich zusätzlich zum Ausfüllen ungenutzter Zeit jeden Tag ein paar Minuten gönnt, in denen man sich ausschließlich darauf konzentriert.«

»Als ich Ihnen auf dem Athos zum ersten Mal begegnet bin, sagten Sie, es gebe noch andere Möglichkeiten, das Jesusgebet zu sprechen, aber Sie haben nie konkrete Einzelheiten genannt.«

»Es gibt verschiedene Konzentrationshilfen. Weil diese aber die ständige Begleitung durch einen erfahrenen geistlichen Führer erfordern, empfehlen wir sie nicht für Laien. Denn wer in der Welt lebt, dem fehlt es womöglich an Unterscheidungsvermögen, er gibt sich diesen Praktiken im Übermaß hin und schadet infolgedessen seinem psychischen und sogar körperlichen Wohlbefinden.«

»Wie ist das möglich?«

»Es gibt Atemübungen, die ein Mönch bei der Rezitation des Gebetes machen kann. Doch für unbegleitete Menschen sind sie eher ungeeignet.

Deshalb ist es am besten«, fuhr Vater Maximos fort, »wenn jemand, der das Gebet, das *Efche*, rezitiert, sich in Demut auf die Worte konzentriert. Das ist ein sicherer Ansatz, der den Laien vor pseudospirituellen Erlebnissen und Täuschungen schützt. Wichtig ist vor allem«, führte er weiter aus, »sich das Beten zur Gewohnheit zu machen. Wenn man darüber hinaus einen geistlichen Führer finden kann, dann umso besser.«

Unser Gespräch wurde vom Motorenlärm der Kleinbusse unterbrochen, die deutsche Touristen brachten. Sie fuhren an uns vorbei und parkten vor dem Außentor. Das Kloster war auch eine archäologische Attraktion – eine Tradition, an die Vater Maximos sich erst gewöhnen musste, und an jenem Nachmittag war eine der festgelegten Zeiten für solche Besuche. Wir unterbrachen unser Gespräch eine Zeit lang und beobachteten aus hundert Metern Entfernung, wie die Reiseführerin ihren Rundgang begann. Als die Gruppe den Klosterhof betrat, nahmen wir unsere Unterhaltung wieder auf.

»Es gibt noch etwas, das ich Sie fragen wollte«, sagte ich nach einem Blick in mein Notizbuch. »Sie sagten, wir sollten uns so oft wie möglich ins Gebet versenken, selbst wenn wir mit etwas anderem beschäftigt sind. Zugleich aber haben Sie betont, dass wir, wenn wir beten, dies auch wirklich wollen und uns auf das Gebet konzentrieren sollen. Ich frage mich, wie das möglich sein soll, wenn wir in Gedanken ganz woanders sind.«

»Das geht nur, wenn wir etwas tun, was keine Konzentration erfordert, zum Beispiel auf den Bus warten, spazieren gehen oder Kartoffeln schälen. Am Anfang kannst du nicht beten, während du zugleich vor einem ganzen Hörsaal voller Studenten eine Vorlesung hältst. Das Gebet hat allerdings etwas Paradoxes«, fügte Vater Maximos hinzu. »Wenn wir uns das immerwährende Gebet angewöhnt haben, dann können wir zugleich auch andere Dinge tun. Wenn das Gebet in unserem Inneren rezitiert wird, greift es nicht störend in andere Dinge ein, die wir tun. Es aktiviert sich selbst. Wenn wir eine weiter fortgeschrittene Stufe erreicht haben, dann können wir sogar mathematische Probleme lösen, während das Gebet im Herzen ununterbrochen fortgesetzt wird.«

»Im Herzen?«

»Wie ich dir bereits erklärt habe, unterscheiden die heiligen Altväter zwischen den Funktionen des Gehirns und denen des Herzens. Dies wird in unserer Praxis immer und immer wieder betont. Erfahrene Altväter beten sogar im Schlaf weiter. Wie es in dem Gesang heißt: ›*Ego kathevdo kai e kardia mou xagryona*‹, ich schlafe, aber mein Herz ist wach.«

»Wer schläft und wer ist wach? Wie kann man schlafen und zugleich weiterbeten?«

»Schau. Du beginnst mit der Rezitation des Namens Christi. Das ist unerlässlich. Das Ziel ist nicht, sich damit ein abstraktes Gefühl des Wohlbefindens und der Freude im Herzen zu verschaffen. Das Ziel ist die konkrete Bewegung auf Christus zu. Das Gebet ruft genau die Energie wach, die direkt von Christus kommt und zu Christus zurückführt.«

»Das ist mir immer noch nicht ganz klar. Bedeutet das, dass der Mensch im Gebet seinem Herzen zuhört, das das Gebet spricht?«

»Sagen wir so: Wenn das Jesusgebet gewohnheitsmäßig rezitiert wird, nimmt der Heilige Geist im Herzen Wohnung und wird dort aktiviert. Dies liegt jenseits von Worten und Bedeutungen. Wir brauchen nicht an Worten zu kleben.«

»Wir verwenden also Worte, um über die Worte hinaus zu gelangen.«

»So kann man es sagen.« Dann betonte Vater Maximos noch einmal, dass das Gebet »mit äußerster Demut und *metanoia*«

gesprochen werden müsse und nicht als eine Technik zur Erlangung geistlicher Erfahrungen behandelt werden dürfe, wenn es nicht zur Täuschung führen solle.

»So paradox und seltsam dies klingen mag«, fügte er eilends hinzu, »Man kann tatsächlich den Punkt erreichen, an dem man immerwährend betet, sich aber immer noch im Zustand der Täuschung befindet.«

»Aber wie ist das möglich, angesichts dessen, was Sie uns über das Gebet gesagt haben?«, fragte ich mit verdutzter Miene.

»Indem man das Gebet mechanisch und ohne Demut rezitiert. Unter solchen Umständen kann die Gnade des Heiligen Geistes nicht gegenwärtig sein. Der alte Paisios wurde nie müde, uns dies vor Augen zu halten. Er sagte, eine authentische Spiritualität können wir nur durch tiefe Umkehr oder *metanoia* erreichen. Dies bedeutet die radikale Umwandlung unseres Herzens und unseres Denkens von seinen Grundfesten aus. Wir dürfen nie erwarten, dass Gott uns charismatische Gaben schenkt, etwa die Gabe der Prophetie oder Visionen oder die Fähigkeit, Wunder zu wirken. Nur *metanoia* schenkt uns Demut, und nur Demut ebnet den Weg zur Erlangung geistlicher Gaben, falls diese nötig sind. So und nicht anders wirkt der Heilige Geist.

Sogar Heilige mussten sich in ihrem geistlichen Kampf solchen Hindernissen stellen. Wir sind die Nutznießer ihrer Fehler und Triumphe. So ist es auch dem heiligen Siluan ergangen, als er Novize in dem russischen Kloster St. Panteleimon auf dem Athos war. Als er glaubte, das Gebet habe keinerlei praktische Auswirkungen auf sein Leben, verfiel er in einen Zustand tiefster Verzweiflung.[59] Ja«, fuhr Vater Maximos fort, »ich habe festgestellt, dass sehr viele Menschen, die das immerwährende Gebet pflegen, unter denselben Unzulänglichkeiten leiden. Das Gebet hat keinerlei Auswirkungen auf sie. Im Falle des heiligen Siluan haben wir einen jungen Mönch vor uns, der geduldig, gehorsam und bei allen im Kloster beliebt war. Infolgedessen befiel ihn der *logismos* des Selbstlobs, er sei ein lebender Heiliger. Ein solcher *logismos* entspringt weltlicher Eitelkeit. Im Äußeren tat

59 Archimandrit Sophronius.(Hrsg.), *Starez Siluan, Mönch vom heiligen Berg Athos: Leben, Lehre, Schriften.*

er alles, was man tun muss, dennoch verfolgte ihn der *logismos* der Eitelkeit immer noch. Da es ihm an geistlicher Erfahrung fehlte, glaubte er, er marschiere geradewegs auf sein Ziel zu, die Heiligkeit.«

»So weit lag er doch gar nicht daneben«, betonte ich, »immerhin hat ihn die Kirche heiliggesprochen.«

»Aber damals war er noch jung und stand noch unter dem Einfluss weltlicher Eitelkeit. Seine Erfahrungen sind sehr lehrreich. Obwohl er immerwährend betete, hatte der Heilige Geist in seinem Herzen noch nicht Wohnung genommen, und das führte bei ihm schließlich zu Zweifel und Verzweiflung.«

»Ich vermute«, merkte ich an, »dass in diesem Fall ein interessantes Zusammenwirken von Täuschung und Tugend vorliegt, wobei sich das eine ins andere mischt. Schließlich rang er um Gott und widmete Ihm sein Leben.«

»Das trifft absolut zu. Als junger Mönch war es für ihn äußerst schwierig zu unterscheiden, ob seine Erfahrung von Gott kam oder nicht. Eines Nachts füllte sich seine Zelle während des Gebetes mit einem ungewöhnlichen Licht«, berichtete Vater Maximos weiter. »Es durchdrang seinen ganzen Körper. Dann flüsterte ihm ein *logismos* ein: ›Das ist Gnade, nimm sie an!‹ Aber sein Herz war angespannt und zutiefst verwirrt, ein untrügliches Anzeichen dafür, dass das Licht nicht von Gott kam. Das Gebet in ihm ging weiter, aber der Geist der *metanoia* zog sich so weit zurück, dass er mitten im Gebet plötzlich in unkontrolliertes Gelächter ausbrach. In Wirklichkeit hatte Siluan ein dämonisches Lichterlebnis. Es drang als *logismos* in sein Denken ein und gab sich als Gnade aus. Und weil in seinem Herzen noch der Same der Eitelkeit vorhanden war, verließ ihn der Geist der *metanoia*. Als ihm klar wurde, was geschehen war, schlug er voller Verzweiflung mit dem Kopf gegen die Wand.«

»Wenn aber ein Heiliger so getäuscht werden kann, was heißt das dann für Normalsterbliche wie uns?«, beschwerte ich mich.

»Noch einmal, vergiss nicht, dass Siluan diese Erfahrungen durchmachte, als er noch recht jung war – ein Novize, der es sehr eilig hatte. Aus seiner Erfahrung lernen wir, dass das immerwährende Gebet ohne tiefste Demut und *metanoia*, ganz wie der alte Paisios immer gesagt hat, zu allen möglichen Täuschungen führen kann. Es kann zu weltlicher Eitelkeit und sogar zu pathologischen Symptomen führen. Im Falle des jungen Siluan manifestierten sich Dämonen vor ihm. Er unterhielt sich mit ihnen, was im geistlichen Leben verboten ist. In seinem Testament berichtet er von den Unterredungen, die er mit ihnen führte. Manchmal lobten sie seinen Stolz in den Himmel, ein anderes Mal versetzten sie ihn in euphorische Zustände, Produkte der Eitelkeit, und dann wieder stürzten sie ihn in einen Abgrund aus Verzweiflung und Enttäuschung. Diese Gefühle übertriebener Euphorie und Begeisterung, auf die tiefste Verzweiflung folgt«, behauptete Vater Maximos, »sind typische Merkmale der eitlen Persönlichkeit. Sie sind die beiden Pole, zwischen denen eine solche Persönlichkeit schwankt.«

»Doch hat er diesen Zustand nicht überwunden und hat er nicht Heiligkeit erlangt?«

»Natürlich. Das konnte er durch geschickte geistliche Kämpfe über viele Jahre. Siehst du, Kyriaco, die Göttliche Gnade kommt der ringenden Seele schließlich doch zu Hilfe.«

»Das ist ja tröstlich.«

»Auf jeden Fall«, fuhr Vater Maximos fort, »steckte Siluan in einem Zustand tiefer Verzweiflung, weil ihm bewusst wurde, welche Kluft ihn von Gott trennte. Diese Abwesenheit Gottes spürte er wirklich in seinem Herzen. Für einen bewussten Menschen ist das ein außergewöhnlich schweres Martyrium. Verstehst du, was ich meine?« Mein Gesichtsausdruck vermittelte Vater Maximos, dass ich keine Ahnung hatte, wovon er sprach.

»Es gibt im Leben wirklich nichts Schlimmeres. Diese Erfahrung hatte entscheidenden Einfluss auf Siluans weiteren Lebensweg. Als er einen Zustand tiefer Erschöpfung erreicht hatte, drang ein *logismos* in sein Denken ein, der ihm sagte, Gott sei fern, unerreichbar, unnahbar, und es sei dem Menschen unmöglich, eine Beziehung zu Gott einzugehen. Natürlich war es die Dunkelheit in Siluans eigenem Herzen, die ihn zu diesem verzweifelten Schluss verleitete«, sagte Vater Maximos. Danach schwieg er eine Zeit lang nachdenklich und ließ seine *komboskini* durch die Finger gleiten.

»Ich glaube, früher oder später erleben wir alle einen solchen Zustand geistlicher Verzweiflung, doch stets abgestimmt auf unsere Möglichkeiten und Stärken. Gebe Gott, dass wir eine solche Prüfung nur einmal durchstehen müssen. Ich glaube nicht, dass ein Mensch so etwas zweimal aushalten kann. Aber nach dem, was meine Altväter mir gesagt haben, müssen wir alle vor unserer Vereinigung mit Gott diese Prüfung durchlaufen, diesen Zustand völliger Erschöpfung und Verzweiflung.«

»Das sind ja nicht gerade erfreuliche Aussichten«, brummte ich.

»Deshalb brauchen wir einen starken Glauben und große Geduld«, denn genau in diesem Zustand der Verzweiflung kann Gott sich uns offenbaren.«

»Wie hat der heilige Siluan aus dieser Verzweiflung wieder herausgefunden?«, fragte ich. »Wie hat er den Weg zu Gott gefunden?«

»Siluans Qualen waren eigentlich gar nicht so sehr anders als die Jesu im Garten Gethsemane. Es war eine Qual, die Jesus Blut schwitzen ließ. Kannst du dir das vorstellen? Natürlich kann kein Mensch solche Qualen aushalten.«

»Aber die Erfahrung des heiligen Siluan scheint doch archetypisch zu sein«, brachte ich vor. »Es ist die sogenannte ›dunkle Nacht der Seele‹, eine Stufe, bevor man zu Gott aufsteigt.«

»Ja, er hat einen Zustand der Dunkelheit erreicht, das stimmt. In diesem Zustand ging er zur Vesper in die Kirche des Propheten Elias. Als er dann dort in tiefster Verzweiflung vor der Ikone Christi stand und sich von der Gnade verlassen fühlte, sah Siluan den lebendigen Christus, der sich vor ihm materialisierte. In diesem Augenblick wurde sein ganzes Wesen, Körper und Seele, mit dem Feuer der Gnade erfüllt, das Feuer, das Christus mitbringt, wenn er zur Erde herabkommt. Genau in diesem Augenblick wird der Mensch zu einer Wohnstatt des Heiligen Geistes.«

»Scheint so, als habe der heilige Siluan sein eigenes Pfingsten erlebt«, stellte ich fest.

»Ja, genau. In diesem Augenblick erlebte der heilige Siluan das Pfingst-Mysterium, genau wie zweitausend Jahre zuvor die Apostel Christi. Alle Menschen haben das Potenzial, eine solche Epiphanie zu erleben. Sie ist die Erfahrung der Heiligen aller Generationen, von der Zeit Adams bis in unsere heutigen Tage. Die Gotteserfahrung, wie der heilige Siluan und alle großen Heiligen sie empfunden haben, war keine andere als die von Paulus, Moses, Abraham, Isaak oder Jakob. Der Kontext der Erfahrung war jedes Mal ein anderer, aber es war immer derselbe Gott, der zu ihnen sprach und sich offenbarte.«

»So wie ich die Berichte über das Leben des heiligen Siluan lese«, merkte ich an, »gewinnt man den Eindruck, als manifestiere sich die Gnade in seinem Bewusstsein, was bei ihm zu ekstatischen Zuständen von Euphorie und Freude führt, zöge sich aber auch manchmal wieder zurück, was ihn in Gefühle tiefster Verzweiflung stürzt.«

»Weißt du, lebende Heilige, die die Gnade erlangt haben, laufen immer Gefahr, sie wieder zu verlieren. Sie können aus der Gnade fallen und müssen dann schwer darum ringen, sie wiederzuerlangen. Das ist auch der Grund, warum ehrwürdige Heilige wie St. Siluan und Altvater Paisios bis zu ihrem letzten Atemzug äußerst wachsam waren.

Das Gefühl, von der Gnade verlassen zu werden, ist wirklich unerträglich«, sagte Vater Maximos düster. »Deshalb hat der heilige Siluan, um die Gnade wiederzuerlangen und zu wahren, auch Dinge getan, die über die Maßen streng waren und von anderen vielleicht sogar als Verzerrung des Christentums betrachtet würden.

Aber es ist natürlich nicht richtig, dies so zu sehen. Eine Seele, die zur Schau Gottes und des ewigen Lichtes erhoben wurde und diese dann wieder verliert, ist in einem solch verzweifelten Zustand, wie ihn sich niemand vorstellen kann, der diese Erfahrung nicht hat. Der heilige Siluan behauptet sogar, dass nur diejenigen, die den liebsten Menschen in ihrem Leben verloren haben – ihren Mann oder ihre Frau, ihre Tochter oder ihren Sohn – einen schwachen Vorgeschmack des Schmerzes derer haben können, die Gott erfahren und diese Erfahrung wieder verloren haben. Menschen in dieser schmerzlichsten aller denkbaren Situationen können so handeln, dass es uns anderen völlig unverständlich erscheint. Normale Menschen können nicht verstehen, warum ein Einsiedler sich jahre- oder gar ein ganzes Leben lang in eine Höhle einschließt. Wer sich dem geistlichen Leben über die Logik nähert, empfindet ein solches Verhalten als grotesk, als eine Form geistiger Verirrung.«

»Gottes Gnade wiederzuerlangen«, schloss ich daraus, »erfordert also eine noch größere *askesis*, noch intensivere asketische Übungen.«

»Nicht unbedingt«, erwiderte Vater Maximos. »Es liegt nicht an den Bemühungen des Einzelnen, wenn die Gnade wiederkehrt. Ein Asket kann buchstäblich vor *askesis* vergehen, ohne irgendwelche Ergebnisse zu erzielen. Und ein anderer, der sich kaum um irgendwelche *askesis* bemüht, kann von göttlicher Gnade überschwemmt werden.«

»Das verstehe ich nicht.«

»Schau, es gibt keine praktischen Methoden, keine bestimmten Übungen, die garantieren, dass dir die Gnade Gottes automatisch zuteil wird. Es gibt keine Formel dafür. Ein Laie, der wenig oder kaum *askesis* betreibt, aber womöglich bereits die Tiefen der Demut erreicht hat, kann von der Gnade heimgesucht werden. Gottes Gnade kann man nicht durch praktische Übungen erkaufen. Sehr viele Leute behaupten heute, sie beteten um geistliche Erfahrungen und sie sähen Lichter, hätten Visionen oder erlebten die unterschiedlichsten Phänomene, die sie für Manifestationen der Energie des Heiligen Geistes halten. Solche Erfahrungen sind oft nicht mehr als Täuschungen, Produkte ihrer narzisstischen Fantasie. Ich will es noch einmal wiederholen: Wer nicht zutiefst gedemütigt, wer noch von Stolz geplagt ist, der wird keine Spur von Gnade erleben.

Es ist wirklich ein großes Mysterium, wann Gott im Leben und Bewusstsein eines Menschen manifest wird«, fuhr Vater Maximos fort. »Wir müssen uns deshalb nicht den Kopf zerbrechen oder Angst haben um Menschen, die einfach nicht für Gottes Wort empfänglich sind, egal wie oft sie damit in Berührung kommen. Es ist nicht an uns zu entscheiden, wann jemand bereit ist, Gottes Botschaft zu empfangen. Dies liegt voll und ganz bei der Vorsehung.«

Kaum hatte Vater Maximos seinen Satz beendet, da hörten wir das *symandron*, das Mönche und Pilger zur Vesper rief. Wir standen auf und gingen zum Kloster zurück.

»Vater Maxime«, sagte ich, als wir uns dem Tor näherten, »mir ist aufgefallen, dass Mönche und auch viele Pilger ihre *komboskini* mit zur Kirche und in den Gottesdienst nehmen. Sollte man das Herzensgebet auch im Gottesdienst praktizieren? Oder sollte man sich stattdessen nicht darauf konzentrieren, was gesagt und gesungen wird?«

»Wichtig ist, dass die Gedanken immer bei Gott sind, Kyriaco. Ob man sich nun auf die Worte der Liturgie oder durch die Rezitation des Jesusgebetes auf Gott konzentriert, das Endergebnis ist immer dasselbe.«

»Also kommt es darauf an, was einem am besten dient.«

»Ja. Halte nur einfach immer den Gedanken an Gott in deinem Geist lebendig. Mit einiger Übung und wenn Gott will, kann er dann zum Gefäß der Gnade des Heiligen Geistes werden. Dann dringt das Gebet irgendwann in dein Herz und wird dort selbsttätig. Ich habe in meinem Leben nicht nur Mönche und Eremiten, sondern auch einige Laien kennengelernt, die von der Gnade überwältigt wurden. Ich weiß von einem Mann, der von der Gnade so sehr vereinnahmt wurde, dass er nicht mehr schlafen konnte. Wir haben ihm geraten, eine Zeit lang mit dem Beten auszusetzen.«

»Konventionelle Psychiater würden ein solches Verhalten als pathologisch betrachten.«

»Dann müssten sie auch davon ausgehen, dass es pathologisch ist, wenn ein Mann und eine Frau zutiefst ineinander verliebt sind«, gab Vater Maximos zurück.

»Andererseits«, betonte ich, »würden einige moderne Psychologen, die Spiritualität ernst nehmen, solche Fälle vielleicht als ›spirituelle Krise‹ betrachten, die einen völlig anderen Behandlungsansatz erfordert.«[60]

»Hier ist ein erfahrener geistlicher Führer vonnöten, der weiß, was tatsächlich vor sich geht und was das Beste für den

---

60 Stanislav und Christina Grof (Hrsg.), *Spirituelle Krisen: Chancen der Selbstfindung*, übersetzt von Angela Roethe, Kösel 1990.

Betroffenen ist«, brachte Vater Maximos vor, als wir vor dem Tor standen und uns an dem kühlen Wasser erfrischten, das aus der Bergflanke sprudelte.

»Ich erinnere mich an den Fall eines Universitätsprofessors aus Thessaloniki. Er kam auf den Athos, um uns über seine Erfahrungen mit dem Gebet zu berichten«, sagte Vater Maximos, während er niederkniete, um sich das Gesicht zu waschen. »›Vater, ich kann nicht aufhören zu beten‹, klagte er gegenüber unserem Altvater. ›In meiner Seele ist ein Feuer, das unaufhörlich brennt.‹ Immer, wenn er den Hörsaal betrat, um eine Vorlesung zu halten, hatte er große Schwierigkeiten. In dem Moment, in dem er den Mund aufmachte, konnte er kaum lehren, sondern verspürte den starken Drang, das Gebet zu rezitieren. ›Wenn das passiert‹, sagte er dem Altvater, ›dann würde ich am liebsten vor allen Studenten in Tränen ausbrechen und ihnen sagen, wie sehr ich sie liebe. In mir spüre ich, wie die Flamme von Gottes Liebe meine Seele verbrennt, und alles andere wird irrelevant.‹«

»Und was macht man in einem solchen Fall?«, fragte ich verwundert.

»Unser Altvater wies ihn einfach an, eine Weile mit dem Gebet auszusetzen, damit er sich auf seine Vorlesungen konzentrieren konnte. Im Gegensatz zu Mönchen und Eremiten lebte er in der Welt. Er musste in der Welt tätig sein können.«

Vater Maximos dachte eine Sekunde nach und fuhr dann fort. »Weißt du, was der heilige Ephraim (nicht der zuvor erwähnte Altvater Ephraim) immer getan hat? Er flehte Gott an, Seine Gnade eine Zeit lang aus seinem Herzen abzuziehen, weil er es nicht mehr aushalten könne. Ihm war, als müsse er platzen vor lauter Gnade. Kannst du dir das vorstellen? Gottes Gnade kann wie ein Ozean sein, der über dich hereinbricht. Wie ich dir bereits gesagt habe, ist das auch Altvater Paisios passiert.«

Dann fügte Vater Maximos, wie durch eine plötzliche Erkenntnis beflügelt, hinzu: »Christus erklärte, er sei gekommen, um die Erde in Brand zu stecken. Ist er wirklich gekommen, um unsere Erde niederzubrennen? Es wäre doch dumm, wollte man etwas Derartiges annehmen. Er ist in die Welt gekommen, um Feuer in den Herzen der Menschen zu legen. Das ist das Feuer, das kein anderes Feuer löschen und kein Mensch entflammen kann. Nur Christus kann es im Herzen des Menschen entzünden, und nur Menschen können es ausmachen.«

»Wie machen sie es aus?«

»Durch ihre *logismoi* und ihr sündiges Handeln natürlich«, erwiderte Vater Maximos. »Weißt du, *amartia* oder Sünde ist wie ein Lichtschalter. Du legst ihn um, und das Licht ist weg. Sofort.«

Wir betraten den Hof, wo die Touristen sich um ihre Führerin versammelt hatten, die Deutsch mit ihnen sprach, während die Mönche zur Vesper in die Kirche eilten. Vater Maximos bat mich, ihm in sein Sprechzimmer zu folgen, denn er wolle mir etwas geben. »Lies heute Abend diesen Abschnitt«, sagte er und überreichte mir ein gebundenes Buch. »Du wirst dann leichter verstehen, warum Heilige, die Gottes Gnade geschmeckt haben, sich so gedemütigt fühlen.« Ich dankte ihm, steckte das Buch in meine Tasche und folgte ihm zur Vesper.

Seinem Vorschlag folgend, las ich an jenem Abend das Buch von Abba Dorotheos durch, einem frühchristlichen Altvater, dessen Werk seit Jahrhunderten geistliche Nahrung für Mönche und Eremiten ist.[61] In dem Abschnitt, den Vater Maximos mich zu lesen gebeten hatte, ging es um Demut, die conditio sine qua non des geistlichen Lebens und die Grundlage des »vollkommenen Gebetes.«

»Demut«, las ich dort, »ist die höchste der Tugenden und umfasst alle anderen. Nur die Demut hat die Kraft, Gottes Gnade zur Seele des Menschen hinzuziehen.« Ich blätterte um und las weiter. »Demut macht den Menschen gefeit gegen Wut und unfähig, einen anderen wütend zu machen.« Wenn einem demütigen Menschen etwas Unangenehmes geschieht, dann übernimmt er nach Abba Dorotheos immer die volle Verantwortung dafür. »Er kritisiert keinen und weigert sich, anderen vorzuwerfen, sie

61 Abba Dorotheos, *Erga Asketika* [Asketische Werke] Etimasia Publishers 1981, S. 111-131. (Auf Deutsch erhältlich: Dorotheus von Gaza, *Doctrinae diversae: griechisch-deutsch = Die geistliche Lehre,* übersetzt und eingeleitet von Judith Pauli, 2 Bde. Herder 2000 sowie *Des heiligen Abtes Dorotheus geistliche Gespräche: Eine Schule der Vollkommenheit für Kloster- und Weltleute,* übersetzt von Basilius Hermann, J. Thum Verlag 1927.)

seien die Ursache seiner Probleme, gleich welche dies sind. Aus diesem Grund ist sein Geist vollkommen ruhig.« Als ich weiterlas, beklagte ich die große Kluft, die sich zwischen meiner Geistesverfassung und Abba Dorotheos‹ Ideal der Demut auftat. Vielleicht, so dachte ich, wollte Vater Maximos, dass ich meine eigenen Schlüsse daraus zöge.

Es gibt zwei Arten von Demut, lehrt Abba Dorotheos. Erstens musst du andere stets für klüger und besser halten als dich, und zweitens darfst du dir nie das Verdienst für deine Erfolge zurechnen, sondern musst alles der Gnade Gottes zuschreiben. Dies ist die vollkommene Form der Demut, die die Heiligen über alle Generationen hinweg kennzeichnet. »Je näher die Heiligen Gott kommen, als desto unwürdiger und sündiger betrachten sie sich.« Ich las weiter und stieß auf einen Abschnitt, in dem Vater Dorotheos diese scheinbar paradoxe Behauptung anhand eines Beispiels erklärt.

»Ich erinnere mich«, schrieb Abba Dorotheos, »dass einmal ein Edelmann aus Gaza mitbekam, dass wir uns über Demut unterhielten. Er hörte, wie wir sagten, dass man sich als umso sündiger empfände, je näher man Gott käme. ›Wie ist das möglich?‹, fragte er verblüfft. ›Hoher Herr‹, antwortete ich, ›sagt mir doch, als was Ihr Euch in Eurer eigenen Stadt betrachtet.‹ ›Ich betrachte mich als den wichtigsten Edelmann‹, gab er zurück. Darauf fragte ich ihn: ›Wenn Ihr Eure Stadt verlasst und nach Cäsarea geht, als was betrachtet Ihr Euch dann?‹ ›Dann betrachte ich mich als den niedersten der versammelten Edelmänner‹, antwortete er. ›Wenn Ihr Cäsarea verlasst und nach Antiochia geht, als was betrachtet Ihr Euch dann?‹, fragte ich ihn wieder. ›Dann betrachte ich mich als unwürdigen Bauern‹, erwiderte er. Darauf fragte ich ihn weiter: ›Nehmen wir einmal an, Ihr ginget nach Konstantinopel und lebtet beim König, als was würdet Ihr Euch dann betrachten?‹ ›Dann empfände ich mich als den geringsten der Armen‹, sagte er. ›Genau so fühlen sich die Heiligen‹, erklärte ich ihm. ›Je näher sie Gott kommen, als desto sündiger und unwürdiger betrachten sie sich.‹«

Ich legte das Buch über Abba Dorotheos neben mein Bett, verschränkte die Arme hinter dem Kopf und dachte darüber nach, wie außerordentlich schwierig es doch ist, wahrhaft demütig zu sein, insbesondere in unserem ichbezogenen, individualistischen Zeitalter. Doch die Heiligen warnen uns, dass weder weltliche Erfolge noch philosophische Virtuosität noch übersinnliche Kräfte uns zu Gott zurückführen, sondern allein *metanoia* und Demut. »Sehr, sehr schwierig, sehr schwierig«, seufzte ich und schaltete das Licht aus.

15
Der dreifache Weg

Ich verließ Zypern in der zweiten August-Hälfte, kurz nach Mariä Himmelfahrt, das im Kloster Panagia ein bedeutendes Fest ist. An Weihnachten sowie im darauffolgenden Sommer wollte ich zu weiteren Begegnungen mit Vater Maximos wiederkommen. Mir war klar, dass ich weitere Kontakte benötigte, um mein Verständnis der athonitischen Spiritualität zu vertiefen.

Willkommen in Maine, so sollte das Leben sein, las ich, als ich am Bangor International Airport aus dem Flugzeug stieg und unter dem ziemlich großen Banner mit dem plakativen Spruch hindurchschritt. Ich war müde, aber froh. So lieb mir meine geistlichen Abenteuer mit Vater Maximos und den Mönchen des Klosters Panagia auch waren, es war auch schön, wieder zu Hause zu sein und Emily sowie unsere beiden erwachsenen Kinder Vaisa und Constantine wiederzusehen. Den unvermeidlichen Kulturschock konnte ich schnell überwinden, mich gut an die neue Umgebung akklimatisieren und an den radikal anderen Tagesablauf gewöhnen, nach dem ich normalerweise meinen Alltag organisierte. Jetzt musste ich nicht mehr um halb vier Uhr morgens aufstehen, um bis zum Morgengrauen an einem vierstündigen Gottesdienst teilzunehmen. Ebenso wenig hatte ich nach halb acht Uhr abends ganz alleine in einer Zelle zu bleiben und mich mit Lesen, Gebetsmeditation und Kontemplation zu beschäftigen. Stattdessen stellten sich ganz von selbst meine vertrauten alten Gewohnheiten wieder ein, und wir nahmen auch unsere langen Waldspaziergänge wieder auf, bei denen Emily mir das Neueste über ihre Arbeit am »Öko-Friedensdorf«-Projekt berichtete und mir half, die Informationen und Erlebnisse zu verarbeiten, die ich aus Zypern mitgebracht hatte. Auch meine häufigen Spaziergänge mit meinem Freund Mike Lewis nahm ich wieder auf, und was er, der weder Christ noch Grieche war, zu sagen hatte, war von unschätzbarem Wert. Dieser wandelnde Austausch half mir entscheidend, Struktur in meine Gedanken über die mystische Tradition zu bringen, mit der ich in Berührung gekommen war, und herauszufinden, wie ich beim Schreiben vorgehen wollte. Bei einem dieser belebenden Spaziergänge mit Emily erkannte ich klarer, was allen Mönchen und Eremiten auf dem Athos als selbstverständlich erscheint – dass es im Christentum drei unterschiedliche Stufen der Gottsuche gibt. Sie sind so offensichtlich, dass sie westlichen Wissenschaftlern einfach nicht aufgefallen sind. In dem Moment, in dem ich dies erkannte, fügten sich alle Lehren, die Vater Maximos mir weitergegeben hatte, zu einem schlüssigen Ganzen.

Die Reise der Seele zu Gott, erklärte ich Emily an jenem Tag, muss drei erkennbare und unterscheidbare Stufen durchlaufen. Als Erstes kommt die Stufe der *Katharsis* oder der Reinigung der Seele von egoistischen Leidenschaften. Darauf folgt die Stufe der *Fotisis* oder Erleuchtung der Seele, ein Geschenk des Heiligen Geistes, wenn die Seele ihre Reinigung durchlaufen hat. Schließlich folgt die Stufe der *Theosis*, der Vereinigung mit Gott, als Endstation und endgültige Heimat der Menschenseele. Die letzten beiden Stufen kann man erst erreichen, wenn die Seele zuvor durch das Feuer der Katharsis von egoistischen Leidenschaften gegangen ist.

Diese Ideen durfte ich nicht nur mit Emily und Mike teilen, sondern ich erhielt auch Gelegenheit, sie im darauffolgenden Mai bei einer Konferenz in Montreal vorzutragen. Thema der jährlich veranstalteten Tagung war die Schnittstelle zwischen den Weisheitstraditionen der Welt und der modernen Wissenschaft. Der Umstand, dass ich meine Präsentation vorbereiten musste, half mir, die Bedeutung dieses *Dreifachen Weges* zusammenzufassen; denn als einen *Dreifachen Weg* hatte ich ihn durch meine Erforschung der athonitischen Spiritualität und meine Lehrzeit bei Vater Maximos erkannt.

Gemäß der Weisheitstradition der heiligen Altväter, sagte ich dem Publikum, ist die Katharsis die entscheidende Hilfe zur Überwindung zweier grundlegender Hindernisse, die uns von Gotteserkenntnis und Gottesschau abhalten. Die größte Barriere ist die Gesamtsumme unserer weltlichen Leidenschaften und Begierden. Diese Leidenschaften sind das Produkt der Verzauberung und Versklavung unseres Verstandes und unseres Herzens durch die grobe und vergängliche materielle Welt mit ihren Myriaden Versuchungen und Verführungen.

Die zweite wichtige Schranke, die verhindert, dass wir Gott erkennen, besteht darin, dass wir uns zum Verständnis der Wirklichkeit – die wir inzwischen mit der groben Materie gleichsetzen – ausschließlich auf unsere Sinne und den rationalen Verstand verlassen. Die westliche Philosophie und Theologie sind größtenteils auf diesen rationalistischen und sinnenfixierten Trugschluss hereingefallen.

Dadurch, dass wir uns vordringlich auf die materielle Welt konzentrieren, verlieren wir unsere Verbindung zum Himmel. Wir verlieren die Beziehung zu Gott, die Adam und Eva vor dem Fall hatten oder die der verlorene Sohn genoss, bevor er sich entschloss, das himmlische Haus des Vaters zu verlassen. Diese Spaltung liegt im Kern unseres existenziellen Dilemmas und ist die Ursache aller weiteren seelischen Turbulenzen und Leiden.

Wie können die Menschen diese Spaltung heilen und wie ist Katharsis erreichbar? Die athonitische Antwort liegt in der *askesis* oder geistlichen Übung. Wer die *askesis* sozusagen hauptberuflich ausübt, ist »Asket« und damit jemand, der sich im Gegensatz zum verbreiteten negativen Verständnis dieses Wortes ausschließlich geistlichen Übungen widmet, um den höchsten Preis der *Theosis* zu erringen. Wie der Marathonläufer, der seinen Körper einem rigorosen und oft schmerzhaften Training unterzieht, muss auch der »Asket« in ähnlicher Weise ein systematisches anstrengendes Training durchlaufen. Einem Außenstehenden mag ein solches Verhalten unverständlich, ja sogar masochistisch erscheinen.

Den Altvätern vom Athos zufolge bedeutet *askesis* die Überwindung der Verlockungen der Sinne, die Herz und Geist sklavisch an diese Welt der groben Materie binden. Mönche und

Nonnen, aber auch engagierte Laien müssen kulinarische Freuden durch regelmäßig wiederkehrendes Fasten als eine Form der geistlichen Übung ersetzen, um Herr über die Leidenschaft der Unersättlichkeit zu werden. Mönche und Nonnen müssen auch ihr Sexualleben durch Abstinenz ersetzen, um ihre Energie zu befreien und sie ausschließlich auf das höhere Ziel einer »erotischen« Beziehung zum Göttlichen zu richten. Der Besitz materieller Güter muss völliger Besitzlosigkeit und Armut Platz machen. Darüber hinaus müssen Novizinnen und Novizen sich aller weltlichen Wünsche und Ziele entledigen sowie alle Macht und alles Ansehen, die sie in der Gesellschaft gehabt haben mögen, aufgeben.[62]

In der Geschichte des östlichen Christentums gibt es einige dramatische Beispiele für Menschen, die großen Reichtum und viel Macht zugunsten eines rein kontemplativen Lebens aufgegeben haben. Ein solcher Fall ist der des heiligen Savva, des größten serbischen Heiligen, Herrscher über die heutige Herzegowina und Sohn des serbischen Königs. Er gab seinen Thron auf und trat in das serbische Athos-Kloster Chilandari ein. Später kehrte er nach Serbien zurück und diente seinen ehemaligen Untergebenen als geistlicher Lehrer und Heiler.

Laien müssen eine Haltung innerer Freiheit von Besitz, Positionen und Selbstgefälligkeit entwickeln. Sie sollen die Dinge dieser Welt benutzen, sich aber emotional nicht an sie binden und durch sie versklaven lassen. Auch normale Menschen, die in der Welt leben, können *askesis* betreiben, denn nach den heiligen Altvätern ist das Leben selbst eine Form der *askesis.* In diesem Fall muss alles, was einem widerfährt, als »Versuchung« betrachtet werden, die man sich geistlich »zunutze machen« kann, um Demut zu erlangen, die wiederum der richtige und einzige Weg zu Gott ist. Demut oder die Überwindung egoistischer Leidenschaften kann entweder im Rahmen eines monastischen Lebens oder eines Lebens in der weiteren Welt mit ihren unzähligen positiven und negativen »Versuchungen« erlangt werden. So wird zum Beispiel die Ehe von der *Ekklesia* als eine Form

62 Eine umfassende Betrachtung des Phänomens des Eremitentums findet sich in *Peter France, Hermits: The Insights of Solitude,* St. Martin's Press 1996.

der *askesis* betrachtet, als ein Übungsfeld zur Überwindung des Aufgehens im eigenen Ego zugunsten des anderen. Es ist ein Fehler, behauptete Vater Maximos, die Ehe in erster Linie als ein Mittel zur Fortpflanzung zu betrachten, wie dies viele traditionelle Christen tun. Das wichtigste Ziel der Ehe ist die *askesis* zweier Menschen, die aufgefordert sind, ihre Getrenntheit beim gemeinsamen Aufstieg zu Gott zu überwinden.

Wenn man sich aller weltlichen Bindungen und Sorgen entledigt hat und *kenosis* erlangt, dann kann der Geist mit der Realität Gottes erfüllt werden. Immerwährendes Beten tritt an die Stelle eines ausschließlich auf Verstand und Intellekt gründenden Wirklichkeitsverständnisses. Ob man nun in der Welt oder in einem Kloster lebt, die Gebetspraxis steht immer im Zentrum des eigenen geistlichen Lebens.

Für die ernsthafte geistliche Arbeit braucht man idealerweise einen erfahrenen Führer, einen göttlich begnadeten Altvater. Ein solcher Altvater übernimmt die heilige Verantwortung, die geistliche Entwicklung des Novizen zu beobachten und ihm beim Umschiffen der zahllosen Hindernisse zu helfen, die sich ihm bei dieser Arbeit wahrscheinlich entgegenstellen. Die athonitische Tradition hat dieses System der »Altvaterschaft« bewahrt, jedoch ist sie offensichtlich überall sonst im Christentum verschwunden. Laien können auch ohne einen Altvater durch die Tradition der *Ekklesia* gestärkt werden. Außerdem kann man heilige Schriften wie die Bibel oder Werke über Leben und Lehre der Heiligen lesen. Die Heiligen können, so sagte Vater Maximos immer wieder, bei der Navigation auf dem spirituellen Weg als Leuchttürme dienen. Sie können uns lehren, wie wir leben sollen und wie man das notwendige Unterscheidungsvermögen entwickelt, um das Echte vom Unechten, den Meister oder Heiligen vom falschen Propheten und Hochstapler sowie Engel von Dämonen zu trennen.

Ich sagte meinem Publikum in Montreal, die Haltung der Katharsis fehle im Westen auffällig, ja, sie werde fast völlig übersehen. Selbst innerhalb der spirituellen New-Age-Bewegung zur Entfaltung des menschlichen Potenzials, die in jüngerer Zeit so stark aufgeblüht ist, wird der Katharsis als dem Abwenden des

Geistes von egoistischen Gedanken und Bestrebungen und seiner Ausrichtung auf das Göttliche kaum Beachtung geschenkt. Das Hauptaugenmerk liegt auf der Selbstermächtigung, dem Erreichen ekstatischer Zustände und der Entwicklung übersinnlicher Kräfte. Zu den geistlichen Geschenken, die der christliche Osten dem modernen Westen machen kann, gehört daher die Methode der Katharsis zur Überwindung des Narzissmuskultes.

Fotisis, die Erleuchtung der Seele, führte ich weiter aus, ist nicht durch menschliches Bemühen zu erlangen. Fotisis ist die natürliche Folge der auf der vorangegangenen Stufe der Katharsis geleisteten Arbeit und wird dem Herzen als Gabe des Heiligen Geistes geschenkt. Nur auf der Stufe der Katharsis kann und sollte der Wille des Menschen aktiv eingesetzt werden. Fotisis ist ein Gnadengeschenk, ist – unter anderem – die Heilige Weisheit selbst. Auf dieser Stufe wird die gereinigte Seele, der Heilige, zu einem Kanal, durch den Gott Seine Weisheit offenbart, was wiederum die wahre Bedeutung von Erleuchtung oder Fotisis ist.[63]

Die heiligen christlichen Altväter lehren, dass eine Seele, die von egoistischen Leidenschaften gereinigt wurde und die Stufe der Fotisis erreicht hat, normalerweise mit Geistesgaben wie Prophetie, Heilkräften, Hellsichtigkeit und anderen sogenannten »paranormalen« Fähigkeiten bedacht wird, die den bekannten Naturgesetzen zu widersprechen scheinen. Am wichtigsten ist jedoch, dass Fotisis Vision und Erfahrung des *Ungeschaffenen Lichtes* bedeutet, des Lichtes Gottes. Dies ist die mystische Erfahrung von Moses auf dem Berg Sinai, von Jesu auf dem Berg Tabor, seitens der Apostel an Pfingsten und der Heiligen über alle Jahrhunderte hinweg.

Vor seinem Tod im Jahr 1994 vertraute Altvater Paisios einem Hieromönch und guten Bekannten seine außergewöhnliche Erfahrung mit dem *Ungeschaffenen Licht* an, die auch für andere Berichte typisch ist. »Eines Nachts, als ich in meiner Zelle war und das *Efche*, das Jesusgebet, sprach«, so berichtete er, »wurde ich plötzlich von einer himmlischen Freude überwältigt. Meine dunkle Zelle, die nur von einer einzigen Kerze erhellt wurde,

63 Kontzevitch, *The Acquisition of the Holy Spirit.*

füllte sich nach und nach mit einem wunderschönen weißblauen Licht. Zunächst war das Licht sehr stark. Doch dann gewöhnten sich meine Augen an seine Helligkeit. Es war das sich manifestierende *Ungeschaffene Licht*! Mehrere Stunden lang verweilte ich in diesem Zustand und verlor jegliches Empfinden für weltliche Dinge. Ich lebte in einer anderen, geistlichen Welt, die so ganz anders war als unsere Welt des Fleisches.

In diesem Zustand wurden mir himmlische Visionen und außergewöhnliche Erfahrungen zuteil. Ohne dass ich es bemerkt hätte, vergingen viele Stunden. Dann ließ das *Ungeschaffene Licht* allmählich nach, und ich kehrte in meinen früheren Zustand zurück. Ich hatte Hunger und aß ein Stück trockenes Brot. Ich hatte Durst und trank etwas Wasser. Ich war müde und setzte mich hin, um auszuruhen. Ich kam mir vor wie ein Tier und verurteilte mich dafür, dass ich nicht anders war als die wilden Tiere. Diese natürliche Demut wurde als Folge meiner veränderten Situation in mir geboren. Aus dem geistlichen Zustand, in dem ich mich befunden hatte, war ich nun in diesen Zustand übergetreten, und angesichts des Unterschiedes konnte ich gar nicht anders, als mich zu verurteilen und Verachtung für mich zu empfinden. Ich ging nach draußen und dachte, es sei immer noch Nacht und der Vollmond schiene. Nicht weit von mir lebte ein weiterer Bruder in seiner Einsiedelei. Dorthin ging ich und fragte ihn nach der Uhrzeit. Es war zehn Uhr morgens. Das *Ungeschaffene Licht* war so stark, dass ich das Tageslicht für Nacht und die Sonne für den Mond gehalten hatte!«[64]

Die Erfahrung des *Ungeschaffenen Lichtes* kann auch andere Formen annehmen. Sie kann dramatische Heilungen hervorbringen und als Schutzschild vor äußeren Gefahren wirken. Ein berühmtes Beispiel ist das des bekannten russischen Kunstkritikers Peter Andrejewitsch Strelzow, der ins Kloster Optina

---

64 Dionysios Tatses, *O Asketes Tes Panagoudas* [die Asketen von Panagouda], Meflissa Press 1998, S. 39-41. Ein Hinweis auf die Erfahrung von Altvater Paisios erschien auf Englisch in Hieromonk Damascenes Buch *Christ the Eternal Tao*, Valaam Books 1999. Eine ähnliche Erfahrung wird aus dem Leben des heiligen Seraphim von Sarov, eines russischen Starzen aus dem 19. Jahrhundert, berichtet. Siehe Timothy Ware, *The Orthodox Church*, Penguin 1964, S. 130-132.

eintrat, Priestermönch wurde und den Namen Vater Arseni annahm. Unter der stalinistischen Schreckensherrschaft wurde er nach Sibirien in einen Gulag – eines der berüchtigten Gefangenenlager – verbannt. Neunzehn Jahre lang, von 1939 bis 1958, spendete der charismatische Vater Arseni unter diesen extremen Bedingungen vielen Gefangenen Trost und Heilung, darunter auch Kommunisten und Schwerverbrechern. Viele Gefangene waren berührt von seinem gütigen Handeln und seinem Altruismus, kehrten um und wurden seine Schüler. Der dramatischste Vorfall spielte sich ab, als Vater Arseni und ein junger Gefangener namens Alexej in einer unbeheizten Isolationsbaracke aus bloßem Wellblech eingeschlossen wurden. Sie waren zu achtundvierzig Stunden Arrest bei Temperaturen von bis zu minus fünfunddreißig Grad verurteilt worden. In Wirklichkeit war dies ein grausames Todesurteil. Als die Wachen zwei Tage darauf die Tür öffneten, rechneten sie damit, zwei gefrorene Leichen vorzufinden.

Gemäß seinem Biographen riet Vater Arseni seinem Kameraden in dem Moment, in dem die Tür geschlossen wurde, die Chance zu ergreifen, die sich ihnen bot, und offen und furchtlos zu beten. Danach versetzte er sich augenblicklich in einen tiefen Gebetszustand. Alexej, der nicht religiös war, dachte, Vater Arseni habe den Verstand verloren. Er spürte, wie sein Körper erstarrte, und bereitete sich auf den Tod vor. Der Raum war erfüllt von Vater Arsenis betender Stimme. Plötzlich veränderte sich alles. Die Dunkelheit, die Kälte, die Taubheit, der Schmerz und die Angst verschwanden. Alexej sah Arseni an und traute seinen Augen nicht. Die Isolationskammer war geräumig und hell geworden und ähnelte im Inneren einer Kirche. Vater Arseni trug nun strahlende Gewänder und betete laut mit hoch erhobenen Händen. Zu beiden Seiten von Vater Arseni stand jeweils ein sehr attraktiver junger Mann in einem strahlenden Anzug. Alexej stand auf. Sein Körper war warm, er konnte frei atmen, und sein Herz war voll Freude. Daraufhin schloss er sich Vater Arseni im Gebet an und spürte Gottes Gegenwart bei ihnen. Zweimal kam Alexej der Gedanke, dass sie im Sterben lägen und sich in einem Delirium befänden. Doch es fühlte sich überhaupt nicht danach an. Alles kam ihm vollkommen real vor. Dann bat ihn Vater Arseni, sich hinzulegen und ein wenig zu schlafen, während er mit dem Gebet fortfahren würde. Irgendwann hörten sie Rufe und Klopfen an der Tür. Alexej öffnete die Augen und sah, dass Vater Arseni immer noch betete. Die beiden jungen Männer segneten sie und verschwanden auf der Stelle. Das Licht ließ allmählich nach, und sie befanden sich wieder in dem engen und eiskalten Verschlag. Als die Wachen die Tür öffneten, waren sie wie vor den Kopf gestoßen. Statt zweier gefrorener Leichen fanden sie beide stehend mit verhaltenem Lächeln und heiterem Gesichtsausdruck vor. Wir leben, verkündete Vater Arseni den sprachlosen Wachen schlicht und ohne weitere Erklärungen.[65]

An dieser Stelle ist unbedingt darauf hinzuweisen, dass die Erfahrung des *Ungeschaffenen Lichtes* unerwartet über jeden Menschen hereinbrechen kann, egal wo er im Leben steht. Alexej war nicht gläubig, und doch hatte er die Erfahrung des *Ungeschaffenen Lichtes*, das ihm nicht nur das Leben gerettet, sondern ihn auch als Mensch verwandelt hat.

Saulus war Christen-Verfolger, bis er auf der Straße nach Damaskus vom Pferd fiel und durch die Helligkeit des *Ungeschaffenen Lichtes* vorübergehend erblindete. Diese Erfahrung katapultierte ihn zur Erfüllung seiner Mission als Paulus, der Völkerapostel.

Wenn einem Menschen durch Fotisis die Gnadengaben zuteil werden, dann ist die Theosis die nächste und letzte Station der Seelenreise. Diese Stufe geht über alle anderen hinaus und übersteigt alles menschliche Verständnis. Gemäß der Überlieferung der heiligen Altväter und des Christentums im Allgemeinen,, verliert die individuelle Seele bei ihrer Rückkehr zu Gott ihre Einzigartigkeit nicht. Sie verschmilzt nicht so mit Gott, dass ihre Autonomie beeinträchtigt oder aufgehoben würde. Der verlorene Sohn verliert bei seiner Rückkehr zum Haus des Vaters nicht seine Identität. Im Gegenteil, er nimmt die bei seinem Aufent-

65 Heiliges Kloster Parakletou, *O Pater Arsenios* [aus dem Russischen ins Griechische übersetzt], Verlag des Heiligen Klosters von Parakletou 1998, S. 85-95; auf Englisch erhältlich als *Father Arseny*, St. Vladimir's Press 2000.

halt auf der Erde gesammelten Erfahrungen mit in seinen neuen vergöttlichten Zustand.

Dieser spezielle Punkt könnte einer der wesentlichsten Unterschiede zwischen der Spiritualität der christlichen Altväter und manchen buddhistischen Auffassungen von der Endstation der Seele sein. Aus der Sicht der christlichen Altväter wird bei der Katharsis nicht die innere, ihrer selbst bewusste »Ichhaftigkeit« vernichtet, sondern die Gesamtsumme der egoistischen Leidenschaften, die unsere Gottesschau verhindern. Der heilige Seraphim von Sarow befindet sich vielleicht im Zustand der Einheit mit Gott, doch innerhalb dieser Einheit bleibt er als eine ihrer selbst bewusste Seele autonom, als der heilige Seraphim, der Gottes Plan dient. Wenn man so etwas sagt, muss man sich aber stets vor Augen halten, worauf die besten Weisheitstraditionen hinweisen: Dass nämlich die Beschaffenheit der Endstation unserer geistlichen Reise über alle vom Menschen konstruierten Auffassungen, alle Dogmen und Glaubensüberzeugungen hinausgeht. Daher muss alles, was wir über Gott und die *Theosis* sagen, a priori unzureichend, wenn nicht gar falsch sein.

Trotz unserer naturgegeben begrenzten Erkenntnismöglichkeit der *Theosis* haben spirituell Eingeweihte, große Heilige und moderne Theologen versucht, uns einen schwachen Einblick in dieses letzte Mysterium der Bestimmung des Menschen zu geben. »Die Vergöttlichung des Menschen ist die höchste Gnadengabe des Heiligen Geistes«, schrieb ein moderner griechischer Theologe, der sein Werk auf den Erfahrungsberichten der führenden Altväter der *Ekklesia* aufbaut.[66] Menschen, die *Theosis* erfahren, werden nicht nur an Geist und Seele, sondern auch körperlich verändert. Diese Menschen vergessen körperliche Bedürfnisse wie Nahrung und Schlaf, da sie alles normale körperliche Verlangen abgelegt haben. Sie sind den Naturgesetzen nicht mehr unterworfen und werden nicht mehr von ihnen begrenzt wie normale Menschen. »Ihre Seele hat die Tiefen des göttlichen Eros und die Süße der Geistesgaben gekostet und kann daher

---

66 Demetrios Tsames, *Ayiologia* [Hagiologie, die Lehre von den Heiligen], Pournara Press 1985, S. 105, 114.

nicht beim bisher Erreichten stehenbleiben, sondern schreitet voran in weitere himmlische Welten.«

Schließlich hat die Lehre der heiligen Altväter von der *Theosis* auch eine gesellschaftliche Dimension. »*Theosis* darf nicht im Rahmen einer persönlichen egozentrischen Freude betrachtet werden. Die heiligen Altväter betonen oft, dass der *Theosis* erfahren habende Mensch zwar Vollkommenheit in einem vollkommenen Gott erlangt hat und mit den höchsten Engelsmächten der Cherubim und Seraphim vereint ist, jedoch in diesem freudigen Zustand nicht verweilt. Vielmehr wird er zum Gesandten des Heiligen Geistes und entscheidet sich, unter seinen Mitmenschen zu leben und ihnen mit Wort und Tat zu dienen wie die Apostel. Ein solchermaßen von *Theosis* durchdrungener Mensch kann, da er in der beständigen Kontemplation Gottes verweilt, andere zu ihrer Erlösung und *Theosis* führen.«[67]

Nach meiner Präsentation über den *Dreifachen Weg* bei der Konferenz in Montreal ergriff der bereits erwähnte Professor John Rossner[68] das Wort und machte selbst einige Anmerkungen zu Leben und Praktiken der Mönche und Eremiten:

»Solche Praktiken beruhen auf dem Glauben, dass es wichtig ist, sich zur Erlangung des Heiligen Geistes von der Welt und ihren Reizen abzukehren. Dies ist seit Urzeiten der Weg des Eremiten. Bedenken Sie, dass diese Menschen nicht das Ziel haben, sich einer Gemeinschaft von Mönchen oder Nonnen anzuschließen. Im Westen sind die Klöster auf das Leben in der Gemeinschaft ausgerichtet. In den östlichen Klöstern liegt der Schwerpunkt jedoch woanders. Sie sind nur in einem sehr zweitrangigen Sinne eine Gemeinschaft. Im Mittelpunkt der Aufmerksamkeit steht die Bindung zwischen dem Einzelnen und dem Himmel, nicht die Bindung der Mitglieder der Klostergemeinschaft untereinander. Die ersten Eremiten kamen zunächst zwar zur Feier der Liturgie in Klöstern zusammen, lebten aber ansonsten jeder für sich in seiner Höhle. Sie errichteten Klöster, in denen sie schließlich auch gemeinsam essen konnten, weil das

67 Ebendort.

68 John Rossner, *In Search of the Primordial Tradition & the Cosmic Christ*, Llewellyn Publications 1989.

einfacher war. Sie rangen um Wissen und Weisheit, die nicht durch logische Prozesse entstehen, sondern von überbewussten Ebenen kommen und die eintreten, wenn der Verstand innehält, wie im Yoga und im Buddhismus. In diesen nicht-christlichen Traditionen leben Lamas, Mönche und Nonnen getrennt voneinander und können aus ganz ähnlichen Gründen wie im Christentum nicht ins Kloster des jeweils anderen gehen. Wenn wir dies nicht verstehen, wenn wir mit unseren nordamerikanischen Vorstellungen des 20. Jahrhunderts an das Geschehen von damals herangehen und das Ganze verwerfen, dann sind wir auf dem Holzweg. Wir können diese Lebensweise nicht übernehmen, weil wir in einer anderen Situation sind. Wir leben in der modernen Welt. Doch auch wir müssen uns von Zeit zu Zeit aus ihr lösen und bei unserer inneren Beziehung zum Himmel verweilen; denn die großen Wunder der Heiligen geschehen eben aufgrund dieser Beziehung.«

Warum haben westliche Intellektuelle, Religionshistoriker und Theologen die Lehre der christlichen Altväter vom *Dreifachen Weg* nicht wahrgenommen, fragte ich mich. Warum stellte Dr. John Spong, der einflussreiche und umstrittene anglikanische Bischof von Newark, in tiefster Frustration fest: »Wenn die Anglikanische Kommission sich so weit nach rechts wenden kann, dann macht sie sich gemein mit einem streitbaren fundamentalistischen Protestantismus, einem antiquierten Katholizismus und einer *irrelevanten orthodoxen Tradition* [Kursivierung nachträglich] als Hauptausdrucksformen des Christentums am Beginn des 21. Jahrhunderts. … In keiner kann ich Hoffnung für eine christliche Zukunft erkennen. In allen diesen konservativen Traditionen gibt es sehr wenig, womit ich mich identifizieren könnte.«[69]

Bischof Spong ist allem Anschein nach ein radikaler rationalistischer Theologe, der an der mystischen, durch Wunder gekennzeichneten Tradition der heiligen Altväter weder Interesse zeigt noch Kenntnisse darüber besitzt. Er beurteilt das Christentum danach, wie es durch die Kirchen vertreten wird, und nicht durch

---

69 John S. Spong, *Here I Stand*, HarperSanFrancisco 1999, S. 441.

die mystische *Ekklesia*, wie sie im Leben der Heiligen verkörpert ist. Unter kritisch denkenden westlichen Theologen, Historikern und Philosophen steht er mit dieser Einschätzung der äußeren Aspekte der christlichen Tradition nicht allein. Ihr Interesse gilt der Ethik, sozialer Ungerechtigkeit und Reformen. Das mögen ja durchaus heilsbringende Ziele sein, doch sind sie, zumindest meinem Verständnis nach, kein Weg zur mystischen Erleuchtung. Die Frage, der ich nachzugehen versuchte, lautet: Warum wissen diese Wissenschaftler nichts über eine große christliche mystische Tradition, oder warum wollen sie sie nicht beachten? Diese Fragen stellte ich meinen Studenten bei einem religionssoziologischen Seminar, das ich im darauffolgenden akademischen Jahr anbot.

Die soziologische Antwort, so erklärte ich meinen Studenten, liegt in der Art, wie sich das Christentum innerhalb der historischen Parameter des Römischen Reiches entwickelt hat. Im 4. Jahrhundert traf der römische Kaiser Konstantin einige bedeutende Entscheidungen, die dauerhafte Auswirkungen sowohl auf die westliche Kultur als auch auf das Christentum haben sollten. Um die Mitte des 4. Jahrhunderts erhob er das Christentum von einer verfolgten Sekte zur Staatsreligion des Römischen Reiches. Seit damals wurden das Christentum und das Judentum, aus dem es hervorging, neben der griechischen Philosophie und dem römischen Recht zur dritten Säule der westlichen Kultur wie wir sie verstehen. Der alte Polytheismus wurde durch den Einen Gott Israels ersetzt, und die Zehn Gebote wurden zum ethischen Fundament des Westens. Später verlegte Konstantin die Hauptstadt seines Reiches von Rom nach Konstantinopel, nachdem er erkannt hatte, dass Rom für barbarische Stämme aus dem Norden angreifbar geworden war. Die Verlegung der Hauptstadt ins »Neue Rom« war eine ausschlaggebende strategische Entscheidung, die den Lauf der westlichen Geschichte veränderte. Dadurch konnte das Kaiserreich weitere tausend Jahre bestehen. Aber es gab vielleicht noch einen weiteren Grund für die Verlegung der Hauptstadt nach Osten. Das alte Rom war zu stark von seiner heidnischen Vergangenheit befleckt. Konstantinopel war ein neuer Anfang, eine Stadt ohne Geschichte, gegründet ausschließlich für die neue Religion.

Während der östliche Teil des Reiches, das alte Byzanz, florierte und gedieh, brach die soziale und politische Infrastruktur des westlichen Teils unter dem Ansturm der germanischen Invasionen allmählich zusammen. Durch diese Entwicklung blieb nur die Römische Kirche als die einzige organisierte Institution, die eine politisch gespaltene und barbarisierte westeuropäische Gesellschaft zusammenhielt. Das finstere Mittelalter brach über Europa herein – eine Entwicklung, die in Byzanz nicht stattgefunden hat. Dies ist ein wichtiger Punkt, den westliche Historiker oft übersehen. Interessanterweise war Konstantinopel im Mittelalter ein führendes Kulturzentrum mit über einer Million Einwohnern, während in Paris nur ein paar tausend Menschen lebten. Ein Mittelalterhistoriker beschreibt die im Westen vorherrschenden Bedingungen wie folgt:

> Die Führung, die in der ungeordneten westlichen Gesellschaft des 6. Jahrhunderts so dringend vonnöten war, konnte zunächst nur von der Kirche kommen, die in ihren Rängen fast alle gebildeten Männer Europas hielt und über die stärksten Institutionen ihrer Zeit verfügte. Doch auch die Kirche hatte schwer unter den germanischen Einfällen gelitten. Die Bischöfe setzten ihre Interessen mit denen des Laien-Adels gleich und waren tatsächlich oft Verwandte der Könige und der mächtigen Aristokraten; der Säkularklerus war ungebildet, korrupt und unfähig, mit dem Problem der Christianisierung einer Gesellschaft umzugehen, die trotz der formalen Massenkonversion germanischer Krieger zum Christentum stark heidnisch blieb. Selbst der gröbste heidnische Aberglaube wurde dem lateinischen Christentum aufgepfropft. … Zu Beginn des 7. Jahrhunderts befand sich die Kirchendisziplin in Gallien in einem chaotischen Zustand; sie stand vor dem grundsätzlichen Problem, in ausreichendem Maße einen Überrest von Bildung zu bewahren, um die Liturgie gemäß der Doktrin des lateinischen Christentums halten zu können. … Vor

> der Auslöschung bewahrt wurde die lateinische Kirche und mit ihr die europäische Kultur durch die beiden kirchlichen Institutionen, die als einzige die Kraft und die Effizienz hatten, dem Druck der sie umgebenden Barbarei standzuhalten: Durch den regulären Klerus (also die Mönche) und das Papsttum.[70]

Diese historischen Entwicklungen markierten den Beginn der vordringlichen Beschäftigung der westlichen Kirche mit der Verwaltung dieser Welt, und dies in einem solchen Ausmaß, dass in einigen Fällen sogar der Papst persönlich an Feldzügen teilnahm und das Schwert mit derselben Selbstverständlichkeit einsetzte wie das Evangelium. Für die östlichen Mönche und Eremiten, die sich der Gewalt in jeglicher Form widersetzten, war dies eine entsetzliche Entwicklung. »Die Weigerung der Byzantinischen Kirche zu akzeptieren, dass der Zweck die Mittel heiligen konnte (was sogar so weit ging, dass sie die Tötung feindlicher Soldaten in der Schlacht unnachgiebig als Sünde betrachtete), ließ das Gefühl entstehen, dass sich niemand ohne moralischen Makel mit Politik, Krieg oder Handel befassen konnte. Dies benachteiligte die Byzantiner in gewisser Weise gegenüber den westlichen Kaufleuten und Kreuzrittern oder den Heiligen Kriegern der Muslime.«[71]

Während die politischen und militärischen Institutionen im westlichen Teil des Reiches zusammenbrachen, blieb die gesellschaftliche und politische Infrastruktur im östlichen Teil des Römischen Reiches relativ intakt. Die verschiedenen Kaiser kümmerten sich nach wie vor um die Angelegenheiten dieser Welt, wobei sie oft grauenhafte Verbrechen an ihren Feinden begingen, während die Kirche sowohl in ihrer Praxis als auch in ihrer theologischen Orientierung auf das Jenseits ausgerichtet blieb und damit ihre Rolle als Gewissen des Reiches erfüllte

70 Norman F. Cantor, *Medieval History*, 2. Auflage Macmillan 1969, S. 161, zitiert in W. C. Cockerham, *Sociology of Mental Disorder*, Prentice Hall 1996, S. 11.

71 Warren Treadgold, *A History of the Byzantine State and Society*, Stanford University Press 1997, S. 849.

und oft als Gegenmacht gegen die Willkür der imperialen Macht wirkte. Ihr Fokus und ihr angestammter Bereich waren nicht die Staatsgeschäfte, sondern die Reiche jenseits dieser Welt. Das mystische Element im östlichen Christentum (der *Dreifache Weg*), das in einigen uralten monastischen Gemeinschaften bis zum heutigen Tag überlebt hat, lässt sich also darauf zurückführen, dass die Kirche in Byzanz, im Gegensatz zu ihrem westlichen Pendant, nie unmittelbare politische Macht und Autorität über ihre Gesellschaft ausgeübt hat. Es gab klare und eindeutige Grenzen zwischen der kirchlichen, religiösen Sphäre auf der einen und dem imperialen Staat auf der anderen Seite. Als der »Statthalter Christi« auf Erden betrachtete der Kaiser die Absicherung und den Schutz des orthodoxen Christentums als seine erste und wichtigste Aufgabe. Mit der vollen politischen und wirtschaftlichen Unterstützung des Staates ließ man die Mönche in ihren Klöstern in Ruhe, damit sie ihre gesamte Energie und Aufmerksamkeit der systematischen Erforschung des inneren geistlichen Lebens sowie jenseitigen Zielen widmen konnten. Während sich das westliche Christentum mehr auf diese Welt ausrichtete, blieb das östliche Christentum dem Charakter nach monastisch und eremitisch.

> Als die wesentliche Aufgabe sowohl von Mönchen als auch von Nonnen galt das Streben nach Heiligkeit. In byzantinischen Klöstern widmete man Studium, Wissenschaft und Bildung zwar wohl weniger Zeit als in ihren westlichen Pendants, aber man nahm die Pflicht zur Gastfreundschaft ernst und unterstützte Werke der Nächstenliebe durch die Errichtung von Kranken-, Waisen- und Armenhäusern. Doch der größte Wert wurde auf die Verleugnung der Welt gelegt, anschaulich demonstriert etwa durch die Klöster von Meteora, die an senkrecht abfallenden Felsen in Thessalien zu kleben scheinen, oder durch die außergewöhnliche Mönchsrepublik auf dem Heiligen Berg Athos.«[72]

72 Vivian Green, *A New History of Christianity*, The Continuum Publishing Co. 1996, S. 67.

Die unterschiedlichen historischen Entwicklungen im westlichen und östlichen Teil des Römischen Reiches brachten die Entstehung zweier unterschiedlicher Orientierungen in der christlichen Theologie mit sich und waren vielleicht auch deren Ursache. Der Typus, der sich im Westen entwickelte, basierte auf dem Denken von Aristoteles, dem Denker und philosophischen Vorläufer der wissenschaftlichen Revolution, dessen Aufmerksamkeit hauptsächlich dem Studium dieser Welt galt. Gott als der »Unbewegte Beweger« kann, so lehrte Aristoteles, durch das Studium der Natur und durch philosophische, logische Deduktion erkannt und bewiesen werden. Thomas von Aquin, der Aristoteles im Westen bekannt machte, sorgte als treibende Kraft dafür, dass die Römisch-Katholische Kirche die aristotelische Philosophie annahm und die katholische Theologie zentral an ihr ausrichtete. Durch ihr Festhalten an dieser Ausrichtung hat die westliche Theologie im Grunde sogar die Saat für die wissenschaftliche Revolution und den Aufstieg des Rationalismus gelegt, die unserer heutigen modernen säkularen Welt den Weg geebnet haben. Diese »wissenschaftliche« Perspektive stand jedoch im Gegensatz zu der des östlichen Christentums, das glaubte, dass Gott nur durch geistliches Tun und unmittelbare mystische Erleuchtung erkannt werden kann.

Beim Großen Schisma von 1054 zerfiel das Christentum schließlich in die Römisch-Katholische Kirche und die Orthodoxe Ostkirche. Seither gehen die »beiden Christentume« eigene, radikal unterschiedliche Wege.

Das westliche Christentum erfuhr weitere tiefgreifende Erschütterungen, die zu seiner zunehmenden Säkularisierung führten. 1517 nagelte Martin Luther seine »95 Thesen« an die Tür der Schlosskirche in Wittenberg, die die Revolution gegen den Papst in Gang setzten. Mit dem Protestantismus wurde das Klosterwesen vollständig abgeschafft, ebenso die Verehrung der Heiligen, die traditionell als geistliche Leuchttürme auf dem Weg zur *Theosis* gedient hatten. Dies war, um es mit Vater Maximos' Worten auszudrücken, als sei »dem Christentum das Herz herausgerissen worden«.

Der Protestantismus wies die Gläubigen nicht nur durch seine kulturelle Ablehnung des Klosterlebens in eine neue Richtung, sondern auch durch die Aufforderung, den Glauben durch eine »diesseitige Askese« zum Ausdruck zu bringen, nämlich durch Ausrichtung des Lebens auf diszipliniertes, rationales Handeln *in* der Welt. Wie der große deutsche Soziologe Max Weber[73] zeigte, hatte diese Neuorientierung der westlichen Kultur unbeabsichtigt die Entwicklung einer »protestantischen Arbeitsethik« zur Folge, die die Welt umkrempelte, indem sie dem modernen Kapitalismus und der Industriellen Revolution Tür und Tor öffnete.

Mit seiner in erster Linie rationalen, scholastischen Annäherung an Gott und durch seine Marginalisierung des *Dreifachen Weges* lieferte sich das westliche Christentum einen aussichtslosen Kampf mit der Wissenschaft, die viele westliche Denker schließlich als Alternative zur Religion betrachteten. Seit dem Mittelalter ist das westliche intellektuelle Denken daher von einem religionsfeindlichen Geist getrieben, der Religion als sozial rückständig und politisch reaktionär betrachtet.

Das östliche Christentum blieb hingegen bis vor kurzem von diesen säkularisierenden Einflüssen abgeschnitten, in erster Linie deshalb, weil Konstantinopel 1453 an die Türken und das orthodoxe Russland 1917 an die Kommunisten fiel. Infolge dieses kulturellen Winterschlafs und der Isolierung von der historischen Entwicklung im Westen blieben die monastische Tradition der Ostkirche erhalten und der *Dreifache Weg* sowie die Institution der »Altvaterschaft« bis heute gewahrt. Sie waren das Produkt der jahrtausendelangen Existenz des historisch erloschenen und vergessenen Byzanz.

Die sozialen und kulturellen Eigenheiten des byzantinischen Staates und seiner Gesellschaft ermöglichten Entstehung und Erhalt einer »verzückten« und jenseitigen Einstellung zur Welt, wie sie Max Weber nur in asiatischen Gesellschaften für möglich hielt. Diese mystische Version des Christentums hat Byzanz der

73 Max Weber, *Die protestantische Ethik und der Geist des Kapitalismus, vollständige Ausgabe*. Herausgegeben und eingeleitet von Dirk Kaesler, 3. durchgesehene Auflage, C.H. Beck 2010 (Erstveröffentlichung 1920).

heutigen postmodernen, säkularen Zeit zu bieten, insbesondere die Wiedereinsetzung des »Auges der Intuition« als ebenso legitimem Weg des Erkenntnisgewinns wie das »Auge der Wissenschaft«, das »Auge der Sinne« und wie die Philosophie als das »Auge des Verstandes«. Gegenüber meinen Studenten äußerte ich, der *Dreifache Weg* könne das Erbe von Byzanz und sein Geschenk an die moderne Zeit sein, gerade so wie die Blüte von Wissenschaft, gesellschaftskritischem Denken und moderner Demokratie das Geschenk des westlichen Christentums an die Welt sind.

16

Die Friedens-Doxologie: ein Lobgesang

An Weihnachten und noch einmal in den beiden darauffolgenden Sommern kehrte ich nach Zypern zurück. Jedes Mal verbrachte ich einige Tage im Kloster Panagia zu weiteren Gesprächen mit Vater Maximos. Neben den Erfordernissen meiner Forschung, die weitere Kontakte mit dem athonitischen Altvater notwendig machten, war mir der regelmäßige Rückzug in das Kloster auch zu einer seelischen und geistlichen Notwendigkeit geworden. Irgendwie fühlte ich mich nach ein paar Tagen in seiner Ruhe geistlich erneuert und gestärkt. Mir war, als hätte ich ein zweites Zuhause, und ich war den Nonnen und Mönchen dankbar, die ihr Leben Gott widmeten und dadurch das Klosterwesen erhielten. Sie retteten die geistliche Tradition des Christentums und bewahrten diese so wichtige Institution für uns, die wir am Übergang zum 21. Jahrhundert leben. »Jeder sollte regelmäßig Zugang zu einem Kloster haben, zur geistlichen Erneuerung und als Gegenmittel zur modernen Entfremdung und Sinnlosigkeit«, schrieb ich auf dem Flug von Amsterdam nach Larnaka in mein Tagebuch.

Die Weihnachtszeit 1999 war jedoch anders. Als ich am 29. Dezember auf der Insel ankam, war die Welt wegen des bevorstehenden Jahrtausendwechsels in heller Aufregung. Viele hatten Angst vor dem »Y2K-Bug«. Würden die Computer das Jahr 2000 erkennen? Würde die Welt im Chaos versinken? Wird es sie danach noch in der bekannten Form geben? Fluggesellschaften stornierten als Sicherheitsmaßnahme für den 1. Januar geplante Flüge. In Maine rieten uns rationale Freunde, zu Hause zu bleiben und für einen unbestimmten Zeitraum Vorräte an

Lebensmitteln, Benzin und Wasser anzulegen. Eine ehemalige Kollegin, die sich sehr gut mit Computern auskannte, sagte finster voraus, es müsse weltweit Verwirrung eintreten und riet, sofort entsprechende Vorbereitungen zu treffen und mit dem Schlimmsten zu rechnen. Sie übergab mir zahllose Artikeln von Fachleuten, um mich vom Ernst der Lage zu überzeugen. »Bis Dezember«, so sagte sie voraus, »wird es in den Geschäften keine Batterien mehr geben.«

Emily hingegen, die immer Optimistin und dazu Friedensaktivistin war, hatte im vergangenen Jahr mehrere Monate in Zypern verbracht und als Beraterin am Aufbau des »Öko-Friedensdorfes« mitgewirkt, das trotz der politischen Spannungen im Land Gestalt annahm. Sämtliche Bedenken wegen Y2K vom Tisch wischend, flog sie nach Nepal zu einem Baumpflanzungsprojekt und auch um bei Vasia zu sein, die sich im Rahmen eines Auslandsprogramms für Erstsemester dort aufhielt, um die tibetische Kultur kennenzulernen. Sie freuten sich auf eine gemeinsame Mutter-Tochter-Zeit und wollten das neue Jahrtausend bei einer Trekkingtour im Himalaya begrüßen. Ich drückte die Daumen, betete für ihre Sicherheit und sorgte dafür, dass ich noch vor dem Ende des Jahrtausends in Zypern eintraf. Mittlerweile waren die Massenmedien voll mit Prophezeiungen von Nostradamus und astrologischen Vorhersagen schwerster Katastrophen. Einige Leute mit besonderem religiösen Ehrgeiz entdeckten die Apokalypse des Johannes und die Zahl 666. Sie steigerten sich in Themen wie Antichrist und Armageddon hinein und erwarten mit gespannter, ja unbändiger Vorfreude einen Christus, der nach dem Sieg über die Kräfte der Dunkelheit unter Trompetenschall aus den Wolken herabstiege. Wenn es nach ihnen ginge, dann war es umso besser, je früher sich dieses Drama entfaltete.

Den schicksalhaften Silvestertag wollte ich bei meiner Schwester Maroulla und meinem Schwager Vasos in Nikosia verbringen. Sie war autodidaktische Künstlerin, er pensionierter Ingenieur für Telekommunikation. Ihr Haus war eine Drehscheibe menschlichen Trubels. Zu jeder Tageszeit schneiten Verwandte, Freunde und Bekannte herein, was meinen verstorbenen Vater schließlich zu der Äußerung veranlasst hatte: »Das ist kein Zuhause, das ist eine Botschaft.« Nichts hätte sich von Maine stärker unterscheiden können als Zypern, und mir tat der Kontrast gut. Das offene Haus meiner Schwester war in meinem Leben immer ein fester Bezugspunkt und eine Säule der Stabilität gewesen, was mir half, meine Bindungen an die Insel aufrechtzuerhalten, ganz egal wie viele Jahre ich in einem fernen Land verbrachte. Ich gehörte jener glücklichen Immigranten-Generation an, die im Jet-Zeitalter erwachsen geworden war. Meine Onkel, die in die Vereinigten Staaten ausgewandert waren, bevor Düsenflugzeuge über den Himmel zogen, reisten kaum einmal zurück, um das Land ihrer Väter zu besuchen.

Auf der Insel gab es kaum ernst zu nehmende Bedenken wegen des Jahrtausendwechsels, was meine eigenen Ängste glücklicherweise schwinden ließ. Die Zyprioten waren viel zu sehr mit dem türkisch-griechischen Konflikt beschäftigt, um sich über Y2K Gedanken zu machen. Außerdem hatten Computer die zypriotische Gesellschaft noch nicht im selben Maße durchdrungen wie in Nordamerika. Ich freute mich auf ein angstfreies Silvesterfest.

Zur Feier des Anbruchs des neuen Jahres wollten Freunde und Verwandte zusammenkommen, darunter auch die drei Kinder und vier Enkelkinder meiner Schwester. Auch Thomas und Niki würden da sein, und ich freute mich darauf, sie wiederzusehen. Inzwischen waren beide regelmäßige Besucher im Kloster Panagia und hatten sich zu begeisterten Unterstützern von Vater Maximos entwickelt. Es gab viel zu erzählen seit jener fesselnden Begegnung zwischen Thomas und Vater Maximos vor drei Jahren am Beginn meiner Forschungen.

Ich hatte vor, irgendwann in der ersten Januarwoche zum Kloster zu fahren und ein paar Tage dort zu bleiben, bevor ich zu Beginn des Wintersemesters wieder nach Maine zurückfliegen würde. Doch meine Pläne änderten sich schlagartig, als ich mit Stephanos telefonierte. In der Kathedrale im Zentrum von Limassol sollte am 31. Dezember um 20 Uhr 30 eine *agrypnia* beginnen, die bis in die frühen Morgenstunden des 1. Januar dauern würde. Zur Begrüßung des neuen Jahrtausends sollte es eine besondere Liturgie geben, und Vater Maximos war gebeten worden, den Gottesdienst zu leiten. »Das würde ich an deiner Stelle nicht verpassen wollen«, riet er mir.

So sehr ich mich auch darauf freute, einen festlichen Abend mit meiner Schwester und dem ausgedehnten Netzwerk an Freunden und Verwandten zu verbringen, hatte ich doch das Gefühl, dass ich mir diese einzigartige Gelegenheit nicht entgehen lassen durfte. So überwand ich meine anfängliche Unsicherheit, stieg ins Auto und fuhr nach Limassol. Zum Glück hatte meine Schwester vollstes Verständnis und unterstützte mich in meiner Entscheidung.

Auf der Fahrt nach Limassol am frühen Abend des letzten Tages des Jahrtausends kamen mir wieder die Bedenken wegen Y2K und möglicher weltweiter Katastrophen. Ich brauchte nicht erst auf Nostradamus zurückzugreifen, um mir eine Szenerie auszumalen, die das Ende des uns bekannten Lebens auf der Erde bedeuten konnte. Seit etlichen Jahren warnen uns rationale Soziologen, Philosophen und Umweltwissenschaftler bereits vor möglichen massiven sozialen Verwerfungen und Aufständen durch die Moderne. Leider haben wir als Menschheit zwar die Geheimnisse der Natur entschlüsselt, jedoch ohne die entsprechende Weisheit zu entwickeln, um mit den Geistern, die wir riefen, auch fertig werden können. Infolgedessen sind in unserem höchst fortschrittlichen 20. Jahrhundert, dem blutigsten von allen, bei regionalen Kriegen und in den beiden Weltkriegen über hundert Millionen Menschen ums Leben gekommen; diese Zahl ist um das Fünfzehnfache blutiger als das 19. Jahrhundert.[74] Ich dachte daran, dass Arthur Koestler einmal geschrieben hatte, seit Hiroshima sei die Uhr der Menschheit abgelaufen. Um uns diese Wahrheit klar vor Augen zu führen, schlug er vor, eine neue Zeitrechnung, beginnend mit 1945, dem Jahr dieses schicksalhaften Ereignisses, einzuführen.[75] Werden die Russen und Amerikaner ihre Raketen in den Silos lassen, oder werden sie sie versehentlich abfeuern und damit die Apokalypse aus-

74 Peter Kivisto, *Key Ideas in Sociology*, Pine Forge Press 1998, S. 150.
75 Arthur Koestler, *Der Mensch, Irrläufer der Evolution*, übersetzt von Jürgen Abel, Scherz 1978.

lösen? Das war die große Angst der Atomwissenschaftler und Computerspezialisten beim Wechsel ins neue Jahrtausend. Diese Überlegungen hatten mich dazu veranlasst, auf die weltlichen Feiern zur Begrüßung des neuen Jahrtausends zu verzichten und an der *agrypnia* mit Vater Maximos zu einer Friedensdoxologie, einem Lobgesang auf den Frieden, teilzunehmen.

Es war Punkt halb neun Uhr abends, als ich Stephanos und Erato traf, die auf den Stufen der katholischen Kirche St. Katharinen im Zentrum von Limassol auf mich warteten. Vater Maximos, so erfuhr ich, sprach mit Pilgern im Beichtzimmer, einem kleinen Raum, der sich an die Kirche anschloss. Stephanos sagte mir, Vater Maximos sei darüber nicht besonders glücklich, denn normalerweise nehme er abends keine Beichte mehr ab. Doch als mehrere Menschen mit der Bitte um ein persönliches Beichtgespräch zur Kirche gekommen waren, empfand er es als seine Pflicht, sie zu empfangen. Das gehörte zur athonitischen Tradition, die er auf Zypern zu wahren versuchte, was sich allerdings angesichts seiner wachsenden Popularität als zunehmend unerfüllbare Aufgabe darstellte. Sobald sich alle Beichtenden der Last ihrer Sünden entledigt hätten, würde er ebenfalls an dem langen Gottesdienst teilnehmen.

Ich war überrascht, so viele Menschen bei der *agrypnia* zu sehen. Die Kirche war voll. Bedenkt man, wie wichtig säkulare Silvesterfeiern sind, war das ein äußerst ungewöhnliches Phänomen und ein Anzeichen für Vater Maximos' wachsendes Ansehen auf der Insel.

Wir saßen in der Mitte der großen Kathedrale mit ihrer hohen byzantinischen Kuppel. Es gab kein anderes Licht als das der Kerzen, die die Pilger vor den Ikonen angezündet hatten. In der Dunkelheit konnte ich kaum die Gesichter der Menschen erkennen. Ich schaute mich um, um nachzusehen, ob irgendwo ein elektrisches Licht brannte, anhand dessen ich überprüfen konnte, ob wir nach Mitternacht wohl noch Strom hätten. Ich entdeckte eines im Altarraum und beschloss, dass dieses Licht ein Zeichen für mich sein sollte. Wenn es an blieb, dann wäre alles in Ordnung.

Dreihundert Meter weiter wurden auf dem zentralen Platz die Vorbereitungen für ausschweifende Feiern zur Begrüßung des neuen Jahrtausends getroffen. Es war ein starker Kontrast zu der Stille und Feierlichkeit des Gottesdienstes in der Kathedrale. Als die Sänger mit der üblichen langen Rezitation der Psalmen Davids begannen, schwenkte der leitende Priester sein Weihrauchgefäß rhythmisch vor und zurück, und die Kirche füllte sich mit dem vertrauten intensiven Duft des Räucherwerks.

Ein um die andere Stunde verging mit Gesängen und Hymnen, die seit Jahrhunderten das geistliche und ästhetische Empfinden der Gläubigen anrühren. Viele Gedanken gingen mir durch den Kopf, während ich, teils stehend, teils sitzend, dem laufenden Gottesdienst zuhörte. Dank des meisterlichen Wechselgesangs der beiden Chöre, jeweils auf der rechten und linken Seite der Kirche, verspürte ich nie die geringste Müdigkeit oder Langeweile.

Vater Maximos behauptete stets, Texte und Musik der Ostkirche seien von den heiligen Altvätern im Zustand göttlicher Eingebung geschaffen worden. Deshalb fühlt man sich durch diese Gesänge stets belebt und nie gelangweilt, ganz gleich wie oft man sie hört – vorausgesetzt die Sänger verstehen sie zu singen. Wenn jemand nach der Notwendigkeit verlängerter *agrypnias* und endlosen Singens fragte, lautete Vater Maximos' Antwort stets: »Brotbacken erfordert Zeit«, womit er sagen wollte, dass es seine Zeit braucht, bis ein Mensch zu einer mystischen Geisteshaltung findet, um geistlich empfänglich zu werden. Das ist die Funktion langer Gottesdienste, die Menschen mit westlichen Vorlieben nur schwer verstehen oder ertragen können. Es ist kein Wunder, dass im Westen, in dem der Rationalismus den Sieg davongetragen hat, die Liturgie beträchtlich verkürzt und durch Predigten ersetzt wurde.

Es könnte tatsächlich sein, dass das ästhetische Erlebnis der Gottesdienste und der Liturgie der Ostkirche dafür gesorgt hat, dass sie über die Jahrhunderte erhalten blieb; denn wie es heißt, konvertierten die Russen, Ukrainer und andere Osteuropäer gerade aufgrund dieses ästhetischen Aspekts der Liturgie zum orthodoxen Christentum. Im 10. Jahrhundert wollte Fürst Wladimir von Kiew, ein sinnenfroher Lebemann, seinem Reich eine einheitliche Religion verpassen, in erster Linie aus Gründen der politischen Einheit. Vor seiner endgültigen Entscheidung, welche Religion er für sein zersplittertes Reich aus vielen widerspenstigen Stämmen übernehmen wollte, entsandte er eine Delegation in verschiedene Länder, in denen unterschiedliche Religionen praktiziert wurden, um herauszufinden, welche für sein Reich die passendste wäre. Auf der Route der Delegation lag auch ein Besuch der *Hagia Sophia* [Heilige Weisheit] in Konstantinopel, der Kirche, die Kaiser Justinian vor einigen Jahrhunderten hatte erbauen lassen. Bei ihrer Rückkehr legten sie dem Fürsten in einem denkwürdigen Bericht ihre Entdeckungen vor. Neben vielen anderen schilderten sie auch ihre Erlebnisse beim Besuch der *Hagia Sophia*: »Dann gingen wir nach Griechenland, und die Griechen führten uns in die Gebäude, in denen sie ihren Gott anbeten, und wir wussten nicht, ob wir im Himmel oder auf der Erde waren. Denn auf Erden ist nicht solcher Glanz und solche Schönheit, und wir wissen nicht, wie wir sie beschreiben sollen. Wir wissen nur, dass dort Gott unter den Menschen wohnt und ihr Gottesdienst schöner ist als die Zeremonien anderer Völker. Denn wir können diese Schönheit nicht vergessen.«[76]

Der Bericht soll Fürst Wladimir überzeugt haben, zum östlichen Christentum überzutreten, und mit ihm schließlich seine Millionen Untertanen. Ein pragmatischerer Grund für seine Konversion mag die Absicht gewesen sein, seine Unabhängigkeit gegenüber einer politischen Kontrolle von außen, insbesondere durch die Germanen, zu wahren. Darüber hinaus hatten byzantinische Missionare bereits den Boden für Massenübertritte zum östlichen Christentum bereitet, insbesondere die beiden Mönche Kyrill und Methodios aus Thessaloniki, denen das Verdienst zugeschrieben wird, die Slawen zum östlichen Christentum bekehrt zu haben. Ungeachtet der Gründe für seine Konversion wurde aus Fürst Wladimir dank der historischen Folgen dieser Entscheidung und seiner offensichtlich aufrichtigen persönli-

76 S. H. Gross und O. P. Sherbowitsz, *The Russian Primary Chronicle: Laurentian Text,* The Medieval Academy of America 1953, S. 111, zitiert in Adrian Hastings (Hrsg.), *A World History of Christianity,* William B. Eerdmans Publishing C. 1999.

chen Wandlung zu einem gerechten Herrscher schließlich der heilige Wladimir.[77]

Diese Gedanken gingen mir durch den Kopf, als endlich Vater Maximos erschien, angetan mit seinem vollen liturgischen Ornat. Ich sah auf die Uhr. Es war 22 Uhr 30. In anderthalb Stunden würde ein neues Jahrtausend beginnen. Er stand vor dem Altar, flankiert von Vater Nikodemos und Vater Isaak, die ihn begleiteten. Beide trugen während des gesamten Gottesdienstes weiße Kerzen. Dann, genau fünf Minuten vor Mitternacht, begannen die beiden Chöre mit dem Gesang der *Doxologie*. Vater Maximos hob seine Arme weit nach oben und richtete den Blick zur Kuppel der Kathedrale mit einem großen Bild des Christus Pantokrator, des Weltenherrschers, in der einen Hand das Evangelium, die andere zur Segnung der Gemeinde erhoben. Die beiden Chöre wechselten sich beim Gesang der verschiedenen Stanzen ab, was die dramatische Wirkung noch verstärkte. »Ehre sei Gott in der Höhe und Friede auf Erden den Menschen, die guten Willens sind …«

Exakt um Mitternacht endete der Gesang der Doxologie, und Vater Maximos begann mit erhobenen Händen, die Augen fest auf den Christus Pantokrator geheftet, mit starker Stimme die Liturgie. Er sprach das Gebet: »*Evlogimene e Vasilia tou Patros kai tou Yiou kai tou Agiou Pneumatos nyn kai ai kai es tous aeonas ton aeonon Amen*« [Gelobt sei das Reich des Vaters und des Sohnes und des Heiligen Geistes, jetzt und immerdar und von Ewigkeit zu Ewigkeit. Amen].

Im selben Moment, in dem Vater Maximos das Wort »*Evlogimene …*« sprach, brach draußen der Höllenlärm des Feuerwerks auf dem zentralen Platz und an anderen Orten in der Stadt los. Die donnernden Feierlichkeiten zum Beginn des neuen Jahrtausends hatten begonnen. Vater Maximos blieb ungerührt und ließ sich von den ohrenbetäubenden Explosionen nicht im Geringsten stören. Ich sah zum Altar. Das elektrische Licht brannte noch. Vielleicht überlebt die Zivilisation ja doch, dachte ich mir. Ich beugte mich zu Stephanos und Erato und wünschte ihnen

77 Ware, *The Orthodox Church* 1964, S. 82-95.

ein glückliches neues Jahrtausend. Die *agrypnia* ging ununterbrochen bis 2 Uhr 30 weiter.

Bevor wir nach Hause gingen, saßen wir in einem Haus neben der Kathedrale, in das wir alle eingeladen waren, noch ein wenig mit Vater Maximos zusammen. Wir wünschten einander alles Gute zum Neuen Jahr und brachten uns bei einem frühmorgendlichen Frühstück mit traditionellem Neujahrsgebäck auf den neuesten Stand. Es war halb fünf, als ich schließlich in Stephanos' und Eratos Wohnung in Limassol zu Bett ging. Die Straßen um den zentralen Platz und die Strandpromenade waren noch voller fröhlicher Limassoler Bürger, die den Jahrtausendwechsel feierten. Ich war froh, dass ich Stephanos' Einladung gefolgt war und mit ihnen die *agrypnia* besucht hatte. Vor dem Schlafengehen warfen wir noch einen Blick in die Fernsehnachrichten: Das globale Dorf feierte, und die Raketen schwiegen in ihren Silos. Zumindest dieses Mal hatten die Fans der Apokalypse des Johannes und der Prophezeiungen von Nostradamus sich geirrt.

Ich freute mich auf den Nachmittag, weil ich dann Vater Maximos zum Kloster Panagia zurückfahren sollte. Wie in alten Zeiten hatte er meiner Bitte entsprochen, ein paar Tage lang sein Fahrer zu sein. Auf dieser Fahrt beschloss ich, sehr ermutigt von Vater Maximos, dass ich als letzte Stufe meiner Erforschung der mystischen Tradition des östlichen Christentums noch einmal dem Athos einen Besuch abstatten wollte.

Zu meiner Freude wolle Lavros, ein gemeinsamer Freund von Stephanos und mir, der ebenfalls in Limassol wohnte, mich dabei begleiten. Lavros war emeritierter Professor für Umweltökonomie in Iowa und begeisterter Anhänger von Vater Maximos sowie ein humorvoller und unbeschwerter Mensch. Da er über zehn Jahre in Amerika verbracht hatte und einen ähnlichen akademischen Hintergrund besaß wie ich, wäre er der ideale Begleiter. Dank wiederholter längerer Besuche kannte er den Athos gut und hatte ausgezeichnete Verbindungen zu verschiedenen Altvätern, Äbten, Mönchen und Eremiten. Bei unserer Tour über den Heiligen Berg und den Wanderungen von Kloster zu Kloster auf der Suche nach bemerkenswerten Altvätern wäre er daher ein vielversprechender Kundschafter und Informant für mich.

Bevor ich Zypern verließ, trafen Lavros und ich uns mit Vater Maximos, um über unsere bevorstehende Pilgerreise zu sprechen, seinen Segen zu empfangen und seine Vorschläge zu hören, mit wem wir auf unserer zweiwöchigen Erkundung des Heiligen Berges Kontakt aufnehmen sollten. Wir planten unsere Reise für die vorlesungsfreie Zeit an der University of Maine im kommenden März.

17
Der Berg der Stille

Es war halb zwölf Uhr abends, als ich mit einem Alitalia-Flug aus Boston über Mailand in Thessaloniki ankam. Ich freute mich darauf, Lavros am Flughafen zu treffen, der zwei Stunden vor mir mit einem Flug aus Zypern eintreffen sollte. Wir wollten über Nacht in Thessaloniki bleiben und am darauffolgenden Morgen, Sonntag, den 12. März, unsere Reise zum Heiligen Berg antreten.

Sobald ich durch den Zoll war, sah ich mich nach Lavros um. Unser vereinbarter Treffpunkt lag vor dem Gate, aber er war nirgendwo zu entdecken. Ich war niedergeschlagen. Nachdem ich beinahe drei Viertelstunden lang in dem praktisch verlassenen Flughafen umhergewandert war und erfuhr, dass um diese späte Stunde kein weiterer Flug aus Zypern eintreffen würde, nahm ich ein Taxi und fuhr zum City Hotel im Zentrum von Thessaloniki. Dort wartete bereits Lavros' Fax auf mich: »Entschuldige bitte, ich konnte Dich nicht erreichen, bevor du die Staaten verlassen hast, aber ich habe schlechte Nachrichten. Im letzten Moment habe ich erfahren, dass wir für unseren Besuch auf dem Athos einen ungünstigen Zeitpunkt gewählt haben, um uns dort mit Altvätern zu treffen und Gespräche zu führen. Am Sonntag, den 12. März nach Sonnenuntergang, beginnt die erste Woche der Fastenzeit, und der ganze Berg unterliegt sehr strengen Fasten- und Gebetszeiten. Doch mehr noch, alle unterliegen einem strikten Schweigegebot. Uns war wohl nicht klar, mein lieber Freund, dass wir zum Berg des Stille wollen! Wenn wir das Glück haben, überhaupt jemanden anzutreffen, wird er uns nur anschauen, stumm wie ein Fisch. Das gilt für die ersten drei

Tage, also bis Mittwoch, den 15. Die Komplikationen, die dies für deine Pläne mit sich bringt, sind mir bewusst, aber ich bin mir auch sicher, dass wir in den Tagen, die bis zu deinem Rückflug noch bleiben, viel werden erreichen können. Statt dass wir nun beide durch Thessaloniki schlendern, habe ich mich, wenn auch sehr ungern, entschlossen, dich um Verzeihung zu bitten, Kyriaco, und meine Pläne zu ändern. Ich kann am Dienstag, um 15 Uhr, am Flughafen Thessaloniki sein. Dort können wir uns treffen. Bitte sende mir eine Bestätigung. Behüte Dich Gott! Lavros« Ich faxte ihm zurück, dass ihm verziehen sei und ich ihn für Dienstag erwarte. Dann ging ich ins Bett.

Nun hatte ich also drei Tage Zeit in der Stadt, und ich beschloss, das Beste aus dieser vorübergehenden Unannehmlichkeit zu machen. Thessaloniki ist die zweitgrößte Stadt in Griechenland und galt in byzantinischer Zeit als das zweitwichtigste Zentrum des östlichen Christentums nach Konstantinopel. Thessaloniki, die Stadt, die seit Generationen Dichter, Schriftsteller und Sänger inspiriert, ist überreich an archäologischen Stätten, die bis in die Zeit Alexanders des Großen und seines Mentors Aristoteles zurückreichen, die beide aus dieser Region stammten. Am wichtigsten für meine Arbeit ist aber, dass in dieser Stadt zahlreiche Kirchen aus byzantinischer Zeit stehen. Ihre Geschichte ist wie die Konstantinopels gleichbedeutend mit der des Christentums.

An die Thessalonicher gingen mehrere Paulus-Briefe; von Thessaloniki aus begannen die beiden Brüder und Gelehrtenmönche Kyrill und Methodios im 9. Jahrhundert ihre Mission, den slawischen Völkern das Christentum zu bringen. Ja, mir wurde bewusst, dass Thessaloniki die Stadt der Begründer zweier bedeutender theologischer Richtungen war, die die Entwicklung des Christentums seit dem Großen Schisma von 1054 bestimmt haben, nämlich Aristoteles und Gregorios Palamas. Dieser Gedanke traf mich wie ein Blitz, als ich auf dem Aristoteles-Platz neben einer großen, imposanten Statue des Weisen Tee trank und mir auffiel, dass nur wenige Querstraßen weiter die Kirche des heiligen Gregorios Palamas stand. Als Erzbischof von Thessaloniki verhinderte er im 14. Jahrhundert maßgeblich, dass die westliche scholastische, auf aristotelischem Denken begründete Theologie auch zur vorherrschenden theologischen Ausrichtung des östlichen Christentums wurde.

In der Zeit des Untergangs von Byzanz sprach sich eine einflussreiche Gruppe byzantinischer Theologen und Kirchenmänner unter dem Einfluss der Entwicklungen in der westlichen Kirche dafür aus, die Scholastik als primären theologischen Ansatz zu übernehmen. Die spirituelle Praxis der Eremiten und Mönche auf dem Athos lehnten sie als häretisch ab. Die Gebetspraxis der Athos-Mönche wurde damals als *Hesychasmus* oder *Weg der Stille* bezeichnet. Ihr Ziel waren die unmittelbare Erfahrung des *Ungeschaffenen Lichtes* und die *Theosis*.[78]

Der führende Kopf der anti-*hesychastischen* Bewegung war Barlaam, ein gelehrter, im Westen ausgebildeter griechischer Mönch aus dem italienischen Kalabrien. Als humanistischer Theologe und Wissenschaftler sprach er sich für intellektuelle Kontemplation, aristotelische Metaphysik und thomistische Theologie als die angemessenen Wege des Nachdenkens über Gott und der Gottsuche aus. Die Methoden der Asketen auf dem Athos verspottete er als Produkte der Unwissenheit und des Aberglaubens, und Berichte über Altväter, die das *Ungeschaffene Licht* erfahren hatten, waren für ihn reiner Unsinn und Wahnvorstellungen. Barlaam und seine Gruppe lehrten, Gottes Wesen sei unerreichbar und menschlichem Erkennen unzugänglich. Das *Ungeschaffene Licht*, das die Altväter vom Athos erfahren haben sollten, komme nicht von Gott, sondern sei lediglich das Produkt ihrer verqueren Fantasie.

Der führende Vertreter der *hesychastischen* Denkschule war der Erzbischof von Thessaloniki, Gregorios Palamas, der als langjähriger Athos-Mönch selbst das *Ungeschaffene Licht* erfahren haben soll. Der hochgebildete Gelehrte Palamas widersprach den Argumenten der scholastischen Theologen und Philosophen vehement und verteidigte den *Hesychasmus* gekonnt als ersten und besten Weg zur Gotteserkenntnis, zur *Theosis*. Er war sich mit seinen Gegnern darin einig, dass das Wesen Gottes absolut

78 Sehe Ware, *The Orthodox Church* 1964, S. 70-81.

unerkennbar sei und weit über menschliches Verständnis hinausgehe. Palamas stützte seine Theologie jedoch auf die Lehren der heiligen Altväter der *Ekklesia* und betonte, dass Menschen Gott sehr wohl erfahren könnten, und zwar durch Seine Energien, die Emanationen seines Göttlichen Wesens sind. Die Erfahrungen des *Ungeschaffenen Lichtes* als der Energien Gottes sind daher echt und keine Wahnvorstellungen. Mit dieser Argumentation versuchte Palamas, den Glauben zu retten, dass dem Menschen *Theosis* möglich ist. Er behauptete, ein rein philosophischer Ansatz der Gotteserkenntnis könne verhindern, dass der Mensch Gott wirklich erkennt.[79]

Der theologische Streit zwischen Gregorios Palamas und den *Hesychasten* auf der einen sowie Barlaam und seinen Anhängern auf der anderen Seite hielt Mitte des 14. Jahrhunderts noch einige Zeit an. Er fand in Form öffentlicher Briefe, Bücher und Debatten statt, die in der Ostkirche zu erheblichen Meinungsverschiedenheiten führten. Schließlich siegte Palamas' Position, und bei den darauffolgenden beiden Konzilen von 1341 und 1351 erklärte die Kirche in Konstantinopel seine Lehre zur wahren Lehre der Orthodoxen Kirche. Zugleich wurde Barlaams Lehre abgelehnt und als Häresie mit dem Kirchenbann belegt. »Der Kampf des heiligen Gregorios«, schrieb ein moderner Athos-Abt und ehemaliger Theologie-Professor an der Universität Thessaloniki, »zielte nicht auf die Rechtfertigung einer philosophischen Auffassung, sondern es ging ihm um die *Theosis* als ein dem Menschen erreichbares Ziel«.[80] Gemäß dem heiligen Gregorios und den *Hesychasten* reicht ein philosophischer Ansatz zur Erkenntnis Gottes nicht aus. »Eine Theologie, die auf intellektuellen Konstrukten und nicht auf der unmittelbaren Gotteserfahrung beruht, ist Philosophie und nicht Theologie. Sie ist Menschenwerk, das weder wahre Gotteserkenntnis noch Seelenfrieden bringt.«[81]

79 Gregory Palamas, *The Triads*, Paulist Press 1983; Mönch Theoklitos Dionysiades, *O Agios Gregorios O Palamas: O Vios kai E Theologia tou*, 1296-1359 [Der Heilige Gregorios Palamas: Sein Leben und seine Theologie, 1296-1359], Yiannoules-Tsolerides-Dedouses Press 1984.

80 Abt Gregory, *O Agios Gregorios O Palamas: Dydaskalos tes Theoseos*, Heiliges Kloster Gregoriou 2000, S. 17.

81 Ebendort, S. 50.

Mit Palamas‹ Sieg über Barlaam, und damit indirekt auch über Aristoteles, überlebte der Glaube der *Hesychasten* an den *Dreifachen Weg*, und in uralten Klöstern wie jenen auf dem Athos wurde er für die Nachwelt bewahrt. Interessanterweise behauptet Ken Wilber, der führende transpersonale Psychologe, in seiner meisterlichen Kritik des westlichen Denkens, der westlichen Kultur fehle ein »Yoga«, also eine Methode des Wissenserwerbs jenseits der Sinne und des Intellekts. Deshalb bliebe das westliche Denken in der Falle seiner intellektuellen und wissenschaftlichen Konstrukte gefangen. Wie die meisten transpersonalen Theoretiker von heute, findet auch Wilber diesen »Yoga« in der asiatischen Philosophie und Religion, insbesondere im Zen. Nirgendwo gibt es in seinem Werk einen Hinweis auf oder ein Bewusstsein für die *hesychastische* Tradition oder die hinter dem *Dreifachen Weg* stehenden Vorstellungen.[82]

Während ich auf dem Aristoteles-Platz in kleinen Schlucken meinen Tee genoss und über diese Fragen nachsann, konnte ich der Versuchung nicht widerstehen, dem Gedanken nachzugeben, dass in diesem theologischen Disput vielleicht die unsichtbare Hand der Vorsehung am Werk war; dass vielleicht die *hesychastische* Annäherung an Gott einerseits und die philosophische Annäherung andererseits zwei Seiten derselben christlichen Medaille sein könnten, wobei die eine im Osten und die andere im Westen vorherrschte. Das Christentum, so sagte mir ein katholischer Bischof in Maine einmal, hat zwei Lungenflügel. Der eine ist westlich, das heißt rational und philosophisch, der andere östlich, das heißt mystisch und jenseitig. Um richtig atmen zu können, brauchen wir beide. Als Kind der westlich-intellektuellen Tradition der Aufklärung mit einem starken Hang zu meinen Wurzeln in der mystischen Orthodoxie der Ostkirche war mir diese Metapher äußerst sympathisch. Ich konnte mir nicht vorstellen, nur mit einem Lungenflügel zu atmen. Da ich mich eingehender mit dem Werk Thomas von Aquins befasst hatte, konnte ich sein Genie und sein umfassendes Wissen nur bewundern. Doch selbst er musste nach einer unerwarteten Eks-

82 Ken Wilber, *Naturwissenschaft und Religion: die Versöhnung von Weisheit und Wissen*, übersetzt von Clemens Wilhelm, Krüger 1998.

tase während eines Gottesdienstes zugeben, dass alles, was er bis dahin geschrieben hatte, trivial war im Vergleich zu dem, was er im Zustand innerer Erleuchtung erlebt hatte. Nach diesem Vorfall schrieb Thomas von Aquin bis zu seinem Tod ein Jahr später keine einzige Seite mehr. Die Erfahrung des Aquiners war Wasser auf die Mühlen des heiligen Gregorios Palamas in seinem Disput mit dem Mönch Barlaam von Kalabrien.[83] Doch mir gingen auch die Worte des Aristoteles nicht aus dem Kopf, dass, wer behaupte, man solle nicht philosophieren, selbst bereits philosophiere. Daher kann man also das Philosophieren gar nicht vermeiden. Gregorios Palamas war selbst ein ausgezeichneter Aristoteles-Kenner und musste philosophische Argumente und die von dem großen Meister der Antike eingeführte Logik gebrauchen, um den *Hesychasmus* zu verteidigen und den von Barlaam vorgebrachten Argumenten entgegenzutreten. Wer hatte am Ende also recht, der heilige Gregorios Palamas oder Aristoteles? Gegenüber Vater Maximos habe ich solche Fragen nie angesprochen, und ich war mir nicht sicher, was er geantwortet hätte. Mir war aber klar, dass sein großer Held Gregorios von Palamas war, zu dessen Ehren er die beeindruckende Kapelle neben dem Kloster Panagia hatte errichten lassen.

Ich fragte mich, wie sich das Christentum wohl entwickelt hätte, wäre der Westteil des Römischen Reiches nicht unter dem Ansturm der Germanen zusammengebrochen und Byzanz nicht an die Türken gefallen. Hätte die westliche Kultur zu einer ausgewogeneren Haltung zwischen Mystik und Rationalität, zwischen Glaube und Wissenschaft gefunden? Schließlich waren die frühen Kirchenväter wie Basilios der Große und Gregor von Nyssa hochgebildete Gelehrte mit sorgfältiger klassischer Bildung. Sie

83 Dabei muss jedoch unbedingt festgehalten werden, dass die rationale Orientierung im westlichen Christentum zwar dominanter ist als im östlichen, die mystische und empirische Annäherung an Gott aber in Ersterem nicht völlig ausgemerzt wurde. Auch der Westen hat seine großen Mystiker, angefangen von Johannes vom Kreuz, Hildegard von Bingen, Ignatius von Loyola und Teresa von Avila bis zu Zeitgenossen wie dem Trappisten Thomas Merton und Pater Pio aus Italien. Wie mir scheint, hat jedoch die Tradition der Altvaterschaft zur systematischen Weitergabe des Gotteswissens von einer Generation an die andere im östlichen Teil des Christentums und insbesondere auf dem Berg Athos in klarerer und eindeutigerer Form überlebt.

ehrten die antiken Philosophen und nahmen weite Teile ihrer Lehre in ihr eigenes mystisches und empirisches Gottesverständnis auf. Mit anderen Worten, zur frühen Kirche gehörten sowohl die mystische als auch die rationale Annäherung an Gott. Getrennt wurden sie erst durch spätere historische Entwicklungen.

Vielleicht mussten sich diese Entwicklungen aus Gründen, die sich unserem Verständnis entziehen, ausbilden. Aber jetzt, da sich unsere wissenschaftlichen, rationalen Qualitäten bis an einen Punkt entwickelt haben, an dem sie existenzgefährdend für uns werden könnten, müssen wir vielleicht die vergessene mystische Tradition, wie sie an Orten wie dem Athos bewahrt wird, wieder in den Vordergrund rücken. An diesem Zeitpunkt der Geschichte müssen wir, ganz unabhängig von persönlichen religiösen Vorlieben, um unserer kollektiven physischen wie geistlichen Rettung willen das Rationale und das Intuitive, das Wissenschaftliche und das Mystische integrieren.[84]

Diese unbeantwortbaren Fragen schwirrten mir im Kopf herum, als ich in den Bus zum Flughafen stieg. Ich war sehr erleichtert, Lavros zu sehen, der mit einem entwaffnenden Lächeln durch den Zoll marschierte. In aller Eile nahmen wir ein Taxi zum Busbahnhof, um gerade noch den letzten Bus nach Ouranoupolis zu erwischen, das dreieinhalb Stunden weiter im südlichen Teil der Halbinsel Chalkidiki liegt.

Es war etwa einundzwanzig Uhr, als wir in Ouranoupolis ankamen. Dort wollten wir übernachten und am nächsten Morgen die Fähre zum Heiligen Berg nehmen. Lavros, der wie Stephanos ein Vertrauter von Vater Maximos geworden war, brachte jede Menge Neuigkeiten über die jüngsten Entwicklungen in Zypern mit. Da wir wussten, dass wir mit dem Betreten des Athos strenge Fastenregeln würden einhalten müssen, gaben wir uns die Erlaubnis zu einem denkwürdigen Festmahl mit frischem Oktopus und Retsina in einer Taverne am Meer.

Lavros, ein lebhafter Mann von durchschnittlicher Größe und

84 Pitirim A. Sorokin, *Social and Cultural Dynamics*, 4 Bde., America Book Co. 1937-1941. Siehe auch Ken Wilber, *Naturwissenschaft und Religion: die Versöhnung von Weisheit und Wissen* und Richard Tarnas, *Idee und Leidenschaft: die Wege des westlichen Denkens*, übersetzt von Eckhard E. Sohns, Rogner und Bernhard 1997.

leicht untersetzter Statur mit gepflegtem weißen Bart, verfügte über Mutterwitz und eine bodenständige Weisheit. Er war frisch pensioniert, engagierte sich nun für die Umwelt und half Vater Maximos bei seiner gesellschaftlichen und geistlichen Mission. Als junger Mann hatte Lavros, der Sohn eines prominenten Priesters aus Limassol, sich am Kampf der Untergrundguerilla gegen die Kolonialmacht beteiligt, was die Briten als Terrorismus bezeichneten. Seine Aufgabe war es gewesen, Geheimnachrichten von einem Teil der Insel in den anderen zu bringen. Doch durch einen bestimmten Vorfall in jenen dunklen Jahren änderte sich sein Leben grundlegend. Eines Tages verirrte er sich bei einem Sondereinsatz auf dem Weg zu einem Dorf im Ostteil der Insel. In der Nähe eines offenen Feldes hielt er seinen Motorroller an. Plötzlich sah er etwas Ungewöhnliches. In der Mitte des Feldes saß auf einem Felsblock ein Schäfer und las ein Buch. Als er auf ihn zuging, um nach dem Weg zu fragen, merkte er, dass der Schäfer die Bibel las. »Bevor ich dir sage, wie du fahren musst«, antwortete der Mann und zog seine Brille ein wenig herunter, um Lavros deutlicher sehen zu können, »beantworte mir bitte folgende Frage: Wenn Jesus Erzbischof von Zypern gewesen wäre, glaubst du, er hätte dann zu einem Maschinengewehr gegriffen, um gegen die Briten zu kämpfen?«

»Durch die Frage des Schäfers vollzog mein Leben eine Wende um hundertachtzig Grad«, erklärte Lavros bewegt. »An Ort und Stelle wurde ich Pazifist und entsagte der Gewalt als Mittel zur Lösung menschlicher Probleme. Dieser Schäfer war entweder ein Engel oder jemand, den die Engel geschickt hatten, damit er mir die Augen öffne.«

Um halb elf am nächsten Vormittag betraten wir die Fähre *Axion Esti*, benannt nach einer verehrten Ikone auf dem Athos, und machten uns auf den Weg tief in die Athos-Landspitze hinein. Es war ein strahlender Tag bei ruhiger See, und wir passierten Kloster um Kloster; überall stiegen Pilger und Mönche aus und andere gingen an Bord. Hinter den Klöstern erhob sich im Süden der schneebedeckte Athos bis auf über zweitausend Meter über dem Meeresspiegel. Wieder war mir beim Besuch des Heiligen Berges, als reiste ich in der Zeit zurück zum einzig erhaltenen Überrest des alten Byzanz.[85]

Unser erstes Ziel war das Kloster Vatopedi, zu dem wir beide, Lavros und ich, Verbindungen hatten und von wo aus wir unseren weiteren Weg planen wollten. Als wir in Daphne von Bord gingen, hatten wir die Wahl, entweder zu Fuß nach Vatopedi zu gehen, was eine sechsstündige Wanderung auf landschaftlich reizvollen Pfaden bedeutete, oder zusammen mit anderen Pilgern einen Laster zu mieten, der uns in einer Stunde dorthin bringen würde. Wir entschieden uns für Letzteres, um unsere Kräfte für die langen Wanderungen zu schonen, die uns noch bevorstanden.

Die unberührte Schönheit der Landschaft auf dem Athos unbenommen, war aber unsere Fahrt ganz gewiss kein Vergnügen. Der unwegsame Untergrund und die deutlich suboptimalen Reisebedingungen machten sie eher zu einer anstrengenden körperlichen Übung, zu einer *askesis* eigener Art. Dass es weder geteerte Straßen noch komfortable Transportmittel gab, war eine absichtliche Entscheidung der Athos-Mönche. Sie wollten, dass nichts den Zweck untergrub, zu dem sie auf dem Heiligen Berg waren.

»Was hältst du von der neuesten Äußerung des Papstes, Kyriaco?«, fragte Lavros mich, während wir auf der Ladefläche des Lastwagens saßen und uns gut an der Seitenwand festhielten, weil sie schwankte wie ein Boot bei Sturm.

»Sie ist, gelinde gesagt, außergewöhnlich, findest du nicht? Ich würde sagen, sie ist historisch. Vielleicht ist das der Beginn einer Versöhnung zwischen Ost und West.«

»Ich hoffe, du hast recht. Aber mache dir keine allzu großen Hoffnungen. Es gibt immer noch Animositäten, die historisch sehr weit zurückreichen«, antwortete Lavros, der die Kultur des Athos gut kannte. »Schauen wir einmal, was die Mönche dazu zu sagen haben.«

Tatsächlich war ich zutiefst erstaunt gewesen, als der Papst, nachdem er Muslime und Juden für die Sünden, die seine Kirche

85 Markides, *Auf dem Löwen reiten*, S. 260-291.

an ihnen in der Vergangenheit begangen hatte, um Verzeihung gebeten hatte, auch die orthodoxen Christen um Vergebung bat. Das machte auf der ganzen Welt Schlagzeilen. Vor meiner Abreise aus Maine hatte ich mit meinen Studenten darüber gesprochen. Ich hatte erklärt, dass die primären historischen Ursachen der Feindseligkeiten zwischen Ost und West auf die Teilung des Römischen Reiches zurückgingen; dies führte schließlich im Jahr 1054 zum Großen Kirchen-Schisma. Nach dieser Wende verschlechterten sich die Beziehungen nur noch, unterbrochen von sporadischen und ineffektiven Versöhnungsversuchen. Was die Byzantiner so traumatisierte und tiefen Argwohn weckte, waren die Auswirkungen der Kreuzzüge auf ihre Gesellschaft. Beim Vierten Kreuzzug richteten die Kreuzritter auf dem Weg nach Palästina, wo sie die »Ungläubigen« bekämpfen wollten, ihre Waffen gegen die Byzantiner, und statt des Heiligen Landes eroberten sie weite Teile von Byzanz, einschließlich Thessalonikis und Konstantinopels, wo sie mit nie da gewesener Brutalität und Gewalt wüteten. In Thessaloniki wurden Frauen und Kinder vergewaltigt, Häuser geplündert und abgebrannt, Kirchen entweiht und zerstört. Ein Chronist aus jener Zeit konstatiert mit Entsetzen

> dass sie die allerheiligsten Ikonen Christi und seiner Diener zu Boden schleuderten … oder dass sie mit ihnen das Feuer für den Kochtopf nährten. Das Schändlichste … aber war, dass einige auf den Altar … sprangen und dort unanständige Tänze aufführten, zu denen sie … hässlich klingende, wilde Lieder grölten. Dann entblößten sie ihre Scham, ließen ihr Wasser rinnen und pissten ringsum auf den geweihten Boden.[86]

Ein ähnliches Schicksal erwartete Konstantinopel und viele Klöster auf dem Athos. Dies schlug tiefe Wunden, die das Band zwischen östlichem und westlichem Christentum zerschnitten. Bis

86 John Julius Norwich, *Byzanz: Aufstieg und Fall eines Weltreichs*, List 2006, S. 485.

Byzanz wieder aufgebaut war, war es zu erschöpft, um den ottomanischen Türken etwas entgegenzusetzen. Der Historiker John Julius Norwich hat zu jener tragischen Episode in der Geschichte des Westens Folgendes zu berichten:

> Der vierte Kreuzzug ... übertraf die vorherigen noch an Treuebrüchen und Falschheit, an Brutalität und Gier. ... Die Plünderung [von Konstantinopel] fügte der abendländischen Kultur den vielleicht schlimmsten Verlust der Geschichte zu, größer als die Zerstörung Roms im fünften oder der Brand der Bibliothek von Alexandria im siebten Jahrhundert. Auch politisch lässt sich der Schaden kaum abschätzen. Nie wieder gewann Byzanz seine alte Kraft oder einen nennenswerten Teil der verlorenen Gebiete zurück. Das Reich lag verstümmelt danieder, unfähig sich gegen den osmanischen Vormarsch zu wehren. Es gibt kaum eine schlimmere Ironie der Geschichte als die Tatsache, dass das Schicksal der Christenheit des Ostens ausgerechnet von Männern besiegelt wurde, die unter dem Banner Christi kämpften. ... [Sie tragen] die Hauptlast der Schuld an den Verwüstungen, die sie über die Welt brachten.[87]

Als ich in der Bibliothek des Klosters Panagia Sir Steven Runcimans[88] anschauliche und fesselnde Schilderung der Ereignisse las, die Tag für Tag auf die Eroberung von Konstantinopel durch die Ottomanen folgten, konnte ich kaum die Tränen zurückhalten. Ich erlebte nicht nur indirekt den Schmerz des Zusammenbruchs Konstantinopels während der dreitägigen Plünderungen, Zerstörungen und Massaker mit, sondern es kochten auch Erinnerungen an den türkischen Einfall in Zypern 1974 wieder hoch – was mich aber am meisten fesselte, waren die verheerenden Folgen dieser Zerstörung einer ganzen Kultur, des östlichen

87 Ebendort, S. 506-507.

88 Sir Steven Runciman, *Die Eroberung von Konstantinopel 1453*, übersetzt von Peter de Mendelssohn, Beck 1966.

»Lungenflügels« des Abendlandes, und was dies für das Schicksal der Welt bedeutete.

Diese Geschichte ist im Westen weitgehend unbekannt, und zwar aus mehreren Gründen. Ein Grund mag sein, dass es nach dem Fall von Konstantinopel keine Byzantiner mehr gab, die ihr Augenmerk auf diese Zeit hätten richten können. Wer überlebt hatte, floh mitsamt seinen Büchern und seiner Kenntnis der klassischen Kultur nach Venedig und Florenz und wurde dort zur treibenden Kraft jener gesellschaftlichen Entwicklung, die die Renaissance anstieß. Ein weiterer Grund mag sein, dass Edward Gibbon, der große Historiker des 18. Jahrhunderts, in seinem monumentalen Werk über Verfall und Untergang des Römischen Reiches[89] Byzanz als irrelevant verwarf und seine tausendjährige Geschichte in denkbar negativen Klischees zeichnete. Diese Haltung übernahmen andere westliche Mittelalterhistoriker, die sich in erster Linie auf die Geschichte des Westens konzentrierten und Byzanz durch Gibbons Brille sahen. »Die Geschichte von Byzanz«, schrieb ein moderner Mittelalterhistoriker,

> ist eine Studie in Enttäuschungen. Das Reich mit seinem Zentrum Konstantinopel hatte mit allen Vorteilen begonnen, die ihm sein politisches, wirtschaftliches und intellektuelles Erbe von Seiten des Römischen Reichs im 4. Jahrhundert verschafft hatte. Außer im Bereich der Kunst, in dem die Griechen Außerordentliches leisteten, hatte Byzanz dieser hervorragenden Grundlage kaum etwas hinzuzufügen. Das mittelalterliche oströmische Reich leistete keinen bedeutenden Beitrag zu Philosophie, Theologie, Naturwissenschaft oder Literatur. … Moderne Historiker, die sich mit dem mittelalterlichen oströmischen Reich beschäftigt haben, haben die Neigung der Gelehrten des 19. Jahrhunderts, Byzanz als Beispiel einer

---

89 Edward Gibbon, *The Decline and Fall of the Roman Empire*, Penguin Books 1985 (auf Deutsch nur in Auszügen über den Westteil des Römischen Reiches in verschiedenen Ausgaben erhältlich).

atrophierten Kultur abzuschreiben, scharf kritisiert. Dennoch fällt es sehr schwer, außerhalb der Kunst irgendetwas zu finden, was die mittelalterlichen griechischsprachigen Völker entweder in Gestalt origineller Ideen oder Institutionen zur Kultur beigetragen hätten.«[90]

Diese negativen Klischees haben sich im kollektiven Bewusstsein des Westens offensichtlich verfestigt und auf die Einstellung gegenüber der byzantinischen Kultur ausgewirkt, zu deren Zerstörung die westlichen Kreuzritter maßgeblich beigetragen haben. Diese wie selbstverständlich übernommenen Vorurteile gegen Byzanz sorgten dafür, dass sich Wissenschaftler bis vor kurzem praktisch nicht für seine Geschichte interessiert haben und darüber falsch unterrichtet sind. Sie sorgten ebenfalls dafür, dass westliche Theologen nichts über Realität und Bedeutung des Athos sowie des dort bewahrten geistlichen Erbes wissen.

In Vatopedi wurden wir von den Mönchen herzlich empfangen, insbesondere von denen, die wir von früheren Besuchen her kannten. Zwar sahen sie nach dem dreitägigen vollständigen Fasten – was nicht essen, nicht trinken, nicht sprechen bedeutete – völlig erschöpft aus, aber sie brannten darauf, Neuigkeiten aus Zypern und insbesondere von Vater Maximos zu erfahren, zumal die Hälfte der etwa hundert Mönche Zyprioten waren. In Vatopedi hatte Vater Maximos den Großteil seiner Athos-Jahre verbracht, genau wie sein Held, der heilige Gregorios Palamas.

Wir fühlten uns wohl in Vatopedi, und angesichts der ungezwungenen Atmosphäre wollten wir herausfinden, wie die Mönche auf die Erklärungen des Papstes reagierten. Wir waren bestürzt, als wir entdecken mussten, dass es immer noch einen starken Argwohn und Vorbehalte gegenüber der westlichen Kirche gab. Sie äußerten Bedenken, der Papst könne mit solchen Erklärungen den Hintergedanken verfolgen, die Kontrolle über die Orthodoxe Kirche zu erlangen. Aus ihren Antworten konnte ich ersehen, dass auf dem Athos nicht nur der *Dreifache*

90 Norman F. Cantor, *Medieval History*, S. 274.

Weg bewahrt worden war, sondern auch die Erinnerungen und Traumata, die die problematische Geschichte des Christentums kennzeichnen. »Der Papst«, sagte ein junger Mönch, »muss die Haltung ablegen, er sei unfehlbar und der Vatikan sei das Zentrum des Christentums. Versteht mich nicht falsch. Wir lieben den Papst.« Dann überreichte er mir eine Broschüre, die der Abt eines anderen Klosters verfasst hatte. Darin kritisierte dieser zunächst den Vatikan für seine Politik in Osteuropa (dem traditionellen Territorium der Orthodoxie) und gab dann der Hoffnung Ausdruck, dass eines Tages ein Wunder geschehe und »die Heilige Orthodoxe Kirche des Alten Roms zu ihrem apostolischen Glauben zurückkehre. Dann werden wir oder unsere Nachfolger den Papst als den Ersten Bischof der Einen Katholischen und Apostolischen Kirche mit offenen Armen auf dem Athos empfangen und unsere Freude wird ewig sein.«

Als ich dem jungen Mönch gegenüber äußerte, dass die Erklärung des Papstes vielleicht ein indirektes Eingeständnis bedeutete, dass der Papst nicht unfehlbar sei und es Raum für Versöhnung gäbe, lautete seine Antwort: »Wir müssen abwarten und sehen, was passiert. Wir wollen Taten, nicht bloß Worte.« Altvater Dionysios jedoch, ein fast blinder zweiundneunzigjähriger Eremit aus Rumänien, der als lebender Heiliger auf einer Stufe mit Altvater Ephraim und Altvater Paisios galt, reagierte anders auf die Nachricht, als wir ihn in seiner Einsiedelei besuchten, die zwei Stunden Fußmarsch vom Kloster Vatopedi entfernt lag. Der langbärtige und zerbrechlich wirkende Eremit machte das Kreuzzeichen, hob die Hände zum Himmel und verkündete voller Freude, dies sei die beste Nachricht, die er seit langer Zeit gehört habe. Als Vater Seraphim, einer der beiden Mönche, die uns dorthin begleiteten, skeptisch reagierte, riet Vater Dionysios: »Wenn jemand uns um Vergebung bittet, dann haben wir keine Wahl, sondern wir müssen vergeben, ohne Vorbehalte oder Hintergedanken. Das verlangt Christus von uns.« Dann unterwies der alte Eremit uns mit seinem weichen, akzentuierten Griechisch in den Tugenden Geduld, Vergebung, Demut und Liebe – zentralen Werten der Kultur des Heiligen Berges.

Wir blieben vier Nächte in Vatopedi. Die Mönche, einschließlich des Abtes, gaben uns so sehr das Gefühl, willkommen zu sein, und ihre Gastfreundschaft war so entwaffnend, dass es uns schwerfiel, von dort fortzugehen und uns anderen Zielen zuzuwenden. Doch unsere Tage waren gezählt, und wir wollten noch mit weiteren Altvätern sprechen und andere Klöster besuchen. Wir versprachen unseren Freunden, in naher Zukunft wiederzukommen.

In den darauffolgenden sieben Tagen besuchten wir auf der knapp fünfzig Kilometer langen und gut zehn Kilometer breiten Landzunge Kloster um Kloster. Wir legten beträchtliche Entfernungen zurück, meist zu Fuß, gelegentlich auch mit der Fähre, bis die Liste mit Empfehlungen, die Vater Maximos uns gegeben hatte, abgearbeitet war. Es war eine einzigartige und unvergessliche Begegnung mit dem Heiligen Berg und seiner Kultur, die Worte niemals angemessen wiedergeben können. Wir sprachen nicht nur mit Altvätern und Eremiten, sondern besuchten auch etliche antike Ikonen, die in dem Ruf stehen, wundertätig zu sein. Darüber hinaus bekamen wir außergewöhnliche Reliquien zu sehen, darunter Teile der sterblichen Überreste der größten Heiligen des Christentums, wie zum Beispiel einen Fuß Johannes des Täufers, eine Hand von Maria Magdalena, den Schädel von Johannes Chrysostomos, Stücke des Heiligen Kreuzes, den wundertätigen Gürtel der Heiligen Jungfrau sowie weitere ähnliche heilige Gegenstände, die die Mönche ohne den geringsten Zweifel an ihrer historischen Authentizität tief verehren. Wir hingegen, die wir aus der säkularen, skeptischen Welt kamen, konnten nicht feststellen, ob es irgendwelche empirischen Beweise dafür gab, dass die in Silber gefasste Hand, die uns gezeigt wurde, tatsächlich die von Maria Magdalena war. Wie ich inzwischen wusste, sind solche Fragen auf dem Heiligen Berg wirklich nicht relevant. Wenn es aber andererseits auf dieser Welt einen Ort geben sollte, an dem diese Gegenstände seit Anbeginn der christlichen Zeit gesammelt und bewahrt worden sein könnten, dann wären dies die rund zwanzig Klöster auf dem Athos.

Wir verbrachten noch zwei Nächte in Simonopetra, einem Kloster im westlichen Teil der Landzunge, das zehn Stockwerke hoch auf einer Felskuppe errichtet wurde; und als wir von dort zum Meer hinabstiegen, näherte sich unsere Pilgerreise ihrem Ende. Simonopetra ist ein Schmuckstück byzantinischer Architektur; es sieht aus wie eine uneinnehmbare Zitadelle und beherbergt etwa fünfundvierzig Mönche aus fünfzehn Ländern. Einzigartig ist Simonopetra nicht nur aufgrund der ethnischen Vielfalt seiner Mönche, sondern auch durch deren hohes Bildungsniveau und ihren beruflichen Erfolg in der Welt, bevor sie Mitglieder dieser monastischen Gemeinschaft wurden. Der Mönch, der das *archondariki* betreute, war ein fünfundvierzigjähriger ehemaliger Professor für Mikrobiologie an einer amerikanischen Universität. Als wir ihm begegneten, wischte er gerade die Böden. Ein anderer war ehemaliger Professor für subatomare Physik an einer englischen Universität. Er war der Koch. Wieder ein anderer war zuvor Wissenschaftler bei der NASA gewesen. Wir waren verblüfft. Sie hatten ihre wissenschaftliche Karriere und ihren hohen Status in der Welt aufgegeben, um ins abgeschiedene Klosterleben einzutreten und sich der Suche nach der Erkenntnis Gottes zu widmen.

Die Mönche auf Simonopetra betonten von sich aus, dass ihre Erfolge in der Welt nichts mit dem zu tun hatten, was sie auf dem Athos erreichen wollten. Dort saßen dieselben Wissenschaftler zur geistlichen Beratung zu Füßen eines Altvaters wie Paisios, eines Eremiten, der nur über sechs Jahre formeller Schulbildung verfügte.

»Wir nennen den Heiligen Berg den Garten der Heiligen Jungfrau«, sagte mir ein Altvater aus Simonopetra. »In einem Garten gibt es eine Vielzahl von Blumen, Bäumen, Büschen, Gräsern sowie jede Menge Obst und Gemüse. Ähnlich findet man auf dem Heiligen Berg ganz unterschiedliche Menschen mit jeweils völlig anderer Bildung, Persönlichkeit, Meinung und geistlicher Entwicklung sowie mit einem ganz eigenen Bild von der Welt draußen.«

Gemeinsam ist ihnen ihr Ziel, die Überwindung der egoistischen Leidenschaften durch Katharsis. Ungeachtet des Grades ihrer Bildung und geistlichen Entwicklung, ungeachtet dessen, wie aufgeschlossen oder geistig unbeweglich sie sind, praktizieren sie alle dieselbe Methode der *askesis*, des immerwährenden Gebetes, des Fastens, der Beichte, der Kommunion und so weiter. Sie singen alle dieselben Gesänge und folgen demselben *typikon*, der eindeutig festgelegten Abfolge für das tägliche gemeinsame Gebet und das geistliche Tun. Eben dies fand ich am bemerkenswertesten: Die Gemeinsamkeit in Ziel und Methode der geistlichen Arbeit, völlig ungeachtet des Kapitals an Bildung oder Kultur, das einer mitbrachte, als er ins Kloster eintrat, um sich und sein Leben ganz der Kunst und Wissenschaft der Gottsuche zu widmen.

»Sieh es einmal so«, schlug Lavros auf unserer Wanderung vom Berg herab zur Fähre nach Ouranoupolis vor: »Stelle dir vor, du wärst Nobelpreisträger und wolltest Chinesisch lernen. Dann musst du mit dem ABC dieser Sprache anfangen wie Kinder in der ersten Grundschulklasse. Es spielt überhaupt keine Rolle, wie gebildet oder führend du auf deinem wissenschaftlichen Gebiet bist.«

»Aber stelle dir doch einmal vor, dass einer dieser Mönche in zwanzig oder dreißig Jahren das geistliche Niveau von jemandem wie Paisios erreicht«, mutmaßte ich.

»Dann wird es Altväter geben, die nicht nur weltliche Erkenntnis errungen, sondern auch Gotteserkenntnis erlangt haben«, theoretisierte Lavros, der mir vorausging und sich schwer auf seinen Wanderstock stützte.

»Wenn das geschieht«, fügte ich hinzu, »könnte es große Auswirkungen für die Zukunft der *Ekklesia* haben.«

Wir waren etwa fünfzehn Minuten gegangen, da stießen wir auf eine Gruppe Landarbeiter, die der Abt von Simonopetra als Hilfen auf seinen Feldern angestellt hatte. Am Fuß eines Olivenbaums hatten sie ein großes Bienenvolk entdeckt, und auf Anweisung des Abtes waren sie gerade dabei, es zu bergen und in einen Spezialbehälter zu verbringen. Keiner war für eine so schwierige Aufgabe ausgebildet. Sie wirkten konfus und unglücklich. Wie es der Zufall wollte, ist Lavros ausgebildeter und erfahrener Imker. Dass wir den Arbeitern ausgerechnet in diesem kritischen Moment begegnet sind, gehört zu den vielen unheimlichen Synchronizitäten, die in unseren Leben regelmäßig eintreten, die wir aber normalerweise gar nicht wahrnehmen. Für die Arbeiter hingegen war der Vorfall nichts Geringeres als ein kleines Wunder, und sie dankten der Heiligen Jungfrau dafür, dass sie ihnen Lavros geschickt hatte. Wäre er nicht an Ort und Stelle aufgetaucht, um ihnen zu helfen, hätten sie das Nest sicher zerstört und wären wahrscheinlich zur Strafe heftig gestochen worden.

Während der darauffolgenden vierzig Minuten saß ich auf einem Stein und beobachtete aus sicherer Entfernung, wie Lavros und die Arbeiter das Bienenvolk bargen. In dem Moment, in dem Lavros den letzten Teil des summenden Nestes in den Bienenstock legte, kamen mir plötzlich die Worte des heiligen Basilios des Großen in den Sinn. Er drängte seine Schüler, wie die Bienen zu werden, die den Nektar überall da einsammeln, wo sie ihn finden können. Was für eine passende Metapher, sinnierte ich, am Ende unserer Pilgerreise zum *Agion Oros*, zum Berg der Stille.

Glossar

Agiasmos	Heiligungsritual unter Verwendung geweihten Wassers.
Agrypnia	Gebetswache, die die ganze Nacht über andauert.
Altvater oder Mutter	Geistlicher Führer bzw. geistliche Führerin.
Amartia	Zustand der Abgeschnittenheit von Gott, wird üblicherweise als Sünde bezeichnet. Entfremdung von Gott.
Anadoché	Übernahme der spirituellen Last eines anderen Menschen. Fortgeschrittene geistliche Altväter können einen Teil der Bürde ihrer Schüler auf sich nehmen und statt ihrer leiden. Das Gesetz der *Anadoché* kann auch in umgekehrter Richtung wirken; in diesem Fall lädt man sich durch negatives Handeln einem anderen gegenüber dessen Last auf.
Apathia	Befreiung von destruktiven Leidenschaften. Tritt ein, wenn Menschen irdische Wünsche abgelegt haben.
Archondariki	Refektorium. Das Gästezimmer, in dem Pilger im Kloster Erfrischungen gereicht werden.
Askesis	Methode geistlicher Übung wie Fasten, immerwährendes Gebet, nächtliche Gebetswachen, Beichte, Kommunion, das Studium heiliger Schriften sowie des Lebens und der Lehre von Heiligen. Die Prüfungen und Versuchungen im Leben gelten als fortwährende Form der *Askesis*.

Charisma	Gottesgabe. Als charismatisch gilt jemand, dem Geistesgaben wie Prophetie, Heilkräfte, Hellsichtigkeit und andere mediale Fähigkeiten verliehen wurden. Diese Gaben sind natürliche Fähigkeiten des Selbst und treten hervor, wenn dieses von egoistischen Leidenschaften gereinigt ist.
Diakonia	Bestimmte Aufgabe, die einem im Kloster zugewiesen wird. Der Begriff bezeichnet auch die durch die Vorsehung bestimmte Lebensaufgabe.
Dreifacher Weg	Die Stufen, die eine Seele durchlaufen muss, um zu Gott zu gelangen: Katharsis, Fotisis, Theosis (siehe dort).
Efche	Das Jesusgebet: »Herr Jesus Christus, Sohn Gottes, erbarme dich meiner.«
Ekklesia	Die Gesamtsumme der Praktiken, Methoden, heiligen Schriften sowie Zeugnisse und Lehren der Heiligen über die Gotteserkenntnis. Dazu gehört auch die Organisationsstruktur der Kirche. Die *Ekklesia* wird als geistliches Krankenhaus zur Heilung der Krankheiten des Herzens betrachtet, die unserer Gottesschau im Wege stehen.
Eleimon	Charakteristik Gottes als barmherzig, mitfühlend und nicht verurteilend.
Eros Maniakos	Begriff des heiligen Maximus Confessor als Ausdruck des »wahnsinnigen Eros« des Gott Liebenden. Zustand der ekstatischen Gottesliebe.
Fotisis	Die Erleuchtung der Seele. Die Gabe des Heiligen Geistes, nachdem die Seele ihre Reinigung durchlaufen hat. Jetzt wird ihr Göttliches Charisma verliehen. Siehe *Charisma*.
Gerontikon	Sammlung biographischer Kurzgeschichten über das Leben der Heiligen Väter.
Gnosis Theou	Erkenntnis Gottes.

Hesychasmus	Stille. Die stille, immerwährende Form der Gebetsmeditation und das Erkennungszeichen athonitischer Spiritualität.
Hesychast	Praktizierender der Stille.
Hieromönch	Zum Priester geweihter Mönch. Ein Hieromönch kann die Sakramente spenden, etwa Beichte und Kommunion.
Ikonostase	Die Ikonenwand, die den Altarraum von der übrigen Kirche trennt.
Katharsis	Reinigung von Herz und Verstand von egoistischen Leidenschaften und Süchten. Die erste Stufe der Entwicklung der Seele auf Gott zu.
Koinobitisch	Form klösterlicher Gemeinschaft (Koinobitentum im Gegensatz zum Eremitentum, d. Ü.)
Komboskini	Gebetsschnur, meist aus Wolle, zu zahlreichen Knoten geknüpft. Wird beim Sprechen des Jesusgebets (siehe *Efche*) verwendet.
Logismos (Logismoi)	Gedankenform(en). Negative Logismoi blockieren unsere Gottesschau. Katharsis bedeutet, dass Herz und Verstand von solchen Logismoi gereinigt werden.
Metanoia	Die grundlegende Wandlung von Herz und Verstand durch tiefe Reue und Umkehr. Der Beginn des Prozesses und eine notwendige Stufe für die Wiedervereinigung der Seele mit Gott.
Mneme Thanatou	Des (eigenen) Todes eingedenk sein.
Nous	Herz und Geist eines Menschen. Zentrum und Gesamtheit der geistigen und seelischen Kräfte des Einzelnen.
Panagia	Die Allerheiligste (Muttergottes). Der Name des Klosters in diesem Buch.
Pantokrator	Christus als Weltenherrscher.
Paraklesis	Anrufung der Heiligen Jungfrau oder Christi im Gebet mit der Bitte um Heilung. Die Paraklese ist ein Bittgottesdienst.

Peirasmos	Versuchung. Das griechische Wort *Peirasmos* hat eine umfassendere Bedeutung als das deutsche »Versuchung«. Im Griechischen bedeutet es auch Prüfung oder Test. Ein *Peirasmos* könnte eine Prüfung sein, die Gott uns schickt, um uns zu Fortschritten auf dem spirituellen Weg zu verhelfen. Er kann aber auch ein Vorschlag des Bösen sein.
Plani	Täuschung, Wahn. Wahrnehmungs- und Erkenntnisfehler in geistlichen Dingen. Produkt menschlicher Unvollkommenheit.
Pneumatikos	Geistlicher Führer, Beichtvater.
Protos	Erster. Ein im jährlichen Wechsel vergebener administrativer Posten zur Verwaltung der inneren Angelegenheiten des Heiligen Berges.
Skite	An ein Kloster angeschlossene Einsiedelei zur intensiveren geistlichen Arbeit. In einer Skite können ein einzelner Eremit oder mehrere Mönche mit ihrem geistlichen Altvater leben.
Starez (auch Starze)	Russischer Begriff, der »Altvater« bedeutet. Siehe *Altvater.*
Theotokos	Muttergottes. Ein Name der *Panagia*, der Allerheiligsten.
Theoria	Gottesschau im Zustand der Ekstase nach der Reinigung des Herzens von Egoismus.
Theosis	Vereinigung mit Gott. Die endgültige Bestimmung und höchste Heimat der Menschenseele.
Troparion	Lobgesang
Ungeschaffenes Licht	Gotteslicht. Mystische Erleuchtung.

Literaturverzeichnis

Amis, Robin; *A Different Christianity: Early Christian Esotericism and Modern Thought*, State University of New York Press 1995

Anonymous, *The Way of the Pilgrim and the Pilgrim Continues His Way*, Ballantine Books 1974. In einer deutschen Fassung erschienen als: Emmanuel Jungclaussen (Hrsg.), *Aufrichtige Erzählungen eines russischen Pilgers. Die vollständige Ausgabe*, Herder 2000.

Anonymous; *A Night in the Desert of the Holy Mountain*, St. Vladimir's Press 1991

Bangor Daily News, Associated Press 19. Januar 1996

Burke, Abbot George; *An Eagle's Flight*, Saint George Press 1994

Cahill, Thomas; *How the Irish Saved Civilization: The Untold Story of Ireland's Heroic Role from the Fall of Rome to the Rise of Medieval Europe*, Doubleday 1995. Auf Deutsch erschienen als *Wie die Iren die Zivilisation retteten: Die nie erzählte Geschichte der heldenhaften Rolle, die Irland vom Untergang Roms bis zum Aufstieg des mittelalterlichen Europa spielte*, Goldmann 1998

Cantor, Norman, *Medieval History: The Life and Death of a Civilization*, The Macmillan Company 1963

Medieval History, 2. Auflage, Macmillan 1969

Cherubim, Archimandrite; *Contemporary Ascetics of Mount Athos*, 2 Bände, St. Herman of Alaska Brotherhood Press 1992

Christensen, Monk Damascene; *Not of This World: The Life and Teachings of Father Seraphim Rose, Pathfinder to the Heart of Ancient Christianity*, Father Seraphim Rose Foundation 1993

Christou, Panaghiotis; *Ellenike Patrologia* [Griechische Patrologie], Band 4, Kyromanos Publishers 1989

Clement, Olivier; *La Vérité vous rendra libre*, Editions Jean-Claude Lattes 1996; ins Griechische übersetzt als *E Alethia Eleutherosi Ymas* [Die Wahrheit wird Euch frei machen. Gespräche mit dem Ökumenischen Patriarchen Bartholomeos I], Akritas 1997

Cockerham, W. C.; *Sociology of Mental Disorder*, Prentice Hall 1996

Damascene, Hieromonk; *Christ the Eternal Tao*, Valaam Books 1999

Dionysiades, Mönch Theoklitos, *O Agios Gregorios O Palamas: O Vios kai E Theologia tou*, 1296-1359 [Der Heilige Gregorios Palamas: Sein Leben und seine Theologie, 1296-1359], Yiannoules-Tsolerides-Dedouses Verlag 1984

Dorotheos, Abba; *Erga Asketika* [Asketische Werke] Etimasia Verlag 1981. Auf Deutsch sind erhältlich: Dorotheus von Gaza, *Doctrinae diversae: griechisch-deutsch = Die geistliche Lehre*, übersetzt und eingeleitet von Judith Pauli, 2
Bde. Herder 2000 sowie *Des heiligen Abtes Dorotheus geistliche Gespräche: Eine Schule der Vollkommenheit für Kloster- und Weltleute*, übersetzt von Basilius Hermann, J. Thum Verlag 1927

Dossey, Larry; *Healing Words: The Power of Prayer and the Practice of Medicine*, Harper Collins 1993. Auf Deutsch erschienen als *Heilende Worte: die Kraft der Gebete und die Macht der Medizin*, übersetzt von Wolfgang Schellhorn, Crotona 2010 und 2013 (überarbeiteter Nachdruck der Erstveröffentlichung im Martin Verlag 1995).

Father Arseny: Heiliges Kloster Parakletou, *O Pater Arsenios* [aus dem Russischen ins Griechische übersetzt] Verlag des Heiligen Klosters von Parakletou 1998; auf Englisch erhältlich als *Father Arseny*, St. Vladimir's Press 2000.

Feuerstein, Georg; *Lucid Waking: Mindfulness and the Spiritual Potential of Humanity*, Inner Traditions International 1997. Auf Deutsch erschienen als *Wach sein: geistige Klarheit, Einsicht und Selbstbestimmung*, übersetzt von Michael Schmidt, O.W. Barth 1999

France, Peter; *Hermits: The Insights of Solitude*, St. Martin's Press 1996

Frankl, Viktor; *Man's Search for Meaning*, Pocket Books 1985. In deutscher Originalausgabe erschienen als *...trotzdem ja zum Leben sagen. Ein Psychologe erlebt das Konzentrationslager*, Kösel 2009 (Erstausgabe Deuticke 1947).

Funk, Robert W.; *Honest to Jesus*, HarperSanFrancisco 1996

Gabrielia, Schwester; *E Asketike tes Agapes: Gerontissa Gabrielia, 1897-1992* [Die Asketin der Liebe: Mutter Gabrielia 1897-1992] , Eptalofos Abee 1997. Für das Buch wurde die englische Ausgabe verwendet: Nun Gabrielia, *Mother Gavrilia: The Ascetic of Love*, Series Talanton 1999

Gibbon, Edward; *The Decline and Fall of the Roman Empire*, Penguin Books 1985 (auf Deutsch nur in Auszügen über den Westteil des Römischen Reiches in verschiedenen Ausgaben erhältlich).

Glynn, Patrick; *God: The Evidence. The Reconciliation of Faith and Reason in a Postsecular World*, Forum 1997

Green, Vivian; *A New History of Christianity*, The Continuum Publishing Co. 1996

Gregory, Abt; *O Agios Gregorios O Palamas: Dydaskalos tes Theoseos*, Heiliges Kloster Gregoriou 2000

Grof, Stanislav und Grof, Christina (Hrsg.); *Spiritual Emergency: When Personal Transformation Becomes A Crisis*, Tarcher Putnam 1989. Auf Deutsch erschienen als *Spirituelle Krisen: Chancen der Selbstfindung*, übersetzt von Angela Roethe, Kösel 1990.

Gross, S. H. und Sherbowitsz, O. P.; *The Russian Primary Chronicle: Laurentian Text*, The Medieval Academy of America 1953

Harner, Michael; *The Way of the Shaman*, Bantam 1982. Auf Deutsch erschienen als *Der Weg des Schamanen*, übersetzt von Agnes Klein, Ansata 1983, Neuausgabe Ullstein 2004

Hastings, Adrian (Hrsg.); *A World History of Christianity*, William B. Eerdmans Publishing C. 1999

Hellenic Chronicle, The; 12. August 1993

Isaak, der Syrer: *The Ascetical Homilies of Saint Isaac the Syrian*, aus dem Griechischen ins Englische übersetzt von den Mönchen des Holy Transfiguration Monastery in Boston 1984. Auf Deutsch erhältlich: Sebastian Brock (Hrsg.), *Die Weisheit Isaaks des Syrers. Eine Auswahl aus seinem Werk*, Der Christliche Osten 2003

Joseph, Mönch; *Geron Iosef Oh Hesychastes* [Altvater Joseph, der Hesychast], Daphne, Agion Oros 1984

Jungclaussen, Emmanuel (Hrsg.); *Aufrichtige Erzählungen eines russischen Pilgers. Die vollständige Ausgabe*, Herder 2000 (siehe Anonymous, *The Way of the Pilgrim*).

Kivisto, Peter; *Key Ideas in Sociology*, Pine Forge Press 1998

Koestler, Arthur; *Janus: A Summing Up*, Vintage 1979. Auf Deutsch erschienen als *Der Mensch, Irrläufer der Evolution,* übersetzt von Jürgen Abel, Scherz 1978

Kontzevitch, I. M.; *The Acquisition of the Holy Spirit*, St. Herman of Alaska Brotherhood 1996

Makarios, Hieromönch von Simonos Petra; *The Synaxarion: The Lives of the Saints of the Orthodox Church*, aus dem Französischen ins Englische übersetzt von Christopher Hookway, Holy Convent of the Annunciation of Our Lady Press 1999. Auf Deutsch ist erschienen: *Das Synaxarion; Die Leben der Heiligen der Orthodoxen Kirche, in 2 Bänden, gestützt auf die 6-bändige Ausgabe des Heiligen Klosters Simonos Petra*, Chania, Kloster des Heiligen Johannes des Vorläufers, September bis Februar 2005, März bis August 2006.

Markides, Kyriacos; *The Rise and Fall of the Cyprus Republic*, Yale University Press 1977

The Magus of Strovolos: The Extraordinary World of a Spiritual Healer, Penguin Arkana 1985. Auf Deutsch erschienen als *Der Magus von Strovolos: die faszinierende Welt eines spirituellen Heilers,* übersetzt von Karl Friedrich Hörner, Schirner 2004 (Erstausgabe Droemer Knaur 1988).

Homage to the Sun: The Wisdom of the Magus of Strovolos, Penguin Arkana 1987. Auf Deutsch erschienen als *Heimat im Licht: die Weisheit des „Magus von Strovolos“*, übersetzt von Karl Friedrich Hörner, Schirner 2004 (Erstausgabe Droemer Knaur 1988).

Fire in the Heart; Healers, Sages and Mystics, Penguin Arkana 1991. Auf Deutsch erschienen als *Feuer des Herzens: Heiler, Weise und Mystiker*, übersetzt von Karl Friedrich Hörner, Schirner 2004 (Erstausgabe Droemer Knaur 1991).

Riding with the Lion: In Search of Mystical Christianity, Penguin Arkana 1996. Auf Deutsch erschienen als *Auf dem Löwen reiten: eine Suche nach dem mystischen Christentum*, übersetzt von Malte Heim, Schirner 2005 (Erstausgabe Droemer Knaur 1995).

Murphy, Michael; *The Future of the Body: Explorations into the Further Evolution of Human Nature*, Jeremy P. Tarcher 1993. Auf Deutsch erschienen als *Der Quanten-Mensch: ein Blick in die Entfaltung des menschlichen Potentials im 21. Jahrhundert*, übersetzt von Manfred Miethe, Integral 1994

New Skete, The Monks of; *In the Spirit of Happiness*, Little, Brown and Company 1999

New York Times, 22. Oktober 1998; »Candlesticks Fly, So French Call Exorcist«

Norwich, John Julius; *A Short History of Byzantinum*, Alfred A. Knopf 1997. Auf Deutsch erschienen als *Byzanz: Aufstieg und Fall eines Weltreichs*, übersetzt von Claudia Wang, Ulrike Halbe-Bauer und Manfred Halbe-Bauer, List 2006

Nouwen, Henri J. M.; *Behold the Beauty of the Lord: Praying with Icons*, Ave Maria Press 1987. Auf Deutsch erschienen als *Bilder göttlichen Lebens: Ikonen schauen und beten*, übersetzt von Dorothea Schütz, Herder 1987

O Megas Synaxaristis Orthodoxou Ecclesias [Das griechische Synaxarion der orthodoxen Kirche], Band 5, E. M. Langi 1989 (zusammengestellt im 19. Jahrhundert vom Heiligen Nikodemos vom Berg Athos).

Obolensky, Dimitri; *The Byzantine Commonwealth*, Praeger 1971

Paisios, Altvater: Elder Paisios, *Epistoles* [Lehrbriefe], Sourote Monastery Press 1994

Me Pono kai Agape yia ton Synchrono Anthropo [Mit Sorge und Liebe für den modernen Menschen], Sourote Monastery Press 1998

Pneumatike Afypnise [Geistliches Erwachen], Sourote Monastery Press 1999.

Auf Deutsch ist in der orthodoxen Zeitschrift *Der Schmale Pfad* (März/April 2006, Band 15, Seiten 52-152) ein Aufsatz über das Leben und Wirken von Altvater Paisios erschienen, der viele Zitate, Fotos und Darstellungen von Originaldokumenten enthält. Als PDF herunterzuladen unter www.impantokratoros.gr/0E08958B.de.aspx (abgerufen am 31. Juli 2014).

Palamas, Gregory; *The Triads*, Paulist Press 1983

Parakletou, Heiliges Kloster; *O Pater Arsenios* [aus dem Russischen ins Griechische übersetzt] Verlag des Heiligen Klosters Parakletou 1998

Rossner, John; *In Search of the Primordial Tradition & the Cosmic Christ*, Llewellyn Publications 1989

Runciman, Sir Steven; *The Fall of Constantinople, 1453*, Cambridge University Press 1965. Auf Deutsch erschienen als *Die Eroberung von Konstantinopel 1453*, übersetzt von Peter de Mendelssohn, Beck 1966

Smith, Huston; *The World's Religions*, HarperSanFrancisco 1991. Auf

Deutsch erschienen als *Die sieben großen Religionen der Welt: eine Wahrheit, viele Wege*, übersetzt von Roland Irmer, Goldmann 2004 (Erstausgabe: *Eine Wahrheit – viele Wege: Die großen Religionen der Welt*, Bauer 1993).

Smith, Page; *Rediscovering Christianity: A Search for the Roots of Modern Democracy*, St. Martin's Press 1994

Sophroni (Sacharow), Archimandrit: Sophrony (Sakharov), Archimandrite; *The Monk of Mount Athos. Staretz Silouan, 1866-1938*, St. Vladimir's Press 1975.

Auf Deutsch erschienen als *Starez Siluan, Mönch vom heiligen Berg Athos: Leben, Lehre, Schriften*. Dargestellt und herausgegeben von Archimandrit Sophronius. Bearbeitet und übersetzt von Josephine Kolander, Patmos 1959

We Shall See Him As He Is, Stavropegic Monastery of St. John the Baptist 1988

On Prayer, St. Vladimir's Press 1998. Auf Deutsch erschienen als *Über das Gebet*, aus dem Russischen von Sr. Ioanna. Hrsg. von Klaus Kenneth, Paulusverlag 2012

Askesis kai Theoria [Askese und Theorie], aus dem Russischen ins Griechische übersetzt, Stavropegic Monastery of John the Baptist Press Essex, England, 1996

Sorokin, Pitirim A.; *Social and Cultural Dynamics*, 4 Bde., America Book Co. 1937-1941

Spong, John S.; *Here I Stand*, HarperSanFrancisco 1999

St. Nikodemos of the Holy Mountain and St. Makarios of Corinth, *The Philokalia*, aus dem Griechischen ins Englische übersetzt und hrsg. von G. E. H. Palmer, Philip Sherrand, Kallistos Ware, Band 1, Faber and Faber 1990. Auf Deutsch sind mehrere Ausgaben erhältlich. Die aktuellste ist eine Fassung nach der russischen Übersetzung: *Kleine Philokalie: Betrachtungen der Mönchsväter über das Herzensgebet*, gesammelt und übersetzt von Matthias Dietz, Patmos, 2. Auflage 2013 (Erstausgabe Benzinger 1956).

Tarnas, Richard; *The Passion of the Western Mind: Understanding the Ideas that Have Shaped Our World View*, Harmony Books 1991. Auf Deutsch erschienen als *Idee und Leidenschaft: die Wege des westlichen Denkens*, übersetzt von Eckhard E. Sohns, Rogner und Bernhard 1997

Tatses, Dionysios; *O Asketes Tes Panagoudas* [die Asketen von Panagouda], Meflissa Verlag 1998

Temple, Richard; *Icons and the Mystical Origins of Christianity*, Element 1992

Thurman, Robert; *Inner Revolution. Life, Liberty and the Pursuit of Real Happiness*, Riverhead Books 1998. Auf Deutsch erschienen als *Revolution von innen. Die Lehren des Buddhismus oder das vollkommene Glück*, übersetzt von Dagmar Ahrens-Thiele, Econ 1999

Tolstoi, Leo; »The Three Hermits« in Ann Chartres (Hrsg.), *The Story and Its Writer: An Introduction to Short Fiction*, St. Martin's Press 1987. Auf Deutsch als »Die drei Einsiedler« z.B. enthalten in Leo Tolstoi, *Gesammelte Erzählungen*, Diogenes 2006

Treadgold, Warren; *A History of the Byzantine State and Society*, Stanford University Press 1997

Tsames, Demetrios; *Ayiologia* [Hagiologie, die Lehre von den Heiligen], Pournara Verlag 1985

Ware, Kallistos; *The Orthodox Way*, Mowbray 1979. Auf Deutsch erschienen als *Der Aufstieg zu Gott. Glaube und geistliches Leben nach ostkirchlicher Überlieferung*, übersetzt von Irene Hoenig, Herder 1983

E Endos Emon Vasilia [Das Königreich in uns] Akritas Verlag 1997

»Dare we hope for the salvation of all? Origen, Gregory of Nissa, Issac of Niniveh«, *Theology Digest* (Winter 1998), S. 303-317

Ware, Timothy; *The Orthodox Church*, Penguin 1993

The Orthodox Church, Penguin 1964

Weber, Max; *The Protestant Ethic and the Spirit of Capitalism*, Anchor 1958. Im deutschen Original: *Die protestantische Ethik und der Geist des Kapitalismus, vollständige Ausgabe*. Herausgegeben und eingeleitet von Dirk Kaesler, 3. durchgesehene Auflage, C.H. Beck 2010 (Erstveröffentlichung 1920).

Wilber, Ken; *Eye to Eye: The Quest for a New Paradigm*, Anchor 1983. Auf Deutsch erschienen als *Die drei Augen der Erkenntnis. Auf dem Weg zu einem neuen Weltbild*, übersetzt von Josef Wimmer, Kösel 1988

The Marriage of Sense and Soul: Integrating Science and Religion, Random House 1998. Auf Deutsch erschienen als *Naturwissenschaft und Religion: die Versöhnung von Weisheit und Wissen*, übersetzt von Clemens Wilhelm, Krüger 1998

Yiannitsiotes, Constantinos; *Konta Sto Geronta Porfyrio* [In der Nähe von Altvater Porphyrios], Verlag des Frauenklosters der Verklärung des Erlösers 1995

Über den Verfasser

Kyriacos C. Markides ist Autor mehrerer Bücher über christliche Mystik, darunter *Der Magus von Strovolos, Auf dem Löwen reiten, Heimat im Licht* und *Feuer des Herzens.* Der Soziologie-Professor an der University of Maine lebt mit seiner Frau Emily in Stillwater im US-Bundestaat Maine.

Peter Allmend
Der Nistor – *Vom Wirken eines verborgenen Meisters*
Ein Buch, das dem Menschen eindrücklich vor Augen führt: Es gibt mehr Dinge zwischen Himmel und Erde, als die Schulwissenschaft uns glauben machen möchte! Das Wirken eines Eingeweihten und friedvollen Kriegers!

Hardcover mit Schutzumschlag
978-3-89427-808-3

Peter Allmend
Die Heilerin – *Worte können Engel sein*
Ein Buch, das wie kaum ein anderes „Heilungsbuch“ schildert, wie eine geistige Heilerin auf den inneren Ebenen arbeitet und behandelt! Di Enthüllung der tiefsten Gesetzmäßigkeiten von Gesundheit und Krankheit!

Hardcover mit Schutzumschlag
978-3-89427-778-9

Das **Glück** liegt in den einfachen Dingen!

Elision – Begegnung mit einer Weisen
Hardcover mit Schutzumschlag, 160 Seiten
ISBN 978-3-89427-625-5

Glück ist, wach zu sein.
Glück ist, frei zu sein.
Glück ist, lieben zu können.

Ein Züricher Anwalt zieht sich für einige Tage in die Berge zurück und trifft dort vor einer Almhütte völlig unerwartet auf eine ungewöhnliche Frau. Er erkennt allmählich, dass er es mit einer Meisterseele zu tun hat, die ihn in die großen Geheimnisse des Lebens einweiht.
Was diese Wesenheit, die sich ihm gegenüber „Elision" nennt, ihm über Verzeihen und Güte, über Glück und den Sinn des Lebens, über Tiere und Pflanzen, über die Geistige Welt und das innere Erwachen oder über das Geheimnis der Liebe erzählt, lässt ihn zu einem neuen Menschen reifen.
„Elision" ist ein Werk erfüllt von tiefer Weisheit, einer fast poetischen Sprache und einer Botschaft der Hoffnung und der Liebe.